物业
管理 维权 执法
一本通

业委会 物管会

居委会 物业企业和业主物业法律实务

张 冰 主编

法律出版社 LAW PRESS · CHINA

北京

图书在版编目(CIP)数据

物业管理、维权、执法一本通：业委会、物管会、居委会、物业企业和业主物业法律实务 / 张冰主编. -- 北京：法律出版社，2021(2025.9 重印)
ISBN 978-7-5197-5054-1

Ⅰ. ①物… Ⅱ. ①张… Ⅲ. ①物业管理－法规－中国－学习参考资料 Ⅳ. ①D922.385

中国版本图书馆 CIP 数据核字(2020)第 200099 号

物业管理、维权、执法一本通
——业委会、物管会、居委会、物业企业和业主物业法律实务
WUYE GUANLI、WEIQUAN、ZHIFA YIBENTONG
—YEWEIHUI、WUGUANHUI、JUWEIHUI、WUYE QIYE HE YEZHU WUYE FALÜ SHIWU

张 冰 主编

策划编辑 朱海波
责任编辑 朱海波
装帧设计 汪奇峰

出版发行 法律出版社
编辑统筹 法律应用出版分社
责任校对 邢艳萍
责任印制 刘晓伟
经　　销 新华书店

开本 A5
印张 17.125　**字数** 580 千
版本 2021 年 2 月第 1 版
印次 2025 年 9 月第 6 次印刷
印刷 天津嘉恒印务有限公司

地址：北京市丰台区莲花池西里 7 号(100073)
网址：www.lawpress.com.cn
投稿邮箱：info@lawpress.com.cn
举报盗版邮箱：jbwq@lawpress.com.cn

销售电话：010-83938349
客服电话：010-83938350
咨询电话：010-63939796

书号：ISBN 978-7-5197-5054-1　**定价**：58.00 元
凡购买本社图书，如有印装错误，我社负责退换。电话：010-83938349

编 委 会

主 编

张　冰

编委会成员

白海玉　郭　喆　申　超

许纯宁　张广山　杨　琴

郭东科　武卓越　于晓楠

修订加印说明

随着《中华人民共和国治安管理处罚法》2025 年 6 月 27 日修订通过,《住房租赁条例》自 2025 年 9 月 15 日起施行,有关物业管理特别是关于房屋出租、宠物饲养、噪声扰民等的规定有了最新的要求。同时《北京市物业管理条例》《上海住宅物业管理规定》等地方性法规也陆续进行了修正,故本次加印对书中涉及的相关法律法规的规定和有关实践的要求进行了相应的更新,并对第五篇常用文书进行了更新。

2025 年 9 月

序　言

本书系小区物业领域管理、服务、维权、执法多元合一的贴身法律“顾问”，由北京科宇律师事务所律师和专业团队聚焦物业管理中高频次纠纷和热点难点专题，集成最新法律规定、判例实务和处置经验，研炼精琢，撰著而成。全书分为基础知识、执法难题、规范服务、业主维权、常用文书五个篇章，共 100 个专题。旨在为城市管理者、行政执法者、物业服务企业、业主委员会、居民委员会、物业管理委员会和广大业主等法律主体规范行为边界，提供维权利器，提速服务质效，供给权利之钥，凝练执法要领。期冀通过破解小区治理难题中的“关键小事”，进而实现提升业主幸福感和满意度的“民生大事”。

守护一个家，爱上一座城，共建一处精神家园。优美的社区环境，厚重的文化氛围，和谐的邻里关系，文明的管理秩序越来越成为现代都市人向往的美好家园。而高效的物业管理、便捷的物业服务、规范的物业执法、有效的物业维权，正是集成物业管理各方利益的最大公约数，以规矩方圆促修齐治平，让纷繁喧嚣各归其位，使向往的生活走进千家万户，井然有序，安静而美好。

理想和现实之间总有一段距离需要艰辛跋涉。一线城市，特别是大都市不同程度地面临着基础设施老化、物业服务缺位、社区环境脏乱、物业纠纷频发、执法边界不清和邻里矛盾丛生等问题。但是理想毕竟是现实的开始，需要守护家园的逐梦人奋勇前行。2003 年国务院颁布了《物业管理条例》，且历经三次修订，为完善物业管理方面的顶层设计，维系城市治理的有序运转，实现群众的安居乐业，提供了秩序法则。近年来，部分省、自治区、直辖市相继出台了物业管理方面的法规、规章和行政规范性文件，为破解物业“顽疾”开出了善治良方。我们关切地注意到，2004 年 8 月上海市颁布了《上海市住宅物业管理规定》，且经过 2010 年、2018 年两次修订，形成了较为规范的物业管理法规体系。①

特别值得一提的是，2020 年 3 月《北京市物业管理条例》经北京市第十五届人大常委会第二十次会议表决通过，于 2020 年 5 月 1 日起施行。② 该条例的出台，对于构建党建引领下社区治理与物业管理融合共进的新体系，理顺“新老交替”，明确政府监管部门职责，加强物业服务企业的日常监管等关键环节，提供了法律依据、法律指引和机制保障，可谓恰逢其时。此外，北京市第十五届人大常委会还表决通过了关于修改《北京市生活垃圾管理条例》的决定，修改后的《北京市生活垃圾管理条例》对生活垃圾分类提出更高要求，于 2020 年 5 月 1 日起施行。这些立法新动向值得城市管理者、行政执法者、物业服务企业、业主委员会、居民委员会、物业管理委员会和广大业主密切关注。

值此契机，本书秉持“文章合为时而著”的理念，以问题为导向，以法治为引领，用法律视角洞察物业管理现状，聚焦物业管理突出问题，用法律思维引导物业维权，寻找解决物业纠纷的最佳出口和合法路径，用法治框架促进物业执法规范化，集成法律法规有利因素，运筹执法策略和措施，力求破解物业管理实践中典型性难题。具体地说，本书具有以下五个突出特点：

一是立足“术业有专攻”，突出专业性。从法律专业人士视角出发，结合一线法律工作实践，从物业领域管理、服务、执法、维权等多层面对物业管理进行深度解读。以清晰严谨的逻辑分析揭示了物业

---

① 编者注：2020 年、2022 年、2023 年又进行了三次修正。

② 编者注：2024 年 3 月 29 日进行了修正。

权利、业主自治、社区治理的实质与内涵，提炼了物业领域管理要旨、服务理念、维权捷径和执法策略，全面呈现了现代城市物业管理对法制的综合考量、现实需求和未来引领。

二是深谙“闭门觅句非诗法”，凸显实用性。紧紧围绕现实生活中经常出现的物业管理法律纠纷，用以案释法的形式，将案情简介、裁判要点、法律分析等内容娓娓道来，深入浅出地将复杂物业法律关系抽丝剥茧。用案例说明理论，用理论剖析案例，将纸面上的法规条文活学活用，对读者具有较强的参考借鉴价值。

三是遵循“博观而约取”，力求精准性。突出了观点集成的权威性，力求对条文释义做到最大限度地准确严谨；突出了以案说法的代表性，力求用经典案例更好地指导实践；突出了法律依据的时效性，力求援引和集成北京、上海等地最新出台的法规、规章中的有利因素为物业管理所用，破解“瓶颈”问题；突出了法条收录的准确性，力求精准覆盖涉及物业管理的相关配套规定。

四是期盼“触类而长之”，呈现启示性。在系统介绍物业管理法律框架基础上，注重引导读者用法律思维与法律方法分析事物，对日常物业管理问题，从查找法条的表象深入到法理思考的本质，既要授之以鱼，更要授之以渔，以期对读者见微知著，触类旁通有所裨益。

五是力求“纸薄而字重”，开创口诀性。凝炼物业领域行政执法口诀，一语中的。用精练语言表达物业法律关系深刻内涵，将冗长枯燥的法律条文浓缩为朗朗上口的口决，好记好背，方便理解和记忆。厘清执法脉络，一目了然。通过思维导图展示法律关系，归纳解读，对比展现，使物业管理相关法律知识系统化、直观化、趣味化。

面对浩如烟海的物业管理法律典籍和丰厚动态的物业管理实践，本书并不能“笼物业于形内，挫万物于笔端”。但守望家园之心，美美与共之情，共期善治之念，激励着我们尽一份绵薄之力。在这里，特别感谢本书的创作团队，以法律人的工匠精神，如切如磋、如琢如磨，本书的一字一句都体现着他们深厚的法律底蕴、丰富的实践经验、娴熟的法律运用、优美的语言表达、严谨的学术作风，谙熟于法律规定，行云流水于笔端，让本书有温度、有高度、有深度、有广度、有力度。

本书所述及的法律策略和参考路径并非放之法治实践皆准的“万全之策”，亦非执法实践的“硬性指标”，涉及的相关术语解释权归本书作者所有。限于时间和水平，文中疏漏之处在所难免，恳请广大读者予以批评指正，我们将动态追踪物业管理、维权和执法实践，不断予以修订和完善。

编者

二〇二一年一月

目 录

Contents

第一篇 基础知识:以案释法

第二篇 执法难题:路径指引

第三篇　规范服务:实务参考

第四篇 业主维权:法律指南

第五篇　常用文书：实操范式

附　录　物业管理常用法律法规

第一篇　基础知识：以案释法

导　语

自1981年中国内地第一家物业管理企业在深圳成立以来，物业管理便作为一种新型的房屋管理模式开始走进人们的生活，物业管理行业由此而生。在不同时期政治、经济、社会、人文等因素的影响下，我国的物业管理发展经历了“个体主导—政府主导—企业主导—业主主导”的不同阶段，物业管理行业发展势头迅猛。随着人民生活水平的不断提高，人们对生活质量的期望值也在不断提升，对物业管理的要求也越来越高。但物业管理发展速度快、发展历史短的现状导致了物业管理行业的根基不稳，在物业服务中，存在诸多的问题和短板，进而导致物业管理涉及各方的矛盾日益突出。概念是法学和法律制度的基础，概念分析是法学研究的基本方法之一，本篇的特色在于通过实务案例的形式将概念分析方法贯穿其中，一方面对物业管理中的主体，如业主、业主大会、业主委员会、物业管理委员会、居民委员会、相关政府部门的概念、职权、在物业管理中的作用等基本知识进行普及；另一方面对物业管理中的专有名词，如业主专有部分、业主共有部分、住宅专项维修资金、前期物业服务合同、普通物业服务合同、管理规约、临时管理规约、物业管理区域等进行解释。以期使读者对物业管理的基本知识有初步的理解和认识。

1. 物业服务企业限制业主知情权怎么办?

【案情导入】

黄女士和前夫在婚姻存续期间购买了世纪小区的一处房产用于共同生活,5 年后由于两人感情破裂,离婚协议约定房子归黄女士,但是房产证上仍只有前夫的名字,未办理房产登记更名手续。离婚后,黄女士以房产证上是谁的名字谁是业主为由,一直没有向小区物业服务企业缴纳物业费,让物业服务企业向前夫收取物业费。

物业服务企业利用小区的共有部分规划停车位,向业主收取停车费,并且利用共有部分出租广告摊位,使用和收益情况不公开、不透明。因此,黄女士向物业服务企业要求查看其利用小区共有部分收取停车费、广告费的情况。物业服务企业以黄女士未交物业费为由,拒绝了黄女士查看小区公共收益明细的要求。

【实务参考】

本案中黄女士拒缴物业费及物业服务企业拒绝黄女士查看小区公共收益明细的行为是否合法?第一,我们需要明确什么是业主?进而认定黄女士是否属于业主;第二,明确业主的权利义务有哪些?如黄女士属于业主,进而确定黄女士作为业主是否有权要求物业服务企业公开公共收益明细。

(一)什么是业主

房屋的所有权人为业主。但是存在以下四种特殊情况的,也可以认定为业主,或对其享有的物权予以保护:

1. 因人民法院、仲裁委员会的法律文书或者人民政府的征收决定等,导致物权设立、变更、转让或者消灭的;因继承或者受遗赠取得物权的;因合法建造、拆除房屋等事实行为设立或者消灭物权的。

2. 基于房屋买卖等民事法律行为,已经合法占有建筑物专有部分,但尚未依法办理所有权登记的人。

3. 购买房屋为夫妻共同财产,除特殊约定,无论购房合同或产权证上是否登记双方姓名,夫妻双方都是房屋的所有权人。

4. 物业使用人在物业管理活动中的权利义务由业主和物业使用人约定。

本案中黄女士和前夫在婚姻存续期间购买的房产属于夫妻共同财产,即使房本上仅体现前夫一个人的名字,黄女士也是该房屋的共同所有权人,且离婚时黄女士与前夫已经通过离婚协议明确了房子属于黄女士,是否办理房产姓名变更登记不影响黄女士作为小区业主的身份,黄女士属于世纪小区的业主。

(二)业主的权利和义务有哪些

法律法规中的业主权利,应以举例的方式列明,但不应仅局限于已列明的权利。而业主所需要承担的义务,应以法律明确列明的为限,未列明的不应视为业主需要承担的义务。

表1-1　业主的权利和义务

权利	义务
1. 按照物业服务合同的约定,接受物业服务企业提供的服务	1. 遵守管理规约、业主大会议事规则
2. 提议召开业主大会会议,并就物业管理的有关事项提出建议	2. 遵守物业管理区域内物业共用部位和共用设施设备的使用、公共秩序和环境卫生的维护等方面的规章制度
3. 提出制定和修改管理规约、业主大会议事规则的建议	3. 执行业主大会的决定和业主大会授权业主委员会作出的决定

续表

权利	义务
4. 参加业主大会会议,行使投票权	4. 按照国家有关规定交纳专项维修资金
5. 选举业主委员会成员,并享有被选举权	5. 按时交纳物业费用
6. 监督业主委员会的工作	6. 法律、法规规定的其他义务
7. 监督物业服务企业履行物业服务合同	
8. 对物业共用部位、共用设施设备和相关场地使用情况享有知情权和监督权	
9. 监督物业共用部位、共用设施设备专项维修资金(以下简称专项维修资金)的管理和使用	
10. 法律、法规规定的其他权利	

根据《物业管理条例》第六条第二款第八项规定,业主在物业管理活动中,对物业共用部位、共用设施设备和相关场地使用情况享有知情权。本案中,黄女士作为小区业主,对利用物业共用部位进行经营的情况享有知情权,有权要求物业服务企业公布相关的收益明细,物业服务企业无权以未交物业费为由限制业主的知情权。另一方面,黄女士作为业主有权行使业主的权利,但同时也需要履行业主的义务,根据《物业管理条例》第七条第五项规定,业主在物业管理活动中,应按时交纳物业费用,黄女士作为法律上和事实上的业主,不得拒绝缴纳物业费,迟延缴纳物业费的,物业服务企业有权依据物业服务合同要求业主缴纳物业费和滞纳金。

【法律链接】

1.《中华人民共和国物权法》第二十八条、第二十九条、第三十条

对应:《中华人民共和国民法典》第二百二十九条、第二百三十条、第二百三十一条

2.《物业管理条例》第六条、第七条、第四十七条

3.《业主大会和业主委员会指导规则》第十三条

2. 小区业主筹备业主大会遇阻怎么办?

【案情导入】

某小区由某著名房地产开发公司开发,该房地产开发公司旗下物业服务企业为小区提供物业服务,该小区已完成专有部分的全部交付使用。因为物业服务企业服务质量较高,且该小区业主流动率大,该小区一直未成立业主大会。随后小区更换了物业服务企业,服务质量急剧下降,小区业主遂决定成立业主大会,更换物业服务企业。随后,小区业主联名向区房地产行政主管部门递交《关于指导某小区成立首次业主大会的申请书》,认为小区已具备成立业主大会的条件,申请政府派员指导业主成立业主大会、选举产生首届业主委员会。区房地产行政主管部门以小区不符合成立业主大会条件为由,拒绝接收小区业主的申请书。

【实务参考】

本案中,小区业主成立业主大会的原因是要更换物业服务企业,

但是在申请区房地产行政主管部门派员指导时却遭到了拒绝。如遇此种情形,业主应该怎么办呢?首先,我们需要明确四个问题:什么是业主大会?成立业主大会需具备什么条件?业主大会是如何成立的?业主大会的主要职责是什么?

(一)什么是业主大会

根据《物业管理条例》第八条、《业主大会和业主委员会指导规则》第二条的规定,业主大会是业主参与物业管理、自我管理的一种组织形式,由物业管理区域内全体业主组成。业主大会应当代表和维护物业管理区域内全体业主在物业管理活动中的合法权益。

本案中,该小区物业管理区域内的全体业主有权成立业主大会,通过业主大会参加物业管理、自我管理,维护自身的合法权益。

(二)成立业主大会需具备什么条件

成立业主大会必须具备一定的条件。例如,根据北京市2020年5月1日施行的《北京市物业管理条例》,放宽了业主大会成立的条件。一个物业管理区域内,已交付业主的专有部分达到建筑物总面积50%以上的,5%以上的业主、专有部分占建筑物总面积5%以上的业主或者建设单位均可以向街道办事处、乡镇人民政府提出成立业主大会的申请,居民委员会、村民委员会也可以组织达到前述条件的业主或者建设单位提出成立业主大会的申请。

本案中,该小区已完成专有部分的全部交付使用,符合“已交付业主的专有部分达到建筑物总面积50%以上”的条件,小区具备成立业主大会的条件。

(三)业主大会是如何成立的

根据规定,业主大会的成立必须按照法定的流程办理,具体流程如图2-1所示:

通过图2-1可知,符合成立业主大会条件的,区、县房地产行政主管部门或者街道办事处、乡镇人民政府应当在收到业主提出筹备

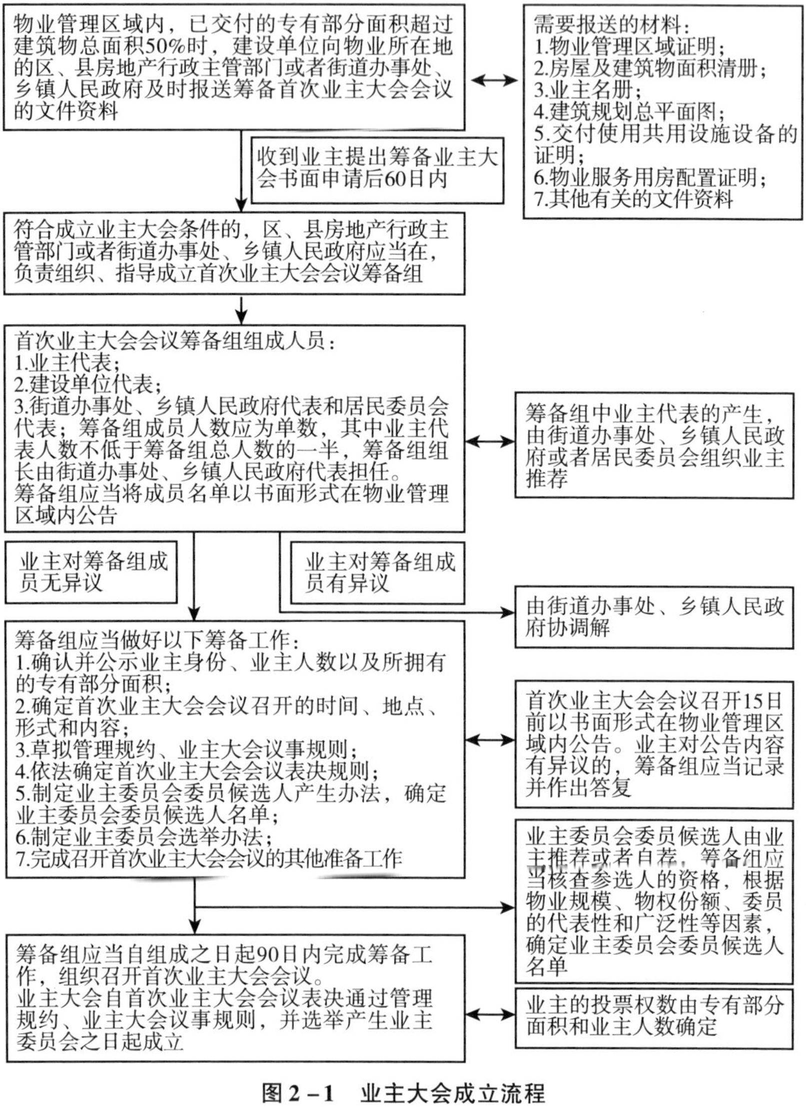

图2－1　业主大会成立流程

业主大会书面申请后60日内，负责组织、指导成立首次业主大会会议筹备组。

根据前述第2问可知，该小区已经具备成立业主大会的条件，区房地产行政主管部门以小区不符合成立业主大会条件为由，拒绝接收小区业主的申请书，理由不成立，该部门应按照有关规定的要求履行指导该小区成立业主大会、选举产生业主委员会的工作职责，正确行使其职能。

（四）业主大会的主要职责是什么

业主大会的职责虽然在《民法典》中没有明确写明，但是《物权法》中规定由业主共同决定事项的内容，与《物业管理条例》第十一条规定的内容完全一致。《业主大会和业主委员会指导规则》第十七条规定业主大会决定的事项为对《民法典》和《物业管理条例》的细化。业主大会的主要职责，概括来讲，主要包含以下十项：

表2－1　业主大会的主要职责

《物业管理条例》	《业主大会和业主委员会指导规则》
1. 制定和修改业主大会议事规则	1. 制定和修改业主大会议事规则
2. 制定和修改管理规约	2. 制定和修改管理规约
3. 选举业主委员会或者更换业主委员会成员	3. 选举业主委员会或者更换业主委员会委员
—	4. 制定物业服务内容、标准以及物业服务收费方案
4. 选聘和解聘物业服务企业	5. 选聘和解聘物业服务企业
5. 筹集和使用专项维修资金	6. 筹集和使用专项维修资金
6. 改建、重建建筑物及其附属设施	7. 改建、重建建筑物及其附属设施
—	8. 改变共有部分的用途
—	9. 利用共有部分进行经营以及所得收益的分配与使用
7. 有关共有和共同管理权利的其他重大事项	10. 法律法规或者管理规约确定应由业主共同决定的事项

本案中，小区业主欲成立业主大会更换物业服务企业是在行使业主大会的职责。实践中，业主可参考《物业管理条例》第十一条及《业主大会和业主委员会指导规则》第十七条的规定，充分发挥业主大会在物业服务市场中的主体作用，维护业主自身的合法权益，保障物业管理活动健康有序发展。

【法律链接】

1.《中华人民共和国物权法》第七十六条

对应:《中华人民共和国民法典》第二百七十八条

2.《物业管理条例》第八条

3.《北京市物业管理条例》第三十条

4.《业主大会和业主委员会指导规则》第二条、第八条至第十七条

3. 业主大会议事规则限制小区业主行使权利怎么办?

【案情导入】

2017年6月30日，某小区业主大会选举业主委员会，并在2017年7月15日向物业所在地的区、县人民政府房地产行政主管部门和街道办事处、乡镇人民政府备案，业主委员会办理备案手续后，持备案证明向公安机关申请刻制业主大会印章和业主委员会印章。

2017年8月30日，某小区业主大会表决通过《业主大会议事规则》(以下简称《议事规则》)，并在《议事规则》上加盖业主大会印章。《议事规则》第二十四条第二款规定，业主大会作出决定修改管理规

约、业主大会议事规则，选聘、解聘物业服务企业等必须经专有部分建筑面积2/3以上且占本物业全体业主所持投票权2/3以上通过。

2018年8月6日，业主大会就修改后的《议事规则》及选聘某物业服务企业进行表决，2018年8月20日，业主大会公示表决结果，通过修改后的《议事规则》及选聘某物业服务企业为小区物业服务企业，表决得票及专有部分建筑面积均过半数，原告宋某认为业主大会违反了2017年《议事规则》第二十四条第二款必须经专有部分建筑面积2/3以上且占本物业全体业主所持投票权2/3以上通过的规定，认为业主大会作出的决议侵害其合法权益，以业主大会为被告提起诉讼。

【实务参考】

本案中，业主大会的表决程序违反了业主大会议事规则的规定，小区业主宋某认为业主大会作出的决议侵害其合法权益，故提起诉讼。此种情形下，为更好地维护自身权益，我们应当明确以下几个问题：

（一）业主大会的议事规则是什么

业主大会议事规则应当对下列主要事项作出规定：（1）业主大会名称及相应的物业管理区域；（2）业主委员会的职责；（3）业主委员会议事规则；（4）业主大会会议召开的形式、时间和议事方式；（5）业主投票权数的确定方法；（6）业主代表的产生方式；（7）业主大会会议的表决程序；（8）业主委员会委员的资格、人数和任期等；（9）业主委员会换届程序、补选办法等；（10）业主大会、业主委员会工作经费的筹集、使用和管理；（11）业主大会、业主委员会印章的使用和管理。

本案中，《议事规则》第二十四条第二款规定业主大会作出决定修改管理规约、业主大会议事规则，选聘、解聘物业服务企业等必须经专有部分建筑面积2/3以上且占本物业全体业主所持投票权2/3以上通过，与《物权法》第七十六条业主大会作出决定修改管理规约、业主大会议事规则，选聘、解聘物业服务企业等应当经专有部分占建筑物总面积过半数的业主且占总人数过半数的业主同意的规定相冲突，该2017年《议事规则》第二十四条第二款违反了法律、行政法规的强制性规定，内容无效。因此，业主大会应当在法律、行政法规规定的范围内作出具体的规定，违反法律、行政法规强制性规定的部分无效。

（二）业主在业主大会上的权利是否可以被限制行使

业主拒付物业费，不缴存专项维修资金以及实施其他损害业主共同权益行为的，业主大会可以在管理规约和业主大会议事规则中对其共同管理权的行使予以限制。但是，《物业管理条例》第十二条第五款规定，业主大会或者业主委员会作出的决定侵害业主合法权益的，受侵害的业主可以请求人民法院予以撤销。因此，业主大会违反法律规定限制业主享有的共同管理的权利，侵害业主合法权益的，受侵害的业主可以请求人民法院予以撤销。

本案中，业主大会作出决定修改管理规约、业主大会议事规则，选聘、解聘物业服务企业等应当经专有部分占建筑物总面积过半数的业主且占总人数过半数的业主同意。然而《议事规则》第二十四条第二款规定业主大会作出决定修改管理规约、业主大会议事规则，选聘、解聘物业服务企业等必须经专有部分建筑面积2/3以上且占本物业全体业主所持投票权2/3以上通过，与《物权法》第七十六条规定相冲突，提高了小区业主自治权利行使的门槛，限制了业主共同管理权的行使，受侵害的业主可以请求人民法院予以撤销。值得注意的是，业主大会经专有部分占建筑物总面积过半数的业主且占总人数过半数的业主同意通过修改后的《议事规则》及选聘某某物业服务有限公司为小区物业服务企业，符合《物权法》第七十六条的规定，该行为有效，并未侵害宋某的合法权益。

（三）业主大会和业主委员会可以刻印章吗

业主委员会办理备案手续后，可持备案证明向公安机关申请刻制业主大会印章和业主委员会印章。因此，业主委员会只有经备案后才能刻制公章，对外以业主委员会的名义从事相关工作和活动，业主大会和业主委员会不能私自刻制印章，私自刻制印章的行为无效。

本案中，业主委员会办理备案手续后，持备案证明向公安机关申请刻制业主大会印章和业主委员会印章，符合法律规定，该行为有效。

【法律链接】

1.《中华人民共和国物权法》第七十六条

对应：《中华人民共和国民法典》第二百七十八条

2.《物业管理条例》第十二条

3.《业主大会和业主委员会指导规则》第十九条、第二十条、第三十四条

4. 业主委员会履职遇阻怎么办？

【案情导入】

某小区房地产开发公司与某物业服务企业签订《前期物业服务合同》，约定该小区建成后由该物业服务企业承接小区的物业管理服务。该物业服务企业接手后，未能按照合同约定提供优质的物业管理服务，各种乱收费、违规操作等，导致业主极大的不满。后该小区成立业主大会，依法选举产生业主委员会，业主委员会作出更换物业服务企业的决定，并将决定书面函告物业服务企业，要求物业服务企业及时办理交接手续。但该物业服务企业对业主委员会的决定不予理会，仍然继续占有小区物业管理用房，拒不办理移交手续。业主委

员会向法院提起诉讼，诉讼中，物业服务企业辩称小区业主委员会主体不适格。

【实务参考】

本案中，物业服务企业拒不办理交接、清退手续，业主委员会起诉至法院后，物业服务企业能否以业主委员会主体不适格为由进行抗辩呢？要解答这个问题，我们第一步需要先明确业主委员会的定义及职责，然后再进一步对其诉讼主体资格进行分析。

（一）什么是业主委员会

业主可以设立业主大会，选举业主委员会。地方人民政府有关部门应当对设立业主大会和选举业主委员会给予指导和协助。业主委员会是业主大会的执行机构，其由业主大会依法选举产生，履行业主大会赋予的职责，执行业主大会决定的事项，接受业主的监督。

本案中，为更换小区的物业服务企业，小区业主成立业主大会，选举产生了业主委员会。该业主委员会对内管理小区日常事务，对外代表业主参与外部事务管理，是业主大会的执行机构。

（二）业主委员会的主要职责是什么

业主委员会为业主大会的执行机构，负责执行业主大会决定的事项，主要职责如下：

表 4－1　业主委员会的主要职责

《物业管理条例》	《业主大会和业主委员会指导规则》
—	1. 执行业主大会的决定和决议
1. 召集业主大会会议，报告物业管理的实施情况	2. 召集业主大会会议，报告物业管理实施情况
2. 代表业主与业主大会选聘的物业服务企业签订物业服务合同	3. 与业主大会选聘的物业服务企业签订物业服务合同

续表

《物业管理条例》	《业主大会和业主委员会指导规则》
3. 及时了解业主、物业使用人的意见和建议,监督和协助物业服务企业履行物业服务合同	4. 及时了解业主、物业使用人的意见和建议,监督和协助物业服务企业履行物业服务合同
4. 监督管理规约的实施	5. 监督管理规约的实施
—	6. 督促业主交纳物业费及其他相关费用
—	7. 组织和监督专项维修资金的筹集和使用
—	8. 调解业主之间因物业使用、维护和管理产生的纠纷
5. 业主大会赋予的其他职责	9. 业主大会赋予的其他职责

上述法律条文明确规定了业主委员会的职责,业主委员会有权"及时了解业主、物业使用人的意见和建议,监督和协助物业服务企业履行物业服务合同"。同时,《物业管理条例》第十九条第一款又从反面对其进行了限制:"业主大会、业主委员会应当依法履行职责,不得作出与物业管理无关的决定,不得从事与物业管理无关的活动。"本案中,该小区业主委员会是在召开业主大会期间,经全体业主选举产生的办事机构,业主委员会能够行使业主授予的民事权利,能够在业主授权下从事一定的活动,也可以从事诉讼活动。业主委员会以物业服务企业拒不办理交接、清退手续为由向法院提起诉讼,是在履行业主大会赋予的职责,且更换物业服务企业亦是与物业管理有关的活动。因此,业主委员会有权以原告身份参加诉讼,物业服务企业的抗辩事由不能成立。

【法律链接】

1.《中华人民共和国物权法》第七十五条

对应:《中华人民共和国民法典》第二百七十七条

2.《物业管理条例》第十五条、第十九条

3.《业主大会和业主委员会指导规则》第三十五条

5. 业主委员会委员候选人不符合法律规定怎么办?

【案情导入】

李某是某小区的业主,在该小区业主大会会议筹备组召开业主大会的过程中,李某发现筹备组的行为严重违反了《业主大会和业主委员会指导规则》的有关规定。2015年,李某向小区所在街道办事处邮寄了《投诉信》,主要投诉内容为:选举的业主委员会委员候选人中,(1)张某由筹备组直接指定;(2)黄某因未履行生效判决被人民法院列为失信被执行人;(3)魏某虽然仍然居住在该小区,但其实际上已将该小区房产进行出售。李某认为上述三名委员候选人不符合法律规定,要求街道办事处立即启动调查程序,对此进行审查。街道办事处签收了李某邮寄的《投诉信》,但未给予答复,李某认为街道办事处不履行法定职责,遂向法院提起诉讼。

【实务参考】

本案中,李某向法院提起诉讼的原因在于街道办事处的不作为,即其就业主委员会委员候选人不符合任职资格的情况要求街道办事处启动调查程序，而街道办事处不予理会。李某的诉求能否得到法院的支持呢？这就需要我们对业主委员会委员的产生方式、任职资格等进行逐一分析。

（一）业主委员会委员候选人产生的方式是什么

业主委员会委员候选人的产生有一定的要求。例如，根据北京市 2020 年 5 月 1 日施行的《北京市物业管理条例》规定，业主委员会委员候选人通过下列方式产生：

1. 社区党组织推荐；

2. 居民委员会、村民委员会推荐；

3. 业主自荐或者联名推荐。

筹备组根据业主委员会委员候选人产生办法按照前款方式推荐的人员中确定业主委员会委员候选人名单，报社区党组织。社区党组织引导和支持业主中的党员积极参选业主委员会委员，通过法定程序担任业主委员会委员。

根据法律的规定，委员候选人可以通过基层组织推荐产生，也可以由业主自荐或者联名推荐产生，而本案中的委员候选人张某是由筹备组直接指定的，其产生的方式不符合法律的规定，因此，张某不能成为该小区业主委员会委员候选人。

（二）业主委员会委员的任职要求是什么

业主委员会委员应当由热心公益事业、责任心强、具有一定组织能力的业主担任。业主委员会委员应当是物业管理区域内的业主，并符合下列条件：

1. 具有完全民事行为能力；

2. 遵守国家有关法律、法规；

3. 遵守业主大会议事规则、管理规约，模范履行业主义务；

4. 热心公益事业，责任心强，公正廉洁；

5. 具有一定的组织能力;

6. 具备必要的工作时间。

业主委员会委员的任职条件除了上述六项之外,部分的省、自治区和直辖市在制定本地区的物业管理规定中设有特殊规定,以北京市为例:

根据北京市 2020 年 5 月 1 日施行的《北京市物业管理条例》规定(2024 年进行了修正,删除了关于按时交纳物业费等有关的要求),业主委员会委员、候补委员应当为本物业管理区域的自然人业主或者单位业主授权的自然人代表。业主是自然人的,应当符合下列条件:(1)遵纪守法、热心公益事业、责任心强、具有一定组织能力;(2)具有完全民事行为能力;(3)符合业主委员会委员候选人产生办法中关于居住期限的要求;(4)本人、配偶及其直系亲属与物业服务人无直接的利益关系;(5)未被列为失信被执行人;(6)未有本条例规定的房屋使用禁止规定的行为;(7)未有法律法规规定的其他不宜担任业主委员会委员的情形。

根据 2020 年 5 月 1 日施行的《北京市物业管理条例》的规定,未被列为失信被执行人是业主委员会委员的任职条件之一,本案中,黄某显然不具备任职业主委员会委员的资格,黄某亦不能成为该小区业主委员会委员候选人。

(三)业主委员会委员资格终止情况是什么

业主委员会委员资格终止分为两种情况:自行终止或被决定终止,具体见表 5-1。

表 5－1　业主委员会资格终止情况

自行终止	决定终止
1. 因物业转让、灭失等原因不再是业主的; 2. 丧失民事行为能力的; 3. 依法被限制人身自由的; 4. 法律、法规以及管理规约规定的其他情形	1. 以书面方式提出辞职请求的; 2. 不履行委员职责的; 3. 利用委员资格谋取私利的; 4. 拒不履行业主义务的; 5. 侵害他人合法权益的; 6. 因其他原因不宜担任业主委员会委员的
—	业主委员会委员有如上六种情形之一的,由业主委员会 1/3 以上委员或者持有 20% 以上投票权数的业主提议,业主大会或者业主委员会根据业主大会的授权,可以决定是否终止其委员资格

根据上述规定可知,因物业转让、灭失等原因不再是小区业主的,该业主委员会委员资格自行终止,也即该种情形下的业主不符合业主委员会的任职要求,更无法成为业主委员会委员候选人。本案中,魏某已将该小区房产进行出售,虽然其仍然居住在该小区,但其出售房产的行为导致其小区业主身份的丧失,因此,魏某亦不能成为该小区业主委员会委员候选人。

综上,李某诉街道办事处不作为的理由成立,法院应当依法判令街道办事处对李某的《投诉信》作出处理。

【法律链接】

1.《物业管理条例》第十六条

2.《业主大会和业主委员会指导规则》第三十一条、第三十二条、第四十三条、第四十四条

3.《北京市物业管理条例》第三十九条、第四十条

6. 业主委员会备案遇阻怎么办?

【案情导入】

2015 年 4 月,某小区成立了业主大会筹备组,召开了首次业主大会,并在业主大会上表决通过了《某小区管理规约》和《某小区业主大会议事规则》。首届业主大会第二次会议选举产生了业主委员会及 11 名委员。当月,业主委员会成员将业主委员会备案材料报街道办事处及所在区国土房产管理局进行备案。2015 年 5 月,国土房产管理局作出《关于某小区业主大会筹备组提交书面材料的备案意见》(以下简称《备案意见一》),该意见认为:该小区业主委员会委员提交的备案材料中,关于业主委员会选举的情况,存在逻辑上的错误。材料中陈述本次选举共发放表决票 92 票,回收表决票 79 票……同意票 63 票,不同意票 0 票,弃权 4 票,送达及未送到票 24 票……票数统计存在逻辑上的差错。故对材料的真实性、规范性不予认可,我局暂不予备案。随后,业主委员会成员向国土房产管理局回函称:票据统计存在逻辑上的差错是由于笔误,现附上更正后的文件,希望国土房产管理局能够为小区业主委员会开具备案证明。国土房产管理局作出《关于某小区业主大会筹备组提交书面材料的备案意见二》(以下简称《备案意见二》),该意见表示对业主委员会成员的回函内容不予认可,建议筹备组重新对业主委员会进行选举后,将相关备案材料上报至国土房产管理局,该局将根据书面材料是否符合备案条件出具备案意见。业主委员会成员认为,首届业主大会第二次会议召开时,严格按照法律规定办理,选票数量均为真实,仅是书写材料存在笔误，且已向国土房产管理局进行了书面补正。国土房产管理局仍然不予备案的做法违反了法律的规定，遂以此为由向法院提起诉讼。

【实务参考】

本案中，业主委员会经选举产生后，在向国土房产管理局备案过程中遭遇了阻碍，业主委员会成员因对国土房产管理局不予备案的处理不满而引起争讼。那么业主委员会产生后，备案程序是必需的吗？若为必经程序，如何做才能够顺利通过备案呢？

（一）业主委员会需要备案吗

根据《物业管理条例》第十六条第一款的规定，业主委员会应当自选举产生之日起 30 日内，向物业所在地的区、县人民政府房地产行政主管部门和街道办事处、乡镇人民政府备案。

根据上述规定可知，业主委员会备案是必经程序。本案中，该小区业主大会筹备组于 2015 年 4 月召开首届业主大会第二次会议，选举产生了业主委员会及 11 名委员，并于当月将业主委员会备案材料报街道办事处及所在区国土房产管理局进行备案，该筹备组的做法符合法律要求。

（二）业主委员会备案手续及资料有哪些

《业主大会和业主委员会指导规则》第三十三条规定，业主委员会应当自选举产生之日起 30 日内，持下列文件向物业所在地的区、县房地产行政主管部门和街道办事处、乡镇人民政府办理备案手续：

1. 业主大会成立和业主委员会选举的情况；

2. 管理规约；

3. 业主大会议事规则；

4. 业主大会决定的其他重大事项。

本案中该小区业主大会筹备组召开两次业主大会，表决通过了

《某小区管理规约》和《某小区业主大会议事规则》,并选举产生了业主委员会及11名委员。除上述法律明确规定的文件资料外,业主大会若决定了其他重大事项,如业主委员会委员的任期等,也需一并提交相关材料,但该事项不得违反法律法规的强制性规定。另外,根据《业主大会和业主委员会指导规则》第三十四条的规定,业主委员会任期内,备案内容发生变更的,业主委员会应当自变更之日起30日内将变更内容书面报告备案部门。即除首次成立业主委员会需要备案外,业主委员会成立之后,备案内容发生变更的,也应及时将更变内容报告备案部门。

(三)业主委员会备案审查的形式是什么

根据北京市2020年5月1日施行的《北京市物业管理条例》规定,业主委员会应当持相关材料向物业所在地的街道办事处、乡镇人民政府申请备案,街道办事处、乡镇人民政府对材料的真实性、规范性进行核实,符合要求的,5个工作日内予以备案。

业主委员会提交的备案文件材料,相关政府机关不仅进行形式上审查,还会进行实质性审查。如果存在业主大会、业主委员会作出的决定违反法律、法规的,物业所在地的区、县人民政府房地产行政主管部门或者街道办事处、乡镇人民政府,应当责令限期改正或者撤销其决定,并通告全体业主。

本案是源于此问题产生的争议。国土房产管理局认为该小区业主委员会委员提交的备案资料中,票数统计存在逻辑上的差错,从而不予备案。该小区业主大会筹备组未对业主委员会及其成员进行重新选举,而是以回函的方式向国土房产管理局进行了澄清。我们认为,此举并不符合法律法规的要求。在国土房产管理局因为票据统计存在逻辑上的差错而对材料的真实性、规范性不予认可时,为修正错误,该小区业主大会筹备组的正确做法应该是重新召开业主大会,选举产生业主委员会及其委员,并重新报国土房产管理局备案。

【法律链接】

1.《物业管理条例》第十六条、第十九条

2.《业主大会和业主委员会指导规则》第三十三条、第三十四条

3.《北京市物业管理条例》第四十三条

7. 业主委员会未按规定履职侵害业主权益怎么办?

【案情导入】

某小区总建筑面积66,861平方米,共有业主525户,由某物业服务企业提供前期物业服务。2015年1月,该小区第一届业主委员会成立,物业服务企业认为前期物业服务合同收取物业费用过低,在重新签订物业服务合同时,向业主委员会提出上调物业费用的要求。2015年3月,业主委员会经过民意调查,调查结果为大部分业主不同意上调物业费用。随后,业主委员会向物业服务企业发出《某小区业主委员会物业管理服务函告》,载明:如贵公司继续为我园区服务,物业费收费标准应维持原价,暂不作调整。2015年7月,第一届业主委员会成员中有4人因工作原因或者身体健康原因向业主委员会提出辞职。2015年9月,该小区召开业主大会重新选举了新一届业主委员会成员,新老业主委员会就工作进行了移交。随后,更换后的业主委员会直接与物业服务企业签订了新的《物业服务合同》。《物业服务合同》签订后,小区业主在向物业服务企业按照原标准交纳物业费用时,才得知物业费用已上涨。2015年12月,小区业主代表郑某、周

某以小区业主委员会为被告，向法院提起诉讼，要求撤销业主委员会作出的与物业服务企业签订《物业服务合同》的决定。庭审中，业主委员会提供《关于上涨物业费的业主签名统计表》，该统计表显示，接受调查的人数为269户，同意上调物业费用的为229户。

【实务参考】

本案的争议焦点是小区业主委员会作出决定与物业服务企业签订上涨物业费用的《物业服务合同》是否符合法律规定的程序条件，小区业主代表要求撤销该决定的诉讼请求能否得到支持。这就关乎业主委员会的议事规则和履职问题。

（一）业主委员会的议事规则是什么

业主委员会应当按照业主大会议事规则的规定及业主大会的决定召开会议。经1/3以上业主委员会委员的提议，应当在7日内召开业主委员会会议。

业主委员会会议由主任召集和主持，主任因故不能履行职责，可以委托副主任召集。业主委员会会议应有过半数的委员出席，作出的决定必须经全体委员半数以上同意。业主委员会委员不能委托代理人参加会议。

业主委员会应当于会议召开7日前，在物业管理区域内公告业主委员会会议的内容和议程，听取业主的意见和建议。业主委员会会议应当制作书面记录并存档，业主委员会会议作出的决定，应当有参会委员的签字确认，并自作出决定之日起3日内在物业管理区域内公告。

根据上述规定，该小区业主委员会应当于会议召开7日前，在物业管理区域内公告业主委员会会议的内容和议程，听取业主的意见和建议，业主委员会会议作出的决定应当在物业管理区域内公告。但该小区业主委员会未经召开业主大会，即直接与物业服务企业签订《物业服务合同》，且未进行公告，在业主去交纳物业费用时，才被告知物业费用已上调,明显违背了法律法规的规定。

(二)业主委员会如何履行职责

业主委员会经业主大会选举产生,在法律法规规定及业主大会授权范围内履职尽责,维护全体业主的利益。业主委员会应及时向业主公布各项与业主切身利益有关的情况和资料,主要包括:

1. 管理规约、业主大会议事规则;

2. 业主大会和业主委员会的决定;

3. 物业服务合同;

4. 专项维修资金的筹集、使用情况;

5. 物业共有部分的使用和收益情况;

6. 占用业主共有的道路或者其他场地用于停放汽车车位的处分情况;

7. 业主大会和业主委员会工作经费的收支情况;

8. 其他应当向业主公开的情况和资料。

根据上述规定,在物业服务企业要求上涨物业管理费的前提下,业主委员会应当将其作出的与物业服务企业签订《物业服务合同》的决定,以及签订后的《物业服务合同》及时在物业管理区域内进行公告,接受业主的监督。该小区未将上述情况和资料进行公布,损害了业主的切身利益。

除此之外,该小区业主委员会做出决定与物业服务企业签订上调物业费用的《物业服务合同》,与小区业主共同利益息息相关,属《物权法》第七十六条第七项[《民法典》第二百七十八条第(九)项]由业主共同决定的事项,应当经专有部分占建筑总面积过半数的业主且占总人数过半数的业主同意。业主委员会提交的统计表显示,接受调查的人数仅为 269 户,同意上调物业费用的仅为 229 户,而该小区业主共计 525 户,故同意上调物业费用的业主数量尚未达到《物权法》第七十六条规定的标准。

综上,该小区业主委员会作出的上涨物业费的决定违反了法定程序条件，依法应予以撤销。

【法律链接】

1.《业主大会和业主委员会指导规则》第三十六条、第三十七条、第三十八条、第三十九条

2.《中华人民共和国物权法》第七十六条

对应：《中华人民共和国民法典》第二百七十八条

8. 业主对是否成立物业管理委员会存在争议怎么办？

【案情导入】

某小区是老旧小区，之前系某国企家属宿舍，20世纪90年代进行了“房改房”将小区房屋出售给职工个人，但是基于历史原因，一直没有成立业主委员会，小区的物业事务都由企业下属的物业服务企业负责维护，居民委员会给予相关的帮助，每个楼宇由业主推举一名楼长进行日常的维护沟通。近年来由于企业搬迁，物业服务企业解散，加之经济发展，机动车辆增加，小区配套设计也因年代久远，没有规划停车位，社区老龄化问题严重等原因，业主希望可以成立业主委员会，以便负责社区的日常管理和维护。

在成立业主委员会之前，有的业主到街道办事处咨询具体成立业主委员会的程序等注意事项，街道办事处的工作人员了解了目前该小区的具体情况以后，告知业主建议先成立物业管理委员会作为业主委员会成立之前的过渡性机构，对此业主的看法不一，有的业主

认为应该先成立物业管理委员会;有的业主认为不用先成立物业管理委员会;大多数业主不了解物业管理委员会究竟负责什么工作,认为和业主委员会是同一概念的不同称呼;有的业主认为物业管理委员会成立以后就不能再成立业主大会和业主委员会;关于物业管理委员会的概念、具体职责、成立和解散等问题存在不同认识,由此引发了争议,并进而导致物业管理委员会迟迟未能成立。

【实务参考】

本案中,业主的争议主要是围绕物业管理委员会的性质和职责产生的,大家认识不一。那么,我们需要先了解:什么是物业管理委员会?成立物业管理委员会应当具备什么条件?物业管理委员会的职责是什么?解散物业管理委员会的条件是什么?

(一)什么是物业管理委员会?成立物业管理委员会应当具备什么条件

物业管理委员会的性质是临时性机构,《北京市物业管理条例》在第四章业主、业主组织和物业管理委员会中,专门在第三节作出规定(前两节分别是业主和业主大会、业主委员会),可见物业管理委员会既不是业主大会,也不是业主委员会,三者是有一定区别的,业主大会是全体业主组成的,其职责广泛而重要。业主委员会是业主大会的常设机构和执行机构,由业主依法选举产生,负责具体执行业主大会的决定,履行具体的法定职责。而物业管理委员会属于临时性机构,在业主大会成立或者业主委员会设立前,负责履行业主大会或者业主委员会的职责,一旦业主大会和业主委员会全部设立完成,物业管理委员会就完成其使命,应当解散。所以物业管理委员会和业主委员会不是同一概念,小区业主不用担心物业管理委员会成立后,就不再成立业主大会和业主委员会。

本案中,小区业主在业主大会和业主委员会设立前,可以先设立物业管理委员会。设立物业管理委员会需要符合一定的前提条件，《北京市物业管理条例》规定，设立物业管理委员会要符合下列条件：有以下情形之一的，可以组建物业管理委员会：(1)不具备成立业主大会条件；(2)具备成立业主大会条件，但是确有困难未成立；(3)业主大会成立后，未能选举产生业主委员会。

(二)物业管理委员会的职责是什么

物业管理委员会主要是为了在业主大会和业主委员会设立前，代为履行相关职责，使得小区物业管理和维护工作不至于停顿，协助和组织业主进行业主大会和业主委员会的设立。其具体职责要区分是否成立业主大会，对于成立业主大会的，物业管理委员会组织业主大会履行其职责。对于未成立业主大会的，则物业管理委员会要组织业主履行业主大会和业主委员会的职责。

北京市2020年5月1日施行的《北京市物业管理条例》规定，成立业主大会但是尚未成立业主委员会的，物业管理委员会组织业主大会按照该条例第三十四条(业主大会的职责)的规定履行职责，并组织执行业主大会的决定。(《北京市物业管理条例》第三十四条与“《物业管理条例》第十一条和《业主大会和业主委员会指导规则》第十七条”的规定基本一致，但增加了“确定业主委员会委员津贴或者补助的标准，对业主委员会主任实施任期、离任经济责任审计；改变或者撤销业主委员会作出的与业主大会决定相抵触的决议”两项)

未成立业主大会的，物业管理委员会组织业主行使该条例第三十四条和第四十四条(业主委员会的职责)规定的业主大会和业主委员会的职责。(《北京市物业管理条例》第四十四条与“《物业管理条例》第十五条和《业主大会和业主委员会指导规则》第三十五条”的规定基本一致，但在《北京市物业管理条例》第四十四条增加了“拟定共有部分、共有资金使用与管理办法；制作和保管会议记录、共有部分的档案、会计凭证和账簿、财务报表等有关文件；定期向业主通报工作情况，每半年公示业主委员会委员、候补委员交纳物业费、停车费情况；协调解决因物业使用、维护和管理产生的纠纷；在物业管理区域内配合行政执法机关开展执法工作；配合、支持居民委员会、村民委员会依法履行职责，并接受其指导和监督"等七项职责）

（三）解散物业管理委员会的条件是什么

物业管理委员会属于临时性机构，其任期一般不超过三年，在特定条件达成时，应当解散。根据北京市 2020 年 5 月 1 日施行的《北京市物业管理条例》规定，已成立业主大会、选举产生业主委员会，并按照该条例第四十三条规定备案的，或者因物业管理区域调整、房屋灭失等其他客观原因致使物业管理委员会无法存续的，街道办事处、乡镇人民政府应当在 30 日内解散物业管理委员会。

本案中，小区业主先设立物业管理委员会的，若后续成立业主大会、并选举产生业主委员会，街道办事处、乡镇人民政府应在 30 日内解散物业管理委员会。据此，本案的争议便可迎刃而解。

【法律链接】

《北京市物业管理条例》第三十四条、第四十四条、第五十二条、第五十三条、第五十六条、第五十八条、第五十九条

9. 业主对物业管理委员会的组建存在争议怎么办？

【案情导入】

某小区连续被多名业主投诉至相关部门，反映该小区环境脏、乱、差等情况。相关部门在了解该小区的情况后，发现物业管理方面存在较大问题。因该小区尚未成立业主大会，从而缺乏物业服务企业与业主之间的沟通桥梁，需尽快成立业主大会。考虑到成立业主大会需要进行一系列的组织工作，而小区业主的普遍情况是业主年龄偏高，不适宜担任组织和协调工作。此外，还存在一些房屋所有权争议没有解决的问题，无法明确业主，还有一些业主在外经商、学习，短时间内不能亲自参加组织业主大会的活动，甚至有的失去联系等特殊情况。鉴于该小区目前尚不具备成立业主大会条件，相关部门建议该小区先组建一个物业管理委员会，以便可以在成立业主大会前负担起小区的日常管理和维护并推动业主大会和业主委员会的成立。但是，对于物业管理委员会的人员组成和任期问题以及物业管理委员会的主任人选问题，有的业主认为只能由具有小区业主身份的人才能担任，有的则认为无论是否具有小区业主身份，只要能做到履职尽责即可。关于物业管理委员会的任期，有的业主认为不宜过长，应当不超过 1 年；有的则认为应当 5 年一届，甚至没有年数限制直到业主大会和业主委员会成立以后再解散。

【实务参考】

本案中，该小区业主均同意采纳相关部门的意见，计划尽快先行组建物业管理委员会。那么，我们需要明确：物业管理委员会的组成人员有哪些？委员的任期是多久？

（一）物业管理委员会的组成人员有哪些

根据北京市2020年5月1日施行的《北京市物业管理条例》的规定，街道办事处、乡镇人民政府负责组建物业管理委员会。物业管理委员会由居民委员会、村民委员会、业主、物业使用人代表等7人以上单数组成，其中业主代表不少于物业管理委员会委员人数的1/2。物业管理委员会主任由居民委员会、村民委员会代表担任，副主任由居民委员会、村民委员会指定1名业主代表担任。

本案中，业主们决定成立物业管理委员会，其成员组成大部分应当是小区的业主，但是也应当接受居民委员会派驻的代表参加。并且物业管理委员会的主任应当由居民委员会代表担任。

（二）物业管理委员会的任期是多久

物业管理委员会属于临时性机构，所以其任期也有限制，不是由业主大会随意规定，物业管理委员会的任期一般不超过3年。期满仍未推动成立业主大会、选举产生业主委员会的，由街道办事处、乡镇人民政府重新组建物业管理委员会。

本案中，有的业主认为物业管理委员会要到业主大会和业主委员会成立以后才解散的理解是错误的，当然认为任期5年一届也是错误的。因为物业管理委员会的任期一般不得超过3年，超过3年应当重新组建。

【法律链接】

《北京市物业管理条例》第五十二条、第五十四条、第五十八条

10. 对物业管理委员会的备案和刻制印章产生争议怎么办?

【案情导入】

某小区成立业主大会后,成立了物业管理委员会,担负起相关职责,实际工作开展过程中,物业管理委员会按照业主大会的决定,需要和垃圾清运公司签订垃圾清运合同,也需要和一些公司签订小区设施的专业维护合同,而此时物业管理委员会刚刚成立,物业管理委员会主任认为首先应当到相关部门进行备案登记,但是不清楚具体需要哪些备案文件。其次,由于在日常工作中经常有一些协议、函件、通知、公告等文件需要加盖印章,故需要刻印公章一枚,便于开展工作,而对于物业管理委员会能否刻制印章也存在疑问,导致相关物业工作迟滞。

【实务参考】

本案中,物业管理委员会成立以后,在开展具体工作之前,是否需要备案或者取得证明,以及能否申请刻制印章呢?对此,我们分析如下:

(一)物业管理委员会是否需要备案

根据北京市2020年5月1日施行的《北京市物业管理条例》规定,成立业主大会但是尚未成立业主委员会的,物业管理委员会自成立之日起30日内,持下列材料向物业所在地的街道办事处、乡镇人民政府申请备案:

1. 业主大会会议记录和会议决定；

2. 业主大会议事规则；

3. 管理规约。

街道办事处、乡镇人民政府对以上材料进行核实，符合要求的，5个工作日内予以备案，并出具业主大会备案证明和印章刻制证明。

本案中，已经成立了业主大会，物业管理委员会主任认为应当备案是正确的。从本条规定需要提交的备案文件以及取得的备案证明分析，这里的备案主要是业主大会的备案登记。

（二）物业管理委员会是否能够刻制印章

北京市2020年5月1日施行的《北京市物业管理条例》规定，成立业主大会的，物业管理委员会持业主大会备案证明和印章刻制证明向公安机关申请刻制业主大会印章，持街道办事处、乡镇人民政府出具的成立证明申请刻制物业管理委员会印章。未成立业主大会的，物业管理委员会持街道办事处、乡镇人民政府出具的成立证明申请刻制物业管理委员会印章。

本案中，无论是否成立业主大会，物业管理委员会均可以刻制印章。由于已经成立了业主大会，所以物业管理委员会应当向街道办事处、乡镇人民政府提供上述文件进行备案登记，取得业主大会的备案证明和印章刻制证明，并取得物业管理委员会的成立证明。

【法律链接】

《北京市物业管理条例》第五十五条

11. 物业管理委员会议事规则不符合要求怎么办？

【案情导入】

某小区物业管理委员会召开会议讨论并决定小区的管理事项，主任李某因为身在国外无法参加，书面委托物业管理委员会副主任张某召集和主持物业管理委员会会议。物业管理委员会一共有委员9人，其中业主代表7人，会议当天一共到场5人，其中业主代表3人，3人中的胡某因为有急事，临时委托其母亲代为参加会议，并且提供了书面委托书。当天会议通过了相关审议事项，参会的全部委员都签字同意，通过的相关事项1个月以后在小区公布后。对于本次物业管理委员会会议，有的业主认为副主任召集或者主持会议是违规的，有的业主认为物业管理委员会应当全部委员都参加会议否则其对相关事项的决议是无效的，有的业主认为参加会议的业主代表仅有3人是违规的并且业主代表胡某应当亲自参加会议，有的业主则认为会议事项在1个月以后才予公布亦违反条例规定。

【实务参考】

本案中，物业管理委员会作为临时机构，根据其职责，需要就相关事项进行会商，并且作出表决。那么，我们需要明确：物业管理委员会议事规则是什么？

北京市2020年5月1日施行的《北京市物业管理条例》第五十七条规定，物业管理委员会会议由主任或者由主任委托副主任召集和主持,1/3 以上委员提出召开物业管理委员会会议的,主任应当组织召开会议。

会议应当有过半数委员且过半数业主代表委员参加,业主代表委员不能委托代理人参加会议。

物业管理委员会按照本条例第五十六条确定的事项应当经过半数委员签字同意。会议结束后 3 日内,物业管理委员会应当将会议情况以及确定事项在物业管理区域内显著位置公示 10 个工作日。

本案中,物业管理委员会主任书面委托副主任召集和主持会议符合条例规定。而参加本次会议的委员人数是 5 人,虽然总数达到了全部委员 9 人的半数以上,但是实际参加会议的业主代表数不符合条例的规定。首先,参会的业主代表仅有 3 人,少于条例规定的业主代表全部人数 7 人的半数。其次,胡某作为业主代表委员委托其母亲参加会议,也违反了条例规定。所以会议参会人员的构成违反了条例规定。有的业主认为必须全部委员都参加会议显然也是错误的,只要有过半数委员且过半数业主代表委员参加就可以。物业管理委员会在会议结束后 1 个月才公布相关决议事项不符合条例规定,应在会议结束 3 日内进行公示。

【法律链接】

《北京市物业管理条例》第五十七条

12. 未选举业主委员会的情况下，业主认为居民委员会无权代为召开业主大会怎么办？

【案情导入】

某小区业主委员会于2013年5月成立，任期5年，2018年5月9日任期届满后未产生新一届业主委员会。居民委员会于2018年9月18日收到小区业主的联名申请及相关证件，申请召开临时业主大会，表决更换小区的A物业服务企业。申请召开临时业主大会的业主的专有部分占建筑物总面积20%以上且占总人数20%以上，符合召开临时业主大会的法律规定，故居民委员会决定召开临时业主大会，会议内容为解聘、选聘小区的物业服务企业。在区住房和建设局以及区街道办事处的指导和监督下，居民委员会于2018年12月10日在小区召开临时业主大会，小区内专有部分占建筑物总面积过半数的业主且占总人数过半数的业主对解聘、选聘物业服务企业进行表决投票，小区内专有部分占建筑物总面积过半数的业主且占总人数过半数的业主同意解聘A物业服务企业、选聘B物业服务企业，居民委员会于2019年1月10日至2月10日在小区公示了表决结果。

小区业主苏某、龙某、何某、蓝某认为居民委员会无权组织召开业主大会，侵害了小区业主的合法权益，故向法院提起诉讼。

【实务参考】

本案中，因未产生新一届业主委员会，居民委员会代为召开业主大会，小区业主认为居民委员会无权组织召开业主大会，故提起诉讼。那么，居民委员会是否有权召开业主大会，我们需要明确什么是居民委员会？居民委员会与业主大会、业主委员会之间的关系是什么？

（一）什么是居民委员会

居民委员会是居民自我管理、自我教育、自我服务的基层群众性自治组织，不设区的市、市辖区的人民政府或者它的派出机关对居民委员会的工作给予指导、支持和帮助。居民委员会具有以下任务：(1)宣传宪法、法律、法规和国家的政策，维护居民的合法权益，教育居民履行依法应尽的义务，爱护公共财产，开展多种形式的社会主义精神文明建设活动；(2)办理本居住地区居民的公共事务和公益事业；(3)调解民间纠纷；(4)协助维护社会治安；(5)协助人民政府或者它的派出机关做好与居民利益有关的公共卫生、计划生育、优抚救济、青少年教育等工作；(6)向人民政府或者它的派出机关反映居民的意见、要求和提出建议。居民委员会应当开展便民利民的社区服务活动，可以兴办有关的服务事业。

因此，居民委员会是居民自我管理、自我教育、自我服务的基层群众性自治组织，在不设区的市、市辖区的人民政府或者它的派出机关的指导下，依照法律规定行使职权。本案中，居民委员会在业主委员会未进行换届选举的情况下，经区住房和建设局以及区街道办事处的指导和监督，代行业主委员会的职责，为小区居民办理公共事务，维护了居民的合法权益，发挥了基层群众性自治组织的效用。

(二)居民委员会与业主大会、业主委员会之间的关系是什么

既然居民委员会可以代行业主委员会的职责,那么在物业管理方面,居民委员会与业主大会、业主委员会之间到底是什么关系呢?根据有关法律规定,召开业主委员会会议,应当告知相关的居民委员会,并听取居民委员会的建议。在物业管理区域内,业主大会、业主委员会应当积极配合相关居民委员会依法履行自治管理职责,支持居民委员会开展工作,并接受其指导和监督。由此可知,居民委员会指导和监督业主大会、业主委员会的工作。居民委员会对业主大会、业主委员会工作的指导和监督具体表现为:(1)首次业主大会会议筹备组应包括居民委员会代表,居民委员会有权组织业主推荐筹备组中的业主代表;(2)业主大会、业主委员会召开会议,应当通知居民委员会;(3)业主委员会不履行组织召开会议职责的,经物业所在地的区、县房地产行政主管部门或者街道办事处、乡镇人民政府责令限期召开逾期仍不召开的,居民委员会有权在街道办事处、乡镇人民政府的指导和监督下组织召开;(4)业主委员会不履行换届选举职责的,经物业所在地的区、县房地产行政主管部门或者街道办事处、乡镇人民政府责令限期组织换届选举,逾期仍不组织的,居民委员会有权在街道办事处、乡镇人民政府的指导和监督下组织换届选举;(5)因客观原因未能选举产生业主委员会或者业主委员会委员人数不足总数的1/2的,新一届业主委员会产生之前,可以由物业所在地的居民委员会在街道办事处、乡镇人民政府的指导和监督下,代行业主委员会的职责。

因此,居民委员会在没有业主委员会或者业主委员会委员人数不足总数的1/2的情况下,可以代行业主委员会的职责。本案中,因某小区业主委员会任期届满后未产生新一届业主委员会,某小区所在地的居委会在区住房和建设局以及区街道办事处的指导和监督下

代行业主委员会的职责，组织召开临时业主大会的行为符合法律规定。小区业主苏某、龙某、何某、蓝某提出的居民委员会无权组织召开业主大会的主张，没有法律依据。

【法律链接】

1.《城市居民委员会组织法》

第二条　居民委员会是居民自我管理、自我教育、自我服务的基层群众性自治组织。

不设区的市、市辖区的人民政府或者它的派出机关对居民委员会的工作给予指导、支持和帮助。居民委员会协助不设区的市、市辖区的人民政府或者它的派出机关开展工作。

第三条　居民委员会的任务：

(一)宣传宪法、法律、法规和国家的政策，维护居民的合法权益，教育居民履行依法应尽的义务，爱护公共财产，开展多种形式的社会主义精神文明建设活动；

(二)办理本居住地区居民的公共事务和公益事业；

(三)调解民间纠纷；

(四)协助维护社会治安；

(五)协助人民政府或者它的派出机关做好与居民利益有关的公共卫生、计划生育、优抚救济、青少年教育等项工作；

(六)向人民政府或者它的派出机关反映居民的意见、要求和提出建议。

第四条　居民委员会应当开展便民利民的社区服务活动，可以兴办有关的服务事业。

居民委员会管理本居民委员会的财产，任何部门和单位不得侵犯居民委员会的财产所有权。

2.《物业管理条例》第十四条

3.《业主大会和业主委员会指导规则》第十条、第十一条、第二十一条、第五十一条、第五十四条、第五十七条、第五十八条

13. 物业服务期限届满，业主委员会未通知物业服务企业是否续聘怎么办？

【案情导入】

某小区由A物业服务企业提供物业服务，物业服务合同期限届满后，业主委员会未告知是否与其续聘物业服务合同，物业服务企业询问业主委员会后，业主委员会答复经业主大会讨论后还未决定是否续聘A物业服务企业，让物业服务企业继续等待业主的决定。A物业服务企业认为，合同期限已经届满，其继续提供物业服务没有合同依据，难以保障其合法权利，对此，业主委员会含糊其词。最终A物业服务企业仍继续为小区提供物业服务，3个月后，业主委员会要求其2周内退出小区，A物业服务企业以其没有事先通知为由拒绝退出。

【实务参考】

本案中，业主委员会未作出续聘的决定，A物业服务企业继续提供服务，后业主委员会要求其退出小区时，遭到了A物业服务企业的拒绝，那么业主委员会有权要求A物业服务企业退出小区吗？对此，我们需要明确以下问题：

（一）续聘物业服务企业的程序是什么

根据《民法典》第九百四十七条、《业主大会和业主委员会指导规则》第十七条、第三十五条规定，物业服务期限届满前，业主大会决定是否续聘原物业服务企业，业主大会作出续聘决定后，由业主委员会负责与原物业服务企业签订物业服务合同。物业服务期限届满前,物业服务人不同意续聘的,应当在合同期限届满前 90 日书面通知业主或者业主委员会,但是合同对通知期限另有约定的除外。

本案中,在物业服务合同期限届满前,业主大会未作出续聘或解聘物业服务企业的决定,物业服务合同期限届满后,经业主委员会组织召开过业主大会,业主大会亦未作出续聘或解聘 A 物业服务企业的决定,业主委员会未与 A 物业服务企业续签物业服务合同。

(二)解除物业服务合同的程序是什么

《民法典》第九百四十六条规定,业主依照法定程序共同决定解聘物业服务人的,可以解除物业服务合同。决定解聘的,应当提前 60 日书面通知物业服务人,但是合同对通知期限另有约定的除外。依据前款规定解除合同造成物业服务人损失的,除不可归责于业主的事由外,业主应当赔偿损失。

《民法典》第九百四十八条规定,物业服务期限届满后,业主没有依法作出续聘或者另聘物业服务人的决定,物业服务人继续提供物业服务的,原物业服务合同继续有效,但是服务期限为不定期。当事人可以随时解除不定期物业服务合同,但是应当提前 60 日书面通知对方。

本案中,物业服务合同期限届满后,业主大会未作出是否续聘 A 物业服务企业的决定,A 物业服务企业继续为小区提供物业服务,原物业服务合同继续有效,期限为不定期,业主大会解除物业服务合同,应当提前 60 日书面通知对方,并且除不可归责于业主的事由外,应当赔偿 A 物业服务企业遭受的损失。因此,业主委员会未提前通知物业服务企业,即要求 A 物业服务企业 2 周内退出小区违反法律规定,A 物业服务企业有权自收到解除物业服务合同的书面通知之日起 60 日后再退出小区,并有权要求小区支付履行不定期合同期间的物业费以及因此遭受的损失。

【法律链接】

1.《中华人民共和国民法典》第九百四十六条、第九百四十七条、第九百四十八条

2.《业主大会和业主委员会指导规则》第十七条、第三十五条

14. 小区无人管理又遇突发应急事件怎么办?

【案情导入】

某小区的物业管理一直由A物业服务企业负责,A物业服务企业出现资不抵债、经营管理混乱的情形,于2019年12月起不再为小区提供物业服务,由于长时间无人管理,小区内人员复杂,消防设施等共用设施设备维修和养护不及时、不到位,共用设施设备形同虚设,给业主造成严重的安全隐患。2020年1月中下旬,新冠肺炎疫情全面爆发,中央下达指示,指导物业服务企业开展各项应对工作,积极防控疫情,做好小区防疫工作。某小区由于一直没有物业服务企业负责物业管理,疫情期间小区防控措施不严,严重威胁业主的健康和安全,小区业主遂向街道办事处反映情况,寻求帮助。

【实务参考】

本案中,某小区没有物业服务企业提供物业服务,导致小区管理混乱,给业主带来安全隐患,疫情的爆发更是严重威胁业主的健康和安全,在这种情况下,小区业主如何维护自己的权益呢?首先,我们

应当明确以下问题：

（一）应急物业服务机制是什么

根据北京市2020年5月1日施行的《北京市物业管理条例》第七十七条规定，本市建立应急物业服务机制。物业管理区域突发失管状态时，街道办事处、乡镇人民政府应当组织有关单位确定应急物业服务人，提供供水、垃圾清运、电梯运行等维持业主基本生活服务事项的应急服务。提供应急物业服务的，街道办事处、乡镇人民政府应当将服务内容、服务期限、服务费用等相关内容在物业管理区域内显著位置公示。应急物业服务期限不超过6个月，费用由全体业主承担。应急物业服务期间，街道办事处、乡镇人民政府应当组织业主共同决定选聘新物业服务人，协调新物业服务人和应急物业服务人做好交接。

本案中，小区业主向街道办事处反映情况后，街道办事处应当联合有关单位确定应急物业服务企业，为业主提供物业服务，应急物业服务期限不超过6个月，费用由全体业主承担。业主在应急物业服务期限内，在街道办事处的组织下选聘新物业服务人。

（二）应对突发事件中基层人民政府、居民委员会和物业服务企业应当怎么办

根据北京市2020年5月1日施行的《北京市物业管理条例》第十条规定，突发事件应对期间，街道办事处、乡镇人民政府负责落实市人民政府依法采取的各项应急措施；指导物业服务人开展相应级别的应对工作，并给予物资和资金支持。物业服务人应当按照要求服从政府统一指挥，在街道办事处、乡镇人民政府指导下积极配合居民委员会、村民委员会开展工作，依法落实应急预案和各项应急措施。

在应对突发事件中，基层政府应积极落实市人民政府针对突发事件采取的各项措施，指导物业服务企业开展工作，并给予物资和资

金支持;居民委员会、村民委员会配合物业服务企业落实突发事件的应急预案。

《北京市物业管理条例》规定物业服务企业应当参与突发事件应对工作,一方面为物业服务企业采取应急措施提供了法律依据,能够减少业主与物业服务企业的冲突,有利于突发事件应急工作的顺利开展;另一方面也明确了物业服务企业在突发事件应对期间的法定义务,物业服务企业不只是依据订立的物业服务合同为业主提供物业服务,在发生突发事件的情况下,有义务配合相关部门落实突发事件的应急预案和各项应急措施。

本案中,街道办事处联合有关单位确定应急物业服务企业后,应当与应急物业服务企业进行配合,指导应急物业服务企业落实人民政府采取的各项防疫措施,并给予物资和资金支持。应急物业服务企业应当按照要求服从政府统一指挥落实疫情防控工作,在街道办事处的指导下积极配合居民委员会开展工作,依法落实疫情防控应急预案和各项应急措施,维护小区秩序、保障居民的健康和安全。

【法律链接】

《北京市物业管理条例》第十条、第七十七条

15. 楼顶设置的广告牌影响业主安全怎么办?

【案情导入】

某大楼系A公司于2007年建成,吴某于2008年5月6日自A

公司处购买了该82号大楼的706号房屋(以下简称706号房屋)。A公司曾于2008年3月28日与B广告公司续订了3年租用广告场地合约书,租用该大楼顶层楼面全部竖立广告牌,并依法分别向当地工商行政管理局分局、当地规划城建局办理了相关设置广告的手续。2010年5月14日,李某向吴某购买了706号房屋后,认为B公司在大楼楼顶设置广告牌,造成楼顶混乱,甚至在刮台风时会有掉落的可能,在楼顶设置广告牌的行为给作为业主的李某造成妨害,李某要求A公司拆除楼顶的广告牌,排除妨碍,恢复原状。

【实务参考】

本案中,李某能否要求A公司拆除广告牌,首先要确认楼顶空间属于建筑物区分所有权中的专有部分还是共有部分。那么什么是业主专有部分和业主共有部分呢?

(一)什么是业主专有部分

《物权法》第七十条(对应《民法典》第二百七十一条)规定,业主对建筑物内的住宅、经营性用房等专有部分享有所有权。

最高人民法院《关于审理建筑物区分所有权纠纷案件适用法律若干问题的解释》第二条第一款、第二款规定,建筑区划内符合下列条件的房屋,以及车位、摊位等特定空间,应当认定为民法典第二编第六章所称的专有部分:

1. 具有构造上的独立性,能够明确区分;
2. 具有利用上的独立性,可以排他使用;
3. 能够登记成为特定业主所有权的客体。

规划上专属于特定房屋,且建设单位销售时已经根据规划列入该特定房屋买卖合同中的露台等,应当认定为专有部分的组成部分。

(二)什么是业主共有部分

《物权法》第七十三条(对应《民法典》第二百七十四条)规定,建筑区划内的道路,属于业主共有,但属于城镇公共道路的除外。建筑区划内的绿地,属于业主共有,但属于城镇公共绿地或者明示属于个人的除外。建筑区划内的其他公共场所、公用设施和物业服务用房,属于业主共有。

最高人民法院《关于审理建筑物区分所有权纠纷案件适用法律若干问题的解释》第三条第一款规定,除法律、行政法规规定的共有部分外,建筑区划内的以下部分,也应当认定为民法典第二编第六章所称的共有部分:

1. 建筑物的基础、承重结构、外墙、屋顶等基本结构部分,通道、楼梯、大堂等公共通行部分,消防、公共照明等附属设施、设备,避难层、设备层或者设备间等结构部分;

2. 其他不属于业主专有部分,也不属于市政公用部分或者其他权利人所有的场所及设施等。

最高人民法院《关于审理建筑物区分所有权纠纷案件适用法律若干问题的解释》和《住宅专项维修资金管理办法》都对《物权法》中"共有部分"作了明确规定。《物权法》和最高人民法院《关于审理建筑物区分所有权纠纷案件适用法律若干问题的解释》都使用的是"共有部分"一词,但在《住宅专项维修资金管理办法》使用的是"共用部位"一词,现没有相关规定对"共有部分"和"共用部位"作出明确区分,根据物权法定原则,暂应视为"共用部位"与"共有部分"的内涵一致。

《住宅专项维修资金管理办法》第三条规定,住宅共用部位,是指根据法律、法规和房屋买卖合同,由单幢住宅内业主或者单幢住宅内业主及与之结构相连的非住宅业主共有的部位,一般包括住宅的基础、承重墙体、柱、梁、楼板、屋顶以及户外的墙面、门厅、楼梯间、走廊通道等。共用设施设备,是指根据法律、法规和房屋买卖合同,由住宅业主或者住宅业主及有关非住宅业主共有的附属设施设备,一般包括电梯、天线、照明、消防设施、绿地、道路、路灯、沟渠、池、井、非经营性车场车库、公益性文体设施和共用设施设备使用的房屋等。

本案中 706 号房屋的楼顶是最后粉刷表层之外的顶层楼板及其以外的部分,从其自然属性、功能用途两方面来看,应该属于其他公共场所的范畴,是该大楼全体业主的共有物业,属于该大楼的共有部分。按区分建筑物所有权的权能,性质上其属于业主的共有权部分,应为全体业主所共有。该大楼由 A 公司于 2007 年建造,大楼建成后不久,A 公司转让了产权,产权也登记在各住户的产权人名下。李某现作为该大楼 706 房屋的所有人依法取得了该房的专有权,当然成为该大楼共有部分的共有权人,和其他业主共同享有大楼楼顶的物权。A 公司在 82 号大楼楼顶设置广告牌的行为,无论是否办理了相关的行政手续,只要未经李某等大楼房屋所有权人的同意,其行为都侵害了李某等业主们的建筑物区分所有权中的共有权,李某有权要求物业服务企业拆除广告牌。

【法律链接】

1.《中华人民共和国物权法》第七十条、第七十三条

对应:《中华人民共和国民法典》第二百七十一条、第二百七十四条

2.《住宅专项维修资金管理办法》第三条

3. 最高人民法院《关于审理建筑物区分所有权纠纷案件适用法律若干问题的解释》第二条、第三条

16. 物业服务企业不履行报告义务怎么办?

【案情导入】

某小区由 A 物业服务企业提供服务,在提供物业服务期间,A 物

业服务企业向业主委员会公开承诺其将每2周向业主委员会报告工作情况。物业服务企业负责执行业主委员会的决定,记录维修资金的使用情况,利用业主共有的部分进行经营和收益,但一直未向业主委员会报告其工作情况。业主委员会要求A物业服务企业履行承诺,每2周报告工作情况,A物业服务企业认为业主可以随时向其查询物业服务相关的情况,且合同中未约定A物业服务企业负有报告义务,无须向业主委员会报告工作情况,双方对此发生争议。

【实务参考】

本案中,A物业服务企业向业主委员会公开承诺其将每2周向业主委员会报告工作情况,在业主委员会要求其履行承诺时,A物业服务企业又以合同中未约定其负有报告义务为由,拒绝向业主委员会报告工作情况,那么,A物业服务企业是否具有报告义务呢?对此,我们应当明确以下问题:

(一)物业服务企业是否具有报告义务

《民法典》第九百四十三条规定,物业服务人应当定期将服务的事项、负责人员、质量要求、收费项目、收费标准、履行情况,以及维修资金使用情况、业主共有部分的经营与收益情况等以合理方式向业主公开并向业主大会、业主委员会报告。

本案中,物业服务企业负责小区的物业管理,应当定期将物业服务履行情况、维修资金使用情况、业主共有部分的经营与收益等情况定期向业主委员会报告,其以未在合同中约定此报告义务为由,拒绝履行,违反法律规定。

(二)物业服务企业的公开承诺具有法律效力吗

《民法典》第九百三十八条第二款规定,物业服务人公开作出的有利于业主的服务承诺,为物业服务合同的组成部分。《物业管理条例》第三十五条第一款规定,物业服务企业应当按照物业服务合同的约定,提供相应的服务。

本案中,A物业服务企业向业主委员会公开承诺其将每2周向业主委员会报告工作情况,虽然该承诺内容未在合同中书面约定,但依据法律规定,该承诺内容构成物业服务合同的组成部分,物业服务企业应当履行此约定。

【法律链接】

1.《中华人民共和国民法典》第九百三十八条、第九百四十三条

2.《物业管理条例》第三十五条

17. 业主拒绝缴纳专项维修资金怎么办?

【案情导入】

2014年3月,张某取得上海市某小区9号楼一层和二层房屋的产权,却从未支付过专项维修资金。2020年1月,该小区业主大会经征求业主表决意见,决定对小区电梯进行升级改造时,才发现张某从未缴纳过专项维修资金,遂要求张某按房屋面积对应购房时房屋造价的6%补缴专项维修资金。张某辩称,其于2014年取得房产证,至今已有6年之久,从未主张过维修资金,因此不同意补缴专项维修资金,双方产生争议。该小区业主大会是否有权要求张某补缴专项维修资金?

【实务参考】

张某作为小区业主,未依法自觉缴纳专项维修资金,导致其他业主的利益受损,业主大会是否有权要求张某补缴专项维修资金?首先我们需要明确业主大会要求张某缴纳的专项维修资金是什么?专项维修资金的缴存比例是多少?

(一)什么是住宅专项维修资金

《物权法》第七十九条(对应《民法典》第二百八十一条)规定,建筑物及其附属设施的维修资金,属于业主共有。经业主共同决定,可以用于电梯、水箱等共有部分的维修。《物业管理条例》第五十三条第二款规定,专项维修资金属于业主所有,专项用于物业保修期满后物业共用部位、共用设施设备的维修和更新、改造,不得挪作他用。《住宅专项维修资金管理办法》第二条第二款规定,本办法所称住宅专项维修资金,是指专项用于住宅共用部位、共用设施设备保修期满后的维修和更新、改造的资金。

依据上述规定,维修资金性质上属于专项基金,系为特定目的,即住宅共用部位、共用设施设备保修期满后的维修和更新、改造而专设的资金。它在购房款、税费、物业费之外,单独筹集、专户存储、单独核算。由于共有部分的维护关乎全体业主的共同或公共利益,所以维修资金具有公共性、公益性。

本案中业主大会决定对小区电梯进行改造升级,是为了维护小区全体业主的公共利益,要求张某补缴维修资金,是业主大会代表全体业主行使维护小区共同或公共利益之职责的体现。

(二)专项维修资金的缴存比例是多少

《住宅专项维修资金管理办法》第七条规定,商品住宅的业主、非住宅的业主按照所拥有物业的建筑面积交存住宅专项维修资金,每平方米建筑面积交存首期住宅专项维修资金的数额为当地住宅建筑安装工程每平方米造价的5%～8%。直辖市、市、县人民政府建设（房地产）主管部门应当根据本地区情况，合理确定、公布每平方米建筑面积交存首期住宅专项维修资金的数额，并适时调整。第八条规定，出售公有住房的，按照下列规定交存住宅专项维修资金：(1)业主按照所拥有物业的建筑面积交存住宅专项维修资金，每平方米建筑面积交存首期住宅专项维修资金的数额为当地房改成本价的2%。(2)售房单位按照多层住宅不低于售房款的20%、高层住宅不低于售房款的30%，从售房款中一次性提取住宅专项维修资金。

本案中，业主大会要求张某补缴专项维修资金为所购房屋面积对应当时造价的6%，是符合《住宅专项维修资金管理办法》中关于专项维修资金缴纳比例的，张某理应补缴。依据上述规定，缴纳专项维修资金是为特定范围的公共利益，即建筑物全体业主的共同利益而特别确立的一项法定义务，这种义务的产生与存在仅仅取决于义务人是否属于建筑物范围内的住宅或非住宅所有权人。因此，缴纳专项维修资金的义务是一种旨在维护共同或公共利益的法定义务，其只存在补缴问题，不存在因时间经过而可以不缴的问题。如果允许某些业主不缴纳维修资金而可享有以其他业主的维修资金维护共有部分而带来的利益，其他业主就有可能在维护共有部分上支付超出自己应当负担比例的费用，这违背了公平原则，并将对建筑物的长期安全使用、对全体业主的共有或公共利益造成损害。

【法律链接】

1.《中华人民共和国物权法》第七十九条

对应：《中华人民共和国民法典》第二百八十一条

2.《物业管理条例》第五十三条

3.《住宅专项维修资金管理办法》第二条、第七条、第八条

18. 业主主张前期物业服务合同未经业主同意应无效怎么办?

【案情导入】

王某系保安公司退休员工,2000年左右,王某与保安公司签订《房屋买卖合同》,约定由保安公司向王某出售某小区某房屋,合同签订后,王某按约定向保安公司支付了购房款,保安公司亦向王某出具了购房款的收据,王某由此成为业主。王某入住该房屋后直至2016年9月,由A物业服务企业提供物业服务,物业费均由保安公司承担。2016年10月1日,保安公司与A物业服务企业签订了物业服务合同,约定:该小区内因公共设施产生的任何管理费用(垃圾清运、化粪池清掏、供水主管线、污水主管线、二次水质化验费、电梯维保费等维修维护费)均由A物业服务企业向业主收取,保安公司不再承担。A物业服务企业将按照每平方米1.98元的标准向小区业主收取物业费。后A物业服务企业向王某收取物业费时,王某认为物业服务合同不是小区业主协商通过的,保安公司单独签署物业服务合同无效,故而拒绝缴纳物业费。

【实务参考】

本案中,保安公司与A物业服务企业签署的物业服务合同是否有效,需要判断该物业服务合同是前期物业服务合同还是普通物业服务合同,需要明确前期物业服务合同与普通物业服务合同的主要区别是什么,前期物业服务合同的时间限制具体是怎样的,进而综合判断本案中的保安公司与A物业服务企业签署的物业服务合同是否有效。

（一）前期物业服务合同与普通物业服务合同的主要区别是什么

前期物业服务合同，是指在物业服务区域内的业主、业主大会选聘物业服务企业之前，由房地产建设单位与其委托的物业服务企业签订的合同。普通物业服务合同，是指全体业主出面或者由业主委员会根据业主大会相关决议出面，与物业服务企业签订的物业服务合同。前期物业服务合同与普通物业服务合同的主要区别在于：

1. 合同签订主体不同，前期物业服务合同的相对方是建设单位，而普通物业服务合同的相对方是业主委员会。

2. 合同内容不同，前期物业服务合同的内容受限制，不得侵害业主的合法权益，主要侧重于对建筑物建成初期的养护、安全保障以及配合建设单位为未来将入住的业主提供服务等；普通物业服务合同侧重于对建设规划内建筑物的维护、环境及居住条件的保障等。

3. 存在阶段不同，前期物业服务合同仅存在于项目建成初期，业主入住人数较少尚未成立业主大会及业主委员会的阶段，普通物业服务合同存在于符合法律规定条件的业主大会及业主委员会已经产生，多数业主已经入住，建设单位基本撤出的后期阶段。

4. 合同履行期限不同，前期物业服务合同的期限是受到一定限制的，期限截至业主委员会与物业服务企业的物业服务合同生效之时。

（二）前期物业服务合同的时间限制具体是怎样的

根据北京市2020年5月1日施行的《北京市物业管理条例》规定，前期物业服务合同期限最长不超过2年，具体期限在前期物业服务合同中约定。期限届满前3个月，由业主共同决定是否继续使用前期物业服务人。期限届满，业主与新物业服务人签订的物业服务合同生效之前,前期物业服务人继续提供服务;期限未满或者未约定前期物业服务期限,业主与新物业服务人签订的物业服务合同生效的,前期物业服务合同终止。

本案中,根据2009年最高人民法院《关于审理物业服务纠纷案件适用法律若干问题的解释》第一条规定,建设单位依法与物业服务企业签订的前期物业服务合同,以及业主委员会与业主大会依法选聘的物业服务企业签订的物业服务合同,对业主具有约束力。虽然该小区已建成使用多年,但至今该小区尚未召开过业主大会,亦未选聘业主委员会,保安公司作为建设单位与A物业服务企业签署的物业服务合同应属于前期物业服务合同,符合法律规定,王某应遵守物业服务合同的约定,按时缴纳物业费。

【法律链接】

1.《北京市物业管理条例》第十九条

2. 最高人民法院《关于审理物业服务纠纷案件适用法律若干问题的解释》第一条(2009年)

19. 小区业主不履行临时管理规约怎么办?

【案情导入】

某房地产开发公司在销售物业之前,制定临时管理规约,并与A物业服务企业签订《物业服务合同》。合同期限自2018年12月25日至小区合法成立业主大会,并由其与A物业服务企业或选聘的新的物业服务企业签订新的《物业服务合同》生效之日止。该房地产开发公司授权A物业服务企业对业主违反临时管理规约的行为，依照临时管理规约的约定进行劝阻、制止、诉讼。

2019年6月30日，业主龙某与该房地产开发公司签订《商品房买卖合同》，购买小区某房屋。同时龙某签署临时管理规约，该临时管理规约规定，业主不得以任何形式封闭阳台、露台、天台、内庭院（园）、内庭院（园）上空、下沉式庭院，改变立面或影响外观。2019年7月24日，龙某将封闭南阳台的材料运至小区门口时，物业保安拦下并告知不能安装，龙某仍坚持在房屋朝南阳台上自行加装窗框，并安装玻璃（共三个），将阳台予以封闭。随即，A物业服务企业向龙某发出《督促改正通知书》，要求龙某在接此通知之日起10日内依法拆除，逾期将报请有关行政管理部门依法行政处罚。小区所属居委会（筹）出具《情况说明》，载明"小区还未召开业主大会，目前尚属于开发商指派的A物业服务企业管理该小区"。

业主龙某认为，签订临时管理规约时，不知道不可以封闭阳台，A物业服务企业也没有对临时管理规约中不能封闭阳台的规定进行提示，直到安装当天A物业服务企业才书面通知此要求。且该临时管理规约不是业主大会或者业主委员会制定的，对业主不应该具有拘束力。

【实务参考】

本案中，业主龙某封闭阳台的行为违反了临时管理规约的规定，但龙某认为临时管理规约不是业主大会或者业主委员会制定的，对业主不应该具有拘束力，那么临时管理规约是否对业主产生拘束力呢？对此，我们需要明确以下问题：

（一）《临时管理规约》对业主是否有拘束力

《临时管理规约》是建设单位在销售物业之前制定的有关物业的使用、维护、管理、业主的共同利益、应履行的义务，以及违反临时管理规约应当承担的责任等事项的规定。建设单位应当在物业销售前将临时管理规约向物业买受人明示,并予以说明。物业买受人在与建设单位签订物业买卖合同时,应当对遵守临时管理规约予以书面承诺。

本案中,某房地产开发公司制定临时管理规约,对有关物业的使用、维护、管理,业主的共同利益,业主应当履行的义务,违反临时管理规约应当承担的责任等事项依法作出约定。业主龙某与该房地产开发公司签订《商品房买卖合同》,购买小区某房屋,并签署临时管理规约,即应当受到临时管理规约的拘束,遵守临时管理规约的规定。

(二)《管理规约》和《临时管理规约》的区别是什么

根据《业主大会和业主委员会指导规则》第十二条、第十五条、第十八条的规定,首次业主大会会议筹备组负责草拟管理规约,首次业主大会会议召开时,表决通过管理规约。管理规约应当对有关物业的使用、维护、管理,业主的共同利益,业主应当履行的义务,违反管理规约应当承担的责任等事项依法作出约定。根据《物业管理条例》第二十二条规定,建设单位应当在销售物业之前,制定临时管理规约,对有关物业的使用、维护、管理,业主的共同利益,业主应当履行的义务,违反临时管理规约应当承担的责任等事项依法作出约定。建设单位制定的临时管理规约,不得侵害物业买受人的合法权益。

《管理规约》和《临时管理规约》的区别如表 19－1 所示:

表 19－1 《管理规约》和《临时管理规约》的区别

	《管理规约》	《临时管理规约》
制定人	业主大会(业主委员会)	建设单位
制定时间	首次业主大会(业主委员会)	销售物业之前
制定方式	表决方式	直接制定方式

续表

	《管理规约》	《临时管理规约》
制定内容	有关物业的使用、维护、管理,业主的共同利益,业主应当履行的义务,违反管理规约应当承担的责任等事项依法作出约定	有关物业的使用、维护、管理,业主的共同利益,业主应当履行的义务,违反临时管理规约应当承担的责任等事项依法作出约定
物业服务阶段	普通物业服务阶段	前期物业服务阶段

本案中,某房地产开发公司授权A物业服务企业对业主违反临时管理规约的行为,依照临时管理规约的约定进行劝阻、制止、诉讼。龙某签署的《临时管理规约》明确约定:业主不得以任何形式封闭阳台,改变立面或影响外观。现龙某封闭系争房屋朝南方向阳台,改变了房屋外观,对小区整体环境造成一定影响,为管理规约所禁止。且当天安装前,A物业服务企业工作人员已对龙某进行劝阻,告知不得封闭阳台。依法成立的合同,对当事人具有法律约束力。龙某作为小区业主,应当遵守法律、法规及临时管理规约。另外,小区还未召开首次业主大会会议,并未表决通过管理规约,小区业主仍受临时管理规约的约束,违反临时管理规约的,应当承担责任,因此,龙某应将其擅自在房屋朝南阳台上安装的门窗和玻璃拆除,将房屋恢复原状。

【法律链接】

1.《物业管理条例》第二十二条

2.《业主大会和业主委员会指导规则》第十二条、第十五条、第十八条

20. 业主不承认物业管理区域的划分怎么办?

【案情导入】

A小区由某房地产公司开发建设,小区分为别墅区、公寓区。2018年4月21日,A小区业主向X镇政府申请成立首次业主大会。同年6月20日,X镇政府复函同意了该申请,并指定陈某作为业主大会筹备组组长。同日,由X镇政府联合相关行政管理部门,以及该房地产公司、居民委员会,共同召开A小区物业管理区域划分专题工作会,并作出会议纪要,同时征求小区2/3业主意见后,确认A小区应按照一个物业管理区域成立一个业主大会。此后,该小区别墅区业主自作主张召开业主大会并选举产生了别墅区业主委员会。同年10月23日,别墅区业主委员会向X镇政府申请备案。同月24日,X镇政府作出《关于A小区首次业主大会备案的回复》,明确A小区为同一规划分期开发建设的小区,属于一个物业管理区域,一个物业管理区域只能成立一个业主大会、业主委员会,因此,对别墅区业主委员会不予备案。别墅区业主委员会不服,认为X镇政府无权对物业管理区域划分作出确认,向法院提起行政诉讼,请求法院依法判令X镇政府对别墅区业主委员会不予备案违法。

【实务参考】

本案中,X镇政府认为A小区属于一个物业管理区域,只能成立一个业主大会、业主委员会,因此,对别墅区业主委员会不予备案。

别墅区业主委员会认为 X 镇政府无权对物业管理区域划分作出确认,故此,向法院提起行政诉讼。那么 X 镇政府是否有权确认物业管理区域的划分呢? 对此,我们需要明确以下问题:

(一)什么是物业管理

物业管理,是指业主通过选聘物业服务企业,由业主和物业服务企业按照物业服务合同约定,对房屋及配套的设施设备和相关场地进行维修、养护、管理,维护物业管理区域内的环境卫生和相关秩序的活动。

根据实践看,物业管理是一项专业化服务,其应具备专业化的机构、专业化的人员、专业化的管理,依据业主与物业服务企业之间的物业服务合同,为业主提供高效、优质、便捷的服务。

本案中,X 镇政府联合相关行政管理部门,以及某房地产公司、居民委员会,共同召开 A 小区物业管理区域划分专题工作会,作出会议纪要,征求小区 2/3 业主意见后,将 A 小区划分为一个物业管理区域。在本物业管理区域内,将由业主选聘物业服务企业,物业服务企业按照合同约定,对房屋及配套的设施设备和相关场地进行维修、养护、管理,维护物业管理区域内的环境卫生和相关秩序,为业主提供高效、优质、便捷的服务,实施物业管理活动。

(二)什么是物业管理区域

物业管理区域是物业管理活动的地域范围、活动基础,其划分应当考虑物业的共用设施设备、建筑物规模、社区建设等因素,不应简单地视为建设用地规划许可证中确定的红线图范围。

对于物业管理区域的划分,全国各省、自治区和直辖市规定并不统一,各地方对于本区域内的物业管理区域划分的标准、程序、审批的部门,应结合所在地区的地方性法规或者规章予以综合判断。其中根据《北京市物业管理条例》第十六条规定,新开发建设项目的土地使用权划拨、出让前,住房和城乡建设主管部门应当就物业管理区域的划分提出意见，纳入区域规划综合实施方案、土地出让合同或者划拨文件，并向社会公布。建设单位应当在房屋买卖合同中明示核定的物业管理区域。第十七条规定，已投入使用、尚未划分物业管理区域或者划分的物业管理区域确需调整的，物业所在地的街道办事处、乡镇人民政府会同区住房和城乡建设或者房屋主管等部门，结合物业管理实际需要，征求业主意见后确定物业管理区域并公告。

本案主要争议焦点是A小区物业管理区域划分的问题。根据《北京市物业管理条例》第十七条规定，已投入使用、尚未划分物业管理区域，物业所在地的街道办事处、乡镇人民政府会同区住房和城乡建设或者房屋主管等部门，结合物业管理实际需要，征求业主意见后确定物业管理区域并公告。本案中，在某房地产公司未明确划分物业管理区域的情况下，X镇政府会同相关部门作出会议纪要，征求小区2/3业主的意见后，确认A小区按照一个物业管理区域成立一个业主大会，该行为符合《北京市物业管理条例》中关于物业管理区域划分的规定，并无不当。《物业管理条例》第九条第一款规定，一个物业管理区域成立一个业主大会。根据业已查明的事实，A小区目前被确认为一个物业管理区域，应当成立一个业主大会。因此，别墅区业主委员会以A小区别墅区作为独立的物业管理区域成立业主大会，选举出“A小区别墅区业主委员会”，并要求X镇政府予以备案的行为，不符合法律规定。因此，X镇政府的行为不构成不履行法定职责，A小区别墅区业主委员会的诉讼请求缺乏法律依据。

【法律链接】

1.《物业管理条例》第九条

2.《北京市物业管理条例》第十六条、第十七条

第二篇　执法难题：路径指引

导　语

在中国社会经济和房地产市场高速发展的大背景下，中国的物业管理行业呈现出朝气蓬勃的发展态势。而在这欣欣向荣的景象之下，物业管理行业也因为涉及主体众多、法律关系复杂、执法边界模糊等，导致许多关乎基层民生的问题无法得以妥善解决，车辆停放无序、违法建设不止、安全隐患不改等各类乱象发生，基层矛盾和纠纷较为突出。党的十九届五中全会提出了"十四五"时期经济社会发展主要目标，其中对社会治理特别是基层治理提出了明确要求。党的十九届四中全会把构建基层社会治理新格局作为重要内容进行部署，要求完善群众参与基层社会治理的制度化渠道，实现政府治理和社会调解、居民自治的良性互动，为做好新时代基层治理工作明确了思想指引、提供了根本遵循。第十三届全国人民代表大会第三次会议审议通过的《中华人民共和国民法典》、北京市第十五届人民代表大会常务委员会第二十次会议审议通过的《北京市物业管理条例》等地方性法规亦从法律法规层面为解决基层纠纷提供了明文依据。本篇针对当前物业管理实务中常见的纠纷和难题，从多种渠道寻求、分析解决问题的思路和方法，以期为解决基层纠纷提供方向指引，为规范物业管理、维护社会稳定、建立和谐家园提供有力保障。

21. 小区内私装地锁怎么办?

——"督、访、管、罚、查、防"

【难题问诊】

A小区原本环境优美,秩序井然。自王某和刘某为个人停车方便私装地锁后,不少业主纷纷效仿,有的业主甚至在小区门外的道路上安装了地锁。密集的地锁,有的已锈迹斑斑,影响了停车位的高效使用,影响了小区的环境和秩序,对居民生活造成困扰。广大业主多次向物业服务企业反映情况,物业服务企业多次制止、劝导王某和刘某等违法行为人未果,怎么办?

【要领提示】

集成国家和北京市涉及治理私装地锁违法问题的相关规定,可依法酌情参考"督、访、管、罚、查、防"——协议约定物业督;宣传引导重点访;道路范围交警管;公共区域住房城乡建设部门罚;其他场所城管查;固化机制防反弹。

【路径参考】

私装地锁违法行为,不仅是广大业主热议的焦点问题,也是困扰小区物业服务企业和行政执法机关的难题。难点主要在于:一是涉及违法主体众多,稍有不慎,易形成维稳隐患;二是涉及执法主体较多,形成执法协同、综合整治的态势才有可能根除顽疾;三是违法成本不高,且"从众心理"突出,有的行为人原本不愿安装地锁,但看到大量车位被占用,停车不便,就予以效仿;四是联合执法、综合整治后,若不注重“标本兼治”,不注重形成持久的宣传导向和长效机制,则易于反弹。

《北京市机动车停车条例》第二十六条规定:“任何单位和个人不得擅自在道路上和其他公共区域内设置固定或者可移动障碍物阻碍机动车停放和通行;不得在未取得所有权和专属使用权的停车泊位上设置地桩、地锁。物业服务企业应当在物业管理协议和车位租赁协议中予以明示并统一管理。违反前款规定,擅自设置固定或者可移动障碍物的,道路范围内由公安机关交通管理部门责令停止违法行为,迅速恢复交通;实行物业管理的居住小区公共区域内,由住房城乡建设部门依据物业管理的相关规定进行处罚;其他公共场所内,由城市管理综合执法部门责令停止违法行为,恢复原状,并处五百元以上一千元以下罚款。非电动汽车不得占用电动汽车专用泊位。违反规定的,由公安机关交通管理部门责令改正,依法给予处罚。”参照上述规定和北京市其他相关规定,结合行政执法实践,依法治理私装地锁违法问题,可依法酌情参考“督、访、管、罚、查、防”:

1. 协议约定物业督。有效解决违法私装地锁问题,可尊重当事人“意思自治”,先行发挥协议约定的作用。在协商基础上,可由物业服务企业在小区物业管理协议和小区车位租赁协议中载明:业主不得擅自设置地锁,并明确违约责任。同时,及时做好督促引导,对管理范围内的车位严格、统一管理。尽管协议约定并非依法治理私装地锁违法问题的“硬指标”,但对于标本兼治,降低执法成本无疑具有价值。从实践上看,“协议约定物业督”的措施往往具有成效。

2. 宣传引导重点访。在联合执法,综合整治之前,形成有利于行政执法的舆论氛围,最大限度地争取和赢得小区广大业主对行政执法的理解、支持和配合,从而有利于减少执法阻力,增强执法助力。可酌情由小区居委会、物业服务企业,或者相关责任部门、执法主体,通过 LED 显示屏、宣传栏、横幅、微信公众号等不间断进行宣传;可向社区居民发放《致居民的一封信》;可有针对性地对私装地锁违法行为人重点走访,进行告知、劝导,促使其自行整改。

3. 道路范围交警管。对于道路范围内设置固定或可移动障碍物阻碍机动车停放和通行的违法行为,可由公安机关交通管理部门进行依法查处,责令违法行为人停止违法行为,迅速恢复交通。

4. 公共区域住房城乡建设部门罚。对于实行物业管理的居住小区公共区域内擅自安设地锁的违法行为,由住房城乡建设部门依据物业管理的相关规定进行处罚。

5. 其他场所城市管理综合执法部门查。对城市其他公共场所内擅自设置固定或可移动障碍物阻碍机动车停放和通行的违法行为,由城市管理综合执法部门进行依法查处。可责令违法行为人停止违法行为,恢复原状,并处500元以上1000元以下罚款。

6. 固化机制防反弹。依法对私装地锁违法行为进行执法和治理后,应注重巩固成果,固化机制,防止违法行为出现反弹。可结合小区实际情况,酌情完善停车设施建设,提升停车位的使用效率;建立、完善定期摸排、清理长效机制;调动居(家)委会、村民委员会等自治组织积极性,引导居民参与共治。

【法律链接】

《北京市机动车停车条例》第二十六条

22. 小区有大量"僵尸车"怎么办?

——"四分、四诉、四查"

【难题问诊】

B小区面积大,人员密集度高,停车位较为紧张。在小区有限的停车区域和小区周边，停放了数十辆长期无人使用、维护，落满灰尘，形似僵尸的旧车。“僵尸车”常年强占道路、停车位等公共资源，使有真实需求的车辆无处停放，有的“僵尸车”还存在未悬挂机动车号牌、逾期未检验等情形。这些“僵尸车”不仅破坏了小区环境和市容市貌，也给业主出行造成不便和潜在安全隐患。该小区部分住宅的个别承租人甚至利用“僵尸车”卖起了菜，使业主和物业服务企业不堪其扰，怎么办？

【要领提示】

破解“僵尸车”难题，可依法酌情参考“四分、四诉、四查”——分清“四类区域”；分四种情形向法院起诉；交管部门查公共道路“违停”，消防部门查违法占用消防通道，交管部门查其他区域“报废车”，城市管理综合执法部门查无照经营。

【路径参考】

“僵尸车”的说法比较形象，但是不能简单地将“僵尸车”等同于违法车辆、报废车辆。从法律角度看，“僵尸车”实质上大多是有主物，属于私有财产，而“僵尸车”的所有权人之所以敢于长期违规停放，既有自身利益的驱动，也有立法、执法、管理、信用体系建设等层面的原因。实践中，依法治理“僵尸车”主要有“四难”——处置难、处罚难、举证难、经费难。集成国家和北京市法律、法规、规章中治理“僵尸车”的相关规定，可依法酌情参考“四分、四诉、四查”：

（一）“四分”

对“僵尸车”违规停靠的区域进行区分，是把握“僵尸车”违法形态，确定执法主体，实施精准执法、精准治理的重要前提。根据“僵尸车”违规停靠的特点和一般规律，大体可区分为以下四种情形：

一是“僵尸车”在公路、城市道路和其他允许社会机动车辆通行的地方停放。

二是“僵尸车”违规占用小区公共用地或他人停车位停靠。

三是“僵尸车”违法占用消防通道停靠。

四是“僵尸车”未按期年检、符合强制报废条件,随意停靠。

(二)“四诉”

尽管全国不同区域的规定不尽相同,但参照国家和北京市的相关规定,对于占用小区公共用地停靠的“僵尸车”,开发商或物业服务企业可以与车主进行联系。大体可分为四种情形:

一是如果车辆属于非报废车辆,开发商或物业服务企业可以以排除妨碍或未缴纳停车费为由要求车主支付停车费,若车主拒绝支付费用,则可向人民法院起诉车主,胜诉后申请将车辆拖走或强制拍卖。

二是若无法与车主取得联系,如果车辆属于非报废车辆,由开发商或物业服务企业向人民法院提起申请认定财产无主诉讼。

三是对停放在有确定的管理使用权人或者所有权人的区域,由相关权益方通过民事协商或司法途径解决。

四是对于未实行停车收费的小区或没有物业管理的小区,由于“僵尸车”已经侵犯了业主权利,业主委员会可起诉车主,胜诉后申请法院强制执行。

(三)“四查”

一是交管部门查公共道路“违停”。依据《道路交通安全法》第九十三条第一款、第二款规定,对违反道路交通安全法律、法规关于机动车停放、临时停车规定的,交管部门可以指出违法行为,并予以口头警告,令其立即驶离。机动车驾驶人不在现场或者虽在现场但拒绝立即驶离,妨碍其他车辆、行人通行的,处 20 元以上 200 元以下罚款,并可以将该机动车拖移至不妨碍交通的地点或者交管部门指定的地点停放。需要说明的是,依法治理“僵尸车”,必须严格区分不同情形,如果属于“违停”,交管部门可依法处理并拖走车辆;如果长期占用临时停车位，鉴于已经不属于“临时停车”，交管部门可通知“僵尸车”所有权人将车开走；如果存在年检超期、涉嫌偷盗车辆等问题，交管部门可依法处理并拖走车辆。但是，不能未经处理直接对“僵尸车”一律进行拆解。否则，将有可能面临潜在涉法涉诉风险。

二是消防部门查违法占用消防通道。依据《消防法》第二十八条及第六十条的规定，对于违法占用消防通道的、造成火灾隐患的“僵尸车”，可由消防部门直接清拖，如能联系上车主或管理人的，可依法进行处罚。

三是交管部门查其他区域“报废车”。车辆必须依法年检，按期报废。依据《机动车强制报废标准规定》第四条规定，已注册机动车有下列情形之一的应当强制报废，其所有人应当将机动车交售给报废机动车回收拆解企业。由报废机动车回收拆解企业按规定进行登记、拆解、销毁等处理，并将报废机动车登记证书、号牌、行驶证交交管部门注销：(1)达到本规定第五条规定使用年限的；(2)经修理和调整仍不符合机动车安全技术国家标准对在用车有关要求的；(3)经修理和调整或者采用控制技术后，向大气排放污染物或者噪声仍不符合国家标准对在用车有关要求的；(4)在检验有效期届满后连续3个机动车检验周期内未取得机动车检验合格标志的。如果车辆达到报废标准，车主逾期不办理注销登记的，交管部门可在报废期满的2个月前通知机动车所有人办理注销登记。机动车所有人逾期不办理注销登记的，可公告该机动车登记证书、号牌、行驶证作废。

四是城市管理综合执法部门查无照经营行为。对利用“僵尸车”卖菜或进行其他无照经营行为，可由城市管理综合执法部门进行处罚。同时，参照相关规定，可将违规停车案件移交交管部门进行处理。

【法律链接】

1.《中华人民共和国道路交通安全法》第九十三条

2.《中华人民共和国消防法》第二十八条、第六十条

3.《中华人民共和国道路交通安全法实施条例》

4.《公安机关办理行政案件程序规定》

5.《机动车强制报废标准规定》第四条

6.《道路交通安全违法行为处理程序规定》

23. 小区内地下空间使用混乱怎么办？
——“三聚焦、管盯罚”

【难题问诊】

C小区地下空间较多，面积较大。有的地下空间尽管是幽暗深邃的过道，潮湿憋闷的小屋，完全不适合居住，但还是住了大量人员，不仅无法保障居住质量，还存在较大安全隐患。有的单位和个人为实现经济利益，擅自变更地下空间规划用途，不惜将地下空间改建为旅馆，由此造成了诸多环境卫生、人员安全、消防隐患等问题。有的地下空间原为自行车存车处，后改为员工宿舍，居住人员甚至有使用电磁炉做饭的情形，怎么办？

【要领提示】

针对小区内地下空间使用混乱难题，可依法酌情参考“三聚焦、管盯罚”——聚焦“用途、隐患和违规”，管用途、盯隐患、罚违规。

【路径参考】

治理小区地下空间违法问题，涉及行政执法主体较多，执法措施

多样,是综合执法中具有代表性和典型性的难题。本例所称地下空间主要包括普通地下室和人防工程。尽管我国法律法规没有禁止地下空间用于居住和生产经营,但对于地下空间用于居住和生产经营问题,法律法规中作了严格的限制性规定。以北京市为例,这些限制性规定主要包括:

一是地下空间用途方面的限制性规定。《北京市人民防空工程和普通地下室安全使用管理办法》第七条第一款明确了利用地下空间设置宿舍的必要条件。即"利用地下空间从事旅店业,设置宿舍,以及作为其他居住场所的,地下空间的安全使用责任人、使用人除应当遵守本办法第五条、第六条规定外,还应当遵守下列规定:(一)房间内人均使用面积不得少于5平方米;(二)不得设置上下床;(三)配备有效的防灭病媒生物设施、消毒设施和垃圾、废弃物的存放专用设施"。

二是地下空间使用方面的限制性规定。国家和北京市对于地下空间使用方面的限制性规定大体包括:一是人员居住的通道要求。主通道应按照原结构布局进行使用,且宽度不得小于1.6米;次通道单面布房宽度不得低于1.2米;双面布房宽度不得低于1.3米;主出入口不得设置在居民楼内。二是距离要求。房间内最远点至该房间门口的距离不应大于15米;房间门至最近安全出口或至相邻防火分区之间防火墙上防火门的最大距离:旅馆应为30米,其他工程应为40米。位于袋形走道两侧或尽端的房间,其最大距离应为上述相应距离的一半。三是所容纳人员数量不得超过规划核定数量的规定。四是设施、环境卫生、消防与防汛、管理等方面要求。五是其他方面的限制性规定。

集成国家和北京市法律、法规、规章中治理地下空间违法问题的相关规定,依法治理小区内地下空间使用混乱"顽疾",可依法酌情参考"管、盯、罚":

(一)管"用途"

严格控制地下空间的使用范围及用途,是确保地下空间安全、有效、合法使用的关键。参照北京市相关规定,人防部门对人防工程使用申请进行审查时,应对人防工程进行查验,确保其符合安全使用条件并明确人防工程及其设施设备使用的范围;房地产行政管理部门应对使用普通地下室从事商业、文化娱乐业以及其他生产经营活动或者作为居住场所进行备案。对于擅自改变普通地下空间共用部位和共用设施设备用途的行为,可由房地产行政管理部门依法查处。

(二)盯"隐患"

相关主体可定期清查,发现隐患及时向相关行政执法部门报告,由相关行政执法部门及时予以查处。概括地说,存在硬件安全隐患、擅自改变地下空间建筑主体和承重结构、生产、经营、储存、使用危险化学品和易燃易爆物品或其他危险物品等容易导致安全事故的行为,可由安监部门依法查处。未建立防火、防汛、治安、卫生等责任制度,未与使用人签订地下空间安全使用责任书,未向有关行政主管部门报告等行为,可由房地产行政管理部门依法查处。人防工程安全使用责任人未制定落实治安、消防、卫生、建筑等管理法律、法规、规章的具体措施,未建立防火、防汛、治安、卫生等责任制度等行为,可由人防部门依法查处。

(三)罚"违规"

参照北京市依法治理地下空间违法问题的相关规定,房地产行政管理部门可对下述行为依法进行处罚:一是对普通地下室容纳的人员超过核定人数的行为,可责令改正,并处 3 万元罚款;二是对出租、使用普通地下室未依法向建设(房屋)行政主管部门登记备案的行为,可责令改正,并可对从事经营活动的处 1 万元以上 3 万元以下罚款,对从事非经营活动的可处 500 元以上 1000 元以下罚款;三是对未按规定在普通地下室入口处设置使用标志牌的行为,可处 500

元以上1000元以下罚款；四是对未制定落实治安、消防、卫生、建筑等法律、法规、规章的具体措施的行为，可处500元以上1000元以下罚款；五是对利用地下空间，未建立防火、防汛、治安、卫生等责任制度，未与使用人签订地下空间安全使用责任书，发现使用人违反法律、法规、规章或者安全使用义务未及时制止、纠正，未向有关行政主管部门报告的行为，可处500元以上1000元以下罚款。

参照北京市依法治理地下空间违法问题的相关规定，人防部门可对下述行为依法进行处罚：一是对地下空间安全使用责任人未制定落实治安、消防、卫生、建筑等管理法律、法规、规章的具体措施的行为，可处500元以上1000元以下罚款；二是对地下空间安全使用责任人未建立防火、防汛、治安、卫生等责任制度的行为，可处500元以上1000元以下罚款；三是对不按规定在人民防空工程入口处设置人民防空工程使用标志牌的行为，可处500元以上1000元以下罚款；四是对地下空间容纳的人员超过核定人数的行为，可责令改正，并可处3万元罚款。

参照北京市依法治理地下空间违法问题的相关规定，公安部门可对下述行为依法进行处罚：一是对地下空间容纳的人员超过核定人数的行为；二是地下空间的安全使用责任人违反《北京市人民防空工程和普通地下室安全使用管理办法》第五条第十项规定，不履行安全管理义务，将地下空间出租给无合法有效证件、证明的单位或者个人的行为。

此外，参照北京市依法治理地下空间违法问题的相关规定，使用普通地下空间进行违法犯罪行为、人员居住过密（人均居住面积不足5平方米）、设置上下床等行为，可由消防部门查处。利用普通地下空间从事生产经营活动违反有关工商行政管理法律法规的行为，对于利用地下空间从事食品、药品生产经营的违法行为，可由市场监管部门查处。对于普通地下空间内公共场所的《卫生许可证》持证情况、空气质量、集中空调通风系统的卫生管理情况，可由卫生健康部门进行监督检查。对于利用普通地下空间从事旅馆、住宿等行为以及利用地下空间开办文化娱乐、上网服务等场所的行为，可由文化旅游部门进行检查，对违法违规行为依法进行行政处罚。对于利用地下空间设置托儿所、幼儿园或其他教育机构的违法行为，可由教育部门依法查处。此外，税务部门还可依法对地下空间经营场所的纳税人进行执法检查。

【法律链接】

1.《中华人民共和国人民防空法》

2.《北京市人民防空工程和普通地下室安全使用管理办法》第五条、第七条

24. 小区内个体工商户倾倒污物影响环境卫生怎么办？

——“三环节”

【难题问诊】

D小区内道路宽阔，商铺林立，一派繁荣景象。周某在繁华地段开了一个牛肉面馆，风味独特，门庭若市，生意兴隆。但周某不注重打扫店面周边卫生，牛肉面馆厕所排污不规范，门口时常有杂物、垃圾、废弃物出现，有时周某还趁夜深人静向小区的人行道、机动车道、树坑和路边市政排水系统倾倒污物，严重影响了小区环境卫生，周边商户十分不满，纷纷反映。为此，该小区物业服务企业管理人员多次劝阻、制止周某未果，怎么办？

【要领提示】

治理倾倒污物影响小区环境卫生问题，可依法酌情参考“三环节”——“明责任、严处罚、强管护”。

【路径参考】

倾倒污物影响小区环境卫生，是物业管理和行政执法中的常见难题，此类问题的特点是：违法成本不高，调查取证难度大，采取高压态势易于见效，但如果不注重“标本兼治”，则易于反弹。参照国家和北京市依法治理倾倒污物影响小区环境卫生问题的相关规定，可依法酌情参考以下三个环节：

1. 明责任。事前，应严格明确门前三包责任，可由相关主体引导临路（街）所有的单位、个体工商户、住户签订责任书。在依法治理倾倒污物影响小区环境卫生行为的工作实践中，签订门前三包责任书，对于标本兼治，降低执法成本具有重要价值。

2. 严处罚。尽管倾倒污物影响小区环境卫生违法成本不高，调查取证难度大，行政处罚一般较轻，但查与不查、罚与不罚的实际效果完全不同。对于倾倒污物影响小区环境卫生的，参照国家和北京市的相关规定，城市管理综合执法部门可依法查处下述行为：未在指定地点放置生活垃圾，随意倾倒、抛撒或者堆放生活垃圾的。市容环境卫生责任人违反规定，未履行维护市容环境卫生责任的。随地吐痰、便溺；乱丢瓜果皮核、烟头、纸屑、口香糖、塑料袋、包装物等废弃物；乱倒污水、垃圾，焚烧树叶、垃圾；未按规定将厕所粪便排入污水处理系统或贮（化）粪池等；餐厨垃圾排入雨水、污水排水管道、河道、公共厕所或与其他垃圾混倒的。对违反《北京市“门前三包”责任制管理办法》下述规定的单位可依法责令改正，并视情节轻重，处200元以上1000元以下的罚款，并可对单位负责人处20元以上50元以下的罚款：（1）包环境卫生。负责划定的责任区内环境整洁，清扫地面，清除痰迹、污物、废弃物和积水积雪,制止随地吐痰、乱扔乱倒废弃物和乱贴乱挂。(2)包绿化。(3)包社会秩序。城市管理综合执法部门对上述行为严格处罚,对于倾倒污物影响小区环境卫生的个体工商户将起到震慑作用。

3. 强管护。事后,应注重治理倾倒污物影响小区环境卫生成果的巩固,对城市管理综合执法部门查处清理后的场地,相关主体应及时利用,加强管控,维护市容环境卫生。

【法律链接】

1.《中华人民共和国水污染防治法》
2.《北京市大气污染防治条例》
3.《中华人民共和国固体废物污染环境防治法》
4.《北京市水污染防治条例》
5.《北京市市容环境卫生条例》
6.《北京市人民政府关于加强垃圾渣土管理的规定》
7.《北京市生活垃圾管理条例》
8.《城市建筑垃圾管理规定》
9.《北京市"门前三包"责任制管理办法》

25. 被举报的违法建设主体找不到影响查处效率怎么办?
——"三精准"

【难题问诊】

E 小区业主王某在自家住宅后占用公共区域盖了一间面积约 7 平方米的平房,用于堆放物品,影响了周边环境,也引起了邻居刘某的不满。刘某多次向物业服务企业反映情况，希望予以制止、督促整改。该物业服务企业管理人员多次到王某家走访，王某避而不见，遂向城市管理综合执法部门报告该处平房涉嫌违法建设。城市管理综合执法部门受理后，查明该建筑物的建设未办理相关规划手续，且属无法采取改正措施消除对规划的影响的情形，多次联系王某，王某亦避而不见。为拖延时间，王某称被举报的平房与其没有任何关系，怎么办？

【要领提示】

此行政执法难题，涉及"无主"违法建设的查处问题。概括地说，依法查处此类违法建设，可依法酌情参考"三精准"——"精准适用、精准锁定、精准程序"。

【路径参考】

"无主"违法建设，是行政执法中的常见难题，一般来说，并非违法建设真的没有建设单位或者所有人、管理人。行政执法实践中，"无主"违法建设多表现为：违法建筑的建设单位或个人为逃避查处故意不露面，故意拖延或故意提供伪证的情形。有效解决此类问题，除了严格履行依法查处一般违法建设的程序外，还可依法酌情参考以下"三精准"：

一是精准适用。行政执法机关在查处"无主"违法建设的过程中，为规避潜在涉法涉诉风险，需全面理解《行政强制法》《城乡规划法》《北京市城乡规划条例》《北京市禁止违法建设若干规定》《关于进一步明确查处违法建设法律适用问题的意见》相关规定中关于催告、公告程序的适用条件；需全面履行法定的公告程序，不能逾越法定公告期限；需积极作为，全面留痕，对于无法确定违法建设的建设单位或者所有人、管理人的，行政执法机关应当有充分证据证明已经尽到了积极联系和调查的职责；经法定的公告程序后，仍无法确定违法建设相对人的，方可按照"无主"违法建设进行查处。

二是精准锁定。对于本例所示的与合法建设相接、相邻的违法建设,行政机关宜积极联系涉嫌建设单位或者所有人、管理人,扎实调查取证,尽可能取得违法建设当事人不予配合调查的笔录、录音、影像资料等。此外,宜取得基层单位证明人对于该处违法建设相关建设单位或者所有人、管理人不予配合或有利于行政执法的其他情形的佐证。

三是精准程序。行政执法机关查处同一小区或区域内的多处"无主"违法建设,决不能为"图省事"而简化法定程序,简单地"合并同类项",甚至将多起涉及"无主"违法建设的案件的证据材料组一本案卷。对同一小区或区域内的多处"无主"违法建设,履行相应法定程序后,需按"无主"违法建设进行处理时,应单独立案,分别组卷,分别公告,分别制作限期拆除决定书、催告书等法律文书,分别在现场张贴,充分尽到行政执法机关的告知义务。

【法律链接】

1.《北京市禁止违法建设若干规定》
2.《城乡规划法》
3.《北京市城乡规划条例》
4.《中华人民共和国行政强制法》
5.《关于进一步明确查处违法建设法律适用问题的意见》

26. 前期物业服务合同终止后物业服务企业拒不移交物业管理所需资料怎么办?

——"协商、投诉、起诉"三部曲

【难题问诊】

S小区前期物业服务合同终止后,物业服务企业拒不办理移交手续,以未存档和保管员不在为由,不向该小区业主委员会移交设备竣工图,配套设施、地下管网工程竣工图等竣工验收资料以及设施设备的安装、使用和维护保养等技术资料,业主委员会多次上门索要未果,怎么办?

【要领提示】

针对前期物业服务合同终止后物业服务企业拒不移交物业管理所需资料的情形,业主委员会可依法酌情参考"协商、投诉、起诉"三部曲——"先行协商,向房地产行政主管部门投诉,向人民法院提起民事诉讼"。

【路径参考】

根据物业管理相关法律规定,物业服务合同终止后,物业服务企业应办理移交手续,退出物业管理区域。本例中,前期物业服务合同终止后,物业服务企业不办理移交手续,拒不向该小区业主委员会移交物业管理所需资料的行为,侵害了业主委员会和业主正当、合法权益。可依法酌情参考以下"三部曲":

1. 协商。业主委员会代表业主,宜先行与物业服务企业进行充分协商,阐明下述法律依据,争取达成协商一致的目标。《物业管理条例》第二十九条规定:"在办理物业承接验收手续时,建设单位应当向物业服务企业移交下列资料:(一)竣工总平面图,单体建筑、结构、设备竣工图,配套设施、地下管网工程竣工图等竣工验收资料;(二)设施设备的安装、使用和维护保养等技术资料;(三)物业质量保修文件和物业使用说明文件;(四)物业管理所必需的其他资料。物业服务企业应当在前期物业服务合同终止时将上述资料移交给业主委员会。"该条例第五十八条规定:"违反本条例的规定,不移交有关资料的,由县级以上地方人民政府房地产行政主管部门责令限期改正;逾期仍不移交有关资料的,对建设单位、物业服务企业予以通报，处1万元以上10万元以下的罚款。”

2.投诉。鉴于《物业管理条例》第五十八条明确规定了此类违法行为的行政执法主体和处罚措施。业主委员会可根据《物业管理条例》的规定，向房屋所在地的县级以上地方人民政府房地产行政主管部门投诉，要求予以查处。收到投诉后，房地产行政主管部门可依法责令不办理移交手续的物业服务企业限期改正。若该物业服务企业逾期仍不移交有关资料的，则可对其予以通报，处1万元以上10万元以下的罚款。

3.起诉。《民法典》第九百四十九条规定：“物业服务合同终止的，原物业服务人应当在约定期限或者合理期限内退出物业服务区域，将物业服务用房、相关设施、物业服务所必需的相关资料等交还给业主委员会、决定自行管理的业主或者其指定的人，配合新物业服务人做好交接工作，并如实告知物业的使用和管理状况。原物业服务人违反前款规定的，不得请求业主支付物业服务合同终止后的物业费；造成业主损失的，应当赔偿损失。”据此，业主委员会还可在取得业主同意后，向有管辖权的人民法院提起民事诉讼，要求该物业服务企业限期移交。若该物业服务企业仍拒绝移交相关资料，拒不撤离小区、给业主造成损失的，业主委员会还可要求其承担赔偿责任。

【法律链接】

1.《物业管理条例》第二十九条、第五十八条

2.《中华人民共和国民法典》第九百四十九条

27. 物业服务企业应对小区违章建筑怎么办?

——“三要素”

【难题问诊】

Q小区业主在首层加建阳光房、在顶层封闭露台现象较为普遍，有的业主甚至出现私挖地下室情形，乱象丛生。该小区物业服务企业刚开始还积极予以劝导、制止，但看到违章建筑的体量、规模较大，且形成了风气，认为“法不责众”、力不从心，便听之任之。此后，物业服务企业管理人员在参加政府部门召开的会议中了解到：不制止、报告违法建设的物业服务企业要承担责任，十分焦急，怎么办？

【要领提示】

此例主要涉及物业服务企业履行发现、制止、报告违法建设的法定义务，并规避潜在法律风险的问题。针对此难题，可依法酌情参考“三要素”——“排查取证建台账，制止送达有分寸，报告追踪留痕迹”。

【路径参考】

根据《北京市禁止违法建设若干规定》第三条规定，违法建设包括城镇违法建设和乡村违法建设。城镇违法建设是指未取得建设工程规划许可证、临时建设工程规划许可证或者未按照许可内容进行建设的城镇建设工程，以及逾期未拆除的城镇临时建设工程。乡村违法建设是指应当取得而未取得乡村建设规划许可证、临时乡村建设规划许可证或者未按照许可内容进行建设的乡村建设工程。综观小区内违法建设形态,大体包括:一是在首层加建阳光房、私自圈占公共部位;二是顶层加建阁楼、封闭露台;三是对已有房屋进行改建、扩建;四是对原有房屋进行拆除重建;五是擅自挖掘地下室;六是其他未取得建设工程规划许可证实施建设或已取得建设工程规划许可证但未按规定内容进行建设。

《物业管理条例》第四十五条规定:“对物业管理区域内违反有关治安、环保、物业装饰装修和使用等方面法律、法规规定的行为,物业服务企业应当制止,并及时向有关行政管理部门报告。有关行政管理部门在接到物业服务企业的报告后,应当依法对违法行为予以制止或者依法处理。”根据《北京市物业管理条例》第六十五条第四项规定,物业服务人应当对违法建设、违规出租房屋、私拉电线、占用消防通道等行为进行劝阻、制止,劝阻、制止无效的,及时报告行政执法机关。该条例第九十二条还规定了物业服务人违反上述规定的罚则。此外,根据《北京市禁止违法建设若干规定》,居民委员会、业主委员会和物业服务企业发现本区域内违法建设行为的,应当予以劝阻,并报告街道办事处、乡镇人民政府或者其他执法机关。参照上述规定,物业服务企业应对小区违章建筑,可依法酌情参考以下“三要素”:

1. 排查取证建台账。物业服务企业在日常巡查中,发现业主正在实施违法建设的,可立即告知业主停止施工、恢复原状。此外,可全面排查本小区内的违法建设,逐一拍照、留下影像资料,还可建档或建台账。内容可包括违法建设的坐落、违法建设的具体描述、发现时间、处置措施等,处置措施可包括对违法建设行为人的告知和向相关行政执法机关报告的时间及结果。

2. 制止送达有分寸。可以物业服务企业名义向业主送达《违法建设整改告知书》,送达时可采取邮寄送达或上门送达等方式,业主拒不签收的,可将《违法建设告知书》张贴在房门上,并拍照留存送达证据;

对在施违法建设的施工现场,可禁止施工人员、车辆等进行入物业管理区域,依法加强对施工现场管控。需要说明的是,物业服务企业并非行政执法机关,在处置相应的违法建设过程中,既要将法定的制止、报告等义务履行到位,又要把握分寸,规避次生风险,不宜强行采取过激措施。

3. 报告追踪留痕迹。物业服务企业应及时向小区违法建设所在地的城市管理综合执法部门、规划自然资源主管部门报告,报告时尽可能提供翔实内容,包括违法建设的坐落、具体描述、业主姓名和联系方式。在报告的方式上,可采取电话、邮寄、上门等方式。电话报告时,宜留存报告证据材料,并记录报告时间、电话号码、接听人员部门、姓名等信息;邮寄报告时宜保存邮寄单,并记录邮件单号;上门报告时,可记录接待部门、接待人姓名及职务等信息。报告部门拒绝签收或未到现场处置的,可继续向依法治理违法建设的上级部门报告。

【法律链接】

1.《物业管理条例》第四十五条

2.《北京市物业管理条例》第六十五条、第九十二条

3.《北京市禁止违法建设若干规定》

28. 物业服务企业因垃圾未按要求分类收到《责令限期改正通知书》后怎么办?

——“双全面”

【难题问诊】

A 市的城市管理综合执法部门依法对 B 小区生活垃圾分类投放

情况进行执法检查,发现该小区北侧区域可回收垃圾和厨余垃圾混合投放,且物业服务企业没有安排专人进行指导和监督,小区宣传栏也没有关于垃圾分类的宣传内容。执法人员当即对小区物业服务企业下发《责令限期改正通知书》,责令其自行整改。对此,物业服务企业怎么办?

【要领提示】

小区物业服务企业应规避潜在风险,“亡羊补牢”,避免承担更严重法律责任,可依法酌情参考“双全面”——“全面履行 + 全面留痕”。

【路径参考】

以北京市为例,根据《北京市生活垃圾管理条例》的规定,城市居住地区,包括住宅小区、胡同、街巷等,实行物业管理的,由物业管理单位负责。物业管理单位是生活垃圾分类管理责任人。据此可知,物业服务企业须履行生活垃圾分类投放管理责任。物业服务企业不能对垃圾分类存在“法不责众”的侥幸心理,应及时履行其责任人的义务。鉴于城市管理综合执法部门已经依法对 B 小区进行生活垃圾分类投放情况开展执法检查,且发出《责令限期改正通知书》的情况,该小区物业服务企业应注重规避潜在风险,依法酌情参考以下“全面履行 + 全面留痕”:

一是可立即建立生活垃圾分类日常管理制度。二是可在责任范围内开展生活垃圾分类宣传活动,积极在业主群、公告栏等宣传垃圾分类知识。三是可落实专人管理监督,可指定专人负责指导、监督单位和个人进行生活垃圾分类。四是根据生活垃圾产生量和分类方法,按照相关规定设置生活垃圾分类收集容器,并保持生活垃圾分类收集容器完好和整洁美观,出现破旧、污损或者数量不足的,及时维修、更换、清洗或者补设。五是明确不同种类生活垃圾的投放时间、地点，分类收集、贮存生活垃圾。六是将生活垃圾交由有资质的单位收集运输，并签订生活垃圾收集运输服务合同。七是及时制止翻拣、混合已分类的生活垃圾的行为。八是向所在地的街道办事处或者乡镇人民政府进行生活垃圾排放登记，并保存生活垃圾收集运输服务合同备查。还可建立生活垃圾管理台账，记录责任范围内实际产生的生活垃圾的种类、数量、运输者、去向等情况，并定期向所在地的街道办事处或者乡镇人民政府报告。九是全面留存整改依据。十是向发出《责令限期改正通知书》的城市管理综合行政执法部门及时报告整改情况。

一般来说，城市管理综合执法部门开出《责令限期改正通知书》后，将再次了解该小区物业服务企业整改情况。如果物业服务企业未履行生活垃圾分类投放管理责任，且未及时整改，将可能面临更不利法律后果，将不仅可能受到3000元以上3万元以下罚款处罚，且所受处罚的相关信息亦可能被共享到公共信用信息平台，从而导致物业服务企业声誉严重受损。

【法律链接】

《北京市生活垃圾管理条例》第三十四条、第三十五条、第三十六条、第三十七条、第六十二条、第六十八条

29. 小区内违法出租房屋问题严重怎么办?

——“网格预警、重点切入、精准治理”

【难题问诊】

K小区尽管住宅设施老化、管理服务品质不高，但由于具有明显

价格优势，承租人趋之若鹜。有的业主将厨房、阳台和地下储藏室作为卧室出租供人居住，有的业主在一套三室一厅房间内打隔断租给十余人居住，有的业主甚至向不提供身份证明的人出租房屋，致使该小区人口密集、环境污染、秩序混乱、隐患丛生，成为所在市区安全隐患重点挂账小区。对此，行政执法部门怎么办？

【要领提示】

针对该小区内违法出租房屋问题，聚焦重点，集成国家和北京市法律、法规、规章中治理违法出租房屋问题的相关规定，可依法酌情参考"三要点"——"网格预警、重点切入、精准治理。"

【路径参考】

本例主要涉及治理群租房等违法出租房屋问题。违法出租房屋问题，不仅是长期困扰物业服务企业的难题，也是行政执法机关在行政执法、综合整治中需要破解的热点问题。参照国家和北京市关于房屋租赁管理、消防安全管理、无证无照经营查处等法律、法规、规章等规定，依法查处群租房等违法出租房屋问题的执法主体具有多元化的特点，公安、房管、市场监管、税务、卫生健康等部门均具有查处职权。执法实践中，可依法酌情参考以下"三要点"：

（一）网格预警

治理群租房等违法出租房屋问题，贵在及时发现、及时预警，宜在隐患初露端倪的萌芽状态解决问题。基层部门宜推行网格化管理，加强日常巡查和管控，及时发现违法出租问题，快捷预警。公安、房管、市场监管、税务、卫生健康等部门对重点区域开展执法检查，在执法检查中及时发现违法出租行为。

（二）重点切入

根据国家和北京市房屋租赁管理等法律、法规、规章规定，在开展执法检查过程中，可牢牢盯住两个重点：一是盯住面积，重点查处出租房屋人均居住面积低于5平方米的违法出租行为以及每个房间居住人数超过2人的违法出租行为。二是盯住区域，重点将厨房、卫生间、阳台和地下储藏室等作为卧室出租供人居住等方面作为从严整治的重点，精准切入，破除调查取证难点。

（三）精准治理

精准治理群租房等违法出租房屋问题，集成《治安管理处罚法》《住房租赁条例》以及北京市法律、法规、规章的相关规定，可依法酌情参考以下“五严格”：

一是公安严格处罚。公安机关可查处出租人、承租人、房地产机构未依法办理房屋出租登记、变更、注销手续，向无身份证明的人出租房屋，违法“群租”等行为。根据国家和北京市法律、法规、规章等相关规定：（1）出租人、承租人、房地产经纪机构未按照规定办理房屋出租登记、变更、注销手续的，可责令改正，处200元以上500元以下罚款。（2）出租的房屋存在治安、消防安全隐患的，可责令改正，并可处1000元以上3万元以下罚款。（3）出租人向无身份证明的人出租房屋，或者发现承租人利用出租房屋有犯罪活动嫌疑，不向公安机关报告的，可处200元以上500元以下罚款。【出租人将房屋出租给身份不明、拒绝登记身份信息的人的，或者不按规定登记承租人姓名、有效身份证件种类和号码等信息的，处500元以上1000元以下罚款；情节较轻的，处警告或者500元以下罚款。出租人明知承租人利用出租房屋实施犯罪活动，不向公安机关报告的，处1000元以上3000元以下罚款；情节严重的，处5日以下拘留，可以并处3000元以上5000元以下罚款。（《治安管理处罚法》第86条）】（4）承租人使用租赁房屋时损害公共利益或者妨碍他人正常工作、生活的，可处警告，并责令改正；逾期拒不改正的，可处200元以上500元以下罚款。（5）集中出租房屋供他人居住，出租房间达到10间以上或者出租房屋居住人员达到15人以上的，出租人应当建立相应的管理制度，明确专门的管理人员,设置监控、灭火等治安防范、消防设备设施和安全通道,并建立信息登记簿或者登记系统;单位承租房屋作为集体宿舍供本单位职工居住的,单位应当按照上述规定履行安全管理职责。出租人、单位未落实安全管理责任的,可责令改正,并可处1万元以上3万元以下罚款;造成严重后果的,可处3万元以上10万元以下罚款。(6)对利用出租房屋,以旅店、招待所等名称制作招牌字号,招揽住宿,或按日出租收取费用等经营行为的,可依法查处取缔,可对有关责任人员依法予以行政拘留并处罚款。

二是房管部门严格处罚。房管部门可依法查处出租人违反出租房屋法定限制性规定,出租房屋存在建筑安全隐患,出租、使用地下室未依法登记备案,改变房屋内部结构分割出租等行为。根据国家和北京市法律、法规、规章等相关规定:(1)出租的房屋存在建筑安全隐患的,可责令改正,并可处1000元以上3万元以下罚款。(2)出租人违反出租房屋限制条件的,可责令改正,情节严重的,可处5000元以上3万元以下罚款。(3)房地产经纪机构及其经纪人员从事房屋租赁经纪业务违反出租房屋限制条件的,可责令改正,处3万元以上10万元以下罚款。(4)房地产经纪机构未按照规定报送相关信息的,可责令改正,并可处1万元以上3万元以下罚款。【住房租赁企业、住房租赁经纪机构发布虚假或者误导性房源信息,隐瞒或者拒绝提供拟出租住房有关重要信息的,由县级以上地方人民政府房产管理部门责令改正,给予警告,处2万元以上10万元以下的罚款;有违法所得的,没收违法所得;拒不改正的,责令停业整顿;情节严重的,由县级以上地方人民政府房产管理部门提请同级市场监督管理部门依法吊销其营业执照。(《住房租赁条例》第42条)住房租赁经纪机构有下列情形之一的,由县级以上地方人民政府房产管理部门责令改正,给予警告,处2万元以上10万元以下的罚款;有违法所得的,没收违法所得;拒不改正的,责令停业整顿:(一)发布房源信息前未核对并记录委托人的身份信息、住房权属信息,或者未实地查看房源;(二)为出租不符合建筑、消防、燃气、室内装饰装修等方面的法律、法规、规章或者强制性标准的住房提供经纪服务;(三)为单独出租厨房、卫生间、阳台、过道、地下储藏室、车库等非居住空间用于居住提供经纪服务;(四)为单间租住人数上限或者人均最低租住面积不符合规定标准的住房出租提供经纪服务;(五)代收、代付住房租金、押金;(六)未经当事人同意,以当事人名义签订住房租赁合同;(七)未按规定将其从业人员名单备案。网络平台经营者代收、代付住房租金、押金的,依照前款规定处罚。(《住房租赁条例》第44条)】(5)房地产经纪机构及其经纪人员从事房屋租赁经纪业务,租借房地产经纪资格证书的,可责令改正,处1万元以上3万元以下罚款。(6)居间、代理出租不符合出租条件的房屋的,可责令改正,处1万元以上3万元以下罚款。(7)出租住房的,应当以原设计的房间为最小出租单位,人均租住建筑面积不得低于当地人民政府规定的最低标准。违反规定的,可责令限期改正,逾期不改正的,可处以5000元以上3万元以下罚款。(8)对综合治理过程中,发现违反出租房屋面积限制条件出租,即出租房屋人均居住面积低于5平方米,每个房间居住人数超过2人(有法定赡养、抚养、扶养义务关系的除外);改变房屋内部结构分割出租,按床位等方式变相分割出租;将厨房、卫生间、阳台和地下储藏室等作为卧室出租供人居住的,可依法责令出租人改正,情节严重的,可处5000元以上3万元以下罚款;同时,可依法向社会公开该套房屋信息,限制其买卖,并可将违法群租信息注记在房屋登记簿附记栏。【将厨房、卫生间、阳台、过道、地下储藏室、车库等非居住空间单独出租用于居住,或者租赁住房不符合规定的单间租住人数上限或者人均最低租住面积标准的,由县级以上地方人民政府房产管理部门责令改正,给予警告;拒不改正的,对单位处2万元以上10万元以下的罚款,对个人处2000元以上1万元以下的罚款;有违法所得的,没收违法所得。(《住房租赁条例》第39条)】(9)房地产经纪机构和房地产经纪人员改变房屋内部结构分割出租的,可责令限期改正,记入信用档案;对房地产经纪人员可处 1 万元罚款;对房地产经纪机构,可取消网上签约资格,处 3 万元罚款。(10)对出租违法建筑的行为,可责令限期改正,对没有违法所得的,可处 5000 元以下罚款;对有违法所得的,可以处以违法所得一倍以上三倍以下,但不超过 3 万元的罚款,同时将违法建设情况报告有关部门。(11)违反规定改变房屋使用性质的,可责令限期改正,对没有违法所得的,可处 5000 元以下罚款;对有违法所得的,可处违法所得一倍以上三倍以下,但不超过 3 万元的罚款。(12)房屋租赁合同订立后 30 日内,房屋租赁当事人应当到租赁房屋所在地的房管部门办理房屋租赁登记备案。违反规定的,可责令限期改正;个人逾期不改正的,可处 1000 元以下罚款;单位逾期不改正的,可处 1000 元以上 1 万元以下罚款。(13)房屋租赁登记备案内容发生变化、续租或者租赁终止的,当事人应在 30 日内,到原租赁登记备案的部门办理房屋租赁登记备案的变更、延续或者注销手续。违反规定的,可责令限期改正;个人逾期不改正的,可处 1000 元以下罚款;单位逾期不改正的,可处 1000 元以上 1 万元以下罚款。(14)出租、使用普通地下室未依法向房管部门登记备案的,可责令改正,并可对从事经营活动的处 1 万元以上 3 万元以下罚款,对从事非经营活动的可处 500 元以上 1000 元以下罚款。(15)房地产经纪机构与委托人签订房屋出售、出租经纪服务合同,应查看委托出售、出租的房屋及房屋权属证书,委托人的身份证明等有关资料,并应编制房屋状况说明书。经委托人书面同意后,方可对外发布相应的房源信息。房地产经纪机构擅自对外发布房源信息的,可责令限期改正,记入信用档案,取消网上签约资格,并可处 1 万元以上 3 万元以下罚款。(16)从事转租经营的住房租赁企业未按照规定设立住房租赁资金监管账户并向社会公示,或者未按照规定通过该账户办理住房租赁资金收付业务的,由县级以上地方人民政府房产管理部门责令改正,给予警告,处 2 万元以上 10 万元以下的罚款;拒不改正的,处 10 万元以上 50 万元以下的罚款。(《住房租赁条例》第42条)(17)住房租赁经纪机构的从业人员同时在两个或者两个以上住房租赁经纪机构从事业务,或者以个人名义承接住房租赁经纪业务的,由县级以上地方人民政府房产管理部门责令改正,给予警告,可以处1万元以下的罚款;有违法所得的,没收违法所得;拒不改正的,1年内不得从事住房租赁经纪业务;情节严重的,5年内不得从事住房租赁经纪业务。(《住房租赁条例》第45条)(18)网络平台经营者未履行核验责任的,县级以上地方人民政府房产管理部门应当通报网信部门,由网信部门依据职责予以处置,可以处10万元以下的罚款;情节严重的,可以责令暂停相关业务或者停业整顿。(《住房租赁条例》第46条)

三是市场监管部门严格处罚。市场监管部门可依法查处房地产经纪机构违法违规经营行为。根据国家和北京市法律、法规、规章等相关规定:(1)未在经营场所公示服务内容、服务标准、房地产经纪资格证书复印件的,可责令改正,处1万元以上3万元以下罚款;(2)占用、挪用或者拖延支付客户资金的,可责令改正,处1万元以上3万元以下罚款;(3)房地产经纪机构使用未取得房地产经纪资格证书的人员从事房屋租赁经纪活动的,可处1万元以上3万元以下罚款;(4)对租用违法建设开展经营的,可对经营者依法查处;(5)明知属于无照经营而为经营者提供经营场所,或者提供运输、保管、仓储等条件的,可责令停止违法行为,没收违法所得,可处5000元以下的罚款。

四是税务部门严格处罚。税务部门可依法查处个人出租房屋未按规定期限缴纳税款的行为。根据国家和北京市法律、法规、规章等相关规定,个人出租房屋并取得收入的,应到个人出租房屋税收委托代征点或税务机关依法履行纳税义务,并到税务机关为承租人开具个人出租房屋发票;未按规定期限缴纳税款的,可责令限期改正,可处2000元以下罚款;情节严重的,可处2000元以上1万元以下罚款。

五是卫生健康部门严格处罚。卫生健康部门可依法查处出租房屋存在的卫生安全隐患。根据国家和北京市法律、法规、规章等相关规定,对出租的房屋存在卫生安全隐患的,可责令改正,并可处1000元以上3万元以下罚款。

【法律链接】

1.《治安管理处罚法》第六十八条
2.《住房租赁条例》
3.《北京市房屋租赁管理若干规定》
4.《北京市房屋租赁消防安全管理规定》
5.《关于进一步规范出租房屋管理的规定》
6.《无证无照经营查处办法》
7.《商品房屋租赁管理办法》
8.《北京市人民防空工程和普通地下室安全使用管理办法》
9.《房地产经纪管理办法》

30. 业主装修过程中非法倾倒建筑垃圾怎么办?
——"四点"法

【难题问诊】

L小区环境优美,水系环绕,景观独特,属于回迁房、商品房、别墅和洋房并存的未设隔离的大规模小区。回迁房、别墅和洋房业主大批入住后,部分商品房业主开始陆续装修房屋。装修过程中非法倾倒建筑垃圾现象十分严重,不断出现不单独堆放建筑垃圾、渣土等废弃物、遗撒建筑垃圾、污染水系和向雨水管道倾倒废弃物的情形。对此,业主举报不断,该小区物业服务企业穷尽措施难以治理,遂向所在街道和行政执法部门报告。对此,行政执法部门怎么办?

【要领提示】

针对本例业主装修过程中非法倾倒建筑垃圾的难题,可依法酌情参考“四点”法——“防控点预警,切入点突破,关键点发力,着力点严罚”。

【路径参考】

本例主要涉及非法倾倒建筑垃圾的行政执法问题,集成国家和北京市法律、法规、规章中治理非法倾倒建筑垃圾问题的相关规定,治理实践中,可依法酌情参考以下“四点”:

1. 防控点预警。针对该小区非法倾倒建筑垃圾突出的情形,所在街道可施行网格化管理和防控。可由有关基层部门、环卫部门、物业服务企业等围绕非法倾倒建筑垃圾的多发区域、重点防控区域,全覆盖开展日常巡查工作,摸清点位,找准风险点,及时发现管理范围内非定点倾倒建筑垃圾的行为,及时发现网格内建筑垃圾和被举报的建筑垃圾。环卫部门及其工作人员对发现的建筑垃圾及时报告。

2. 切入点突破。住房和城乡建设建部门可依法重点查处下述行为:(1)建筑土方、工程渣土、建筑垃圾未及时清运,或者未采用密闭式防尘网遮盖的,可处1万元以上10万元以下的罚款;拒不改正的,可责令停工整治。(2)建设工程竣工后,施工单位或者建设单位未及时清除弃物弃料和围挡、临时厕所、垃圾收集设施及其他临时建筑设施的,可责令限期改正,并可处2000元以上2万元以下罚款。(3)施工现场未设置密闭式垃圾站、未搭设密闭式专用垃圾通道或者未采用容器吊运的,可责令改正,并可处1000元以上1万元以下罚款。对于涉及水务执法的,水务部门依法找准切入点,可重点查处在河道、湖泊管理范围内倾倒垃圾和渣土、堆放非防汛物资的行为,可责令停止违法行为,排除阻碍或者采取其他补救措施,可处5万元以下罚款。

3. 关键点发力。城市管理综合执法部门聚焦关键点,依法查处下述行为:(1)因建设施工、拆除建筑物和房屋修缮、装修等产生的建筑垃圾、渣土等废弃物未单独堆放或倒入生活垃圾收集站的随意倾倒行为;(2)产生建筑垃圾、渣土的单位或个人未办理渣土消纳许可证的行为;(3)产生建筑垃圾、渣土的单位、个人或者其委托的环境卫生专业作业企业未按规定清运建筑垃圾渣土的行为;(4)运输垃圾、渣土、砂石、土方、灰浆等流体、散装货物的车辆未取得市政管理部门核发的准运证件运输的行为;(5)未经市政管理行政部门许可设置建筑垃圾、渣土消纳场所的行为;(6)施工单位未及时清运工程施工过程中产生的建筑垃圾,造成环境污染的行为;(7)施工单位将建筑垃圾交给个人或者未经核准从事建筑垃圾运输的单位处置的行为;(8)处置建筑垃圾的单位在运输建筑垃圾过程中沿途丢弃、遗撒建筑垃圾的行为;(9)任何单位和个人随意倾倒、抛撒或者堆放建筑垃圾的行为;(10)在建设工程施工现场,道路及进出口周边100米以内的道路有泥土和建筑垃圾的行为;(11)除工业企业外,未将建筑土方、工程渣土、建筑垃圾及时运输到指定场所进行处置,或在场地内堆存未有效覆盖的行为;(12)向雨水收集口、雨水管道排放或者倾倒污水、污物和垃圾等废弃物的行为。

4. 着力点严罚。生态环境部门强化生态环境执法,可依法着力查处下述行为:(1)向水体排放、倾倒工业废渣、城镇垃圾或者其他废弃物的行为;(2)在江河、湖泊、运河、渠道、水库最高水位线以下的滩地、岸坡堆放、存贮固体废弃物或者其他污染物的行为;(3)在自然保护区、风景名胜区、饮用水水源保护区、基本农田保护区和其他需要特别保护的区域内,建设工业固体废物集中贮存、处置的设施、场所和生活垃圾填埋场的行为;(4)工程施工单位不及时清运施工过程中产生的固体废物,造成环境污染的行为;(5)工程施工单位不按照环境卫生行政主管部门的规定对施工过程中产生的固体废物进行利用或者处置的行为等。

【法律链接】

1.《中华人民共和国水污染防治法》
2.《中华人民共和国大气污染防治法》
3.《中华人民共和国固体废物污染环境防治法》
4.《城市建筑垃圾管理规定》
5.《北京市水污染防治条例》
6.《北京市市容环境卫生条例》
7. 北京市人民政府《关于加强垃圾渣土管理的规定》
8.《北京市生活垃圾管理条例》
9.《北京市实施〈中华人民共和国防洪法〉办法》
10.《北京市建设工程施工现场管理办法》
11.《北京市大气污染防治条例》

31. 小区内违章建筑屡禁不止怎么办?
——“早、力、严、强”

【难题问诊】

M小区位于城乡结合部,属于老旧小区,违章建筑形态多样,有的业主私自圈占公共部位建储物仓库,有的业主对已有房屋进行大规模改建、扩建,有的业主甚至对原有房屋进行拆除重建,严重破坏了环境,扰乱了秩序。尽管物业服务企业积极劝导、制止,收效甚微,不得已向街道、城管等部门进行了报告。由于执法主体多元化,难以形成执法协同,该小区违章建筑仍然屡禁不止,怎么办?

【要领提示】

针对本例中 M 小区情形,治理违法建设可依法酌情参考“早、力、严、强”——“早发现,力制止,严查处,强管控”。

【路径参考】

根据国家和北京市查处违法建设的相关规定,城镇违法建设是指未依法取得建设工程规划许可证、临时建设工程规划许可证或者未按照许可内容进行建设的城镇建设工程,以及逾期未拆除的城镇临时建设工程。违法建设当事人,包括违法建设的建设单位、施工单位、所有人或者管理人。乡村违法建设是指应当取得而未取得乡村建设规划许可证、临时乡村建设规划许可证或者未按照许可内容进行建设的乡村建设工程。2012 年 1 月 1 日实施的《行政强制法》第四十四条规定:“对违法的建筑物、构筑物、设施等需要强制拆除的,应当由行政机关予以公告,限期当事人自行拆除。当事人在法定期限内不申请行政复议或者提起行政诉讼,又不拆除的,行政机关可以依法强制拆除。”根据该条规定,只要违法建设已经建成,当事人在法定期限内申请行政复议或者提起行政诉讼,则依法查处工作面临较长周期。针对 M 小区的紧迫形势,查处违法建设的着力点宜放在“早、力、严、强”方面,尤其是早发现、早制止方面,不能坐视违法建设形成规模,甚至完成出租。

(一)早发现

小区所在街道、乡镇或相关主体可动员小区力量,加强日常巡查,及时发现管辖区域内的违法建设。居民委员会、业主委员会和物业服务企业发现本区域内违法建设行为的,应当予以劝阻,并报告街道办事处、乡镇人民政府或者其他行政执法机关。参照国家和北京市法律、法规、规章等规定,违法建设的查处主体——城市管理综合执法部门、规划自然资源主管部门、街道办事处、乡镇人民政府亦应加大日常执法检查力度，及时发现违法建设。鉴于发现预警机制的重要性和必要性，还可酌情考虑聘请第三方参与。

（二）力制止

根据国家和北京市法律、法规、规章等规定，M 小区所在街道办事处可对本辖区内建筑物建设改造情况进行巡查，发现违法建设行为，及时予以制止，并依法及时予以处理。违法建设的查处主体——城市管理综合执法部门、规划自然资源主管部门、街道办事处、乡镇人民政府对依法由本机关查处的违法建设可及时采取查封、扣押等措施及时予以制止。对不属于本机关查处的违法建设，及时移送有权查处机关。

（三）严查处

根据国家和北京市关于查处违法建设的相关规定，违法建设查处主体可依法严查以下四个方面：

城市管理综合执法部门可依法对涉及违法建设的下述行为进行处罚：一是对未取得建设工程规划许可证、临时建设工程规划许可证、选址意见书、规划条件或者建设工程设计方案审查同意意见的城镇建设工程以及撤销乡镇人民政府设置街道办事处的区域内应当取得而未取得临时乡村建设规划许可证的乡村违法建设进行查处；二是责令停止建设或者发现已经建成的城镇违法建设，应当在 20 日内责令限期拆除，不能拆除的，没收实物或者违法收入，可以并处该建设工程总造价 10% 以下罚款。

规划自然资源主管部门可对涉及违法建设的下述行为进行处罚：一是已经取得建设工程规划许可证、临时建设工程规划许可证但未按照许可内容进行建设的城镇建设工程；二是未取得建设工程规划许可证但已经取得选址意见书、规划条件或者建设工程设计方案审查同意意见的城镇建设工程；三是逾期未拆除的城镇临时建设工程;四是其他不属于城市管理综合行政执法机关、乡镇人民政府负责查处的违法建设;五是撤销乡镇人民政府设置街道办事处的区域内已经取得临时乡村建设规划许可证但未按照许可内容进行建设的乡村违法建设进行查处;六是对未经批准进行临时建设、未按照批准内容进行临时建设、临时建筑物、构筑物超过批准期限不拆除的行为责令限期拆除,可以并处临时建设工程造价一倍以下的罚款;七是责令停止建设或者发现已经建成的城镇违法建设,对尚可采取改正措施消除对规划实施影响的,应当在20日内书面责令限期改正;改正后可处该建设工程总造价5%以上10%以下罚款。对逾期不改正或者无法采取改正措施消除对规划实施影响的城镇违法建设,能够拆除的,责令限期拆除,不能拆除的,可依法没收实物或者违法收入,并可处该建设工程总造价10%以下罚款。

乡镇人民政府可依法对本行政区域内的乡村违法建设进行查处。(1)负责本行政区域内禁止违法建设工作,制止和查处乡村违法建设;(2)对擅自在村庄、集镇规划区内的街道、广场、市场和车站等场所修建临时建筑物、构筑物和其他设施的,可责令限期拆除,并可处以罚款。

街道办事处可对本行政区域内的违法建设进行查处。鉴于北京市已通过立法完成对街道办事处的赋权,就北京市而言,街道办事处可作为执法主体依法对本行政区域内的违法建设进行查处。

(四)强管控

依法拆除违法建设后,加强管控,防止反弹是关键。行政执法机关对违法建设拆除后可及时通报属地和相关单位,属地和相关单位对已拆除的违法建设场地依照相关规定及时利用,不能及时利用的应加强管控,防止违法建设问题反弹。

【法律链接】

1.《中华人民共和国城乡规划法》

2.《北京市城乡规划条例》

3.《北京市禁止违法建设若干规定》

4.《村庄和集镇规划建设管理条例》

32. 物业服务企业擅自改变物业管理用房用途怎么办?

——“五明确”

【难题问诊】

G小区物业服务企业员工较少,物业管理用房宽裕,便将1/3的面积租给某房屋中介使用,所收租金用于员工福利和办公经费。业主王某得知上述情况后,即向小区业主委员会核实了解情况,经核实了解,物业服务企业将部分物业管理用房租给房屋中介使用,未经过业主大会程序。对此,王某怎么办?

【要领提示】

针对物业服务企业擅自改变物业管理用房用途的问题,业主可依法酌情参考“五明确”——“明确所有权,明确改变用途要件,明确出租收入用途,明确执法主体,明确法律责任”。

【路径参考】

《北京市物业管理条例》第十八条规定,新开发建设项目,一个物业管理区域内应当配建独立且相对集中的物业服务用房,满足物业管理设施设备、办公及值班需求,具体面积按照本市公共服务设施配置指标执行。物业服务用房的面积、位置应当在规划许可证、房屋买卖合同中载明。已投入使用但是未配建物业服务用房的,建设单位或者产权单位应当通过提供其他用房、等值的资金等多种方式提供;建设单位和产权单位已不存在的,由街道办事处、乡镇人民政府统筹研究解决。对于本例中物业服务企业擅自改变物业管理用房用途的行为,参照国家和北京市物业管理的相关规定,王某可依法酌情参考以下“五明确”:

1. 明确所有权。《物业管理条例》明确规定:物业管理用房的所有权依法属于业主。物业管理用房是在物业管理区域内实施物业管理活动、开展物业管理工作所需的空间和场所。尽管物业服务企业实施物业管理活动、开展物业管理工作可以使用物业管理用房,但其所有权不属于物业服务企业,而是属于业主。

2. 明确改变用途要件。《物业管理条例》第三十七条规定:未经业主大会同意,物业服务企业不得改变物业管理用房的用途。若经业主大会同意,依法到房地产行政主管部门办理备案手续,物业服务企业方可改变物业管理用房用途。未经业主大会同意,物业服务企业擅自改变物业管理用房的用途,应承担改变物业管理用房用途的法律责任。

3. 明确出租收入用途。根据《物业管理条例》的规定,物业服务企业出租部分物业管理用房的收入不能用于员工福利和办公经费,而应用于物业管理区域内物业共用部位、共用设施设备的维修、养护,剩余部分按照业主大会的决定使用。

4. 明确执法主体。《物业管理条例》第四十八条规定,县级以上地方人民政府房地产行政主管部门应当及时处理业主、业主委员会、物业使用人和物业服务企业在物业管理活动中的投诉。故县级以上地方人民政府房地产行政主管部门系执法主体。

5. 明确法律责任。《物业管理条例》第六十二条明确规定:违反本条例的规定,未经业主大会同意,物业服务企业擅自改变物业管理用房的用途的，由县级以上地方人民政府房地产行政主管部门责令限期改正，给予警告，并处1万元以上10万元以下的罚款；有收益的，所得收益用于物业管理区域内物业共用部位、共用设施设备的维修、养护，剩余部分按照业主大会的决定使用。据此，受理该投诉的地方人民政府房地产行政主管部门可依据上述规定对该物业服务企业进行查处。

【法律链接】

《物业管理条例》第三十七条、第四十八条、第六十二条

33. 物业服务企业擅自在小区儿童活动场地办收费游乐场怎么办？

——“双诉”

【难题问诊】

H小区原有一处儿童活动场地，该场地拥有滑滑梯、蹦蹦床、跷跷板等设施。由于资金短缺、疏于维护等，该场地塑胶地面斑驳，设施老化，几乎无人问津。为优化小区环境，丰富儿童活动项目，物业服务企业擅自将场地改造为收费游乐场，并将所收取的费用用于场地维护、人员工资和福利。业主周某认为物业服务企业擅自在小区儿童活动场地办收费游乐场损害了自身合法权益，怎么办？

【要领提示】

针对物业服务企业擅自在小区儿童活动场地办收费游乐场问

题,业主可依法酌情参考“双诉”——“投诉+起诉”。

【路径参考】

从性质上看,H小区物业服务企业擅自在小区儿童活动场地办收费游乐场的行为,属于违反我国物业管理法律法规的违法行为,应承担不利法律后果。

1. 投诉。业主周某可依法向县级以上地方人民政府房地产行政主管部门进行投诉。《物业管理条例》第四十八条规定,县级以上地方人民政府房地产行政主管部门应当及时处理业主、业主委员会、物业使用人和物业服务企业在物业管理活动中的的投诉。同时,该条例第六十三条规定:违反本条例的规定,有下列行为之一的,由县级以上地方人民政府房地产行政主管部门责令限期改正,给予警告,并按照本条第二款的规定处以罚款;所得收益,用于物业管理区域内物业共用部位、共用设施设备的维修、养护,剩余部分按照业主大会的决定使用:(1)擅自改变物业管理区域内按照规划建设的公共建筑和共用设施用途的;(2)擅自占用、挖掘物业管理区域内道路、场地,损害业主共同利益的;(3)擅自利用物业共用部位、共用设施设备进行经营的。个人有前款规定行为之一的,处1000元以上1万元以下的罚款;单位有前款规定行为之一的,处5万元以上20万元以下的罚款。据此,受理该投诉的地方人民政府房地产行政主管部门可依据上述规定对该物业服务企业进行查处。

2. 起诉。最高人民法院《关于审理建筑物区分所有权纠纷案件适用法律若干问题的解释》第十四条规定,建设单位、物业服务企业或者其他管理人等擅自占用、处分业主共有部分、改变其使用功能或者进行经营性活动,权利人请求排除妨害、恢复原状、确认处分行为无效或者赔偿损失的,人民法院应予支持。属于前款所称擅自进行经营性活动的情形,权利人请求建设单位、物业服务企业或者其他管理人等将扣除合理成本之后的收益用于补充专项维修资金或者业主共同决定的其他用途的，人民法院应予支持。行为人对成本的支出及其合理性承担举证责任。业主周某可据此向人民法院提起民事诉讼，主张权益。

【法律链接】

1.《物业管理条例》第四十八条、第六十三条

2. 最高人民法院《关于审理建筑物区分所有权纠纷案件适用法律若干问题的解释》第十四条

34. 小区业主私拉电线危害安全怎么办？

——“城管查秩序、公安严追究、消防除隐患、属地强监管”

【难题问诊】

F小区属于“老旧小区”，违规用电、私拉电线问题突出。业主赵某为解决住宅线路老化、用电设施陈旧、用电不方便等问题，从本小区亲戚住宅附近的用电设施拉了一条长达80余米的电线接到自己位于8层的住宅。尽管该线路从高空通过，但对小区环境产生不良影响。有时，赵某所拉的电线还挂了几个断线的风筝，存在安全隐患。该小区物业服务企业发现后，多次劝阻，赵某置之不理。对此，执法部门怎么办？

【要领提示】

此行政执法难题，涉及依法治理私拉电线安全隐患的问题。概

括地说,依法查处此类违法问题,可区分违法行为性质,明确执法主体,依法酌情参考“四要点”——“城管查秩序、公安严追究、消防除隐患、属地强监管”。

【路径参考】

集成国家和北京市治理此类违法问题的法律、法规、规章的相关规定,可依法酌情参考以下“四要点”:

1. 城管查秩序。城市管理综合执法部门对私拉电线危害供电、用电安全,扰乱正常供电、用电秩序的行为可依法责令改正,给予警告;情节严重或者拒绝改正的,可中止供电,并可处 5 万元以下的罚款。

2. 公安严追究。公安部门负责依法查处破坏电力设施或哄抢、盗窃电力设施器材的案件。在执法检查中对安装使用电网不符合安全规定的违法行为进行查处。对于未经批准,安装、使用电网的,或者安装、使用电网不符合安全规定的可依法处 5 日以下拘留或者 1000 元以下罚款;情节严重的,可依法处 10 日以上 15 日以下拘留,并可处 1000 元以下罚款。此外,如私拉电线涉嫌盗窃电能构成刑事犯罪的,可依法追究刑事责任。

3. 消防除隐患。消防部门可依法查处私拉乱拉电线妨碍安全疏散,带来火灾隐患的行为。对于单位因私拉电线导致占用、堵塞、封闭疏散通道、安全出口或者有其他妨碍安全疏散行为的,可责令改正,处 5000 元以上 5 万元以下罚款,经责令改正拒不改正的,可强制执行,所需费用由违法行为人承担;个人有上述行为的,可处警告或者 500 元以下罚款。鉴于 F 小区违规用电、私拉电线问题突出,根据《北京市物业管理条例》第七十八条第一款第五项规定,业主、物业使用人应当遵守法律法规和规章的规定以及临时管理规约、管理规约的约定,按照规划用途合理、安全使用物业。业主、物业使用人、物业服务人等不得实施违规私拉电线、电缆为电动汽车、电动自行车、电动摩托车和电动三轮车等充电。对于存在上述违法行为的，消防救援机构可根据《北京市物业管理条例》第九十八条规定责令改正，拒不改正的，处500元以上5000元以下的罚款。

4. 属地强监管。宜注重私拉电线安全隐患问题治理成果的巩固，街道、乡镇等基层单位组织可协调本辖区内村委会、居委会、物业服务企业及时发现、消除私拉电线造成的火灾隐患，强化日常监督管护。

【法律链接】

1.《中华人民共和国治安管理处罚法》
2.《中华人民共和国电力法》
3.《中华人民共和国消防法》
4.《电力设施保护条例》
5.《北京市物业管理条例》

35. 业主擅自将住宅阳台改为卫生间怎么办?

——“报告、处罚装修人、处罚装饰装修企业、整改问题”

【难题问诊】

R小区系开发商建设的高端节能型小区。业主杜女士认为太阳能供热效率不高、房间布局不合理，遂聘请B装修装饰公司将其住宅的阳台改为卫生间。该小区物业服务企业多次指出，杜女士未经同意，擅自将住宅阳台改为卫生间的行为违反了双方签订的物业服务合同的约定，并多次进行劝导、制止，杜女士辩称此系自己家事，物业服务企业无权干涉,怎么办?

【要领提示】

针对本例中业主擅自将住宅阳台改为卫生间的情形,可依法酌情参考“报告——处罚装修人——处罚装饰装修企业——整改问题”。

【路径参考】

1. 报告。R 小区物业服务企业可向房地产行政主管部门报告。杜女士聘请 B 专修装饰公司拆除其住宅墙体太阳能板和关联设施,并将阳台改为卫生间的行为,属于《住宅室内装饰装修管理办法》禁止的违法行为。《住宅室内装饰装修管理办法》第五条第一款第二项规定,住宅室内装饰装修活动,禁止将没有防水要求的房间或者阳台改为卫生间、厨房间的行为。

2. 处罚装修人。房地产行政主管部门受理后,可根据《住宅室内装饰装修管理办法》第三十八条第一项的规定,对装修人杜女士处 500 元以上 1000 元以下的罚款。

3. 处罚装饰装修企业。房地产行政主管部门受理投诉后,在对装修人杜女士进行处罚款的同时,可根据《住宅室内装饰装修管理办法》的规定,对装饰装修企业处 1000 元以上 1 万元以下的罚款。

4. 整改问题。房地产行政主管部门对此类案件的受理和查处对于促进问题整改具有推动作用。

【法律链接】

《住宅室内装饰装修管理办法》第五条、第三十八条

36. 小区内多家餐饮店违规排放油烟怎么办？

——“三到位”

【难题问诊】

N小区规模较大，人员密集，有多家风味独特的餐饮店，夏日时节顾客络绎不绝，生意火爆。这些店面在方便居民的同时，也产生了环境问题，尤为突出的是由于未采取油烟净化措施，未按时清理排油烟管道，超标排放油烟造成大气污染。小区业主不堪其扰，纷纷向行政执法部门投诉。对此，行政执法部门怎么办？

【要领提示】

治理小区内餐饮店违规排放油烟造成污染问题，可依法酌情参考“三到位”——“生态环境部门查到位，城管执法部门查到位，商务部门查到位”。

【路径参考】

参照国家和北京市关于治理违规排放油烟造成污染问题的相关规定，可区分违规排放油烟的违法形态，由生态环境部门、城市管理行政综合执法部门和商务部门依法开展查处工作。行政执法实践中，可依法酌情参考以下“三到位”：

1. 生态环境部门查到位。生态环境部门对于未安装油烟净化设施、不正常使用油烟净化设施或者未采取其他油烟净化措施，超过排放标准排放油烟的行为进行查处,可责令限期改正,处5000元以上5万元以下罚款;对拒不改正的,可责令停业整治。

2. 城管执法部门查到位。城市管理行政综合执法部门对于在居民住宅楼、未配套设立专用烟道的商住综合楼、商住综合楼内与居住层相邻的商业楼层内新建、改建、扩建产生油烟、异味、废气的餐饮服务、干洗、汽修等项目的行为依法查处,可责令改正;对拒不改正的,可依法予以关闭,并处1万元以上10万元以下罚款。

3. 商务部门查到位。商务部门对于餐饮经营单位未按时清理排油烟管道的行为,可依法责令改正,并可处5000元以上3万元以下罚款。

【法律链接】

1.《中华人民共和国大气污染防治法》

2.《北京市大气污染防治条例》

3.《北京市餐饮经营单位安全生产规定》

37. 物业服务企业对业主拆除承重墙制止不力且不向行政主管部门报告怎么办?

——“投诉、举报、起诉”

【难题问诊】

S小区业主黄某在装修过程中,为扩大客厅面积,强行拆除了客厅与厨房之间的部分承重墙,巨大的装修噪声引发邻里矛盾,楼上业主王某与黄某交涉未果后,多次向小区物业服务企业反映黄某拆除承重墙的情况，该物业服务企业管理人员前往黄某家进行了一次劝阻，但发现是熟人后便不再过问，亦没有向行政主管部门报告。对此，王某怎么办？

【要领提示】

针对物业服务企业对业主拆除承重墙制止不力且不向行政主管部门报告的问题，可依法酌情参考“投诉、举报、起诉”——“向建设行政主管部门投诉，向地房地产行政主管部门举报，向人民法院起诉”。

【路径参考】

根据《北京市物业管理条例》第七十八条第二款第一项规定，业主、物业使用人应当遵守法律法规和规章的规定以及临时管理规约、管理规约的约定，按照规划用途合理、安全使用物业。业主、物业使用人、物业服务人等不得实施损坏、擅自拆改建筑物承重结构、主体结构的行为。该条例第九十八条第一项还规定了对实施损坏、擅自拆改建筑物承重结构、主体结构的行为的罚则。参照国家和北京市物业管理的相关规定，可依法酌情参考以下要点：

1.向建设行政主管部门投诉。黄某在装修过程中拆除部分承重墙的行为属于严重违法行为，王某可依法向所在地房地产行政主管部门进行投诉。根据《北京市物业管理条例》第七十八条第二款第一项规定，对于黄某在装修过程中拆除部分承重墙的行为，利害关系人王某有权投诉、举报。《建设工程质量管理条例》第六十九条规定：违反本条例规定，涉及建筑主体或者承重结构变动的装修工程，没有设计方案擅自施工的，责令改正，处 50 万元以上 100 万元以下的罚款；房屋建筑使用者在装修过程中擅自变动房屋建筑主体和承重结构的，责令改正，处 5 万元以上 10 万元以下的罚款。有前款所列行为，造成损失的，依法承担赔偿责任。建设行政主管部门受理投诉后，可根据该规定对黄某拆除部分承重墙的行为进行处罚。

2. 向地房地产行政主管部门举报。对于黄某在装修过程中拆除部分承重墙的行为,物业服务企业具有劝阻、报告的法定义务。王某可依法向所在地房地产行政主管部门举报物业服务企业。《物业管理条例》第五十二条规定:“业主需要装饰装修房屋的,应当事先告知物业服务企业。物业服务企业应当将房屋装饰装修中的禁止行为和注意事项告知业主。”该条例第四十五条规定:“对物业管理区域内违反有关治安、环保、物业装饰装修和使用等方面法律、法规规定的行为,物业服务企业应当制止,并及时向有关行政管理部门报告。”此外,《住宅室内装饰装修管理办法》第四十二条规定:“物业管理单位发现装修人或者装饰装修企业有违反本办法规定的行为不及时向有关部门报告的,由房地产行政主管部门给予警告,可处装饰装修管理服务协议约定的装饰装修管理服务费 2 至 3 倍的罚款。”房地产行政主管部门受理举报后,可根据上述规定对物业服务企业不及时报告的行为进行处罚。

3. 向人民法院起诉。最高人民法院《关于审理建筑物区分所有权纠纷案件适用法律若干问题的解释》第十五条第一项规定,业主或者其他行为人违反法律、法规、国家相关强制性标准、管理规约,或者违反业主大会、业主委员会依法作出的决定,实施损害房屋承重结构,损害或者违章使用电力、燃气、消防设施,在建筑物内放置危险、放射性物品等危及建筑物安全或者妨碍建筑物正常使用行为的,可以认定为《民法典》第二百八十六条第二款所称的其他“损害他人合法权益的行为”。同时,根据《物权法》第八十三条的规定,王某对侵害自身合法权益的行为,可以依法向人民法院提起诉讼,要求黄某恢复原状。

【法律链接】

1.《建设工程质量管理条例》第六十九条

2.《物业管理条例》第四十五条、第五十二条

3.《住宅室内装饰装修管理办法》第四十二条

4.最高人民法院《关于审理建筑物区分所有权纠纷案件适用法律若干问题的解释》第十五条

5.《中华人民共和国物权法》第八十三条

对应:《中华人民共和国民法典》第二百八十六条

38. 小区内超市开业宣传、“广场舞”、夜间施工噪声严重怎么办?

——“三聚焦、三到位”

【难题问诊】

W小区规模较大,人员密集,加之受到在建楼盘施工的影响,环境问题突出。特别是在盛夏时节,小区内超市开业宣传、“广场舞”、夜间施工噪声严重,不少业主纷纷向物业服务企业反映情况。该小区物业服务企业穷尽措施难以治理,遂向所在街道和行政执法部门报告。对此,行政执法部门怎么办?

【要领提示】

治理小区内超市开业宣传、“广场舞”、夜间施工噪声严重的问题,可依法酌情参考“三聚焦、三到位”——“聚焦营业噪声,生态环境查到位;聚焦夜间施工噪声,城管查到位;聚焦生活噪声,公安查到位”。

【路径参考】

小区内超市开业宣传、"广场舞"、在建楼盘夜间施工噪声，是困扰小区业主的常见难题。破解此难题，集成国家和北京市治理噪声问题的相关规定，可依法酌情参考以下"三聚焦、三到位"：

1. 聚焦营业噪声，生态环境查到位。对加工、维修、餐饮、娱乐、健身、超市及其他商业服务业经营者未采取有效措施，生产经营活动产生噪声干扰周围生活环境的，生态环境部门可依法责令改正；拒不改正的，可处 3 万元以下罚款。此外，生态环境部门还可依法对下述行为进行处罚：一是对于在噪声敏感建筑物集中区域内造成严重环境噪声污染的企业事业单位，可依法责令限期治理。被限期治理的单位应当按期完成治理任务，未完成治理任务的，可处 3 万元以下罚款；情节严重的，可由市或者区、县人民政府依法责令停业、搬迁、关闭；二是被检查单位未停止或者未按照规定时间使用产生严重噪声污染的设备、设施的，可处 3 万元以下罚款；三是未经环境保护部门批准，擅自拆除、闲置、破坏环境噪声排放自动监控系统，致使环境噪声排放超过规定标准的，可责令改正，处 3 万元以下罚款。

2. 聚焦夜间施工噪声，城管查到位。城市管理综合行政执法部门可依法对下述行为进行处罚：一是施工单位未制定施工现场噪声污染防治管理制度，未把产生噪声的设备、设施布置在远离居住区一侧的，可责令改正，并可处 1 万元以上 3 万元以下罚款；二是中考、高考期间以及市人民政府规定的其他特殊时段在噪声敏感建筑物集中区域内从事产生噪声的施工作业的，可责令停止违法行为，并可处 1 万元以上 3 万元以下罚款；三是未取得夜间施工批准文件进行夜间施工的，可责令停止违法行为，并可处 1 万元以上 3 万元以下罚款；四是进行夜间施工作业未向周围居民公告相关内容的，可依法责令改正，并可处 1000 元以上 5000 元以下罚款；五是施工单位未经批准或者超过批准期限在噪声敏感建筑物集中区域内进行夜间施工的，可责令改正，处1万元以上3万元以下罚款。

3. 聚焦生活噪声，公安查到位。公安机关可依法对下述行为进行查处：一是查处在噪声敏感建筑物集中区域使用干扰周围生活环境的音响器材的行为；二是查处商业经营活动在室外使用音响器材或者采用其他发出噪声的方法招揽顾客，干扰周围生活环境的行为；三是查处在街道、广场、公园等公共场所组织娱乐、集会等活动，使用音响器材，产生噪声干扰周围生活环境的行为；四是查处机动车防盗报警器长时间鸣响，干扰周围生活环境的行为；五是未按照规定控制音量或者采取措施，从家庭室内发出噪声干扰周围生活环境的行为；六是未按照规定进行装修作业，干扰周围生活环境的行为。

此外，卫生健康部门也有依法查处噪声方面的相关职责，在此不作赘述。

【法律链接】

1.《中华人民共和国环境噪声污染防治法》

2.《北京市环境噪声污染防治办法》

3.《污染源自动监控管理办法》

4.《公共场所卫生管理条例实施细则》

5.《北京市建设工程施工现场管理办法》

6.《学校卫生工作条例》

39. 业主把小区绿地变菜园怎么办?

——“报告、查处、起诉”三步骤

【难题问诊】

V小区绿地面积较大,树木丛生,百草丰茂,环境宜人,物业服务合同及管理规约中均明确约定,小区业主不得圈占公共绿地,不得在公共绿地种植蔬菜。业主裴某、梁某入住该小区后,发现住宅楼南侧的绿地疏于管理,便以认养绿地、美化环境为借口,设置栅栏,圈占了40平方米绿地种植黄瓜、豆角等。蔬菜藤蔓四处攀爬,不仅与整个小区绿植不协调,裴某等用粪便施肥还引来蝇虫飞舞。对此,物业服务企业服务管理人员多次劝导、制止未果,怎么办?

【要领提示】

针对业主把小区绿地变菜园的问题,可依法酌情参考“报告、查处、起诉”三步骤。

【路径参考】

业主或使用人以认养绿地、美化环境为借口,侵占小区绿地随意种植的行为并不鲜见。从定性上看,业主裴某、梁某侵占业主共有绿地种菜的行为,属于侵权行为。《物权法》第七十三条(对应《民法典》第二百七十四条)规定,建筑区划内的绿地,属于业主共有,但属于城镇公共绿地或者明示属于个人的除外。《北京市物业管理条例》第七十八条规定,业主、物业使用人应当遵守法律法规和规章的规定以及临时管理规约、管理规约的约定,按照规划用途合理、安全使用物业。业主、物业使用人、物业服务人等不得实施侵占绿地、毁坏绿化植物和绿化设施的行为。裴某、梁某应当遵守和履行所签订的物业服务合同及管理规约的约定,不得实施侵占绿地、毁坏绿化植物和绿化设施的行为。参照国家和北京市相关规定,物业服务企业可依法酌情参考以下“三步骤”:

第一步报告。物业服务企业可向城市管理综合行政执法部门报告。

第二步查处。城市管理综合行政执法部门受理后,根据《北京市物业管理条例》第九十八条的规定,可对业主实施侵占绿地行为,责令改正,拒不改正的,可处500元以上5000元以下的罚款。

第三步起诉。若城市管理综合行政执法部门的执法效果不明显,或不足以促进问题整改,物业服务企业还可向有管辖权的人民法院起诉。鉴于V小区物业服务合同及管理规约中明确约定了小区业主不得圈占公共绿地,不得在公共绿地种植蔬菜。物业服务企业有权制止违反物业管理规定的行为,并维护全体业主的共同利益,可向有管辖权的人民法院提起诉讼,要求其拆除栅栏、恢复原状、排除妨害。从大量判例可以看出,业主违反物业服务合同或者法律、法规、管理规约,实施妨害物业服务与管理的行为,物业服务企业请求业主恢复原状、排除妨害的,人民法院一般依法予以支持。

【法律链接】

1.《中华人民共和国物权法》第七十三条

对应:《中华人民共和国民法典》第二百七十四条

2.《北京市物业管理条例》第七十八条、第九十八条

40. 物业服务企业管不住小区内无照经营怎么办?

——“两查两及时”

【难题问诊】

W小区位于交通枢纽地段,四通八达,人流量大。该小区内外小作坊、小卖铺林立,游商游贩时常出现,无照经营现象突出。所在街道、居民委员会、业主委员会和物业服务企业多次组织保安开展整治工作,收效甚微。大量的无照经营行为,扰乱了小区周边秩序,安全隐患丛生,小区业主反映强烈,安全感满意度急剧下降。对此,行政执法部门怎么办?

【要领提示】

治理小区内部及周边无照经营行为,可依法酌情参考“两查两及时”——“无照坐商市监查,无照游商城管查,线索信息及时转接,行政刑事及时衔接”。

【路径参考】

综观涉及无照经营问题的地方性法规、规章,不同的地方性法规、规章有不尽相同、不同尺度的约束性规定。对于发达地区,特别是一线城市,依法治理无照经营问题的内在需求一般强于欠发达地区。参照国家和北京市法律、法规、规章中治理无照经营问题的相关规定,行政执法部门可依法酌情参考以下要点:

1. 无照坐商市场监管查。市场监管部门可依法查处固定场所内无照经营违法行为。可依法对涉嫌无照经营的单位和个人进行调查了解，现场检查，可查阅、复制与涉嫌无照经营有关的合同、票据、账簿等资料，可依法责令其停止相关经营活动。对涉嫌从事无照经营的场所、工具、设备、原材料、产品（商品）等，可依法予以查封、扣押。对明知属于无照经营而为其提供经营场所，或提供运输、保管、仓储等条件的，可责令其停止违法行为，并依法进行处罚。

2. 无照游商城管查。城市管理综合行政执法部门可依法查处公共场所流动商贩无照经营行为。根据《无证无照经营查处办法》《关于加强首都城市管理综合行政执法监管的实施意见》《北京市实施城市管理相对集中行政处罚权办法》《北京市市容环境卫生条例》等相关规定，作出处罚决定前，应告知当事人作出处罚的事实、理由及依据，并告知当事人依法享有的权利，听取当事人的陈述、申辩。执法查处中，妥善保管先行登记保存、扣押的财物；妥善处置易腐烂的物品。先行登记保存、扣押的财物需返还给当事人的，应通知权利人领取；权利人不明的，应发布招领公告；权利人拒绝领取或公告期满后无人认领的，依法处理。

3. 线索信息及时转接。行政执法部门应向社会公开受理举报电话、信箱、电子邮件地址。在受理举报线索过程中，行政执法部门可密切协同配合，利用网络平台加强信息共享；发现不属于本部门职责查处的无证无照经营行为，可及时通报有关行政执法部门，及时移送线索，做好行政执法的有序衔接。

4. 行政刑事及时衔接。行政执法主体在依法查处无照经营过程中，发现涉嫌违法犯罪的，可与公安部门做好行刑衔接。公安部门对妨害阻碍行政执法主体依法查处无照经营活动等行为可依法予以处理。

【法律链接】

1.《无证无照经营查处办法》
2.《关于加强首都城市管理综合行政执法监管的实施意见》
3.《北京市实施城市管理相对集中行政处罚权办法》
4.《北京市市容环境卫生条例》
5.《北京市生活消费品、生产资料市场管理条例》

41. 高峰时段业主违规携犬乘电梯怎么办?

——“定性、履责、处罚”三环节

【难题问诊】

U小区楼盘容积率高,人口密集,电梯使用频繁。针对该小区业主养犬较多的情形,业主委员会召集业主会议,就小区养犬管理事项制定公约,且确定了禁止业主携犬乘坐电梯的具体时间。但业主薛某依然我行我素,经常在上下班高峰时段携犬乘坐电梯,既不牵绳,也不采取任何防护,引起业主钱某、华某强烈不满,遂向居民委员会进行反映。对此,居民委员会怎么办?

【要领提示】

针对高峰时段业主违规携犬乘电梯问题,居民委员会可依法酌情参考“定性、履责、处罚”三环节。

【路径参考】

高峰时段业主违规携犬乘电梯问题,是小区内屡见不鲜的常见

难题。参照国家和北京市关于规范养犬的相关规定,可依法酌情参考以下三环节:

1. 定性。业主薛某高峰时段携犬乘电梯的行为,属于违反《北京市养犬管理规定》的违法行为。《北京市养犬管理规定》第十七条第三项明确规定,养犬人应当遵守下列规定:携犬乘坐电梯的,应当避开乘坐电梯的高峰时间,并为犬戴嘴套,或者将犬装入犬袋、犬笼;居民委员会、村民委员会、业主委员会以根据实际情况确定禁止携犬乘坐电梯的具体时间。

2. 履责。参照北京市关于规范养犬的相关规定,居民委员会具有协助本市各级人民政府做好养犬管理工作的法定义务。《北京市养犬管理规定》第二十三条明确规定:"对违反本规定的养犬行为,任何单位和个人都有权批评、劝阻,或者向居民委员会、村民委员会反映,或者向有关行政部门举报,居民委员会、村民委员会和有关行政部门应当及时处理。"该管理规定第六条规定,居民委员会、村民委员会、业主委员会可以召集居民会议、村民会议、业主会议,就本居住地区有关养犬管理事项依法制定公约,并组织监督实施。可见,业主钱某、华某有权向居民委员会反映薛某高峰时段业主违规携犬乘电梯的问题。此外,该管理规定第四条第五款规定,居民委员会、村民委员会和其他基层组织,应当协助本市各级人民政府做好养犬管理工作。据此,可酌情开展对薛某的劝导、劝阻,若劝导、劝阻无效,还可向公安机关报告。

3. 处罚。向公安机关报告后,公安机关在依法取证的情况下,可根据《北京市养犬管理规定》第二十九条的规定,对上述非法行为,予以警告,并可对薛某处500元以下罚款;情节严重的,可没收其犬,吊销养犬登记证。根据新的《治安管理处罚法》的规定,处罚可能会更重。《治安管理处罚法》第89条规定:"饲养动物,干扰他人正常生活的,处警告;警告后不改正的,或者放任动物恐吓他人的,处一千元以下罚款。违反有关法律、法规、规章规定,出售、饲养烈性犬等危险动物的,处警告;警告后不改正的,或者致使动物伤害他人的,处五日以下拘留或者一千元以下罚款;情节较重的,处五日以上十日以下拘留。未对动物采取安全措施,致使动物伤害他人的,处一千元以下罚款;情节较重的,处五日以上十日以下拘留。驱使动物伤害他人的,依照本法第五十一条的规定处罚。”

【法律链接】

1.《北京市养犬管理规定》第六条、第十七条、第二十三条、第二十九条
2.《中华人民共和国治安管理处罚法》第八十九条

42. 小区物业遇上审判机关调查取证怎么办?
——“明性质,知后果,依法行”

【难题问诊】

C市人民法院2名工作人员前往N小区向业主周某调查取证,在出示证件,并反复说明原因的情况下,小区保安以怀疑证件真实性、未接到协助通知书、请示领导、保护周某隐私、物业服务企业有规定、担心扣工资等理由,拒绝法院工作人员进入该小区。后小区物业服务企业管理人员赶到,要求法官联系当地社区或派出所,否则不允许进入。双方在小区门外僵持时间较长,并引来大批群众围观,法院遂增派干警赶到现场,并将涉事保安传唤至法院。对此,物业服务企业怎么办?

【要领提示】

为规避潜在风险,避免更为严重的法律后果,小区物业服务企业依法酌情参考“三要点”——“明性质,知后果,依法行”。

【路径参考】

在审判实践中,曾出现物业服务企业不配合审判机关调查取证而承担严重法律后果的案例。对此,小区物业服务企业应引起足够重视。可依法酌情参考以下“三要点”:

1. 明性质。小区保安在明知法院工作人员身份和执行公务事由的情况下拒绝法院工作人员进入该小区的行为,已经妨碍了法院的调查取证工作。《民事诉讼法》第六十七条第一款规定,人民法院有权向有关单位和个人调查取证,有关单位和个人不得拒绝。

2. 知后果。拒绝或者妨碍人民法院调查取证,有可能面临不利法律后果,主要包括:被罚款、拘留、相关司法建议。《民事诉讼法》第一百一十四条规定,有义务协助调查、执行的单位有下列行为之一的,人民法院除责令其履行协助义务外,并可以予以罚款:(1)有关单位拒绝或者妨碍人民法院调查取证的;(2)有关单位接到人民法院协助执行通知书后,拒不协助查询、扣押、冻结、划拨、变价财产的;(3)有关单位接到人民法院协助执行通知书后,拒不协助扣留被执行人的收入、办理有关财产权证照转移手续、转交有关票证、证照或者其他财产的;(4)其他拒绝协助执行的。人民法院对有前款规定的行为之一的单位,可以对其主要负责人或者直接责任人员予以罚款;对仍不履行协助义务的,可以予以拘留;并可以向监察机关或者有关机关提出予以纪律处分的司法建议。该法第一百一十五条第一款规定,对个人的罚款金额,为人民币10万元以下。对单位的罚款金额,为人民币5万元以上100万元以下。

3. 依法行。对物业服务企业来说,民事权利可以放弃,但法定义务必须履行，对法定的、涉及对审判机关的协助调查取证义务，应依法配合。可制定相应工作规范和操作流程，及时培训，并规范操作，规避潜在风险。针对法院增派干警赶到现场，并将涉事保安传唤至法院的情形，小区物业服务企业应积极、主动作为，依法采取履行协助调查义务的具体措施。

【法律链接】

《中华人民共和国民事诉讼法》第六十七条、第一百一十四条、第一百一十五条

43. 业主从五楼私拉电缆给楼下电动三轮车充电怎么办？

——"四及时"

【难题问诊】

Y小区业主谢某新购买一辆电动三轮车后，感到在小区充电费用较高、不方便，遂从自己位于五楼的住宅处私拉了一根电缆给停在楼下单元门口的电动三轮车充电。物业服务企业在巡查中发现后，立即上门劝阻，谢某不得已收起电缆。但一周后谢某又以同样方法给电动三轮车充电，再次被物业管理服务人员发现。对此，怎么办？

【要领提示】

对于小区内违规私拉电缆为电动三轮车等充电的行为，可依法酌情参考"四及时"——"及时劝阻、制止，及时报告，及时查处，及时

规范”。

【路径参考】

违规私拉电线、电缆为电动汽车、电动自行车、电动摩托车和电动三轮车等充电的行为具有严重社会危害性。从全国范围来看,曾经发生多起违规充电引发的重大安全事故。参照国家和北京市关于查处违规私拉电线、电缆为电动汽车、电动自行车、电动摩托车和电动三轮车等充电行为的相关规定,可依法酌情参考以下“四及时”:

1. 及时劝阻、制止。履行房屋安全使用责任,是业主应当履行的法定义务。业主从五楼私拉电缆给楼下电动三轮车充电的行为,属于违反国家和北京市相关规定的违法行为。《北京市物业管理条例》第七十八条规定,业主、物业使用人应当遵守法律法规和规章的规定以及临时管理规约、管理规约的约定,按照规划用途合理、安全使用物业。业主、物业使用人、物业服务人等不得违规私拉电线、电缆为电动汽车、电动自行车、电动摩托车和电动三轮车等充电。同时根据《北京市物业管理条例》第六十五条的规定,物业服务企业发现业主违规私拉电线、电缆为电动汽车、电动自行车、电动摩托车和电动三轮车等充电的行为,应当及时劝阻、制止。

2. 及时报告。对业主违规私拉电线、电缆为电动汽车、电动自行车、电动摩托车和电动三轮车等充电的行为,劝阻、制止无效的,物业服务企业应及时报告行政执法机关。鉴于《北京市物业管理条例》中含有物业服务人未遵守关于对违规私拉电线行为进行劝阻、制止以及劝阻、制止无效及时报告行政执法机关的罚则,对于物业服务企业来说,不仅应全面履行法定义务,还应当全面留痕,以规避后续潜在法律风险。根据《北京市物业管理条例》第九十二条的规定,物业服务人提供服务未遵守对私拉电线行为进行劝阻、制止以及劝阻、制止无效及时报告行政执法机关的相关规定的,由区住房和城乡建设或者房屋主管部门给予警告,处 5000 元以上 1 万元以下的罚款。

3. 及时查处。根据《北京市物业管理条例》第九十八条规定，物业管理区域内业主、物业使用人、物业服务人违规私拉电线、电缆为电动汽车、电动自行车、电动摩托车和电动三轮车等充电，由消防救援机构责令改正，拒不改正的，处 500 元以上 5000 元以下的罚款。物业服务企业进行报告后，消防救援机构可根据上述规定，对违法行为人责令改正，拒不改正的，可处 500 元以上 5000 元以下的罚款。

4. 及时规范。应注重疏堵结合，小区物业服务企业应根据实际情况，尽可能及时完善电动车充电庄等设施建设，并有针对性地加强消防安全法律知识宣传教育工作。

【法律链接】

《北京市物业管理条例》第六十五条、第七十八条、第九十二条、第九十八条

44. 物业服务企业擅自利用小区共用部位进行经营怎么办？

——“三措施”

【难题问诊】

K 小区住宅楼恢弘气派，特别是一楼门厅空间充裕，有时被一些业主用作储物空间和棋牌娱乐场所。为优化环境，并满足部分业主消费需求，该小区物业服务企业便自行将住宅楼的门厅划出 45 平方米区域由周某承包经营。周某将该区域装修的格调优雅，环境宜人，并利用该区域夏卖冷饮，冬卖咖啡，春秋买甜点，生意兴隆。对此，该

住宅楼一层的不少业主深受困扰，怎么办？

【要领提示】

针对物业服务企业实施擅自利用共用部位进行经营的行为，可依法酌情参考“三措施”，即“投诉、举报——劝阻、报告——查处、改正”。

【路径参考】

物业共用部位是指物业管理中的住宅共用部位、共用设施设备。住宅共用部位，一般包括住宅的基础、承重墙体、柱、梁、楼板、屋顶以及户外的墙面、门厅、楼梯间、走廊通道等。住宅共用设施设备，一般包括电梯、天线、照明、消防设施、绿地、道路、路灯、沟渠、池、井、非经营性车场车库、公益性文体设施和共用设施设备使用的房屋等。根据我国物业管理相关法律规定，业主、物业使用人、物业服务人等不得实施擅自利用共用部位、共用设施设备进行经营的行为。参照国家和北京市关于物业管理的相关规定，该住宅楼一层部分业主可依法酌情参考以下“三措施”：

1. 投诉、举报。该住宅楼一层部分有利害关系的业主可对 K 小区物业服务企业进行投诉、举报。根据《北京市物业管理条例》第七十八条的规定，业主、物业使用人应当遵守法律法规和规章的规定以及临时管理规约、管理规约的约定，按照规划用途合理、安全使用物业。业主、物业使用人、物业服务人等不得实施擅自利用共用部位、共用设施设备进行经营的行为。发生本条擅自利用共用部位、共用设施设备进行经营的行为的，利害关系人有权投诉、举报。

2. 劝阻、报告。《北京市物业管理条例》第七十八条第三款规定，业主委员会或者物业管理委员会、物业服务人应当及时劝阻；劝阻无效的，应当向街道办事处、乡镇人民政府或者行政执法机关报告。据此，业主委员会或者物业管理委员会可对 K 小区物业服务企业进行劝阻。若劝阻无效，则向街道办事处、乡镇人民政府或者行政执法机关报告。

3. 查处、改正。住房和城乡建设或者房屋主管部门接到报告后，可根据《北京市物业管理条例》第九十八条的规定，予以查处，可对实施擅自利用共用部位、共用设施设备进行经营的行为责令限期改正，给予警告，对单位处5万元以上20万元以下的罚款；可对个人处1000元以上1万元以下的罚款；有违法所得的，可责令退还违法所得。

【法律链接】

《北京市物业管理条例》第七十八条、第九十八条

45. 业主擅自拆改再生水管线不听劝怎么办？

——“报告、查处促整改”和“诉讼维权”

【难题问诊】

M小区物业服务企业存在重服务、轻管理的现象，尤其是对业主装修管理不规范。业主刘某在装修过程中，擅自拆改再生水管线，并将再生水管线接到了供水管线上，造成相邻方自来水污染。对此，遭受污染损害的业主向业主委员会反映情况，业主委员会也及时对刘某进行了劝阻，但收效甚微，怎么办？

【要领提示】

针对擅自拆改再生水管线并造成自来水污染的行为，业主委员

会可依法酌情参考“报告——查处促整改”和“诉讼维权”。

【路径参考】

参照国家和北京市关于物业管理的相关规定，该住宅楼一层部分业主可依法酌情参考以下路径：

（一）“报告——查处促整改”

一是报告。《北京市物业管理条例》第七十八条规定，业主、物业使用人应当遵守法律法规和规章的规定以及临时管理规约、管理规约的约定，按照规划用途合理、安全使用物业。业主、物业使用人、物业服务人等不得实施擅自拆改供水、排水、再生水等管线的行为。针对擅自拆改再生水管线并造成自来水污染的行为，遭受污染损害的业主作为利害关系人有权投诉、举报，业主委员会应当及时劝阻；劝阻无效的，应当向街道办事处、乡镇人民政府或者行政执法机关报告。

二是查处。水主管部门接到报告后，可根据《北京市物业管理条例》第九十八条的规定，予以查处，可对实施擅自拆改供水、排水、再生水等管线的行为责令限期改正，处1万元以上3万元以下的罚款。

（二）“诉讼维权”

若遭受较大损失，业主委员会还可受接受委托，向有管辖权的人民法院提起诉讼，以维护遭受污染损害业主正当合法的权益。

【法律链接】

《北京市物业管理条例》第七十八条、第九十八条

46. 物业服务企业擅自改变物业规划用途怎么办?
——“投诉举报、查处促改”

【难题问诊】

N小区有一处体育馆长期经营不善,小区居民无人问津,该小区物业服务企业便自行将体育馆一分为二,一半作为健身房使用,一半作为小超市租了出去,聚集了不少人气。该小区业主王某和黄某通过向规划自然资源主管部门申请政府信息公开的方式了解到,该处物业的规划用途是体育馆,遂要求物业服务企业恢复原有体育馆功能,遭到拒绝,怎么办?

【要领提示】

对物业服务企业实施的擅自改变物业规划用途的行为,有利害关系的业主可依法酌情参考“投诉举报——查处促改”。

【路径参考】

参照国家和北京市关于物业管理的相关规定,有利害关系的业主王某和黄某可依法酌情参考以下要点:

1. 投诉举报。《北京市物业管理条例》第七十八条规定,业主、物业使用人应当遵守法律法规和规章的规定以及临时管理规约、管理规约的约定,按照规划用途合理、安全使用物业。业主、物业使用人、物业服务人等不得实施擅自改变物业规划用途的行为。业主、物业使用人、物业服务人等发生擅自改变物业规划用途行为的，利害关系人有权投诉、举报。据此，业主王某和黄某作为利害关系人可向规划自然资源主管部门投诉举报。

2.查处促改。规划自然资源主管部门受理后，可根据《北京市物业管理条例》第九十八条的规定予以查处，可责令当事人限期改正、按照实际使用用途类型应当缴纳的土地使用权地价款数额的二倍处以罚款；情节严重的，可依法无偿收回土地使用权。

【法律链接】

《北京市物业管理条例》第七十八条、第九十八条

47. 物业服务企业不公示小区车位出售、出租等信息怎么办？

——“提出异议、投诉举报、查处促改”

【难题问诊】

F小区由于远离市区，大部分业主拥有车辆，小区内地上地下停车位十分紧俏。业主范某多次向该小区物业服务企业申请车位未果。此后，范某不经意发现与其同样情况的业主钟某却申请到了车位，便滋生不满，要求物业服务企业向其说明物业管理区域内车位、车库的出售和出租情况。物业服务企业拒不说明，也拒不公示车位、车库的出售和出租情况，怎么办？

【要领提示】

针对物业服务企业拒不说明,也拒不公示车位、车库的出售和出租等信息的情况,范某可依法酌情参考"提出异议——投诉举报——查处促改"。

【路径参考】

业主在物业管理活动中,对物业共用部位、共用设施设备和相关场地使用情况享有知情权和监督权。参照国家和北京市关于物业管理的相关规定,具体地说,范某可酌情参考以下要点:

1. 提出异议。《北京市物业管理条例》第七十条规定,物业服务人应当在物业管理区域内显著位置设置公示栏,如实公示、及时更新下列信息,并且可以通过互联网方式告知全体业主:(1)物业服务企业的营业执照、项目负责人的基本情况、联系方式以及物业服务投诉电话;(2)物业服务内容和标准、收费标准和方式等;(3)电梯、消防等具有专业技术要求的设施设备的日常维修保养单位名称、资质、联系方式、维保方案和应急处置方案等;(4)上一年度物业服务合同履行及物业服务项目收支情况、本年度物业服务项目收支预算;(5)上一年度公共水电费用分摊情况、物业费、公共收益收支与专项维修资金使用情况;(6)业主进行房屋装饰装修活动的情况;(7)物业管理区域内车位、车库的出售和出租情况;(8)其他应当公示的信息。业主对公示内容提出异议的,物业服务人应当予以答复。据此,业主业主范某可向物业服务企业提出异议。

2. 投诉举报。业主若对物业服务企业的答复不满意,可向区住房和城乡建设或者房屋主管部门投诉、举报。

3. 查处促改。住房和城乡建设或者房屋主管部门受理后,可根据《北京市物业管理条例》第九十八条的规定,予以查处,可对物业服务人未按照规定如实公示有关信息的行为责令限期改正,给予警告;

逾期不改的,可依法处1000元以上5000元以下的罚款。

【法律链接】

《北京市物业管理条例》第七十条、第九十八条

48. 业主堆放杂物占用小区消防通道怎么办?

——“报告、查处”促整改

【难题问诊】

进出M小区需携带出入证和门禁卡。业主林某在未携带门禁卡和任何证件的情况下,引导为其搬运物品车辆进入该小区,被保安阻拦。林某交涉未果,遂安排人员将所搬运的大量物品倾卸到小区侧门的消防通道。数小时后,经物业服务企业工作人员多次劝阻、制止,林某仍置之不理。对此,物业服务企业怎么办?

【要领提示】

针对林某倾卸物品占用、堵塞消防通道,甚至封闭消防通道的行为,物业服务企业可依法酌情参考“报告——查处”促整改。

【路径参考】

参照国家和北京市关于物业管理的相关规定,该小区物业服务企业可依法酌情参考以下要点:

1. 报告。针对林某倾卸物品占用、堵塞消防通道,甚至封闭消防

通道的行为,物业服务企业可依法向消防救援机构进行报告。《北京市物业管理条例》第六十五条第四项规定,物业服务人应当对违法建设、违规出租房屋、私拉电线、占用消防通道等行为进行劝阻、制止,劝阻、制止无效的,及时报告行政执法机关。该条例第七十八条规定,业主、物业使用人应当遵守法律法规和规章的规定以及临时管理规约、管理规约的约定,按照规划用途合理、安全使用物业。业主、物业使用人、物业服务人等不得实施擅自通过设置地锁、石墩、栅栏等障碍物和乱堆乱放杂物等方式,占用、堵塞、封闭消防通道、疏散通道等共用部位,或者损坏消防设施等共用设施设备的行为。

2. 查处。物业服务企业向消防救援机构报告后,消防救援机构可根据《北京市物业管理条例》第九十八条的规定,对林某在物业管理区域内占用、堵塞、封闭消防通道的违法行为,责令改正,对个人处500元的罚款。依法采取上述措施,有益于治理物业管理区域内占用、堵塞、封闭消防通道的违法行为,并形成示范效应。

【法律链接】

《北京市物业管理条例》第六十五条、第七十八条、第九十八条

49. 业主堵塞小区车库入口怎么办?

——“报告、查处+处罚”促改正

【难题问诊】

T小区业主洪某将自己的大件物品随意摆放在小区车库附近,由于摆放物品过多,对小区车库入口造成了一定的遮挡,使得其他进

入地下停车场的业主强烈不满。后经物业服务企业工作人员多次协调、劝阻未果。对此,物业服务企业怎么办?

【要领提示】

针对洪某以堆放杂物等方式,占用、堵塞小区地下停车场入口的行为,物业服务企业可依法酌情参考“报告、查处+处罚”促改正。

【路径参考】

参照国家和北京市关于物业管理的相关规定,该小区物业服务企业可依法酌情参考以下要点:

1.“报告”。洪某卸下车上杂物堵塞小区地下停车场入口的行为属于违反《北京市物业管理条例》的违法行为。《北京市物业管理条例》第七十八条规定,业主、物业使用人应当遵守法律法规和规章的规定以及临时管理规约、管理规约的约定,按照规划用途合理、安全使用物业。业主、物业使用人、物业服务人等不得实施擅自通过设置地锁、石墩、栅栏等障碍物和乱堆乱放杂物等方式,占用、堵塞、封闭消防通道、疏散通道等共用部位,或者损坏消防设施等共用设施设备的行为。据此,物业服务企业可依法向城市管理综合行政执法部门报告情况。

2.“查处+处罚”。城市管理综合行政执法部门可依法对洪某以堆放杂物等方式,占用、堵塞小区地下停车场入口的行为进行查处。根据《北京市物业管理条例》第九十八条的规定,占用、堵塞、封闭其他共用部位,或者损坏其他共用设施设备的,由城市管理综合行政执法部门责令改正,给予警告,对单位处2000元以上2万元以下的罚款,对个人处200元以上500元以下的罚款。城市管理综合行政执法部门依法对洪某以堆放杂物等方式,占用、堵塞小区地下停车场入口的行为进行依法查处和处罚有利于上述违法行为的及时改正。

【法律链接】

《北京市物业管理条例》第七十八条、第九十八条

50. 业主侵占楼内通道安装防盗门怎么办?

——“诉讼维权”

【难题问诊】

L小区高层住户盛某认为所在小区不太安全,而自家房门前的一段4平方米面积走廊只有自家能用,便在未征求邻居同意的情况下把该走廊圈占了起来,并安装了防盗门。此举引起了邻居方某的不满,多次要求盛某拆除防盗门、恢复原状。盛某认为装防盗门不妨碍邻居通行,方某属于没事找事,予以拒绝。对此,方某怎么办?

【要领提示】

对于盛某侵占楼内通道安装防盗门的行为,方某可依法酌情参考“诉讼维权”。

【路径参考】

1. 定性分析。住宅小区内建筑物的通道属于业主共有,盛某安装防盗门,将公共通道占为己用的行为,侵犯了作为共有人之一的方某的物权。另外,需要提示的是,建筑物的公共部分并非仅为该层住户所有,即便这一层楼的邻居同意,其他楼层住户不同意,也不能据此侵占公共空间,该行为同样侵犯了其他业主的权利。盛某圈占走

廊安装防盗门的行为，属于违反《物权法》和《北京市物业管理条例》的违法行为，方某有权要求盛某立即停止侵权行为，拆除防盗门。根据《物权法》第七十条规定，业主对建筑物内的住宅、经营性用房等专有部分享有所有权，对专用部分以外的共有部分享有共有和共同管理的权利。《北京市物业管理条例》第十一条规定，业主大会和业主委员会，对任意弃置垃圾、排放污染物或者噪声、违反规定饲养动物、违法搭建、侵占通道、拒付物业费等损害他人合法权益的行为，有权依照法律法规以及管理规约，要求行为人停止侵害、排除妨碍、消除危险、恢复原状、赔偿损失。

2."诉讼维权"。对于盛某圈占走廊安装防盗门的行为，方某可依法诉讼维权。根据最高人民法院《关于审理建筑物区分所有权纠纷案件适用法律若干问题的解释》第十四条第一款的规定，建设单位或者其他行为人擅自占用、处分业主共有部分、改变其使用功能或者进行经营性活动，权利人请求排除妨害、恢复原状、确认处分行为无效或者赔偿损失的，人民法院应予支持。

【法律链接】

1.《中华人民共和国物权法》第七十条

对应：《中华人民共和国民法典》第二百七十一条

2.最高人民法院《关于审理建筑物区分所有权纠纷案件适用法律若干问题的解释》第十四条

3.《北京市物业管理条例》第十一条

51. 被解聘物业服务企业拒不退出物业管理区域怎么办?

——“双策略”

【难题问诊】

R小区物业服务企业管理不规范,且因业主欠交物业费和环境卫生秩序等问题与业主矛盾重重。该小区经召开业主大会,决定解聘该小区物业服务企业,并履行程序选聘了新的物业服务企业。但该物业服务企业接到通知后,以业主欠交物业费等为由拒绝办理交接,拒不退出物业管理区域。两个多月来,经业主委员会、所选聘的新的物业服务企业多次协调未果。对此,业主委员会怎么办?

【要领提示】

针对原物业服务人阻挠新物业服务人进场服务,拒不退出物业管理区域的情形,参照北京市关于物业管理的相关规定,业主委员会可依法酌情参考“双策略”,即“报告——请求协助——诉讼”和“以执法部门处罚促改正”。

【路径参考】

该小区被解聘的物业服务企业以业主欠交物业费等为由拒绝办理交接,拒不退出物业管理区域的行为违反了《北京市物业管理条例》的规定。《北京市物业管理条例》第七十六条第一款、第二款规定,业主共同决定解聘物业服务人的,物业服务人应当自接到通知之日起30日内履行下列交接义务，并且退出物业管理区域：(1)移交物业共用部分；(2)移交本条例第二十一条、第七十一条规定的档案和资料；(3)结清预收、代收的有关费用；(4)物业服务合同约定的其他事项。原物业服务人不得以业主欠交物业费、对业主共同决定有异议等为由拒绝办理交接，不得以任何理由阻挠新物业服务人进场服务。业主委员会可依法酌情参考以下“双策略”：

(一)“报告——请求协助——诉讼”

针对该小区被解聘的物业服务企业以业主欠交物业费等为由拒绝办理交接，拒不退出物业管理区域的情形，业主委员会可依法向街道办事处、乡镇人民政府、区住房和城乡建设或者房屋主管部门报告，并向辖区内公安机关请求协助，或者依法向人民法院提起诉讼，要求原物业服务人退出物业管理区域。

加强对物业服务人交接工作的监管，系物业所在地的街道办事处、乡镇人民政府、区住房和城乡建设或者房屋主管部门的法定职责，且根据《北京市物业管理条例》的规定，原物业服务人应当在办理交接至退出物业管理区域期间，维持正常的物业管理秩序。

(二)“以执法部门处罚促改正”

此外，业主委员会还可依法向区住房和城乡建设或者房屋主管部门报告。区住房和城乡建设或者房屋主管部门可依照《北京市物业管理条例》第九十七条的规定，责令限期改正；逾期不改的，对物业服务人予以通报，对拒不移交有关资料或者财物的，可处1万元以上10万元以下的罚款；拒不退出物业管理区域的，自规定时间届满次日起可处每日1万元的罚款。物业服务人有违反治安管理行为的，可由公安机关依法给予治安管理处罚。

【法律链接】

《北京市物业管理条例》第七十六条、第九十七条

52. 本小区车位紧张却向小区外人员出租车位怎么办？

——“强势协商、处罚促改”

【难题问诊】

D小区车位紧张，供不应求，业主胡某多次向该小区物业服务企业申请车位，均被告知车位已出售、出租完毕。此后，胡某发现对面另一小区的业主彭某、黄某等却在D小区租有车位，遂与该小区物业服务企业多次交涉，希望能租到车位，但该小区物业服务企业仍以多种理由予以拒绝，怎么办？

【要领提示】

针对在本小区车位紧张情况下却向小区外人员出租车位的情形，胡某可依法酌情参考“强势协商——处罚促改”。

【路径参考】

参照北京市关于物业管理的相关规定，可依法酌情参考以下要点：

1. 强势协商。《北京市物业管理条例》第八十条规定，物业管理区域内规划用于停放车辆的车位、车库，应当首先满足业主的需要。用于出售的，应当优先出售给本物业管理区域内的业主；不出售或者尚未售出的，应当提供给本物业管理区域内的业主使用。满足业主需要后仍有空余的，可以临时按月出租给物业管理区域外的其他人。

该条例第九十九条规定:“违反本条例第八十条规定,将车位、车库提供给业主以外的其他人的,由区住房和城乡建设或者房屋主管部门责令限期改正,有违法出租所得的,责令退还违法所得,按每个违法出租车位处五千元以上一万元以下的罚款;拒不改正的,按每个违法出租车位处每月二千元的罚款。”D小区物业服务企业在未首先满足本小区业主需要的情况下,将车位租给外小区人员的行为违反了上述规定。胡某可继续与该物业服务企业进行协商,阐明上述法律依据和法律后果,争取通过协商解决问题。

2. 处罚促改。在阐明法律依据和法律后果的情形下,若仍不能解决问题,可向区住房和城乡建设或者房屋主管部门投诉。区住房和城乡建设或者房屋主管部门可依法责令该物业服务企业限期改正,有违法出租所得的,可依法责令退还违法所得,按每个违法出租车位处5000元以上1万元以下的罚款;拒不改正的,可按每个违法出租车位处每月2000元的罚款。

【法律链接】

《北京市物业管理条例》第八十条、第九十九条

53. 物业服务企业未建立、保存相关档案和资料怎么办?

——“阐明依据重协商、举报处罚促整改”

【难题问诊】

居住在D小区高层住宅楼的业主范某借了一个新式家用自来水

水质高精度检测笔，对自家和邻居家的自来水水质进行了检测，发现多项指标不合格，便前往该小区物业服务企业了解本小区自来水水质相关情况。经物业服务企业工作人员解答，范某认为不可信，遂要求提供其所居住的住宅楼的水箱清洗记录及水箱水质检测报告。该物业服务企业以未保存为由予以拒绝，怎么办？

【要领提示】

针对物业服务企业以未保存为由拒绝提供水箱清洗记录及水箱水质检测报告的行为，可依法酌情参考“阐明依据重协商、举报处罚促整改”。

【路径参考】

参照北京市关于物业管理的相关规定，可依法酌情参考以下要点：

1. 阐明依据重协商。《北京市物业管理条例》第七十一条规定，物业服务人应当建立、保存下列档案和资料：(1)小区共有部分经营管理档案；(2)小区监控系统、电梯、水泵、有限空间等共用部位、共用设施设备档案及其管理、运行、维修、养护记录；(3)水箱清洗记录及水箱水质检测报告；(4)住宅装饰装修管理资料；(5)业主名册；(6)签订的供水、供电、垃圾清运等书面协议；(7)物业服务活动中形成的与业主利益相关的其他资料。《北京市物业管理条例》第九十五条规定，违反本条例第七十一条规定，物业服务人未建立、保存相关档案和资料的，由区住房和城乡建设或者房屋主管部门责令限期改正，处2万元以上5万元以下的罚款。胡某可继续与该物业服务企业进行协商，阐明上述法律依据和法律后果，争取通过协商解决问题。

2. 举报处罚促整改。在阐明法律依据和法律后果的情形下，仍不能解决问题，若该物业服务企业确未保存水箱清洗记录及水箱水质检测报告，范某可向区住房和城乡建设或者房屋主管部门举报。对于物业服务人未建立、保存相关档案和资料的，区住房和城乡建设或者房屋主管部门可依法责令限期改正，处2万元以上5万元以下的罚款。

【法律链接】

《北京市物业管理条例》第七十一条、第九十五条

54. 物业服务企业擅自停止服务业主委员会怎么办？

——"恳切谈、法院裁"

【难题问诊】

P小区属于老旧小区，物业费收费标准近十余年未作调整，在同类小区中收费明显偏低。由于利润微薄且欠费率高，物业服务企业经营较为困难。为改变困境，物业服务企业拟提高物业费，却遭到业主委员会和多数业主反对，遂萌生退意，决定擅自停止物业服务。停止物业服务后，迅速导致公共设施无人维护，小区环境脏乱，广大业主深受困扰。对此，业主委员会怎么办？

【要领提示】

针对P小区未妥善处理物业费缴纳调整问题而引发的物业服务企业擅自停止物业服务的情形，业主委员会可依法酌情参考"恳切谈、法院裁"。

【路径参考】

参照国家和北京市关于物业管理的相关规定,可依法酌情参考以下要点:

1. 恳切谈。物业服务合同是业主委员会或者物业管理委员会代表业主与业主共同选聘的物业服务人签订的书面合同,就物业服务内容和标准、费用、物业服务用房、合同期限、违约责任等内容进行约定,是建立在平等、自愿基础上的民事合同,是一种特殊的委托合同。根据《北京市物业管理条例》第二十七条第一款第二项的规定,业主在物业管理活动中,享有要求物业服务人按照物业服务合同的约定提供服务的权利。该条例第六十五条规定,物业服务人应当按照物业服务合同的约定提供物业服务。当出现涉及物业管理合同纠纷,甚至本例中提前解约的情况时,可以由业主委员会代表业主,与物业服务企业进行恳切商谈,双方共同推动问题的解决,可针对物业费追缴、调整等问题进行协商。对于物业费追缴,根据《北京市物业管理条例》第七十二条第一款的规定,业主应当根据物业服务合同约定的付费方式和标准,按时足额交纳物业费。业主逾期不交纳物业费的,业主委员会或者物业管理委员会应当督促其交纳。对于物业费调整问题,可根据《北京市物业管理条例》第七十三条第一款规定,物业服务收费实行市场调节价并适时调整。

2. 法院裁。首先,对于拒不缴纳物业费用的业主,根据《北京市物业管理条例》第七十二条第一款规定,业主逾期不交纳物业费的,业主委员会或者物业管理委员会应当督促其交纳;拒不交纳的,物业服务人可以依法提起诉讼或者申请仲裁。业主拒不执行人民法院生效法律文书的,人民法院可以依法对业主作出限制消费令、纳入失信被执行人名单。其次,物业服务企业不履行或者不完全履行物业服务合同约定,业主委员会可以直接向法院起诉。《民法典》将物业服务合同作为了有名合同的一种，适用合同编的一般规定。物业服务企业如果不履行或者不完全履行物业服务合同约定的或者法律、法规规定以及相关行业规范确定的维修、养护、管理和维护义务，业主请求物业服务企业承担继续履行、采取补救措施或者赔偿损失等违约责任。

【法律链接】

《北京市物业管理条例》第二十七条、第六十五条、第七十二条、第七十三条

55. 顶层业主私建阁楼，拒不配合城管执法怎么办？

——“行刑衔接”

【难题问诊】

朱某购买E小区18号楼顶楼24层后，在未履行任何手续的情况下，便带领无建筑资质条件的个体施工队进行改建和装修。朱某及相关施工人员先对出24层屋顶楼梯间进行全封闭，继而在楼顶加建了建筑面积160余平方米的阁楼，使楼体产生裂缝。遇有大风天气，所建阁楼还出现了彩钢板坠落情形。情势紧急，经城管综合执法局组织认定，该建筑物属于违法建设，但在查处过程中，朱某拒不配合，恶意拖延，怎么办？

【要领提示】

针对本例中朱某私建存在重大安全隐患阁楼，且拒不配合、恶意拖延的紧急情形，可果断采取“行刑衔接”措施。

【路径参考】

（一）定性分析

首先，朱某在楼顶加建的阁楼系违法建设。根据《北京市禁止违法建设若干规定》第三条规定，违法建设包括城镇违法建设和乡村违法建设。城镇违法建设是指未取得建设工程规划许可证、临时建设工程规划许可证或者未按照许可内容进行建设的城镇建设工程，以及逾期未拆除的城镇临时建设工程。乡村违法建设是指应当取得而未取得乡村建设规划许可证、临时乡村建设规划许可证或者未按照许可内容进行建设的乡村建设工程。朱某在楼顶加建阁楼，属于小区内违法建设的典型形态。

其次，本例中朱某在楼顶加建阁楼的行为涉嫌危害公共安全。危害公共安全的犯罪侵犯的客体是公共安全，客观表现为实施了各种危害公共安全的行为，包含着造成不特定的多数人伤亡或者使公私财产遭受重大损失的危险，其伤亡、损失的范围和程度往往是难以预料的。朱某对24层屋顶楼梯间进行全封闭，在楼顶加建建筑面积160余平方米的阁楼，使楼体产生裂缝，且在大风天气，所建阁楼还出现了彩钢板坠落情形，尽管尚未造成严重后果，但危害了不特定多数人的生命、健康和公私财产的安全，已涉嫌以危险方法危害公共安全罪。

（二）行刑衔接

《行政强制法》第四十四条规定，对违法的建筑物、构筑物、设施等需要强制拆除的，应当由行政机关予以公告，限期当事人自行拆除。当事人在法定期限内不申请行政复议或者提起行政诉讼,又不拆除的,行政机关可以依法强制拆除。在查处违法建设的执法实践中,从立案到查处违法建设面临较长的周期。鉴于本例中,情势紧急,通过行刑衔接渠道,公安机关的介入,将有助于加快朱某违法行为的认定和查处工作,有利于违法建设的迅速拆除,以维护公共利益。

【法律链接】

1.《北京市禁止违法建设若干规定》第三条

2.《中华人民共和国行政强制法》第四十四条

56. 邻居安装摄像头监控楼道侵犯其他业主隐私怎么办?

——“协商解决、留存证据、调解诉讼”

【难题问诊】

家住A小区的范某,为了自家居住安全,在防盗门上方墙体安装了底座可360度旋转的监控摄像头,拍摄范围可覆盖邻居房屋入户门及门前共用走道,同时还可以通过手机查看拍摄影像。住在隔壁的王某十分不满,认为范某侵犯了自己的隐私权,多次要求范某拆除摄像头。范某认为,安装摄像头是为了预防因小区管理不善而发生侵害安全事件,是一种自力救济行为,这一行为对王某也是有利的。对此,业主王某怎么办?

【要领提示】

针对范某安装摄像头的行为,业主王某可依法酌情参考“协商解决——留存证据——调解诉讼”。

【路径参考】

(一)定性分析

目前,我国法律没有明文规定不能在楼道等场所安装摄像头,也没有规定私人安装摄像头要到公安部门备案。但这并不表示摄像头就可以随意安装。如果范某将监控摄像头安装在自己家里,那是其自由空间,但家门口属于共有区域,涉及权利边界问题。自力救济应在合理限度内,且不得损害他人合法权益和社会公共利益。本例中,监控摄像头监控范围为相邻双方的共用走道,此类空间既不同于具有完全私密性的住宅空间,也不同于完全开放的公共空间,它因与住宅相连接而具有一定的私密性。范某未征得相邻方的同意,擅自在住宅共用部位安装摄像头,对王某的行踪、日常生活的私密性造成了影响,王某要求范某拆除涉案监控设备的诉讼请求具有法理支撑。

(二)协商解决

隐私权是依法受到保护,不被他人非法侵扰、知悉、收集、利用和公开的一种人格权,而且权利主体对他人在何种程度上可以介入自己的私生活,对自己的隐私是否向他人公开以及公开的人群范围和程度等具有决定权,是一种基本人格权利。王某在协商中可阐明以下法律依据:《侵权责任法》第二条规定,侵害民事权益,应当依照本法承担侵权责任。本法所称民事权益,包括生命权、健康权、姓名权、名誉权、荣誉权、肖像权、隐私权、婚姻自主权、监护权、所有权、用益物权、担保物权、著作权、专利权、商标专用权、发现权、股权、继承权等人身、财产权益。该法第六条规定，行为人因过错侵害他人民事权益，应当承担侵权责任。根据法律规定推定行为人有过错，行为人不能证明自己没有过错的，应当承担侵权责任。

（三）留存证据

如果协商未果，王某宜做好证据收集工作，全面收集证据，抗辩范某提出有客观证据“证明”其并非监视邻居房屋入户门及门前共用走道。

（四）调解诉讼

《侵权责任法》第三条规定，被侵权人有权请求侵权人承担侵权责任。王某可采用调解或者诉讼的方式解决问题。根据《民法通则》第一百零一条“公民的人格尊严受法律保护”的规定，公民的个人隐私和信息安全不得侵害。范某在自家住宅大门安装的摄像监控装置虽出于自我防护，但该装置可以完整监控相邻住户王某出入住宅全部情况，记录和存储王某不愿为他人知悉的个人信息，对王某的个人居住安宁造成了侵扰后果，应视为民事侵权。范某在采取保护住宅和财产安全措施时，未能善尽注意义务，导致行为超出了合理限度，具有过错，应承担民事侵权责任。

【法律链接】

1.《中华人民共和国侵权责任法》第二条、第三条、第六条

对应:《中华人民共和国民法典》第三条、第一千一百六十五条

2.《中华人民共和国民法通则》第五条、第一百零一条

对应:《中华人民共和国民法典》第五条、第一千零二十四条

57. 物业服务企业擅自处分小区公共区域广告收益怎么办?

——“明法理、恳切谈、法院裁”

【难题问诊】

C小区物业服务企业在未经业主同意的情况下,利用该小区楼道、大堂和电梯等公共区域,投放了大量广告,广告商先后支付30余万元广告费用,该物业服务企业用该广告费填补了管理费收入与实际支出不足部分的缺口。业主委员会多次要求该物业服务企业公开广告费用明细并索要该笔费用未果。对此,业主委员会怎么办?

【要领提示】

针对物业服务企业擅自处分小区公共区域广告收益的行为,业主委员会可依法酌情参考“明法理、恳切谈、法院裁”。

【路径参考】

(一)“明法理”

《物权法》第七十条规定:业主对建筑物内的住宅、经营性用房等专有部分享有所有权,对专有部分以外的共有部分享有共有和共同管理的权利。小区住宅、经营性用房等专有部分以外的楼道、大堂、电梯内等公共区域应属业主的共有部分,并由全体业主共同管理,在上述公共区域内设立广告所取得的收益依法亦应属于全体业主共有。物业服务企业虽然是业主委员会所在小区的物业服务单位,但是公共区域的广告费用一般不属于物业管理合同中所约定物业服务资金，物业服务企业在未经业主委员会或者全体业主同意的情况下，无权擅自用该广告费用填补管理费收入与实际支出不足部分的缺口。本例中该物业服务企业的行为侵犯了全体业主的共有权，故业主委员会有权要求返还其收取的公共区域广告费用。

（二）"恳切谈"

业主委员会可与该物业服务企业进行协商，阐明上述法律依据和法律后果。需要指出的是，恳切谈的过程，也是广泛、扎实搜集证据的过程。

（三）"法院裁"

在协商未果的情况下，业主委员会可依法向有管辖权的人民法院提起民事诉讼，以不当得利主张权利。《物业管理条例》第五十四条规定：利用物业共用部位、共用设施设备进行经营的，应当在征得相关业主、业主大会、物业服务企业的同意后，按照规定办理有关手续。业主所得收益应当主要用于补充专项维修资金，也可以按照业主大会的决定使用。最高人民法院《关于审理建筑物区分所有权纠纷案件适用法律若干问题的解释》第三条第一款规定：除法律、行政法规规定的共有部分外，建筑区划内的以下部分，也应当认定为《民法典》第二编第六章所称的共有部分：（1）建筑物的基础、承重结构、外墙、屋顶等基本结构部分，通道、楼梯、大堂等公共通行部分，消防、公共照明等附属设施、设备，避难层、设备层或者设备间等结构部分；（2）其他不属于业主专有部分，也不属于市政公用部分或者其他权利人所有的场所及设施等。最高人民法院《关于审理建筑物区分所有权纠纷案件适用法律若干问题的解释》第十四条第一款规定，建设单位、物业服务企业或者其他管理人等擅自占用、处分业主共有部分、改变其使用功能或者进行经营性活动，权利人请求排除妨害、恢复原状、确认处分行为无效或者赔偿损失的，人民法院应予支持。

【法律链接】

1.《中华人民共和国物权法》第七十条

对应:《中华人民共和国民法典》第二百七十一条

2.《物业管理条例》第五十四条

3. 最高人民法院《关于审理建筑物区分所有权纠纷案件适用法律若干问题的解释》第三条、第十四条

58. 物业服务企业擅自挖掘道路损害业主共同利益怎么办?

——“执法促改”

【难题问诊】

M小区物业服务企业未征得业主委员会同意,以优化环境为由,聘请施工队擅自挖掘小区内道路和场地。工程进行一半时,由于经济纠纷导致施工队撤离,工程停工,造成业主出行不便达数月之久。部分业主纷纷向业主委员会反映情况,业主委员会多次要求物业服务企业尽快恢复原状未果,怎么办?

【要领提示】

针对物业服务企业擅自挖掘物业管理区域道路和场地损害业主共同利益的情形,可依法酌情参考“执法促改”。

【路径参考】

(一)定性分析

M小区物业服务企业未征得业主委员会同意,以优化环境为由,聘请施工队擅自挖掘小区内道路和场地的行为属于违反《物业管理条例》的违法行为。《物业管理条例》第五十条规定,业主、物业服务企业不得擅自占用、挖掘物业管理区域内的道路、场地,损害业主的共同利益。因维修物业或者公共利益,业主确需临时占用、挖掘道路、场地的,应当征得业主委员会和物业服务企业的同意;物业服务企业确需临时占用、挖掘道路、场地的,应当征得业主委员会的同意。业主、物业服务企业应当将临时占用、挖掘的道路、场地,在约定期限内恢复原状。

(二)"执法促改"

鉴于业主委员会多次要求物业服务企业尽快恢复原状未果,业主委员会可向县级以上地方人民政府房地产行政主管部门反映情况。《物业管理条例》第六十三条规定,违反本条例的规定,有下列行为之一的,由县级以上地方人民政府房地产行政主管部门责令限期改正,给予警告,并按照本条第二款的规定处以罚款;所得收益,用于物业管理区域内物业共用部位、共用设施设备的维修、养护,剩余部分按照业主大会的决定使用:(1)擅自改变物业管理区域内按照规划建设的公共建筑和共用设施用途的;(2)擅自占用、挖掘物业管理区域内道路、场地,损害业主共同利益的;(3)擅自利用物业共用部位、共用设施设备进行经营的。个人有前款规定行为之一的,处1000元以上1万元以下的罚款;单位有前款规定行为之一的,处5万元以上20万元以下的罚款。县级以上地方人民政府房地产行政主管部门可据此对该小区物业服务企业进行处罚。

【法律链接】

《物业管理条例》第五十条、第六十三条

59. 物业服务企业将全部物业管理委托给他人怎么办？

——“罚裁并行”

【难题问诊】

H小区业主委员会与A物业服务企业签订了《物业服务合同》，约定由A物业服务企业提供物业管理服务。自A物业服务企业提供物业管理服务以来，小区内环境脏乱、楼道内墙体不整洁，绿化养护、管理服务不到位，杂草丛生，并且存在车辆乱停乱放、电梯故障、排污系统堵塞等问题，严重影响业主的正常生活，业主委员会要求A物业服务企业立刻整改，A物业服务企业表示其已将全部物业管理委托给B物业服务企业，不予整改。对此，业主委员会怎么办？

【要领提示】

针对A物业服务企业将全部物业管理委托给他人，导致小区环境脏乱差，无人负责的情况，业主委员会可依法酌情参考“罚裁并行”——“房管罚”“法院裁”。

【路径参考】

1. 房管罚。业主委员会可向地方房地产行政主管部门反映。

《物业管理条例》第三十九条规定，物业服务企业可以将物业管理区域内的专项服务业务委托给专业性服务企业，但不得将该区域内的全部物业管理一并委托给他人。第五十九条规定，违反本条例的规定，物业服务企业将一个物业管理区域内的全部物业管理一并委托给他人的，由县级以上地方人民政府房地产行政主管部门责令限期改正，处委托合同价款30%以上50%以下的罚款。委托所得收益，用于物业管理区域内物业共用部位、共用设施设备的维修、养护，剩余部分按照业主大会的决定使用；给业主造成损失的，依法承担赔偿责任。因此，A物业服务企业将全部物业管理一并委托给他人，违反了《物业管理条例》的有关规定，可由当地房地产行政主管部门依法责令限期改正，并进行相应的处罚。

2. 法院裁。业主对侵害自己合法权益的行为，可以依法向人民法院提起诉讼。物业服务合同均系合同当事人的真实意思表示，内容未违反法律、行政法规的强制性规定，未违反公序良俗，且签订合同的双方均系具有相应民事行为能力的主体，合同合法有效，对业主及A物业服务企业均具有法律约束力，双方均应恪守履行。且《民法典》第九百四十一条规定："物业服务人将物业服务区域内的部分专项服务事项委托给专业性服务组织或者其他第三人的，应当就该部分专项服务事项向业主负责。物业服务人不得将其应当提供的全部物业服务转委托给第三人，或者将全部物业服务支解后分别转委托给第三人。"因此，A物业服务企业将全部物业管理一并委托给他人的行为侵害了业主的合法权益，业主委员会可以代表业主直接向法院起诉，请求A物业服务企业承担继续履行、赔偿损失等违约责任。

【法律链接】

1.《物业管理条例》第三十九条、第五十九条

2.《中华人民共和国民法典》第九百四十一条

60. 物业服务企业拒绝退还预收的物业费怎么办?

——“恳切谈、提异议、法院裁”

【难题问诊】

L小区业主委员会与A物业服务企业签订《物业服务合同》,约定物业服务期限为2年,自2018年6月1日至2020年5月31日。合同约定A物业服务企业不履行物业服务义务的,经业主大会决定解聘后,业主委员会有权解除合同。合同签订后,A物业服务企业预收了业主2年的物业费。鉴于A物业服务企业提供物业服务期间,小区环境脏乱,安全防护措施不完善、照明水电等公共设施不予维护维修、小区绿化养护不到位,严重影响业主生活,2019年7月,L小区召开业主大会,决定解聘该物业服务企业,选聘B物业服务企业提供物业服务。业主委员会遂与A物业服务企业解除《物业服务合同》。随后,业主要求A物业服务企业退还预收的物业费,A物业服务企业拒绝退还。对此,小区业主怎么办?

【要领提示】

针对A物业服务企业拒绝退还预收的物业费问题,小区业主可依法酌情参考“三步骤”——“恳切谈、提异议、法院裁”。

【路径参考】

1. 恳切谈。业主委员会代表业主的共同利益,业主可以授权业主委员会与A物业服务企业就退还预收的物业费问题进行协商，争取通过协商化解矛盾，解决问题。在协商过程中，宜阐明我国法律中关于合同履行、不当得利和物业管理的相关法律依据，以达成维权目标。

2. 提异议。业主有权向A物业服务企业提出异议。合同解除后，合同的权利义务终止，根据权利义务相对等的原则，物业服务企业未提供物业服务期间的物业费应予退还。业主有权要求A物业服务企业退还预收的物业费。

3. 法院裁。业主对于侵害自己合法权益的行为，有权直接或授权业主委员会向人民法院提起诉讼。最高人民法院《关于审理物业服务纠纷案件适用法律若干问题的解释》第九条规定，物业服务合同的权利义务终止后，业主请求物业服务人退还已经预收，但尚未提供物业服务期间的物业费的，人民法院应予支持。因此，小区业主委员会已经与A物业服务企业解除了物业服务合同，物业服务合同的权利义务终止，其尚未提供物业服务期间的物业费应退还给业主。

【法律链接】

最高人民法院《关于审理物业服务纠纷案件适用法律若干问题的解释》第九条

第三篇　规范服务：实务参考

导　语

改革开放以来，我国的城镇化进程不断加快，与此相适应，我国的物业管理也有了明显的发展。一方面，物业管理区域逐渐扩大，物业管理类型日趋多样，物业管理服务逐步完善；另一方面，物业管理在一定程度上被社会大众所接受，越来越多的人开始认可物业管理的作用。除此之外，物业管理法律、法规的不断完善，也是物业管理快速发展的保障和体现。尽管如此，受物业管理自身属性和角色定位的影响，物业服务企业的利益往往与业主、业主大会等物业使用人的利益存在冲突。现实生活中，业主与物业服务方因物业费收取、物业服务质量、车位、安保、违建等问题常有争议并易引发诉讼，导致供需方矛盾加剧，不但增加了双方的诉累，而且也无益于营造和谐的宜居环境。为了深入了解司法机关对相关争议的裁判标准和司法价值导向，寻求更为稳定和有效的解决方案，我们深刻剖析了当前的司法判例，旨在通过实务案例的形式，对物业服务企业在管理服务中经常遇到的难题从法律角度进行分析，力求为物业服务企业提高管理服务水平、维护自身合法权益提供方向性指引。

61. 业主违规装修，物业服务企业怎么办？

【案情导入】

2016年7月12日，某置业公司（甲方）与物业服务企业（乙方）签订《前期物业服务合同》，约定甲方以协议方式选聘乙方提供前期物业服务，该合同第十一条载明：发现物业区域内违反有关治安、环保、物业装饰装修和使用等方面法律、法规、规章的行为，应当及时告知、建议、劝阻，并向有关部门报告。该合同附件六其他服务事项和标准中《临时管理规约》第八条第三款载明：业主、物业使用人在使用物业共用部分时，应当遵守下列规定，露台、阳台不得私自加装护栏、封闭，如需更换窗户时，应征得原开发建设单位或物业服务企业同意，并且不得影响楼宇整体外观；第九条第三款载明：本物业管理区域内禁止以下行为，对房屋建筑违章搭建、改建、扩建，在项目园区私设摊点。附件六其他服务事项和标准中《其他约定》第五条第二款载明：买受人在装修设计时，不得有以下行为……未经规划部门批准自行搭建建筑物、构筑物。

张某与某置业公司签署《商品房现房买卖合同》，约定张某购买某小区的房屋。《商品房现房买卖合同》附件十三"补充协议"第十三条载明：买受人同意所购房屋由某物业服务企业负责前期物业管理，并承诺遵守已同出卖人签订的《临时管理公约》和《前期物业服务合同》，按合同约定的交房时间由该物业服务企业组织入住。

张某签署承诺书，声明已详细阅读某置业公司制定的"业主临时公约"，同意遵守，并同意承担违反本临时公约的相应责任……张某之子在《装修服务协议》上签名，该协议第二条第三款载明：为了保证园区环境的协调与统一，严谨任何违章搭建和改变房屋外立面的行为，严禁封闭阳台（露台）或在阳台（露台）上搭遮阳布、雨棚、花架、防盗网及其他构筑物。

物业服务企业经现场查看，发现张某在坡屋顶搭建阳光房，封闭了楼房的露台，且在紧邻原地下室的位置加挖地下室采光井，违规改变房屋结构。随后，物业服务企业向张某发出违章整改通知书，要求张某拆除阳光房恢复坡屋顶、拆除对露台的封闭、将地下室恢复原状。张某收到通知书后，不予理会，未按照物业服务企业的要求将房屋恢复原状。随后，物业服务企业向法院提起诉讼，要求张某拆除阳光房恢复坡屋顶、拆除对露台的封闭、将地下室恢复原状。

【裁判要领】

本案争议的焦点在于物业服务企业是否有权要求张某恢复原状。物业服务企业系开发商选聘的前期物业服务企业，且双方在合同中约定自行续约，物业服务企业已实际履行物业服务，张某亦曾向物业服务企业交纳物业费，故物业服务企业有权因物业服务合同纠纷提起诉讼。法院认为，张某在坡屋顶搭建阳光房，封闭楼房露台、在紧邻原地下室位置加挖地下室采光井的行为改变了房屋结构，违反了管理规约，妨害物业服务与管理，故物业服务企业相关诉讼请求，法院予以支持。

【实务参考】

业主违反物业服务合同或者法律、法规、管理规约，实施妨害物业服务与管理的行为，物业服务企业请求业主承担恢复原状、停止侵害、排除妨害等相应民事责任的，法院应予支持。张某与某置业公司签订的《商品房现房买卖合同》中，承诺遵守已同出卖人签订的《临时管理公约》和《前期物业服务合同》。买受人在装修设计时，不得有以下行为……未经规划部门批准自行搭建建筑物、构筑物。张某签署承诺书,声明已详细阅读某置业公司制定的“业主临时公约”,同意遵守,并同意承担违反本临时公约的相应责任。关于物业服务企业要求张某拆除阳光房恢复坡屋顶的诉讼请求,现屋顶有一定坡度,至于原屋顶坡度的幅度、具体尺寸,物业服务企业未提供相应证据,物业服务企业要求恢复坡屋顶的诉讼请求,法院未予支持。关于拆除对露台的封闭之诉讼请求,物业服务企业未提供充分证据证明露台原状为非封闭,法院未予支持。关于将地下室恢复原状的诉讼请求,现张某在紧邻原地下室位置加挖地下室采光井的行为改变了房屋结构,违反了管理规约,妨害物业服务与管理,法院判决张某将地下室恢复原状,并无不当。

【法律链接】

1.《中华人民共和国物权法》第八十三条

对应:《中华人民共和国民法典》第二百八十六条

2. 最高人民法院《关于审理物业服务纠纷案件适用法律若干问题的解释》第四条

62. 产权证上登记的业主主张“借名买房”拒交物业费怎么办?

【案情导入】

某物业服务企业为某小区提供物业服务。该小区的某房屋原登记所有权人为王某,罗某系王某的舅舅。2014 年,某省中级人民法院认定该房屋系罗某利用受贿所得、以王某名义购买且登记在王某名下,后法院判决将该房屋依法没收,上缴国库。上述判决已生效,现该房屋已被法院拍卖,但拍卖前未缴纳物业费。物业服务企业主张其于2006年8月30日与王某签订了《前期物业管理服务协议》,王某对此不予认可,认为其从未签订过任何协议,该签字为罗某的爱人贾某代签的,为此提交检察院的询问笔录,证明王某对购房一事不知情,相关手续由贾某办理。

【裁判要领】

本案争议的焦点在于"借名买房"中,房屋产权证书上记载的产权人,是否应该承担物业费用。王某称其不是房屋业主,不应当承担责任,法院认为作为物业服务合同一方的业主,应当是指不动产登记管理机关发放的房屋产权证书上记载的房屋产权人。王某虽辩称其并非房屋的实际所有权人,但物业服务企业对此并无义务查明,其向房屋产权证书上记载的产权人主张物业费,并无不当,王某应给付给物业服务企业欠缴的物业费及滞纳金。

【实务参考】

本案中,王某为涉案房屋产权证书上记载的房屋产权人,但王某提出其并非涉案房屋的实际所有权人。不动产登记管理机关发放的房屋产权证书上记载的房屋产权人应认定为业主,物业服务企业起诉要求房屋产权证书上记载的房屋产权人承担物业费,符合物权公示效力。至于产权证书登记外是否存在其他实际购房人,并非物业服务企业在履行物业服务合同中应当审查的范围,王某和案外人就涉案房屋的所有权争议并不影响物业服务企业主张物业费的权利。

【法律链接】

1.《中华人民共和国合同法》第八条、第六十条、第一百零七条、第一百一十

四条

对应：《中华人民共和国民法典》第一百一十九条、第五百零九条、第五百七十七条、第五百八十五条

2.《物业管理条例》第六条

63. 物业服务合同表述有瑕疵，业主拒缴物业费怎么办？

【案情导入】

张某系某小区房屋的产权人。《物业服务合同》第五条约定：物业服务企业提供的物业管理服务内容和标准应符合下列标准：(1)物业共用部位的维护、物业公用设施设备的日常运行和维护，详见附件三；(2)公共绿化养护服务，详见附件四；(3)物业公共区域的清洁卫生服务，详见附件五；(4)公共秩序的维护服务，详见附件六；(5)物业使用禁止性行为的管理，详见附件七；(6)物业其他公共事务的管理服务，详见附件八。该合同第七条约定：乙方(物业服务企业)根据下述约定，按建筑面积向业主收取物业费。住宅：别墅 3 元/月。平方米(暂定)……该合同第二十五条约定：物业服务企业违反本合同约定的义务，致使不能完成本合同约定的服务内容和标准的，业主委员会有权依法解除合同，并有权要求物业服务企业按其减少的服务进行相应的赔偿。

物业服务企业向张某收取物业费时，张某拒绝缴纳物业费，其认为物业服务合同约定的收费标准是别墅的收费标准，其住的是公寓，合同上没有约定公寓收费标准，所以不支付物业费，即使应当缴纳物

业费，物业服务企业未打扫公共场合的卫生，依照《物业服务合同》第二十五条的约定也应当扣减物业费。

【裁判要领】

本案争议的焦点在于存在表述瑕疵的物业合同，业主是否可以拒绝履行缴纳物业费的义务。张某主张物业服务合同只约定了别墅的收费标准，而没有约定公寓的收费标准，其住的是公寓，所以不支付物业费。法院认为，物业服务合同虽有瑕疵，但物业服务企业以合同上规定的唯一收费标准即按建筑面积每月每平方米 3 元向张某收取物业费，符合合同约定。张某应给付物业服务企业欠缴的物业费。

【实务参考】

（一）物业服务合同虽有瑕疵，但业主不能随意拒绝缴纳物业费

本案中，物业服务企业与业主大会签订的物业服务合同，在没有被有权机构撤销或宣告无效的情形下，是有效合同，效力及于全体小区业主。关于张某的房屋建筑类型属公寓，登记部门的信息非常明确，双方没有争议。问题出在物业服务合同对小区所有住宅均归类为“别墅”确有不妥，或者对住宅分类错误。但是，小区物业费收费标准只有一个，毋庸置疑。所谓“误载不害真意”，即使物业服务企业在物业服务合同中的表示与其真实意思不一致，但合同上仅有一个收费标准也可认为业主已经领会到了物业服务企业的真实意思，可以认为双方已经达成了意思的一致，物业服务企业的笔误不会影响双方达成一致的真实意思。因此，物业服务合同虽有瑕疵，但物业服务企业以合同唯一标准向张某收取物业费，应视为符合合同约定。

（二）合同中没有约定的，法院不予支持

张某又以物业服务企业未打扫公共场合卫生为由，要求依照《物

业服务合同》第二十五条的约定扣减物业费。《物业服务合同》第二十五条约定,物业服务企业应当就其减少的服务进行相应的赔偿。但并没有约定可以扣减应当支付给物业服务企业的物业费,因此张某的主张没有依据,法院未予支持。

【法律链接】

1.《中华人民共和国合同法》第六十一条

对应:《中华人民共和国民法典》第五百一十条

2.《中华人民共和国物权法》第七十八条

对应:《中华人民共和国民法典》第二百八十条

3.《物业管理条例》第七条

64. 业主委员会占据地下人防车库怎么办?

【案情导入】

某房地产开发公司为小区的开发商,A物业服务企业为小区的前期物业服务企业。地下车库取得《民防建设工程竣工验收备案表》,平时用途为停车库,战时用途为物资库,建设单位为房地产开发公司。房地产开发公司(签约甲方)与A物业服务企业(签约乙方)签订《协议书》一份,约定:甲方决定将该车库使用权一次性卖断给乙方,乙方表示同意。作为本协议的先决条件,甲方必须向乙方提供该车库使用权的有关资料、证明,保证该车库能够独立经营,否则本协议无效;双方商定本协议款项按甲方要求,由乙方用于支付甲方应分期支付给镇环卫所的小区生活垃圾清运费余款;甲方应按施工图要求将车库设备配备完善,使该车库能正常使用后移交乙方经营管理。A物业服务企业与民防工程管理所签订养护协议,委托其对地下车库进行养护。同日,A物业服务企业与民防工程管理所签订《民防工程安全使用责任书》,A物业服务企业取得《民防工程使用证》,颁证单位为市民防办公室。

后业委会与B物业服务企业签订《物业服务合同》,委托B物业服务企业对小区进行物业管理。A物业服务企业(签约甲方)、B物业服务企业(签约乙方)及业委会(见证方)签订《委托协议书》一份,约定:甲方将小区的地下停车库的日常使用、维护委托乙方管理。基于多数业主要求收回小区地下车库的权益,业委会向B物业服务企业出具《通知》,载明:经我们小区全体业主表决通过,即日起我们全体业主收回我们小区地下车库的权益,特请贵司协助办理地下车库的停车、道闸、收费、管理的相关事宜。随后业委会将A物业服务企业的道闸等设施予以拆除,重新安装相应设施,并将地下车库交付B物业服务企业管理。

A物业服务企业认为其享有地下车库的使用权,业主委员会擅自处分地下车库的行为侵害了其合法权益。业主委员会认为房地产开发公司在建造系争地下车库时已将建造成本计入房价中再行出售给业主,因此全体业主是该车库的真正投资者,有权对地下车库进行占有、使用、收益和处分。

【裁判要领】

本案争议的焦点在于系争地下车库的产权是否归小区业主全体所有。业主委员会认为房地产开发公司在建造系争地下车库时已将建造成本计入房价中再行出售给业主,故全体业主入住后成为该车库的真正投资者。法院认为,本案系争人防车库确由房地产开发公司投资建造,地下车库虽为公共设施,却符合建筑物区分所有中的专有部分,构造独立,使用排他,也能登记成为所有权的客体,系独立的物,并不属于商品房的从物,故其所有权的归属不能以公共配套设施必然随商品房转让而转移的主从物理论而简单推导属于全体业主所有。

【实务参考】

业主委员会主张系争地下车库投资者为全体业主的依据为业主购房时支付的房价中包括车库的建造成本,因此业主为地下车库真正的投资者。但业主委员会既未提供证据证明业主购房时支付的房价款中包括车库的建造成本,亦未举证证明车库的面积计入公摊面积而属于全体业主的共有部分,对业委会的主张,法院未予采信。

地下工程应本着“谁投资、谁所有、谁受益、谁维护”的原则,允许建设单位对其投资开发建设的地下工程自营或者依法进行转让、租赁。系争地下车库属于地下工程,最初由房地产开发公司出资建造,房地产开发公司虽未进行产权登记,但作为该工程的投资者,依法取得系争地下车库的所有权。房地产开发公司与A物业服务企业达成协议,将系争车库所有权中的使用权益有偿让渡给A物业服务企业,其也依约支付了相应对价,并未违反法律强制性规定,因此A物业服务企业享有地下车库的使用权,业主委员会无权擅自处分地下车库。

【法律链接】

1.《中华人民共和国物权法》第三十三条、第三十五条、第七十四条

对应:《中华人民共和国民法典》第二百三十四条、第二百三十六条、第二百七十五条

2.《中华人民共和国人民防空法》

第五条　国家对人民防空设施建设按照有关规定给予优惠。

国家鼓励、支持企业事业组织、社会团体和个人,通过多种途径,投资进行人民防空工程建设;人民防空工程平时由投资者使用管理,收益归投资者所有。

第二十二条 城市新建民用建筑，按照国家有关规定修建战时可用于防空的地下室。

3.《城市地下空间开发利用管理规定》

第二十五条 地下工程应本着“谁投资、谁所有、谁受益、谁维护”的原则，允许建设单位对其投资开发建设的地下工程自营或者依法进行转让、租赁。

65. 业主委员会要求提前解除物业服务合同怎么办？

【案情导入】

某小区业主委员会（委托方，甲方）与物业服务企业（物业服务企业，乙方）签订《物业服务合同》。该合同第四部分“物业服务期限”第四条约定，物业服务期限自2010年6月26日至2018年6月25日；第八部分“合同终止”第十七条约定，甲乙双方中任何一方决定在服务期限届满后不再续约的，均应当在期满3个月前书面通知对方；第十八条约定，服务期限届满前，甲方决定继续聘用乙方的，应当在期满前3个月书面通知乙方，乙方自接到续约通知1个月内回复甲方，双方同意续签的，应当在服务期限届满前60日内签订新的物业服务合同；第十九条约定，服务期限届满前3个月，甲方未将续聘或解聘意见通知乙方的，视为甲方同意续聘，服务期限自动延续1年；第九部分“违约责任”第二十三条约定，除本合同第八部分规定的合同终止情形外，甲乙双方均不得提前解除合同，否则解约方应当承担相应的违约责任，造成损失的，解约方应当承担相应的赔偿责任。该合同签订后，物业服务企业向小区业主提供物业服务。

2015年，小区选举了新一届小区业主委员会组成人员，成立了新的小区业主委员会，有效期自2015年12月22日至2018年12月21日。2017年4月，业委会制定了“业主大会招聘解聘物业重大事项表决票”，但该事项尚未经全体业主表决。业委会向物业服务企业送达书面通知书，主要内容为该业委会已决定废除与物业服务企业签订的物业服务合同、解除物业服务关系，并要求物业服务企业于60日内与该业委会委托的接收单位做好交接工作，物业服务企业认为，业委会提前解除《物业服务合同》，不符合合同约定，要求继续履行物业服务合同。

【裁判要领】

本案争议的焦点在于物业服务合同未到期时，业主委员会未经业主大会同意是否能够提前解除合同。法院认为，虽然业委会曾书面通知物业服务企业要求解除涉案物业服务合同，但双方未能对此协商一致，在未经该小区业主共同决定并达到法定条件的情况下，业委会自行要求解除涉案物业服务合同，缺乏法律依据，法院不予支持。

【实务参考】

业委会与物业服务企业签订的《物业服务合同》系双方真实意思表示，未违反法律、行政法规的强制性规定，应属合法有效，双方应按照合同约定履行各自的义务，不得擅自变更或者解除合同。同时，选聘和解聘物业服务企业或者其他管理人，应当经专有部分占建筑物总面积过半数的业主且占总人数过半数的业主同意。业委会在未经该小区业主共同决定并达到法定条件的情况下，自行要求解除与物业服务企业之间签订的物业服务合同的行为，没有法律依据，不符合法定程序。因此，业委会解除合同的行为没有法律依据，应认定为无效。物业服务企业要求继续履行涉案合同，具有相应的事实和法律依据,法院支持并无不当。

【法律链接】

1.《中华人民共和国合同法》第八条、第六十条、第一百零七条

对应:《中华人民共和国民法典》第一百一十九条、第五百零九条、第五百七十七条

2.《中华人民共和国物权法》第七十六条

对应:《中华人民共和国民法典》第二百七十八条

66. 业主在小区内被第三人打伤怎么办?

【案情导入】

陈某居住某小区,某物业服务企业系该小区的物业管理单位。物业服务企业与陈某签订了《前期物业管理服务协议》一份。某日,陈某向公安局报案称其在该小区内被一男子殴打并受伤,现该案已经公安局派出所受理。陈某为治疗伤情,产生医疗费。陈某的伤情,经司法鉴定确认头皮血肿已构成轻微伤。

【裁判要领】

本案争议的焦点在于物业服务企业是否依物业服务合同尽到了安全保障义务。陈某要求物业服务企业对于该偶发事件做到事前有防范并当场制止事件的发生。法院认为,陈某的要求明显过于严苛,超出了物业服务的责任范围,依据不足,法院不予支持。

【实务参考】

本案案由系物业服务合同纠纷，系业主与物业服务企业约定，由物业服务企业管理建筑物及其附属设施的服务合同；与公安机关受理的陈某被殴打一案不属同一法律关系。物业服务企业作为小区物业服务单位，对小区住户负有合同约定的安全保障的义务。但根据合同的约定和物业服务的性质，物业单位的责任应当体现在安保设施的日常管理与维护上。根据本案查明的事实，陈某被打一事属于偶发事件。陈某报警后，物业服务企业亦配合公安部门提供了相应的监控视频。因此，可以认定物业服务企业已经基本尽到了物业管理义务。陈某提供的证据不足以证明物业服务企业存在违反合同约定的情形，以未尽到物业管理服务义务为由要求物业服务企业承担赔偿责任，依据不足，法院未予支持。

【法律链接】

《物业管理条例》第六条

67. 业主认为物业费超过诉讼时效怎么办？

【案情导入】

杜某系某小区的业主，小区开发商为某房地产开发公司，原物业服务企业为A物业服务企业。2010年8月20日，房地产开发公司与A物业服务企业签订了《物业服务合同》，委托物业服务企业为小区提供物业管理服务，物业管理服务期限自 2010 年 9 月 1 日至业委会成立时，业主委员会代表全体业主与物业管理企业签订的物业服务合同生效时，本合同自动终止。2015 年 11 月 5 日，房地产开发公司与 B 物业服务企业签订《物业服务合同》，该份合同将小区物业服务委托给了 B 物业服务企业，物业管理服务期限为 2015 年 11 月 5 日至业委会成立时，业主委员会代表全体业主与物业管理企业签订的物业服务合同生效时，本合同自动终止，该份合同物业费标准与 2010 年 8 月 20 日房地产开发公司与 A 物业服务企业签订的合同一致。2015 年 11 月 5 日，A 物业服务企业（甲方、债权出让人）与 B 物业服务企业（乙方、债权受让人）签订《债权转让协议书》，约定甲方于 2010 年 9 月 1 日开始至 2015 年 11 月 4 日对小区提供物业服务。乙方于 2015 年 11 月 5 日开始对小区提供物业服务。截至本协议签署日前，甲方将在小区物业服务合同期间的所有欠户的物业费的债权转让给乙方（债权包括本金和利息），乙方同意受让债权。杜某拖欠 2011 年 4 月 1 日至 2018 年 9 月 30 日的物业费未交纳。

【裁判要领】

本案争议的焦点在于物业费的诉讼请求是否已过诉讼时效和 B 物业服务企业与 A 物业服务企业签署的《债权转让协议书》对于杜某是否具有约束力。杜某主张的 2016 年 3 月 6 日之前物业费的诉讼请求已经超过诉讼时效，以及 B 物业服务企业与 A 物业服务企业签署《债权转让协议书》未通知杜某，不应对其产生法律效力。法院认为，物业管理企业在业主欠费时难以行使一般民事合同的履行抗辩权即停止向特定业主提供服务，而必须继续履行物业服务合同，以保证整体业主的利益，因此在适用诉讼时效时不宜过苛；而债权转让没有通知债务人，受让债权人直接起诉债务人的，视为“通知”，法院予以支持。

【实务参考】

(一)因物业服务行业的特殊性,适用诉讼时效时不宜过苛

和谐社区是构建和谐社会的基础,建设和谐社区需要业主和物业管理企业共同的努力。业主有权监督物业管理企业积极履行物业服务合同,提出自己的意见和建议,物业管理企业应虚心接受业主建议,根据不同层次业主的需求,有针对性地改进工作,提高服务质量。

就杜某提出的诉讼时效问题,因物业服务合同与一般的民事合同不同,具有公共服务性和强制继续履行的特点。在业主欠费时,物业管理企业难以行使一般民事合同的履行抗辩权,停止向特定业主提供服务,而必须继续履行物业服务合同,以保证整体业主的利益,所以在适用诉讼时效时不宜过苛。另外,物业合同属于定期给付之债,各期债务有一定的独立性,但此种独立性并不足以否定物业服务合同的整体性和连续性,物业服务合同应属于分期履行合同,诉讼时效期间从最后一期履行期限届满之日计算。因此,杜某主张 B 物业服务企业要求其支付 2011 年 4 月 1 日至 2016 年 3 月 6 日的物业费的诉讼请求已过诉讼时效,法院未予支持。

(二)B 物业服务企业有权向杜某主张物业费

房地产开发公司在房屋销售后,业主大会成立之前自行选聘了新的物业服务企业,并签订了《物业服务合同》,但签订的《物业服务合同》物业费的收费标准与原物业服务企业一致,B 物业服务企业依据其与房地产开发公司签订的《物业服务合同》为杜某提供了物业服务,杜某亦实际接受了 B 物业服务企业提供的物业服务,双方形成事实上的物业服务合同关系,杜某应当向 B 物业服务企业交纳物业费用。虽 A 物业服务企业未通知杜某权利转让的事实,但在诉讼过程中,杜某已知悉该事实,债权转让合法有效,B 物业服务企业有权向

杜某主张2010年9月1日至2015年11月4日的物业费。

【法律链接】

1.《中华人民共和国合同法》第一百零九条

对应:《中华人民共和国民法典》第五百七十九条

2.最高人民法院《关于审理民事案件适用诉讼时效制度若干问题的规定》

第五条 当事人约定同一债务分期履行的,诉讼时效期间从最后一期履行期限届满之日起计算。

68. 下水道堵塞,物业服务企业怎么办?

【案情导入】

蔡某居住在一楼,陆某居住在二楼。蔡某与陆某系不动产相邻关系人。二楼下水道跑水致蔡某房屋受损,且因二楼防水有问题,后漏水情况越来越严重,经双方协商沟通,陆某将蔡某被损房屋内壁及卫生间屋顶恢复原状,但对二楼楼层防水仅用水泥敷衍了事,并未解决根本问题,导致房屋仍漏水。经现场勘查,蔡某的房屋卫生间棚顶有水渍痕迹,门厅及大卧室有明显修复痕迹。物业服务企业称漏水原因主要是二楼卫生间防水层损坏所致。物业服务企业与蔡某签有业主公约,约定因上层房屋的居室、卫生间、厨房、过道、门厅、阳台等部位及下水道向下层渗水,渗水的修缮责任由上层房屋产权人负责。

【裁判要领】

本案争议的焦点在于不动产相邻各方均应妥善处理相邻关系,

因处理不当给对方造成损失的,是否应当承担停止侵害、排除妨碍,并赔偿损失的责任。物业服务企业认为,本案属于侵权造成的损失,与公司无关,且公司并不存在不作为的情况,不应承担责任。法院认为,蔡某房屋因楼上陆某房屋漏水遭受损失,陆某理应承担相应的责任,根据实际漏水情况判令陆某承担相应维修责任理由正当,应予支持,而物业服务企业并非实际侵权人,法院不予支持。

【实务参考】

妨害物权或者可能妨害物权的,权利人可以请求排除妨害或者消除危险;侵害物权,造成权利人损害的,权利人可以请求损害赔偿。本案中,楼上卫生间内有渗漏痕迹,构成了房屋物权行使的妨害。蔡某为房屋所有权人,有权要求造成该渗漏的相邻权利人排除相应妨害,采取相应措施抑制渗漏的持续。房屋漏水可以认定系卫生间防水措施不佳所致,陆某作为该房屋所有权人,应当对该房屋相应防水措施进行修复,防止渗漏再次发生。物业服务企业因不是相邻权利人,亦不是本案侵权人,且双方已在业主公约中对双方的权利义务予以明确规定,故物业服务企业对蔡某的损害不承担民事责任。

【法律链接】

1.《中华人民共和国物权法》第三十五条、第三十七条

对应:《中华人民共和国民法典》第二百三十六条、第二百三十八条

2.《中华人民共和国侵权责任法》第六条

对应:《中华人民共和国民法典》第一千一百六十五条

69. 业主认为小区采取的固定停车位管理方式不合理怎么办?

【案情导入】

林某系某房屋的共有产权人。物业服务企业(乙方)与业主大会(甲方)签订《物业服务合同》,约定物业服务企业为物业管理区域内的业主和物业使用人提供物业管理服务等内容。其中第九条约定:停车场收费分别采取以下方式:(1)停车场属于全体业主共用,车位使用人应按露天机动车车位的标准向乙方交纳停车费。若管理成本上升,经甲方同意后,可另行调整收费标准。(2)业主或使用人按季交纳,应在当季末月5日之前履行交纳义务,临时停车当即交付。逾期交纳,乙方可以从逾期之日起按应缴费用每日3‰加收滞纳金,并可拒绝出入小区。目前小区共有130个固定停车位,临时停车位约60个。在小区业主入住时,小区车位管理采取固定车位固定使用、临时停车位“先到先停”的原则,至今未变。林某于2012年11月向物业服务企业提出固定停车位的申请,物业服务企业答复称目前已没有固定车位可提供给业主。林某为解决其停车位问题,此前已起诉小区业主委员会,未获法院支持。业委会在林某提起的前次诉讼中称,业委会只是根据业主大会的决议委托物业服务企业根据《物业服务合同》第九条的约定管理停车位。物业服务企业管理停车位依据的也是全体业主约定俗成的形式,在物业管理的不断完善中形成了现在的管理模式。林某每天都在小区停车,而且并未支付停车费。

【裁判要领】

本案争议的焦点在于物业服务企业是否可以采用固定停车位的管理方式。物业服务企业表示固定停车位起初是按照业主先登记先使用车位的原则,是业主自发约定俗成的车辆停放模式,业主大会从未对此提出异议,且固定停车位如果在晚上一定时间还空着,其他车辆亦可以停放,临时车位并没有固定化,只要有空位就可以停车;目前临时停放车辆无须申请,但固定车位已经没有了,只能排队等候。法院认为,林某可通过业委会或业主大会议事程序等其他途径解决。现林某要求物业服务企业改变小区车辆停放管理模式,依据不足,法院不予支持。

【实务参考】

小区车辆停放管理,涉及小区全体业主的利益。小区车辆停放采取固定车位"固定停放",临时车位"先到先停"的停放模式,系在业主入住小区初期,车位资源尚不紧张的情况下,由小区业主自发形成。物业服务企业作为林某所在小区的物业管理单位,只是在小区业主原有停车秩序基础上依据物业服务合同对停车位进行有序管理,其相应的收取停车费用等物业管理行为维护和代表的亦是小区业主的利益,物业服务企业对停车位的管理具有合理依据。且物业服务企业入驻小区后按照业主约定俗成的车辆停放模式进行管理,业委会多年来亦未就此提出异议。如小区业主认为既有的小区车辆停放管理模式已不符合目前的小区车辆停放现状及要求,可通过召开业主大会的形式由小区全体业主进行表决决定。

【法律链接】

《物业管理条例》第六条、第七条、第十一条

70. 业主以房屋出租为由拒缴物业费怎么办?

【案情导入】

某小区由A物业服务企业提供物业服务,朱某是某小区的业主,朱某将其房屋出租给林某,未通知A物业服务企业。A物业服务企业向朱某催交物业费时,朱某表示其已将房屋出租给林某,约定由林某缴纳物业费,A物业服务企业应向林某催交物业费。A物业服务企业遂要求林某支付物业费,林某表示其并非业主,拒绝缴纳。A物业服务企业催交物业费无果,遂停止该房屋的供电,以此方式促使朱某或林某缴纳物业费。林某认为A物业服务企业无权停止供电,遂向业主委员会投诉。

【裁判要领】

本案争议的焦点在于业主朱某和承租人林某均拒绝缴纳物业费,A物业服务企业是否可以采取停止供电的方式催交物业费。法院认为,业主虽然与承租人约定由林某缴纳物业费,但业主仍对物业费承担连带责任,经催告后,业主和承租人不缴纳物业费的,物业服务企业可以采取提起诉讼或仲裁的方式维护自己的合法权利,但无权采取停止供电的方式催交物业费。

【实务参考】

（一）物业费的承担主体是谁？

根据《民法典》第九百四十五条第二款的规定，业主转让、出租物业专有部分、设立居住权或者依法改变共有部分用途的，应当及时将相关情况告知物业服务人。如果业主与物业的承租人、借用人或者其他物业使用人约定由物业使用人交纳物业费，而实际物业使用人未交纳的，物业服务企业可以请求业主承担连带责任。本案中，业主朱某将房屋出租给林某，未及时告知物业服务企业，违反了业主应当履行的义务。另外，虽然业主朱某与承租人林某约定由承租人林某缴纳物业费，但业主朱某仍承担支付物业费的连带责任。因此，物业服务企业有权请求业主朱某支付物业费。

（二）物业服务企业催交物业费的救济手段是什么？

根据《民法典》第九百四十四条第二款、第三款规定，业主违反约定逾期不支付物业费的，物业服务人可以催告其在合理期限内支付，合理期限届满仍不支付的，物业服务人可以提起诉讼或者申请仲裁。物业服务人不得采取停止供电、供水、供热、供燃气等方式催交物业费。本案中，业主朱某与承租人林某违反约定不支付物业费，经物业服务企业催告后，仍未在合理期限内支付，物业服务企业可以采取提起诉讼或仲裁的方式维护自己的合法权利，但无权采取停止供电的方式催交物业费。

【法律链接】

《中华人民共和国民法典》第九百四十四条、第九百四十五条

71. 业主以房子未过户为由拒缴物业费怎么办?

【案情导入】

某业主委员会与某物业服务企业签订了《物业服务委托合同》,约定由某物业服务企业负责小区的物业管理。该小区的某房产,登记在于某的前妻罗某名下,于某与罗某诉讼离婚,经法院终审判决,准予于某与罗某离婚,并判令登记在罗某名下的该小区房产归于某所有,罗某应于判决发生法律效力之日起30日内协助于某办理相应的产权变更登记手续。由于涉案房产存在银行抵押和诉讼查封的情况,在银行抵押未注销及查封未解除之前,房产无法过户至于某名下。于某因此拒绝向物业服务企业缴纳物业费。

【裁判要领】

本案争议的焦点在于房屋产权未过户,是否能拒绝支付物业费。于某认为涉案房产尚未过户至其名下,且房产非其本人居住,因此不承担物业费。法院认为,根据于某与罗某的离婚判决,已将房屋的所有权判归于某。于某已成为房屋所有权人,其应当依物业管理合同的约定向提供物业管理的物业服务企业支付物业费。

【实务参考】

根据《物权法》第二十八条的规定,“因人民法院、仲裁委员会的法律文书或者人民政府的征收决定等,导致物权设立、变更、转让或者消灭的,自法律文书或者人民政府的征收决定等生效时发生效力”,因此,涉案房屋所有权自法院判决生效之日起即应归于某享有。物业服务企业与业主委员会之间签订的《物业服务委托合同》系双方当事人的真实意思表示,合法有效,对包括于某在内的全体业主具有约束力。于某认为房屋虽有民事判决的判定,但该房屋并未过户登记在其名下,且亦未由其居住使用,而是一直登记在其前妻罗某名下,由罗某居住,故其没有履行交纳物业费的义务。但房产实际为何人居住使用并不影响物业服务企业向作为房产所有权人的于某主张支付物业费用的权利,且物业服务企业已依约提供了物业管理服务,于某作为业主应依约支付物业管理费。

【法律链接】

1.《中华人民共和国合同法》第八条

对应:《中华人民共和国民法典》第一百一十九条

《中华人民共和国合同法》第一百零七条

对应:《中华人民共和国民法典》第五百七十七条

2.《中华人民共和国物权法》第二十八条

对应:《中华人民共和国民法典》第二百二十九条

3.《物业管理条例》第七条、第四十二条

72. 物业费涨价,业主拒绝缴纳怎么办?

【案件导入】

田某(甲方,委托方)与物业服务企业(乙方,受托方)签订《物业管理服务协议》,双方约定甲方委托乙方实施物业管理,物业管理服务期限自本协议签订之日起至本小区业主大会成立后业主委员会与所选聘的物业管理企业签订的物业服务合同生效时止。后物业服务企业在小区内发布公告,决定对小区的物业费标准进行调整。物业服务企业委托的物业服务评估监理公司对小区的物业费用进行评估,确认小区在评估基准日的物业费用市场总价。物业服务企业向社区居民委员会出具"关于调整物业费的民意调查申请",申请居委会代行业主委员会的职责,对小区业主入户调查物业费用涨价的民意,同时废止物业服务企业与业主签订的物业管理服务协议,重新按照调价后新物业服务合同与建设单位签订前期物业服务合同。居委会出具"关于调整物业费的回复",同意代行业主委员会的职责,但"鉴于居委会工作人员人数有限,工作任务繁重,不能满足逐户书面征询业主意见,现正式全权委托物业服务企业负责入户征询业主上调物业费价格的意见。如超过物业管理区域内专有部分占建筑物总面积过半数的业主且占总人数过半数的业主同意,社区居民委员会同意废止物业服务企业与业主签订的所有《物业管理服务协议》,重新按照调价后新物业服务合同与建设单位签订《前期物业服务合同》,执行收取物业费"。同时,物业服务企业向小区所在地的基层政府出具"关于上调小区物业费价格的报告",报告其拟上调物业费的原因及价格标准,居委会亦向基层政府报告其代行业主委员会职责的事宜。经调查后,物业服务企业向居委会和基层政府分别出具"《关于调整小区物业费》入户调查情况报告",载明:"此次入户调查户数2134户。其中同意的1305户,占总户数的61.15%。同意户数总面积为161,666.6平方米,占总面积的61.84%。不同意的户数92户,占总户数的4.31%,不同意的户数总面积11,667.58平方米,占总面积的4.46%,弃权737户,占总户数的34.54%,弃权户数面积88,094.69平方米,占总面积的33.7%。"

2014年7月1日,物业服务企业在小区张贴涨价公告。居委会出具“《关于调整小区物业费》入户调查情况报告的回复”,根据报告,同意按照新调整价格执行的业主达到法定物业管理区域内专有部分占建筑总面积过半数且占总人数过半数。物业服务企业向基层政府提交了“物业服务合同变更申请表”,基层政府决定予以变更。业主田某不认可涨价后的收费标准,拒绝缴纳物业费。

【裁判要领】

本案争议的焦点在于物业费提价是否正当。法院认为,小区尚未成立业主大会并选举业主委员会,根据物业服务企业的申请,居委会在基层政府的指导和监督下代行业主委员会职责并全权委托物业服务企业负责入户调查并未违反相关规定。物业服务企业受托进行民意调查后,将调查结果向居委会和基层政府分别进行报告,居委会认可调查结果并同意上调小区物业费,基层政府亦决定予以变更物业服务合同。法院确认物业服务企业的物业费涨价行为符合形式要求。

【实务参考】

《关于印发〈业主大会和业主委员会指导规则〉的通知》(建房〔2009〕274 号)第五十八条规定:新一届业主委员会产生之前,可以由物业所在地的居民委员会在街道办事处、乡镇人民政府的指导和监督下,代行业主委员会的职责。本案中,根据物业服务企业的申请,居委会在基层政府的指导和监督下,代行业主委员会职责并全权委托物业服务企业负责入户调查,并未违反相关规定。

根据《民法典》的规定,除筹集和使用建筑物及其附属设施的维修资金、改建、重建建筑物及其附属设施外,有关共有和共同管理权利的其他重大事项,应当经专有部分占建筑物总面积过半数的业主且占总人数过半数的业主同意。物业服务企业入户调查后,同意按照新调整价格执行的业主达到法定物业管理区域内专有部分占建筑总面积过半数且占总人数过半数，居委会对该结果予以认可并同意按照新调整价格执行，且基层政府决定予以变更物业服务合同，因此，物业服务企业的物业费涨价行为符合法律规定。

【法律链接】

1.《业主大会和业主委员会指导规则》第五十八条

2.《中华人民共和国民法典》第二百七十八条

73. 业主要求物业服务企业启用专项维修资金修房怎么办？

【案情导入】

小区业主委员会（甲方）与物业服务企业（乙方）签订了《物业服务合同》，约定物业服务企业为该小区提供物业服务。该合同第二章物业服务事项、标准及有关约定第六条约定："乙方提供的物业服务包括以下主要内容：1. 制定物业服务工作计划并组织实施；保管相关的工程图纸、档案与竣工验收资料等；根据法律、法规和管理规约的授权制定物业服务的有关制度。2. 负责本物业管理区域内共用部位的日常维修、养护和管理。3. 负责本物业管理区域内共用设施设备的日常维修、养护和管理。4. 负责共有绿地、景观的养护和管理。5. 负责清洁卫生服务，包括物业共用部位、公共区域的清洁卫生，垃圾的收集等。6. 协助维护公共秩序和协助做好安全防范工作。7. 其他服务事项：代收代缴能源费、其他特别约定的服务等。"该合同第三章物业服务收费中第十二条约定："1. 物业费由业主按其拥有的物业的建筑面积交纳……2.物业费应当从甲、乙双方签约之日起计收。业主物业费收费周期为每三个月一次,业主各项能源费用收费周期为每两个月收取一次。物业管理服务费由乙方直接向业主收取;乙方应在每个收费周期10日前,向缴费业主提供物业服务收费明细账单并接受业主查询。乙方必须按政府规定程序收费,不得乱收费,做到计费准确,收费公开透明……”保某居住在该小区,其居住的房屋外墙一直存在损坏的问题,物业服务企业曾采取刷漆、砌水泥等措施对房屋外墙进行了修复,但损坏问题一直存在。保某要求物业服务企业启动相应的专项维修资金申请程序,但物业服务企业认为其无法擅自启用专项维修资金。保某认为物业服务企业未对物业管理区域内共用部位进行维修,属于违约行为,因此拒绝缴纳物业费。

【裁判要领】

本案争议的焦点在于物业服务企业是否可以使用专项维修资金。法院认为,使用公共维修基金应当经专有部分占建筑物总面积2/3以上的业主且占总人数2/3以上的业主同意,经相关政府主管部门审核同意才能使用,物业服务企业无权未经批准使用专项维修资金,故是否启动专项维修资金的申请程序,与物业服务企业是否存在违约行为并无必然关联。

【实务参考】

根据相关法律规定,使用建筑物及其附属设施的维修资金,应当经专有部分占建筑物总面积2/3以上的业主且占总人数2/3以上的业主同意,且须直辖市、市、县人民政府建设(房地产)主管部门或者负责管理公有住房住宅专项维修资金的部门审核同意。故是否使用专项维修资金,首先应由业委会提出,经业主大会表决同意后,经相关政府主管部门审核同意才能使用,物业服务企业无权未经批准使用专项维修资金,不存在违约行为。

业委会由该小区业主组建并经相关主管部门备案，业主委员会的决定对业主具有约束力。业委会与物业服务企业签订的《物业服务合同》，系双方真实意思表示，内容不违反法律法规等相关规定，应属合法有效，该合同应当成为规范业主与物业服务企业之间物业服务权利义务关系的依据。因此，业主保某应当按照《物业服务合同》的约定缴纳物业费。

【法律链接】

1.《中华人民共和国民法典》第二百七十八条

2.《住宅专项维修资金管理办法》第二十二条

74. 业主认为物业服务企业擅自清理其物品怎么办？

【案情导入】

林某系某小区居民，该小区系政府因征收拆迁而建设的安置区。林某居住期间占用了楼下的部分公共绿化用地，以混凝土硬化地面后部分用于存放个人物品，其他部分连同临近的空地面在张贴地砖后，搭建了两间临时建筑。物业服务企业通过土地开发中心组织的招投标程序，中标物业管理服务，物业管理服务费由政府支付，无须安置区住户交纳。2019 年 1 月 19 日，物业服务企业在小区张贴《通知》，内容是告知业主及住户，请业主自觉将堆放在楼梯口、消防通道的物品自行清理，物业中心将对小区通道、绿化带、停车位等公共部位进行全面清理，若在 1 月 21 日前未能自行清理的，物业中心将视为无主物品,安排统一清理。1 月 23 日,物业服务企业组织人员对小区公共环境卫生进行整治清理,并对林某堆放在楼下公共用地上的物品进行清理,清理时林某的父亲在现场,但林某不在现场。

【裁判要领】

本案争议的焦点在于物业服务企业是否应赔偿林某的财产损失。林某主张物业服务企业未经许可和通知,将其物品搬走、变卖,属于抢占、盗窃个人物品,必须承担全部赔偿责任。法院认为,物业服务企业事先告知了居民需自觉清理其堆放的杂物以及不清理的后果,虽然仅在小区张贴《通知》,存在一定瑕疵,但小区安置的居民较多,且有外来租户、购房而来的住户等,物业服务企业难以一一通知到户符合常理。而林某主张的侵权事实及结果无充分证据证明,法院难以支持。

【实务参考】

财产损害赔偿责任,属于一般侵权责任纠纷,应当适用过错责任原则确定各方责任。林某在楼下空旷位置存放物品已过半年,其应当预料到可能存在丢失、被盗风险,且其无法举证证明系物业服务企业将上述物品搬离且拒不返还或者变卖处理。而从林某提交的物业服务企业《通知》的内容来看,物业服务企业已经事先告知居民需自觉清理其堆放的杂物以及不清理的后果,虽然仅在小区张贴《通知》,存在一定瑕疵,但林某承认其有家属在清理现场,因此,物业服务企业不存在过错,无须赔偿林某的财产损失。

此外,林某作为安置小区居民,在收楼时签收了业主手册、验房书、防火责任确认书、防火协议临时公约,即应当遵守公约中合乎法律规定的规则。占用公共绿地用于堆放杂物甚至搭建棚屋本身就是侵占公共资源的过错甚至是违法行为,并不因众多人的行为而变得合理合法,林某的主张实际是法不责众,中国式过马路的思维所致。

【法律链接】

《中华人民共和国侵权责任法》第六条

对应:《中华人民共和国民法典》第一千一百六十五条

75. 物业服务合同终止,原物业服务企业不退出怎么办?

【案情导入】

某小区由某房地产开发公司开发建设,A 物业服务企业系前期物业服务提供者。2012 年 11 月 3 日,A 物业服务企业(乙方)与当时的业主委员会(甲方)签订了《物业服务合同》。该合同第十六条约定:"本合同期限为三年,自 2012 年 11 月 3 日起至 2015 年 11 月 2 日止。合同期届满前三个月内,甲方作出续聘或选聘的决定,在甲方与续聘或选聘的物业管理企业签订物业服务合同生效时,本合同终止。"2015 年 5 月 22 日,业主委员会就是否与物业服务企业续签合同等事项发出公告,要求业主进行书面投票,专有部分占建筑物总面积过半数的业主且占总人数过半数的业主同意解聘 A 物业服务企业,并选聘 B 物业服务企业负责小区的物业管理。同日,业主委员会将表决结果告知了 A 物业服务企业。2015 年 11 月 11 日,业主委员会与 B 物业服务企业签订《物业服务合同》,该合同已经备案。同日,业主委员会向 A 物业服务企业发出《物业管理服务移交通知书》,要求 A 物业服务企业正式撤场并移交下列工作事项:"1. 资料移交:小区各类图纸资料、业主纸质和电子文档资料、电梯、发电机、消防监控等公共设施设备资料。2. 电梯、消防、监控、发电机、路灯、化粪池、潜水泵等公共设施设备,物业办公用房(含业委会办公室)的移交。3. 各岗位(保安、保洁、绿化、工程、客服等岗位)的移交。4. 经费结算书。与业主结算服务费和业主委员会结算公共收益的截至时间为 2015 年 11 月 30 日。”业主委员会分别于 2015 年 11 月 27 日、12 月 11 日、25 日向 A 物业服务企业发出要求其撤离小区的函。2015 年 12 月 27 日,相关各方在区房管局会议室召开小区物业移交协调会,A 物业服务企业表示拒绝撤出小区。

【裁判要领】

本案争议的焦点在于物业服务合同终止,原物业服务企业是否应该退出小区。A 物业服务企业认为,其受房地产开发公司的委托管理经营小区内未销售的房屋,且其工商注册地也是该小区,因此拒绝撤出小区。法院认为,小区已经由业主委员会委托 B 物业服务企业进行管理,而一个物业管理区域只能由一个物业服务企业进行管理。故业主委员会要求 A 物业服务企业退出物业管理区域,符合法律规定,法院予以支持。

【实务参考】

小区业主大会已经专有部分占建筑物总面积过半数的业主且占总人数过半数的业主表决同意解聘 A 物业服务企业,并选聘 B 物业服务企业负责小区的物业管理,且业委会已于 2015 年 11 月 11 日与 B 物业服务企业签订《物业服务合同》,委托 B 物业服务企业管理小区。一个物业管理区域只能由一个物业服务企业实施物业管理,因此,物业服务合同的权利义务终止后,业主委员会请求 A 物业服务企业退出物业服务区域、移交物业服务用房和相关设施,以及物业服务所必需的相关资料和由其代管的专项维修资金,符合法律规定,法院予以支持。

【法律链接】

《物业管理条例》第三十三条、第三十八条

76. 业主在小区内被车撞伤怎么办?

【案情导入】

何某之子李某居住在某小区,该小区由某物业服务企业从事物业管理服务。何某来到其子家,事故当日何某躺在小区地下停车场入口处的行车道上,胡某驾驶小型轿车从停车场入口开出时,不慎将何某压伤,造成何某左脚内、外踝骨折,右脚外踝骨折。何某伤后在医院住院治疗,产生医疗费。其伤经司法鉴定中心鉴定为十级伤残。本次事故公安局交警支队认定书认定何某在车行道内坐卧是造成此次事故的主要原因,胡某未按照规范安全文明驾驶是造成本次事故的次要原因。后在交警部门的主持下,何某与胡某就本次事故达成调解协议,胡某已按调解协议赔偿何某,何某后起诉物业服务企业索要赔偿。

【裁判要领】

本案争议的焦点在于物业服务企业是否尽到了安全保障义务。何某认为物业服务企业未尽物业管理责任,未在停车场出、入口安置出入横杆,未安排人员值守,未设置警示标志,对本次事故的发生存在过错。法院认为,物业服务企业在物业管理工作中的不足与本案的发生并无直接因果关系,交警部门的事故责任认定正确,因物业服务企业在本次事故中无责,故何某要求物业服务企业承担责任于法无据。

【实务参考】

侵权之诉中侵权责任构成要件有四个:一是有违法行为,二是有损害事实,三是损害事实与违法行为有因果关系,四是行为人有过错。事故经交警部门认定主要原因是何某躺在小区内的行车道内,次要原因是胡某未按规范文明驾驶,未认定物业服务企业对本案事故的发生有责任。因此,物业服务企业并不是事故的直接侵权人,何某主张物业服务企业应承担责任,法院不予支持。

当事人因侵权行为造成的损害要求赔偿,其赔偿范围应限于其损失范围,何某对本案事故负主要责任,胡某负次要责任,何某伤后已同胡某达成调解协议,且胡某已按调解协议赔偿何某全部损失,即胡某已承担了本次事故中其应承担的责任,何某其余的损失应由其自己承担。何某就其应承担的损失再向物业服务企业要求赔偿,系同一损害重复主张赔偿。因此,何某要求赔偿的诉请,无论从侵权的事实、因果关系及赔偿范围均与法相悖,故法院未予支持。

【法律链接】

《中华人民共和国侵权责任法》第六条、第十六条

对应:《中华人民共和国民法典》第一千一百六十五条、第一千一百七十九条

77. 业主拒绝缴纳分摊费用怎么办?

【案情导入】

汪某、宋某购买位于某小区的房产,办理了业主入住手续。2018年1月2日,业主委员会组织召开业主大会,就物业服务企业的选聘等事项进行决议,专有部分占建筑物总面积过半数的业主且占总人数过半数的业主同意选聘某物业服务企业负责小区的物业管理。2018年1月30日,业主委员会(甲方)与物业服务企业(乙方)签订《物业管理服务合同》及《高层住宅公共用电电量分摊方案》,载明"根据有关法律、法规,甲乙双方经协商一致,由乙方为小区提供物业管理服务。第三条:乙方提供服务的受益人为本物业的全体业主和物业使用人,本物业的全体业主和物业使用人均应对履行本合同承担相应的责任。第三章物业管理有效期限第十七条:物业管理服务期限为10年。第六章第二十二条:物业管理服务费1.本物业的管理服务费由乙方向业主或物业使用人收取,其中多层住宅(无电梯房)按建筑面积每月每平方米1.2元收取,高层住宅(电梯房)按建筑面积每月每平方米1.8元收取,商业建筑按建筑面积每月每平方米3元收取……3.业主和物业使用人逾期交纳物业管理费和水电费的,从逾期之日起每天按累计欠交费用的1‰交纳滞纳金。第二十五条:电费公摊:多层按照用电量的8%分摊;高层(电梯房)按照共用设施、设备实际用电量进行分摊(具体分摊方案见合同附件－《高层住宅公共用电电量分摊方案);水费分摊:多层和高层均按照用水量的10%分摊;以上公摊水电费由乙方向业主或物业使用人收取"。业主汪某、宋某现拖欠物业管理费,物业服务企业表示其必须与物业管理费、生活垃圾处理费、电费分摊费一并交付。

【裁判要领】

本案争议的焦点在于物业服务企业收取物业费时,是否能捆绑收取其他费用。汪某、宋某表示物业服务企业没有权力将水费与其他费用进行捆绑,且其没有参与选聘物业服务企业的业主大会,没有直接与物业服务企业签订物业管理服务合同,物业管理服务合同对其不具有约束力。法院认为,汪某、宋某为小区业主,小区业主委员会与物业服务企业签订了《物业管理服务合同》,所有业主均应受《物业管理服务合同》约束,其应按约定的标准缴纳物业费、生活垃圾处理费、水费分摊费、电费分摊费。

【实务参考】

业主委员会与业主大会依法选聘的物业服务企业签订的物业服务合同,对业主具有约束力。本案中,业委会与物业服务企业签订了《物业管理服务合同》,其对小区全体业主均具有约束力。汪某、宋某以其没有参与业主大会会议,没有与物业服务企业直接签订物业管理服务合同为由,主张不受涉案《物业管理服务合同》约束并拒绝支付物业管理费,显然理由不能成立。

汪某、宋某认为物业服务企业将物业费与其他费用进行捆绑的行为不合理,可以通过业主委员会依法维权。在所有业主均应受《物业管理服务合同》约束的情况下,汪某、宋某以此为由不按《物业管理服务合同》的约定缴纳分摊相关费用,法院不予支持。

【法律链接】

1.《中华人民共和国合同法》第八条、第四十四条、第六十条、第一百零七条

对应:《中华人民共和国民法典》第一百一十九条、第五百零二条、第五百零

九条、第五百七十七条

2.《物业管理条例》第七条、第四十二条

3.《中华人民共和国民法典》第九百四十四条

78. 业主不认可物业服务企业提供的物业服务怎么办？

【案情导入】

丁某系某小区房屋的业主，该房屋所在小区的业主委员会（甲方）与A物业服务企业（乙方）签订《物业服务合同》，双方约定：由A物业服务企业对小区实行物业管理。物业服务到期后，因小区业委会届期已满，尚无新一届业委会产生，业委会未组织业主大会选聘新的物业服务企业，所以自合同期满之日起，A物业服务企业仍继续为该小区提供物业服务，直至选聘出新的物业服务企业接管小区的物业服务。现业主丁某欠缴物业费共计15,562元，A物业服务企业向丁某催缴物业费时，丁某以未与其续签《物业服务合同》为由，拒绝缴纳物业服务合同期满之后的物业费。

【裁判要领】

本案争议的焦点在于物业服务合同到期后，物业服务企业与业主之间是否形成了物业服务法律关系。丁某表示其未与物业服务企业续签过《物业服务合同》，不存在物业服务关系。法院认为，业委会与物业服务企业签署的《物业服务合同》到期，在选聘的新物业服务人或者决定自行管理的业主接管之前，物业服务企业应继续为该小区提供物业服务,丁某作为小区业主亦实际接受了物业服务企业提供的物业服务,故丁某与物业服务企业建立了物业服务法律关系。

【实务参考】

(一)《物业服务合同》到期后,原物业服务人应当继续处理物业服务事项

根据《民法典》第九百五十条规定,物业服务合同终止后,在业主或者业主大会选聘的新物业服务人或者决定自行管理的业主接管之前,原物业服务人应当继续处理物业服务事项,并可以请求业主支付该期间的物业费。因此,因业主大会未选聘新的物业服务企业,原物业服务企业应当继续为该小区提供物业服务,丁某作为小区业主实际接受了物业服务企业提供的物业服务,双方之间形成了物业服务法律关系。

(二)到期后的物业费,应参考原合同约定的收费标准

关于收费标准,依据相关法律规定,当事人对有关合同内容没有约定或约定不明确的,可以协议补充;不能达成补充协议的,按照合同有关条款或交易习惯确定。合同到期后物业服务企业与丁某并未就物业服务收费标准予以约定,且双方亦未能达成补充协议,故应按照交易习惯,依照之前的物业服务收费标准予以核算。

【法律链接】

《中华人民共和国民法典》第九百五十条、第五百一十条

79. 首层用户要求免除电梯费怎么办?

【案情导入】

物业服务企业系某小区的物业服务单位,陆某系该小区房屋业主。陆某与物业服务企业签订《前期物业管理服务协议》,约定物业服务企业对陆某居住的小区提供物业管理服务,物业服务企业对该小区公共部位、共用设施设备、环境卫生等提供物业管理服务,物业管理服务费交纳费用时间每季度第一个月20日前,物业管理服务费的服务内容包括对电梯的维护和管理。合同签订后,物业服务企业对该小区进行物业管理服务,物业服务企业向业主陆某收取物业费时,陆某认为其住在一楼,客观上无法接触电梯,前期物业管理服务协议中的物业费交纳条款为格式条款,强制收取了首层业主电梯费,该部分应属无效,所以应免除电梯费用。

【裁判要领】

本案争议的焦点在于首层业主的物业费是否能按照不带电梯的标准收取。陆某认为其是一楼用户,不享受电梯服务,不应交纳电梯费,物业服务企业则认为,电梯费的减免应该经过全体业主的同意,并经过规定程序解决。法院认为,因物业费收费标准系针对小区全体业主制定,物业费构成中的减免事项也应经过法律规定的程序确定,故在没有针对一楼业主的电梯费达成一致的减免方案前,陆某该项主张于法无据,法院不予支持。

【实务参考】

当事人行使权利、履行义务应当遵循诚实信用原则。物业服务企业与陆某签订的《前期物业管理服务协议》系双方当事人真实意思表示,且内容不违反法律规定,应属合法有效。在物业服务企业已提供物业服务的情况下,双方均应当按照《前期物业管理服务协议》的内容履行各自的义务,即小区业主应根据约定的标准交纳物业管理费。陆某主张自己系小区一层业主无法使用电梯,但是协议中约定物业服务企业收取物业管理服务费的服务内容包括对电梯的维护和管理,陆某亦接受该条款。

从《物权法》第七十六条的规定可以看出,建筑区划内的重大事项应当经业主共同决定。虽然陆某系小区一层业主,客观上有可能不使用电梯,但物业费收费标准系针对小区全体业主制定,物业费构成中的减免事项关乎业主的共同利益,属于应经业主共同决定的建筑区划内的重大事项。因此,在没有针对一楼业主的电梯费减免取得相应业主同意的情况下,陆某应按照双方签订的《前期物业管理服务协议》的标准向物业服务企业支付物业费。陆某拖欠物业费的做法,对于已经交费的业主是不公平的,且亦会造成物业服务企业在无法收回运营成本的情况下,降低现有服务质量的恶性循环局面。

【法律链接】

1.《中华人民共和国合同法》第六条、第六十条、第一百零七条

对应:《中华人民共和国民法典》第七条、第五百零九条、第五百七十七条

2.《中华人民共和国物权法》第七十六条

对应:《中华人民共和国民法典》第二百七十八条

80. 物业服务企业转包保洁服务致业主受伤怎么办?

【案情导入】

张某系某小区的业主,物业服务企业为该小区提供物业管理,物业服务企业与某保洁公司签订《保洁服务合同》,约定物业服务企业将该小区住宅、商业门面公共区域及物业服务企业办公室的日常保洁服务承包给保洁公司承做。事发时,张某因外出上班从家中5楼下行至4楼时,遇保洁公司的工人田某在保洁时遗撒水滴,致使楼梯间瓷砖梯步湿滑,张某不慎摔倒受伤。张某受伤后,被送往医院住院治疗,诊断为:左胫骨下段骨折,左腓骨骨折。司法鉴定所作出鉴定意见:张某属十级伤残。

【裁判要领】

本案的争议焦点在于物业服务企业是否应承担责任。保洁公司认为其应承担10%的赔偿责任,物业服务企业承担50%的赔偿责任。法院认为,保洁公司因存在服务瑕疵,未尽到地面保洁的安全保障义务,应依法承担民事赔偿责任,张某受伤具有过失,应当承担责任。保洁公司应承担60%的民事赔偿责任,张某应自行承担40%的民事责任。物业服务企业在张某滑倒摔伤事故中无过错,不应承担民事赔偿责任。

【实务参考】

公共场所的管理人,未尽到安全保障义务,造成他人损害的,应当承担民事侵权责任。本案中,物业服务企业将张某居住小区的日常保洁服务承包给保洁公司承做后,保洁公司即负有对张某居住小区公共区域的保洁管理义务。保洁公司工作人员在楼道保洁时不慎将做清洁的水遗撒在公共楼道瓷砖梯步上,引发楼梯间地面湿滑的安全隐患,并导致张某下楼时不慎滑倒受伤。因此,保洁公司在提供保洁工作时,存在服务瑕疵,造成安全隐患,未尽到地面保洁的安全保障义务,对张某受伤具有过失,应当承担赔偿责任。而张某作为完全民事行为能力人,下楼时自身存在疏忽大意、忽视安全的过失,故也应自行承担相应的民事责任。保洁公司作为专业从事清洁服务的有限责任公司,物业服务企业并没有选任的过失,不承担相应的责任。

【法律链接】

《中华人民共和国侵权责任法》第六条、第十六条、第二十二条、第二十六条、第二十七条

对应:《中华人民共和国民法典》第一千一百六十五条、第一千一百七十九条、第一千一百八十三条、第一千一百七十三条、第一千一百七十四条

第四篇　业主维权：法律指南

导　语

2007年《物权法》颁布实施，从法律层面确立了建筑物区分所有权制度，明确了业主与物业服务企业的权利、义务，使业主在物业服务过程中的维权意识得到了很好的引导和支持，有助于依法处理业主与开发商、物业服务企业之间的争议，对维护业主合法权益，改善供需关系具有里程碑式的重要意义。随后，国务院根据《物权法》的相关规定对《物业管理条例》进行修订，将"物业管理企业"改为"物业服务企业"；明确业主可以通过起诉撤销业主大会或业主委员会；严格专项维修资金使用条件，明确专项维修资金属于业主所有，专项用于物业保修期满后物业共用部位、共用设施设备的维修和更新、改造，不得挪作他用；明确规定只要经专有部分占建筑物总面积过半数的业主且占总人数过半数的业主同意可以选聘和解聘物业服务企业。自此，物业管理由企业主导的时代成为过去，业主主导时代启幕。物业管理"游戏规则"的重新设定，掀起了业主维权的高潮。但实践中，业主往往对何种行为属于侵权行为、具体侵犯何种权益、将会受到何种处罚没有明确的认识，导致维权成本增加、维权效率底下。本篇旨在通过摘录物业管理实务中常见的侵犯业主权益相关案例，辅之以裁判要领和法律分析，为业主维权提供帮助。

81. 街道办事处因“建筑总面积”未过半不予备案怎么办?

【案情导入】

小区业主召开业主大会,并作出了《业主大会决议》。该决议载明,该物业管理区域内业主总人数448人,物业管理区域建筑物总面积共48,721.25平方米,表决书共发放和送达245份,实收反馈意见245份,对应建筑物专有部分面积26,307.94平方米,占建筑物总面积的54%,业主人数245人,占业主总人数的54.2%。业主大会会议以240票赞成,对应建筑物专有部分面积26,307.94平方米,占建筑物面积的54%,业主人数240人,占业主总人数的53.1%,通过了业主委员会委员选举,选举产生业主委员会委员,业主委员会向街道办事处申请备案。某房地产公司致函街道办事处,对物业管理区域内建筑物总面积提出质疑,认为该物业管理区域内建筑物总面积应为64,558.34平方米,而非原告主张的48,721.25平方米。街道办事处致函该不动产登记事务中心,请求协助确认“建筑总面积”。不动产登记中心作出《关于〈关于协助确认建筑总面积的函〉的回函》,确认登记的“建筑总面积”为64,558.34平方米。后街道办事处作出被诉答复意见,决定对业委会的备案申请不予备案。业委会主任不服,以个人身份向法院提起诉讼,要求撤销被诉答复意见。经法院释明后,其撤回起诉。后业委会作为原告向法院提起诉讼,请求法院撤销街道办事处作出的答复意见,并责令街道办事处对业委会的备案申请予以备案。

【裁判要领】

本案争议的焦点在于业委会选举过程中投赞成票的业主所对应的建筑物专有部分面积是否超过建筑物总面积的一半。原告认为，“建筑总面积”与“建筑物总面积”并非同一概念，建筑物总面积应为48,721.25平方米，投赞成票的业主所对应的建筑物专有部分面积已经超过建筑物总面积的一半。而街道办事处依据不动产登记中心出具的《关于〈街道办事处关于协助确认建筑总面积的函〉的回函》上载明“建筑总面积为64,558.34平方米”的内容，认定建筑物总面积为64,558.34平方米，进而不予备案。但街道办事处未能提供证据、依据证明《关于〈街道办事处关于协助确认建筑总面积的函〉的回函》上载明的“建筑总面积”即相关法律、法规、规章中规定的“建筑物总面积”。街道办事处所作被诉具体行政行为系认定事实不清，证据不足，依法应当予以撤销。

【实务参考】

(一)小区业主委员会的成立需符合“双过半”

《物权法》第七十六条规定，选举业主委员会由业主共同决定，应当经专有部分占建筑物总面积过半数的业主且占总人数过半数的业主同意。《物业管理条例》第十二条规定，业主大会会议应当有物业管理区域内专有部分占建筑物总面积过半数的业主且占总人数过半数的业主参加，决定选举业主委员会的事项，应当经专有部分占建筑物总面积过半数的业主且占总人数过半数的业主同意。根据上述规定，小区业委会的成立需符合“双过半”的要求，即参与选举并投赞成票的业主人数占小区业主总人数的一半以上，且这一半以上的业主所占专有部分的面积占小区“建筑物总面积”的一半以上。本案中，街道办事处主张不动产登记中心回函中所列的“建筑总面积”为法律、法规、规章中规定的“建筑物总面积”，但“建筑总面积”与“建筑物总面积”的表述显有区别，且街道办事处亦未提供任何证据、依据来说明上述两种表述指向的为同一概念。街道办事处以业委会选举过程中投赞成票的业主所对应的建筑物专有部分面积未超过“建筑总面积”的一半为由不予备案，认定事实不清，证据不足。法院撤销原不予备案的决定，判令街道办事处重新作出行政行为。

（二）业主委员会的备案

业主委员会应当自选举产生之日起 30 日内，向物业所在地的区、县人民政府房地产行政主管部门和街道办事处、乡镇人民政府备案。本案中，街道办事处作为小区所在地的地方人民政府派出机构，具有对业委会选举等事项进行行政备案的法定职责。但是业委会的备案申请是否符合备案要求尚需街道办事处调查、裁量，属于街道办事处的职权范围，故业委会要求法院责令街道办事处予以备案，法院不能支持。

【法律依据】

1.《中华人民共和国物权法》第七十六条

对应：《中华人民共和国民法典》第二百七十八条

2.《物业管理条例》第十二条、第十六条

82. 物业服务企业不返还小区公益收入怎么办？

【案情导入】

小区业委会于 2014 年 6 月成立，物业服务企业系该小区的物业服务企业。2012 年 1 月,小区业主大会(甲方)与物业服务企业(乙方)签订《物业服务合同》,约定:“物业服务企业为小区提供物业管理服务,合同期为 3 年,自 2011 年 6 月 1 日起至 2014 年 5 月 31 日止。乙方根据下述约定,向业主收取物业费。若政府重新发布物业服务收费标准,则随之调整。物业费不含物业大修和专项维修的费用,物业大修和专项维修的费用在维修资金中列支,并按规定分摊。由于政策变化、物价上涨等因素形成的物业费用缺口由业委会根据实际支出成本与乙方协商解决,并从小区创收资金中列支。”合同补充条款约定:“一、在小区内从事广告经营、宣传户外活动和小区其他创收项目一律先征得甲方同意,由乙方负责落实和管理,并收取管理费作为小区公共收益;二、因物业费标准在 2006 年后一直未有上调,但最低工资、社会保险、高温费等相关费用不断上涨,造成物业服务四保成本大幅上涨,现将地面提车费、电梯广告等各类小区创收暂提取 30%(后提取比例为 25%)由乙方作为四保成本列支,业委会根据乙方服务工作的改进提高定期(6 个月)考核再酌情提高比例;若再遇政府调整最低工资、社会保险、高温费、能耗费等各项费用,经业委会确认后调整补贴……四、按照规定外省市服务人员综合保险应调为城保、高温津贴,若政府严格要求实行则双方协商后增加此项费用……六、根据目前物业管理企业面临的情况,政府可能出台上调物业费的政策,若本小区实施,乙方将根据有关政策法规的规定与业委会商议补充条款。”

2014 年 8 月,业委会致函物业服务企业,要求物业服务企业配合进行换届审计,及时提供审计所需的真实完整的相应财务账册、原始凭证等资料。2014 年 11 月,某会计师事务所向业委会出具《专项审计报告》,载明:2007 ~2014 年小区公益收入结余 262,573.35 元。双方合同终止后,业委会多次要求物业服务企业将小区公益收入结余划转至业委会账户,但物业服务企业认为其在 2012 年 4 月至 2014 年 5 月的物业服务成本增加了 414,380 元,公益收入结余款是对增加成本的补贴,其无须向业委会返还公益收入。

【裁判要领】

本案争议的焦点在于物业服务企业应否将小区的公益收入结余款项返还给业委会。业委会认为小区的公益收入归全体业主所有,物业服务企业应返还给业委会,物业服务企业则以该笔款项应补贴其增加的物业服务成本为由拒付。法院认为,物业服务企业无须返还结余款项的主张,难以采纳。鉴于小区的公益收入应归全体业主所有,故业委会要求物业服务企业返还,合法合理,应予支持。

【实务参考】

本案中,小区业主大会与物业服务企业签订了《物业服务合同》及《合同补充条款》,依法成立的合同,对当事人具有法律约束力,当事人应当按照约定全面履行自己的义务。双方在合同补充条款约定:自2012年1月1日起,将地面提车费、电梯广告费等各类小区创收暂提取30%(原提取比例为25%)由被告作为四保成本列支。因此,合同中双方已对物业服务成本提升情况下补贴调整的事宜进行了约定,成本补贴的调整需要通过双方协商并经业委会确认后方可实行。根据业委会提供的转专项审计报告,其主张的小区公益性收入结余已经扣除按照合同约定的比例计提给物业服务企业作为成本增加的补贴。现物业服务企业认为公益收入结余款项应用于补贴物业服务企业增加的成本,但物业服务企业没有举出证据证明双方就此事项进行过磋商并达成了新的一致意见,其主张实属单方意思表示,明显缺乏合同依据,因此,物业服务企业应将小区的公益收入结余款项返还给业委会。

【法律依据】

《中华人民共和国合同法》第八条

对应:《中华人民共和国民法典》第一百一十九条

83. 业主因高空坠物致害怎么办?

【案情导入】

吕某居住于某小区,因小区A号大楼公共部位玻璃坠落被砸中头部,致其颅脑损伤后死亡。案发当天是台风天气,吕某于小区大楼门口遭空中坠落的玻璃砸中头部,其头部出血并倒地不起,经“120”到场检查抢救后,当场确认吕某已死亡。公安局刑事科学技术研究所出具死亡确认书,确认吕某死亡原因为颅脑损伤。小区所在的派出所出具《吕某非正常死亡排查工作情况》,该材料中载明:(1)据目击者施某、任某等人反映,当时是一块从空中坠落的方玻璃砸在吕某头部,造成吕某头部出血并倒地;(2)根据事发地点周边建筑物情况分析,能坠落玻璃砸到吕某头部的建筑物只有A号和B号两幢楼,B号楼的居民家和公共部位玻璃均完好,A号楼的居民家的玻璃是完好的,但公共部位的玻璃有7块缺失,1块损坏;(3)在排查中还发现A号楼公共部位固定钢窗玻璃的油灰老化严重;据推断14楼至15楼中间处的垃圾房东窗1块玻璃、15楼的电梯大厅1块玻璃及15楼至16楼中间处的垃圾房东窗1块玻璃是在台风期间坠落的。物业服务企业系该小区的物业管理人,事发前物业服务企业曾张贴通知,告知居民台风即将来临,请居民做好准备工作。吕某之母孙某认为物业服务企业作为A号大楼的物业管理人,未尽到管理职责,存在过错,故起诉要求物业服务企业赔偿死亡赔偿金人民币724,600元、丧葬费25,984元、精神损害抚慰金50,000元。

【裁判要领】

本案争议的焦点在于物业服务企业是否应当承担侵权责任。物业服务企业认为,A号大楼14楼至16楼的玻璃在台风天气以前已经缺失,孙某并无证据证明系物业服务企业管理的玻璃砸伤死者。法院认为,吕某死亡之原因系物业服务企业未能事先消除玻璃坠落之安全隐患,致玻璃坠落砸伤吕某,故物业服务企业对本起事故存在过错,理应承担全部赔偿责任。关于赔偿权利人主张之诉请金额,均无不当,法院予以支持。

【实务参考】

《侵权责任法》第八十五条规定,建筑物、构筑物或者其他设施及其搁置物、悬挂物发生脱落、坠落造成他人损害,所有人、管理人或者使用人不能证明自己没有过错的,应当承担侵权责任。民警现场排查后出具的《排查工作情况》表明现场坠落的玻璃来自A号大楼具有高度盖然性,且物业服务企业曾张贴通知请居民做好应对台风天气的准备工作,可以反映当时物业服务企业已充分了解到台风天气即将到来,物业服务企业作为A号大楼的物业管理人,没有及时对公用部位进行检查,消除安全隐患,对本起事故存在过错,应当承担侵权责任。虽当天系台风天气,但吕某选择出行并不存在过错,致其死亡原因系物业服务企业未能事先消除玻璃坠落的安全隐患,致当天玻璃坠落砸伤吕某,物业服务企业理应承担全部赔偿责任。故赔偿权利人主张之诉请金额,均无不当,法院予以支持。

【法律依据】

《中华人民共和国侵权责任法》第十六条、第八十五条

对应:《中华人民共和国民法典》第一千一百七十九条、第一千二百五十二条

84. 业主被高空坠物砸伤,无法确定侵权人怎么办?

【案情导入】

易某居住某小区,为该小区的业主,其与丈夫从小区 B 幢经过时,被高空抛物(类似铁栏)砸伤头部,后被送往医院治疗。经诊断:头顶部头皮砸裂伤。诊疗意见:清创缝合局部加压包扎;局部冰敷 48 小时;TAT 注射;观察颅脑变化,根据病情变化必要时复查颅脑 CT;定期门诊换药,术后 7 日根据伤口愈合情况拆线;门诊随访。经公安局派出所调查走访,确定抛物业主为小区 B 幢 3 单元的业主,但不能确定具体是哪户业主实施高空抛物行为。易某为维护自身的合法权益,将小区 B 幢 3 单元的全体业主作为被告提起诉讼。有住户称其事发当天没有在家,其不可能抛掷该坠落物品。

【裁判要领】

本案争议的焦点在于难以确定实施高空抛物行为的具体侵权人的,被侵权人是否能要求可能加害的建筑物使用人给予补偿。法院认为,易某受伤地点位于小区 B 幢 3 单元房屋阳台外的地面,该单元 1 楼、2 楼房屋为营业性用房,3 楼以上房屋为住房。故 3 楼以上房屋使用人均有可能系侵权人,应由 B 幢 3 单元 3 楼以上的住户平均补偿被侵权人的损失。

【实务参考】

根据《侵权责任法》第八十七条的规定，从建筑物中抛掷物品或者从建筑物上坠落的物品造成他人损害，难以确定具体侵权人的，除能够证明自己不是侵权人的外，由可能加害的建筑物使用人给予补偿。本案的致害物为从建筑物中抛掷或坠落的物品，易某受伤地点位于小区B幢3单元房屋阳台外的地面，该单元1楼、2楼房屋为营业性用房，3楼以上房屋为住房。故3楼以上房屋使用人均有可能系抛掷物品的人或坠落物品的所有人，难以确定具体侵权人。虽然有住户称事发当天没有在家，但并不能证明其不是该坠落物品的所有人，不能达到证明其并非是侵权人的目的。因此，由于难以确定具体侵权人，且B幢3单元3楼以上的住户均不能证明自己不是侵权人，B幢3单元3楼以上的住户应当对被侵权人予以补偿。

【法律链接】

《中华人民共和国侵权责任法》第八十七条

对应：《中华人民共和国民法典》第一千二百五十四条

85. 楼上下水道堵塞漏水至楼下，造成楼下业主财产损失怎么办？

【案情导入】

贾某系某小区的业主，姚某系其楼上的业主，物业服务企业负责该小区的物业管理。《物业合同》第四条约定，(1)小修范围：疏通下水……(2)住宅区域日常管理。第五条约定,房屋建筑本体共用设施设备的维修、养护、管理和运行服务,包括共用的上下水管道……第六条约定,本物业规划红线内属物业管理范围的市政公用设施的维修、养护和管理,包括道路、室外上下水管道……因为居住的楼时常发生管道堵塞,姚某家装修期间,在厨房下水管处加装了一个阀门,阀门处于开启状态,因下水主管道堵塞发生返水,导致污水自阀门处溢出并由姚某家漏至贾某家。物业服务企业表示业主装修时,如果安装阀门,也应当排到主管道内,在不违反国家相关规定的情况下物业服务企业都会审批同意业主改造室内水管。贾某家厨房吊顶及全屋橱柜、西卧卧室门(挨着厨房的门),因此次漏水受损。

【裁判要领】

本案争议的焦点在于赔偿主体的确定。物业服务企业主张堵塞的原因在于主管道的老化,其未提供有效证据予以证明。法院认为,贾某家房屋受损,究其根本原因系厨房下水主管道堵塞所致。下水主管道属于共用设施设备,根据小区物业合同的约定,物业服务企业负有维修、养护、管理共用上下水管道的义务。物业服务企业未能证明其对共用管道履行了常规的定期检修养护义务,应承担举证不能的不利后果。因此,物业服务企业未按照合同约定全面履行自己的义务,导致贾某家的损失,物业服务企业应当承担赔偿责任。

【实务参考】

本案中,污水虽然自姚某家下水管闸门处溢出,但是姚某在自己管道上加装阀门的行为,是因为其居住的楼时常发生管道堵塞,对自家水管进行改造属无奈之举,且物业服务企业也表示在保证污水排入主管道的前提下不禁止住户改造室内水管。姚某并无过错,且恰恰因为阀门处于开启状态,客观上并未阻却自家水管与主管道之间的水流流通,未改变水流方向,反而保持上下水的正常状态。贾某所遭受的财产损失,与姚某的行为无关,其不应当承担责任。根据小区物业合同的约定,物业服务企业不仅有事后疏通的义务,还负有对共用上下水管道维修、养护、管理和运行服务的义务。物业服务企业未能提交涉案小区共用设施的运行、检查、维修养护记录,以证明其对共用管道履行了常规的定期检修养护义务,应承担举证不能的不利后果。因此,物业服务企业未按照合同约定全面履行自己的义务,导致共用下水管道堵塞形成返水,对贾某家的损失,物业服务企业应当承担赔偿责任。

【法律链接】

《中华人民共和国侵权责任法》第六条、第十九条

对应:《中华人民共和国民法典》第一千一百六十五条、第一千一百八十四条

86. 业主车辆被业主共有物砸毁怎么办?

【案情导入】

李某系某小区房屋所有人,物业服务企业负责该小区的物业管理。某小区业主大会与物业服务企业签订《物业服务合同》一份,该合同第七条第一款约定,车位费为场地占用费,物业服务企业不负责看管车辆,车辆丢失的,物业服务企业不负赔偿责任。某日,李某的汽车车顶和前机盖被人泼了红漆,李某报警后将汽车送往修理厂维修,产生了必要经济损失;后李某的汽车,被小区5号楼自行车棚砸坏,李某将汽车送往修理厂维修,产生了必要经济损失。

【裁判要领】

本案争议的焦点在于李某诉请的两项经济损失，物业服务企业是否应当承担相应的赔偿责任。关于李某所有车辆被他人泼红漆请求物业服务企业承担赔偿责任的问题，李某表示物业服务企业负有管理车辆的责任，其车辆被人泼红漆，物业服务企业应当赔偿其经济损失。法院认为，双方签订的物业服务合同中已明确业主交纳车位费的性质系场地占用费，非专项保管费用，并未建立车辆保管的协议，李某请求物业服务企业赔偿该项损失无事实及法律依据。关于李某请求物业服务企业承担汽车被砸的全部经济损失，物业服务企业主张车棚所有权人是业主，其本身不承担被砸车辆的损失。法院认为，物业服务企业对自行车棚有管理义务，现车棚倾倒致李某车辆被砸，对此物业服务企业应承担相应责任。

【实务参考】

(一)关于李某诉请物业服务企业赔偿其汽车被泼漆的损失

物业服务合同对业主具有约束力。李某与物业服务企业之间的物业服务合同中已明确约定业主交纳的车位费的性质系场地占用费，该费用系用于养护公共道路及公共设施设备、环境卫生，故该费用应区别于专项保管费用，双方并未达成车辆保管的合意，且物业服务企业无法实际管理、控制车辆，李某也未交纳额外的保管费用，因此二者之间不构成保管合同关系。而物业服务企业在李某损害发生的过程中，其主观过错的认定应结合物业服务企业在物业服务合同中约定的保安服务范围进行审查，李某并未举证物业服务企业没有尽到基本的安保义务或物业服务企业在车损中存在过错，故法院对李某本项诉请不予支持。

(二)关于李某诉请物业服务企业赔偿其汽车被砸伤的损失

物业服务企业认可李某诉争车辆被倒塌的小区自行车棚砸坏的事实，自行车棚虽系该小区全体业主所有，但物业服务企业对该小区实行物业服务、管理，车棚系小区内公共设施，物业服务企业对自行车棚负有管理义务，现车棚倾倒致李某车辆被砸，对此物业服务企业应承担相应责任。由于车辆被砸坏时的停放地点并非车辆停车位，法院根据车辆的实际维修情况，认定物业服务企业承担75%的赔偿责任。

【法律链接】

《中华人民共和国侵权责任法》第十九条

对应：《中华人民共和国民法典》第一千一百八十四条

87. 业主因物业服务不到位要求减免物业费，物业服务企业不同意怎么办？

【案情导入】

某房地产开发公司系某小区的开发商，以公开招投标的方式与某物业服务企业就该小区物业服务事项签订了《前期物业服务合同》，合同约定，房地产开发公司委托物业服务企业对小区进行前期物业管理服务，服务期限至业主大会与物业服务企业签订的物业服务合同生效之日终止。合同就物业服务内容及标准、违约责任等进行了约定。王某、高某与房地产开发公司签订《商品房买卖合同》，购买该小区的房屋。在物业服务企业提供服务的期间内，小区存在排水不畅、路面井盖塌陷、路灯长期不亮、房屋暖气不热、小区路灯不亮、小区内下雨积水、路面下沉、人员任意出入、安防不管等项服务瑕疵问题。王某、高某自2012年6月1日起未交纳物业费，物业服务企业要求王某、高某支付至2015年5月31日的物业费共计22,315.68元，王某、高某认为物业服务企业存在严重的服务不到位的问题，应当减免业主需缴纳的物业费。

【裁判要领】

本案争议的焦点在于物业服务企业未能全面履行物业服务合同，业主的物业费是否能减免缴纳。王某、高某表示小区全体业主联名向物业服务企业提出改善服务质量的意见，但物业服务企业至今没有答复和丝毫改变，存在严重的服务不到位问题，应当减免业主需缴纳的物业费。法院认为，物业服务企业未能及时、全面履行物业服务合同，其提供的物业服务存在排水不畅、路面井盖塌陷、路灯长期不亮等问题，王某、高某对此出示了相应的证据，故物业费缴纳数额应相应减少。

【实务参考】

物业服务企业与某房地产开发公司签订的《前期物业服务合同》系双方真实意思表示，不违反法律法规强制性规定，属有效合同。王某、高某作为某房地产开发公司开发的小区业主，实际接受了物业服务，故应受上述合同约束。物业服务企业依约为王某、高某房屋所在小区提供物业服务后，王某、高某应向物业服务企业支付物业管理服务费。但物业服务企业在服务期间内，未能及时、全面履行物业服务合同，其提供的物业服务存在排水不畅、路面井盖塌陷、路灯长期不亮等问题，王某、高某对此出示了相应证据，物业服务企业亦未予否认。物业服务企业在对王某、高某居住的小区进行物业服务中,确实存在上述问题,酌情减免王某、高某应当交纳的物业费,符合事实和法律规定。另外,物业费的催交、收取应是物业服务企业的一项主要工作,双方可通过当地居民委员会、小区业主委员会等相关部门进行协调、互相沟通,妥善解决纠纷。

【法律链接】

《物业管理条例》第七条、第三十五条

88. 业主侵害业委会委员的名誉权怎么办?

【案情导入】

崔某、薛某均系某小区的业主。小区业委会换届改选,崔某为筹委会成员。在调整物业费等相关事宜过程中,部分小区业主与业委会、物业服务企业之间意见不一,且各执己见,故各方关系日趋紧张。其间,薛某在小区业主微信群中发表文章,行文言辞激烈,其中部分内容直接涉及崔某,称崔某为"劣迹之人"。崔某认为薛某的行为已对其名誉及生活产生影响,故向法院提起诉讼,请求法院判令薛某在散布不当言论的范围内消除影响并向其赔礼道歉。

【裁判要领】

本案争议的焦点在于薛某的言论是否对崔某的名誉造成损害。薛某主张崔某为了一己私利,造假行骗,毫不留情地牺牲整个小区业主的利益。法院认为,薛某在小区微信群的言论客观上丑化了崔某的人格,在一定程度上造成崔某社会评价的降低,侵害了崔某的名誉权,应承担相应的法律责任。关于要求薛某在散布不当言论的范围内消除影响并向崔某赔礼道歉的诉请,法院予以支持。

【实务参考】

公民名誉权受法律保护,禁止用侮辱、诽谤等方式损害公民名誉。以书面、口头等形式捏造事实公然丑化他人人格,或者用侮辱、诽谤等方式损害他人名誉,造成一定程度的影响,应当认定为侵害公民名誉权的行为。公民的名誉权受到侵害的,有权要求停止侵害、恢复名誉、消除影响、赔礼道歉。本案中,崔某、薛某系同一小区的居民,双方因小区管理事宜产生矛盾,任何一方均应通过正当途径解决。小区微信群属于公共开放平台,受众多,传播广,在一定范围内具有影响力,参与者均应谨慎发表观点和言论,薛某在此微信群中故意公开发表言辞激烈的文章,内容直接指向崔某本人,无论崔某本身行为有无问题,薛某的言论客观上丑化了崔某的人格,在一定程度上造成崔某社会评价的降低,侵害了崔某的名誉权,应承担相应法律责任。因此,崔某有权要求薛某在散布不当言论的范围内消除影响并向其赔礼道歉。

【法律链接】

1.《中华人民共和国民法总则》第一百零九条

对应:《中华人民共和国民法典》第一百零九条

2.《中华人民共和国侵权责任法》第二条、第三条

对应:《中华人民共和国民法典》第三条、第一百二十条

89. 物业服务企业要求业主缴纳已过诉讼时效的物业费怎么办?

【案情导入】

物业服务企业与房地产开发公司签订《前期物业服务合同》,约定房地产开发公司选聘物业服务企业提供前期物业管理服务。2013年5月20日,刘某与房地产开发公司签订《房屋买卖合同》,约定刘某购买小区内某69号房屋。同日,刘某接房,并与物业服务企业签订《物业服务合同》,约定刘某以某69号房屋作为通讯地址;物业服务企业为该小区的物业管理者,业主、使用人欠缴管理费或其他协议约定的任何款项时,管理者应向业主、使用人发出通告,详列所欠款项及清还期限,若逾期未付,管理者可依法采取法律行动向业主、使用人追讨欠款;任何发给各业主的通知以张贴于小区公告栏15日内视为送达或以送至有关业主的单元或所知业主的最后通讯地址为准,如通过邮局以挂号信投送的,则以邮局挂号收据为准,所有不以单元作为通讯地址的业主应将其选择的通讯地址事先书面告知管理者。

同时,刘某签订了《承诺书》,载明其已详细阅读房地产开发公司制定的《业主临时管理规约》,并认同本临时管理规约的全部内容。该临时管理规约载明了物业使用、维修养护、违约责任等内容,第三十一条规定根据开发商和物业服务企业签订的《物业服务合同》的约定,开发商委托物业服务企业对小区实施物业管理,业主和使用人均认可物业服务企业为园区的物业管理者和物业服务的提供者;第三十七条规定业主同意自物业交付之日起承担相应的管理服务费用、公共能源费、共用部位、共用设施设备维修金等相关费用。

2015 年 12 月 7 日、2016 年 12 月 9 日物业服务企业向刘某邮寄《物业费催费通知函》,收件地址并非双方约定的前述某 69 号房屋的地址,签收信息显示系他人收。后物业服务企业作出《收费通知单》,载明:刘某欠付 2013 年 5 月 20 日至 2018 年 5 月 31 日的物业费。2018 年 7 月 9 日,物业服务企业向法院提起诉讼,请求法院判令刘某缴纳 2013 年 5 月 20 日至 2018 年 5 月 31 日的物业费。

刘某认为部分物业费已超过诉讼时效,原告于 2018 年 7 月 9 日起诉时才第一次催收物业费,故诉讼时效应当自 2015 年 7 月 10 日开始计算,其无须缴纳 2013 年 5 月 20 日至 2015 年 7 月 9 日的物业费。

【裁判要领】

本案争议的焦点为物业服务企业要求刘某支付 2013 年 5 月 20 日至 2015 年 7 月 9 日物业费的请求是否超过诉讼时效。物业服务企业称其要求刘某支付 2013 年 5 月 20 日至 2015 年 7 月 9 日物业费的诉讼时效因其邮寄催收函而中断,故该期间的物业费并未超过诉讼时效。法院认为,物业服务企业于 2015 年 12 月 7 日、2016 年 12 月 9 日向刘某邮寄《物业费催费通知函》时,均未按照刘某提供的通讯地址准确填写邮寄地址,且无证据证明刘某曾收到过物业服务企业邮寄的上述催收函。故物业服务企业的两次邮寄催收函的行为并不会导致本案诉讼时效的中断,物业服务企业要求刘某支付上述期间物业费的请求超过诉讼时效,法院予以确认。

【实务参考】

建设单位依法与物业服务企业签订的《前期物业服务合同》,对业主具有约束力。刘某购买了房地产开发公司的房屋,而房地产开发公司作为建设单位与物业服务企业签订的《前期物业服务合同》对刘某具有约束力,刘某应当按照合同约定履行缴纳物业费的义务。后刘某与物业服务企业又签订了《物业服务合同》《业主临时管理规约》,上述合同系双方当事人的真实意思表示,且不违反法律、行政法规的强制性规定,合法有效,双方当事人应当按照协议的约定享有权利、承担义务。物业服务企业作为提供物业服务的物业管理服务企业,为刘某提供了相关物业管理服务。刘某作为小区业主,接受了物业服务企业的物业服务,就应向物业服务企业支付相应的物业费。

法院认为,物业服务企业虽然分别于 2015 年 12 月 7 日及 2016 年 12 月 9 日向刘某邮寄了《物业费催费通知函》,但其邮寄的地址均非刘某载明的通讯地址,不能凭此认定物业服务企业已经向刘某进行了有效的催收,诉讼时效未中断,直到物业服务企业于 2018 年 7 月 9 日向法院提起诉讼,诉讼时效才发生中断的效果。根据《民法总则》第一百八十八条第一款的规定,向人民法院请求保护民事权利的诉讼时效期间为 3 年,因此物业服务企业起诉要求 2015 年 7 月 10 日前的物业费的诉讼请求已超过诉讼时效,法院不予支持,刘某应当支付自 2015 年 7 月 10 日以后的物业费。

【法律链接】

1.《中华人民共和国合同法》第六十条

对应:《中华人民共和国民法典》第五百零九条

2.《中华人民共和国民法总则》第一百八十八条

对应:《中华人民共和国民法典》第一百八十八条

3.《物业管理条例》第七条、第二十一条、第二十二条

90. 业委会不同意物业服务企业继续履行合同怎么办?

【案情导入】

2014年1月1日,某小区业委会与物业服务企业签订了《物业服务合同》,该合同约定:由物业服务企业为小区提供物业管理服务,合同期限2年;本合同期限届满前3个月,任何一方可通知对方终止合同,若期满未通知,则本合同自动续延3年。签订合同后,物业服务企业遂对小区进行物业管理服务。

合同到期后,物业服务企业与业委会于2015年12月30日重新签订了《物业服务合同》,合同主要内容:"合同当事人甲方:业主委员会,乙方:物业服务企业。……四、物业服务合同及解除:(一)本合同期限为一年,自2016年1月1日至2016年12月31日。(二)本合同期限届满前三个月,任何一方可通知对方终止合同,若期满未通知,则本合同自动续延三年。(三)有以下情形之一的,乙方可以提前解除合同:1. 物业项目因拆迁等原因灭失的;2. 因不可抗力因素,致使物业服务合同无法正常履行;3. 甲方按建筑面积或户数任一项超过20%逾期支付物业费的;4. 甲方严重违反本合同约定的。(四)甲乙双方均不得违反本合同之约定擅自解除合同,否则,应承担违约责任。(五)双方因对方违反合同约定需提前解除合同的,解除合同的一方应提前一个月通知对方,合同自书面通知送达对方时即解除。双方应自发出通知之日起二十日内办理交接;在办理交接期间,乙方应维护本物业小区正常的生活秩序,业主和物业使用人应支付费用。

五、违约责任:(一)甲方违反本合同约定,致使乙方的管理服务不能达到本合同约定的物业服务质量约定的,由甲方赔偿由此造成的损失;甲方的违约行为致使乙方无法完成本合同约定的物业管理事项,乙方有权解除合同,并由甲方赔偿相应的损失。(二)乙方管理服务违反本合同的约定,未能达到本合同约定的物业服务质量约定的,应承担违约责任,并赔偿甲方及业主相应的损失;乙方无法完成本合同约定的物业管理事项的,甲方有权解除合同,并由乙方赔偿甲方及业主相应的损失。"

物业服务企业与业委会签订该合同后,物业服务企业继续对小区进行物业管理服务。合同约定的 1 年期限届满后,业委会不满意物业服务企业的服务,不愿意与物业服务企业续签合同,并于 2017 年 2 月 1 日起自行对小区进行管理并收取物业费至今。

【裁判要领】

本案争议的焦点在于物业服务企业和业委会 2015 年 12 月 30 日签订的《物业服务合同》是否已经续延至 2019 年 12 月 31 日,物业服务企业要求继续履行合同是否有法律依据。物业服务企业表示其与业委会签订的《物业服务合同》期限实际为 4 年("1 + 3"模式),即 2016 年 1 月 1 日至 2019 年 12 月 31 日,并非法院认定的 1 年期限。法院认为,业委会在合同约定的期限届满后,以其行为明确表示不愿意续签合同,并于 2017 年 2 月 1 日起自行对小区进行管理至今。物业服务企业与业委会在合同期限届满后并未达成续签合同的合意,故物业服务企业要求继续履行物业服务企业与业委会签订的《物业服务合同》的理由不成立。

【实务参考】

由于物业服务企业与业委会签订的《物业服务合同》明确约定物业合同期限为 1 年。虽然双方在合同中约定在合同期限届满前 3 个月,任何一方可通知对方终止合同,若期满未通知,则合同自动续延3年。但业委会在合同约定的期限届满后,以其行为明确表示不愿意续签合同,自行对小区进行管理至今。该事实表明,物业服务企业与业委会在合同期限届满后并未达成续签合同的合意。是否订立合同,当事人双方要基于自愿,物业服务合同也是基于当事人的意愿履行,不适宜强制履行。现业委会以自己行为明确表示不愿意与物业服务企业续签合同,且物业服务企业未再对小区进行物业管理服务,故物业服务企业要求继续履行物业服务企业与业委会签订的《物业服务合同》,法院不予支持。

【法律链接】

1.《中华人民共和国合同法》第四条、第十三条

对应:《中华人民共和国民法典》第五条、第四百七十一条

2.《中华人民共和国民法典》第九百四十七条、第九百四十八条

91. 业主擅自占用他人专有部分怎么办?

【案情导入】

某小区的两套房产均由陈某所有,该小区另一套房产的权属人登记为郭某、何某。郭某、何某的房产与陈某的两套房产为1楼、2楼上下相邻,上述房产均为商业用途房产。陈某将房屋出租给余某用于经营美容美发形象设计店使用,郭某、何某将房屋出租给张某,用于经营药房。美容美发形象设计店和药房分别以2楼地板中心线为界,在2楼飘楼外墙上安装包含字号的招牌(其中,美容美发形象设

计店在2楼地板中心线以上部分外墙面上安装招牌,药房在2楼地板中心线以下外墙下垂部分安装招牌)。陈某以张某经营的药房招牌占用其商铺飘楼外墙为由起诉要求张某、郭某、何某予以拆除并恢复原状。

【裁判要领】

本案争议的焦点在于2楼飘楼外墙面是否属于陈某房产的专有部分;郭某、何某、张某是否应拆除安装在飘楼外墙面的招牌?法院认为:陈某主张2楼飘楼的外墙属于其房产的专有部分,理由成立;张某、郭某、何某以2楼地板中心线为界,主张2楼楼板中心线以下框梁外沿及下垂部分,不属于2楼飘楼的外墙,没有依据,法院不予采信。张某、郭某、何某未经作为业主的陈某同意,占用其飘楼外墙安装商铺招牌,妨害了陈某对外墙的使用权,应予以拆除。

【实务参考】

(一)关于2楼飘楼外墙面是否属于陈某房产专有部分的问题

陈某购买了小区的两套商铺,该栋建筑物为商住楼房,1层、2层为商业用途,3层以上为住宅用途。郭某、何某购买的商铺位于1层,陈某购买的商铺位于2层,2层商铺有向外延伸的飘楼。我国建筑物区分所有权包括专有部分所有权、对专有部分以外的共有部分的共有权以及对该共有部分的共同管理权三种权利。其中"对专有部分以外的共有部分"的界定,最高人民法院《关于审理建筑物区分所有权纠纷案件适用法律若干问题的解释》第三条规定:"除法律、行政法规规定的共有部分外,建筑区划内的以下部分,也应当认定为民法典第二编第六章所称的共有部分:(一)建筑物的基础、承重结构、外墙、屋顶等基本结构部分，通道、楼梯、大堂等公共通行部分，消防、公共照明等附属设施、设备，避难层、设备层或者设备间等结构部分……”上述司法解释规定外墙为全体业主的共有部分，实际上涉及认定专有部分范围的标准。专有部分的范围，对所有权人而言，仅包含至壁、柱、地板、天花板等境界部分表层所粉刷的部分，但于外部关系上，专有部分则包含至壁、柱、地板、天花板等境界部分厚度之中心线（壁心）。根据壁心的标准，建筑物外墙的内墙面与外墙面之间厚度的中心线（壁心）作为划分专有部分与共有部分的分界线，内墙面至中心线的一半外墙为单个业主的专有部分，中心线至外墙面的另一半外墙为全体业主的共有部分。应当指出，最高人民法院上述司法解释规定的外墙，一般是指建筑物外墙（柱）勒脚以上各层相连的外围水平承重墙体，也就是通常所说的共用墙。对外墙的面积计算标准仍然准确区分单个业主的专有部分和全体业主的共有部分。因此，专有部分业主行使所有权的边界不能超过壁心。换言之，一般外墙面显然是超过壁心的部分，不能归单个业主单独所有，而应当归全体业主共有。本案陈某所购买的2楼飘楼的外墙不具有共用墙性质，因而属于陈某自有墙体，外墙面也依法归陈某所有。首先，2层商铺的产权证上载明飘楼外墙均按其水平投影面积全部计入套内建筑面积。其次，从整栋建筑物的设计上看，陈某所购2楼商铺独有飘楼，而1层及3层以上均无飘楼，作为整栋建筑物承重结构的框架柱、承重墙体距离飘楼外墙垂直距离约为3米，飘楼外墙的作用为围蔽飘楼空间，仅为陈某一户单独使用，故2楼飘楼外墙面属于陈某房产的专有部分。

（二）关于郭某、何某、张某是否应拆除安装在飘楼外墙面的招牌问题

争议的2楼飘楼的外墙、外墙面属于陈某的专有部分，由陈某行使专有权。郭某、何某、张某未经陈某同意，利用飘楼的外墙面悬挂

商业招牌，属侵权行为，依法应拆除招牌。应当指出，一般而言，对于全体业主共用的外墙所有权的归属，以外墙厚度的中心线（壁心）作为划分专有部分与共有部分的分界线，专有部分所有权人行使权利的边界不能超过中心线，这一原则同样适用于纵向的上层、下层关系的地板和天花板。本案中，郭某、何某、张某辩称其在飘楼外墙面悬挂商业招牌未超过其1层天花板厚度的中心线，不构成侵权。如果整栋建筑物的2楼不存在飘楼，或者虽有飘楼存在，但该飘楼不属于陈某的专有部分，那么，郭某、何某、张某的主张显然是成立的。悬空的飘楼已属于陈某的专有部分，而飘楼对应的地下空间是体育东路，属于城市的市政道路，并非郭某、何某的专有部分，从纵向关系看，不存在调整上下两个专有权关系的问题。而按照“一物一物权”原则，同一标的物不可能同时成立两个专有权，即2楼飘楼的地板不可能同时成为两个专有权的客体。郭某、何某、张某行使1层天花板厚度中心线之内专有权的边界不能自然延伸至整栋建筑物承重墙（柱）的中心线之外。至于2楼飘楼的地板实为1层天花板的自然延伸，以及1层天花板下仍然存在飘楼地板的支墩，均对首层商铺的外围空间有所占用，属建筑物的基本结构范畴，不应与专有权概念混同。

【法律链接】

1.《中华人民共和国物权法》第七十一条

对应：《中华人民共和国民法典》第二百七十二条

2. 最高人民法院《关于审理建筑物区分所有权纠纷案件适用法律若干问题的解释》第二条、第三条

92. 物业服务企业认为业委会的言论侵害其名誉权怎么办?

【案情导入】

某小区业委会成员一行三人在小区一单元入户大厅与物业服务企业的一名保安发生争议,但没有任何的肢体接触。当即,业委会成员姜某报警。同日晚,业委会成员姜某的配偶黄某与第三人发生肢体冲突。经医院出具的诊断材料及司法鉴定所出具的鉴定意见书鉴定,黄某因外伤致鼻部损伤,其损伤程度为轻伤二级。与黄某发生肢体冲突的第三人身份不明,该案刑事已立案,仍在侦查之中。业委会在小区入户单元门门口张贴了名为《强烈谴责物业保安的暴力行为》的公告,公告内容载明:"各位业主:最近,小区业委会人员从百忙之中抽出时间,就更换物业服务企业的重大问题向各位业主征求意见,这是业委会的正常工作,遭到小区保安野蛮干扰并阻拦。小区一名保安用强光手电筒故意照射正在小区征求意见的业委会工作人员,气势汹汹阻拦并限制工作人员的人身自由,'110'警察赶来他们才停止行凶。几乎同时,开发商的人在大门口袭击业委会副主任的配偶,打得鼻骨骨折。物业的暴力行为,不仅威胁到业委会人员的人身安全,也对广大业主有潜在威胁,我们绝不能容忍。希望小区广大业主团结起来,强烈谴责物业的野蛮行径,保护我们的利益,还小区以及广大业主的安全。"

【裁判要领】

本案争议的焦点在于业委会张贴的名为《强烈谴责物业保安的暴力行为》的公告是否侵犯了物业服务企业的名誉权。业主委员会主张事出有因，并未完全失实，不存在损害物业服务企业名誉的故意。法院认为，业委会就物业服务质量、更换物业服务企业等事项，收集业主的意见，属于依法履职的行为，物业服务企业的保安阻拦、干涉业委会成员逐户收发表决票，其行为明显不当。业委会张贴的公告中关于保安干扰阻拦业委会履职，有事实依据。因此，虽业委会在发布的公告上的具体措辞的严谨程度上确有不当，但业委会张贴的公告内容尚未达到侵害物业服务企业名誉权的严重程度。物业服务企业主张业委会侵犯其名誉权，无事实及法律依据，法院不予支持。

【实务参考】

本案实质是物业服务企业与小区业主及业主委员会就物业服务质量、更换物业服务企业过程中产生的纠纷。就业委会张贴的公告的内容而言，主要包括物业服务企业保安干扰、阻挠业委会成员履行职责，以及小区开发商的人袭击黄某两方面的内容，对于袭击黄某是否为开发商的人员，公安机关尚在侦查阶段，但该内容是否属实并不针对物业服务企业，不属于物业服务企业名誉权是否受到侵犯的事实因素；就该公告中“遭到小区保安野蛮干扰并阻拦”“阻拦并限制人身自由”“停止行凶”“物业的暴力行为”“威胁到业委会人员的人身安全”，其中“遭到小区保安野蛮干扰并阻拦”“阻拦并限制人身自由”属于业委会对物业服务企业保安阻拦的事实的描述，“停止行凶”属于对开发商的人殴打黄某的言辞，并不涉及物业服务企业，“物业的暴力行为”“威胁到业委会人员的人身安全”属于单方主观判断和批评性言论。对于以上言辞是否侵犯物业服务企业的名誉权，应当全面考虑业委会与物业服务企业存在较深的矛盾、物业服务企业确有阻挠业委会履职的事实、相关人员被打等事实因素综合进行评判，而非将上述事实因素割裂仅以单个事实对业委会的行为进行评判。因业主委员会是小区业主选举产生，是业主行使共同管理权的一种特殊形式；业主委员会代表业主的利益，向社会各方反映业主意愿和要求，并监督物业服务企业管理运作的组织。业委会在小区这一特定区域内，针对有利益关系的全体业主这一特定人群发布公告，是履行其职责维护业主利益的表现，也充分体现出业委会与物业服务企业就物业服务质量、更换物业服务企业等事项冲突激烈，若此种状况一直持续将损害全体业主的利益。因此，业委会张贴的公告内容尚未达到侵害物业服务企业名誉权的严重程度，法院最终未支持物业服务企业的诉讼请求。

【法律链接】

1.《中华人民共和国民法总则》第一百一十条

对应：《中华人民共和国民法典》第一百一十条

2. 最高人民法院《关于审理名誉权案件若干问题的解答》

七、问：侵害名誉权责任应如何认定？

答：是否构成侵害名誉权的责任，应当根据受害人确有名誉被损害的事实、行为人行为违法、违法行为与损害后果之间有因果关系、行为人主观上有过错来认定。

以书面或者口头形式侮辱或者诽谤他人，损害他人名誉的，应认定为侵害他人名誉权。

对未经他人同意，擅自公布他人的隐私材料或者以书面、口头形式宣扬他人隐私，致他人名誉受到损害的，按照侵害他人名誉权处理。

因新闻报道严重失实，致他人名誉受到损害的，应按照侵害他人名誉权处理。

93. 物业服务企业雇佣的劳务派遣员工殴打业主怎么办?

【案情导入】

黄某因房屋装修事宜与小区的保安发生纠纷,后黄某被保安殴打受伤。当日,黄某受伤后前往医院治疗,经医院诊断为软组织挫伤,检查费由物业服务企业垫付。当日黄某入院治疗,产生住院费用。黄某及其配偶张某报名参加了出境旅游项目,因黄某受伤取消了境外旅游行程安排。黄某向法院提起诉讼,请求法院判令物业服务企业赔偿其遭受的损失并赔礼道歉。物业服务企业主张其与某保安公司签有《秩序服务合同补充协议》,该保安并非物业服务企业员工,而是保安公司的派遣员工,因此物业服务企业不是适格被告。

【判决要领】

本案争议的焦点在于劳务派遣的保安打伤业主是否由物业服务企业承担责任。物业服务企业认为保安并非其公司员工,而是某保安公司的派遣员工,因此其不是适格被告。法院认为,物业服务企业关于保安系劳务派遣人员不应由其承担责任的辩解,没有法律依据,法院不予采信。物业服务企业保安对黄某进行殴打,导致黄某受伤,现黄某要求物业服务企业承担侵权责任,理由正当,物业服务企业应对由此给黄某造成的损失承担民事赔偿责任。

【实务参考】

公民的人身权益受法律保护,侵害民事权益,应当依法承担侵权责任。用人单位的工作人员因执行工作任务造成他人损害的,由用人单位承担侵权责任。劳务派遣期间,被派遣的工作人员因执行工作任务造成他人损害的,由接受劳务派遣的用工单位承担侵权责任。本案中,物业服务企业保安对黄某进行殴打,导致黄某受伤,现黄某要求物业服务企业承担侵权责任,于法有据,物业服务企业是本案的适格被告,应当承担相应的民事责任,包括对黄某遭受的损失予以民事赔偿并对黄某赔礼道歉。物业服务企业配备保安的目的在于对小区业主的人身、财产安全提供安保服务,保安人员在与业主的沟通过程中,应采取合法合理的方式,尽可能避免发生肢体接触或冲撞,物业服务企业在服务过程中应注意对服务人员进行相关培训指导。

【法律链接】

1.《中华人民共和国侵权责任法》第二条、第三十四条

对应:《中华人民共和国民法典》第三条、第一千一百九十一条

2. 最高人民法院《关于审理人身损害赔偿案件适用法律若干问题的解释》

第六条 医疗费根据医疗机构出具的医药费、住院费等收款凭证,结合病历和诊断证明等相关证据确定。赔偿义务人对治疗的必要性和合理性有异议的,应当承担相应的举证责任。

医疗费的赔偿数额,按照一审法庭辩论终结前实际发生的数额确定。器官功能恢复训练所必要的康复费、适当的整容费以及其他后续治疗费,赔偿权利人可以待实际发生后另行起诉。但根据医疗证明或者鉴定结论确定必然发生的费用,可以与已经发生的医疗费一并予以赔偿。

第七条 误工费根据受害人的误工时间和收入状况确定。

误工时间根据受害人接受治疗的医疗机构出具的证明确定。受害人因伤致残持续误工的,误工时间可以计算至定残日前一天。

受害人有固定收入的,误工费按照实际减少的收入计算。受害人无固定收入的,按照其最近三年的平均收入计算;受害人不能举证证明其最近三年的平均收入状况的,可以参照受诉法院所在地相同或者相近行业上一年度职工的平均工资计算。

第八条　护理费根据护理人员的收入状况和护理人数、护理期限确定。

护理人员有收入的,参照误工费的规定计算;护理人员没有收入或者雇佣护工的,参照当地护工从事同等级别护理的劳务报酬标准计算。护理人员原则上为一人,但医疗机构或者鉴定机构有明确意见的,可以参照确定护理人员人数。

护理期限应计算至受害人恢复生活自理能力时止。受害人因残疾不能恢复生活自理能力的,可以根据其年龄、健康状况等因素确定合理的护理期限,但最长不超过二十年。

受害人定残后的护理,应当根据其护理依赖程度并结合配制残疾辅助器具的情况确定护理级别。

第九条　交通费根据受害人及其必要的陪护人员因就医或者转院治疗实际发生的费用计算。交通费应当以正式票据为凭;有关凭据应当与就医地点、时间、人数、次数相符合。

第十条　住院伙食补助费可以参照当地国家机关一般工作人员的出差伙食补助标准予以确定。

受害人确有必要到外地治疗,因客观原因不能住院,受害人本人及其陪护人员实际发生的住宿费和伙食费,其合理部分应予赔偿。

第十一条　营养费根据受害人伤残情况参照医疗机构的意见确定。

第十二条　残疾赔偿金根据受害人丧失劳动能力程度或者伤残等级,按照受诉法院所在地上一年度城镇居民人均可支配收入或者农村居民人均纯收入标准,自定残之日起按二十年计算。但六十周岁以上的,年龄每增加一岁减少一年;七十五周岁以上的,按五年计算。

受害人因伤致残但实际收入没有减少,或者伤残等级较轻但造成职业妨害严重影响其劳动就业的,可以对残疾赔偿金作相应调整。

94. 物业管理费用收支账目不公示怎么办?

【案情导入】

李某系某小区的业主,李某与某房地产开发公司签订了《商品房买卖合同》。物业服务企业与房地产开发公司签订了《物业管理委托合同》,该合同约定:(1)委托管理期限为10年,自2010年1月1日至2019年12月31日由物业服务企业为该小区提供物业服务;(2)物业服务企业向业主和物业使用人收取物业管理费,物业服务企业应当每6个月向全体业主和物业使用人公布一次管理费用收支账目。在提供物业服务期间,物业服务企业向业主公示了2011年度、2012年度、2013年度、2014年度、2015年度的物业收支账目。该小区供暖由物业服务企业负责,供暖费用由物业服务企业收取。李某要求物业服务企业公布2010年度物业收支账目,2010年度至2015年度采暖费收支账目,小区停车位设置、数量、停车费收支账目以及物业费的缴纳账目情况,遭到拒绝,遂向法院提起诉讼。

【裁判要领】

本案争议的焦点在于业主是否享有知情权。《物业管理委托合同》中明确约定,物业服务企业自2010年1月1日起对该小区提供物业服务,"每6个月向全体业主和物业使用人公布一次管理费用收支账目",物业服务企业认为无须对外公布2010年度物业收支账目的理由不足，法院对其请求不予支持；该小区供暖由物业服务企业负责，供暖费用由物业服务企业收取，李某要求物业服务企业公布采暖费收支账目理由正当，法院予以支持；李某要求物业服务企业公布停车位设置、数量的诉讼请求，符合相关法律规定，法院予以认可。

【实务参考】

根据《物业管理委托合同》的约定，物业服务企业应当每6个月向全体业主和物业使用人公布一次管理费用收支账目。因此，物业服务企业应对2010年度的物业收支账目对李某予以公布；该小区供暖由物业服务企业负责，供暖费用由物业服务企业收取，李某要求物业服务企业公布采暖费收支账目理由正当，法院予以支持。最高人民法院《关于审理建筑物区分所有权纠纷案件适用法律若干问题的解释》第十三条业主请求公布、查阅下列应当向业主公开的情况和资料的，人民法院应予支持：(1)建筑物及其附属设施的维修资金的筹集、使用情况；(2)管理规约、业主大会议事规则，以及业主大会或者业主委员会的决定及会议记录；(3)物业服务合同、共有部分的使用和收益情况；(4)建筑区划内规划用于停放汽车的车位、车库的处分情况；(5)其他应当向业主公开的情况和资料。因此，李某要求物业服务企业公布停车位设置、数量的诉讼请求，符合法律规定，法院予以支持；但李某要求物业服务企业公布停车费收支账目的请求没有事实和法律依据，法院未予支持。李某要求物业服务企业公布物业费的缴纳账目的请求，因物业费的缴纳情况，涉及其他业主的个人隐私，法院未予支持。

【法律链接】

1.《物业管理条例》第六条

2. 最高人民法院《关于审理建筑物区分所有权纠纷案件适用法律若干问题

的解释》第十三条

95. 小区内的公益收入归属有争议怎么办?

【案情导入】

2004年1月15日,业委会(甲方)与物业服务企业(乙方)签订《物业管理服务合同》,该合同约定:甲方委托乙方负责对房屋共用部位及附属配套设备、设施的维修、养护和管理,其中包括锅炉房、道路等政府相关文件规定的共用部位;委托管理期限为5年,自2004年1月1日起至2009年3月31日止;甲方每半年审核乙方的物业管理费收支经营情况,并会同乙方以公告形式告知全体业主;乙方每半年向业主公布其物业管理费收支经营情况;乙方每个供暖季度结束后,向业主公布其供暖收支经营情况;供暖费每供暖季每平方米收费,机动车停车泊位费每月每辆收费。同日,双方签订《物业管理服务合同补充协议》约定:机动车的收费标准为固定车位、流动车位每辆每月的收费标准,小区机动车收费在去除车位保险后甲乙双方五五分成。2005年7月29日,业委会与物业服务企业签订并发布联合公告称:继续履行双方签订的小区《物业管理服务合同补充协议》中的机动车实行收费管理的约定;因收费标准降低,原合同中约定的返还小区的资金不再返还。前述合同到期后,物业服务企业继续为该小区提供物业服务至2015年7月31日。业委会认为物业服务企业在提供物业服务期间,利用小区锅炉对外供暖收取供暖费且利用小区共有道路收取停车费,获取收益,物业服务企业应当返还对外供暖收益、停车收费及公共停车收益。

【裁判要领】

本案争议的焦点在于业主是否有对专有部分以外的共有部分享有共有和共同管理的权利。物业服务企业认为业委会不是锅炉的所有权人,无权主张锅炉的供暖收入应该归其所有。关于停车费,其与业主委员会有联合公告,因为车费的收费标准比较低,返还资金不再返还,有业委会同意的盖章,其收取车费都用在物业管理上,就是保安费用。法院认为,业主对专有部分以外的共有部分享有共有和共同管理的权利,物业服务企业利用业主共有的供暖设施对外供暖并取得收益,应当返还全体业主,法院予以支持;该小区全体业主实际已经享受了降低停车费标准所带来的利益,故从公平原则出发,不能支持业委会再行主张返还停车费及公共停车收益的请求。

【实务参考】

小区内的共有道路、停车场地及供暖设施,在没有相反证据的情况下,应当归全体业主共同所有。对于对外供暖收益,物业服务企业利用业主共有的供暖设施对外供暖并取得收益,应当返还全体业主,但应扣除物业服务企业合理的管理成本及合理利润。对于机动车收费收益,在业委会与物业服务企业于 2005 年 7 月 29 日签订的联合公告中,双方对于之前在《物业管理合同》中机动车收费分成的约定进行了变更,该约定合法有效,应当在物业服务合同履行过程中予以遵守。物业服务企业与业委会的合同虽已到期,亦未与业委会重新订立合同,但物业服务企业一直为小区提供物业服务至 2015 年 7 月 31 日,业委会在法院审理中亦认可机动车收费标准仍然是按照联合公告确定的标准执行至今。因此,业委会要求物业服务企业返还停车收费及公共停车收益的请求,于法无据。

【法律链接】

《中华人民共和国物权法》第七十条、第七十三条、第七十四条、第七十八条、第八十条

对应:《中华人民共和国民法典》第二百七十一条、第二百七十四条、第二百七十五条、第二百七十六条、第二百八十三条

96. 喷淋系统故障影响灭火,业主车辆因此受损怎么办?

【案情导入】

刘某、李某是小区业主,两人为夫妻关系,物业服务企业为小区的物业服务单位。某日,小区的地下车库发生火灾事故,公安消防支队出具火灾事故认定书,该火灾事故认定书载明:“小区地下车库轿车发生火灾,过火面积6平方米,无人员伤亡。火灾造成停放于车库内的奔驰小轿车、宝马小轿车烧毁,车库内装修、保姆间门窗、配电设备部分烧毁;地下车库公共区域、毗邻车库内装修以及设备设施、物品不同程度受热、烟熏、水渍损失。经调查,对起火原因认定如下:起火部位在奔驰小轿车前发动机仓,火灾原因能排除遗留火种、雷击、人为引发等引发火灾的因素,不能排除电气线路故障引发火灾的因素。”奔驰小轿车登记所有权人为刘某,宝马小轿车登记所有权人为李某,现该两辆车辆均已报废。火灾事发当天涉诉车库的喷淋系统未启动,李某认为如果喷淋系统正常启动,能够有效控制和扑灭初期火灾。但实际火灾发生时,喷淋系统并未启动,物业服务企业作为管

理维护义务人,对于因火灾导致宝马小轿车灭失存在一定过错。

【裁判要领】

本案争议的焦点在于喷淋系统出现故障未能启动,物业管理人是否应该承担责任。物业服务企业认可在火灾事发当天涉诉车库的喷淋系统未启动,表示喷淋系统未启动是事出有因,事发当天车库所在小区喷淋系统的水管漏水,临时关闭了喷淋系统,并及时进行了维修。法院认为,虽然物业服务企业主张喷淋系统未启动事出有因,但作为消防设施的重要部分,物业服务企业作为物业管理义务人,在喷淋系统出现故障的情况下,理应及时组织维修,并将停用、维修情况及时告知业主,故物业服务企业对于宝马小轿车的财产损失具有一定过错,应承担相应的赔偿责任。

【实务参考】

李某主张地下车库发生火灾时车辆上方喷淋系统未启动,喷淋系统启动并不当然避免宝马小轿车过火,亦不能排除造成宝马小轿车财产损失的事实发生,即使喷淋系统能够正常启动的情况下,考虑到火灾原因、火势情况、灭火过程、灭火时间等因素,喷淋系统对于火灾的控制程度实属有限。综合涉案火灾的起火原因、火势发展速度、公安消防灭火等情况,喷淋系统启动与否与宝马小轿车的财产损失并不存在必然的因果关系。但考虑到物业服务企业作为管理维护义务人,喷淋系统确由物业服务企业管理维护,且喷淋系统属于消防系统的组成部分,事关消防安全,在喷淋系统出现故障时应及时组织维修。因此,物业服务企业对于宝马小轿车因火灾损毁存在一定的责任。

【法律链接】

《中华人民共和国侵权责任法》第六条、第十九条

对应:《中华人民共和国民法典》第一千一百六十五条、第一千一百八十四条

97. 业主不能行使知情权怎么办?

【案情导入】

许某、赵某、张某均为某小区业主,小区业委会通过街道办事处备案成立,物业服务企业为小区提供物业管理服务。业委会对小区锅炉改造及承包经营进行招标,决议A公司中标并形成会议记录,业委会与该公司签署《小区锅炉改造及承包经营合同》,该合同约定:业委会同意将小区燃气锅炉由A公司负责锅炉改造工程,及增加常压热水锅炉为基础,为小区提供供暖服务。后物业服务企业与业委会签署《小区供暖工作移交协议》,确认物业服务企业将供暖设备设施现状移交给业委会,移交后小区供暖设备设施维修保养及改造均由业委会负责,所有供暖工作与物业服务企业无关。此后,A公司开始负责该小区供暖工作,并与部分业主签署了供暖合同。许某、赵某、张某要求业委会公开供暖外包的决议和会议记录、设备设施的收益及支出情况、供暖费用收取明细、业委会成员工作履历、业主大会上业主签字的选票、唱票录像和记票明细部分,遭到业委会拒绝,故向法院提起诉讼。

【裁判要领】

本案争议的焦点在于业主知情权的范围。业委会称设备设施的收益使用情况、业委会成员的工作履历已经在社区平台及公告栏进行过公示,不同意进行再次公示,但就已经公示未提交证据证明。法

院认为，业主对建筑区划内专有部分以外的共有部分享有共有权，进而享有共同管理权，同时还享有广泛的监督权。业主享有对小区供暖外包的决议和会议记录、小区公共设备设施的收益及支出情况、业主委员会成员履历情况的知情权和监督权，法院予以支持。

【实务参考】

业主知情权是实现共同管理权和监督权的基础和保证。最高人民法院《关于审理建筑物区分所有权纠纷案件适用法律若干问题的解释》第十三条规定，业主有权请求公布、查阅下列情况和资料：(1)建筑物及其附属设施的维修资金的筹集、使用情况；(2)管理规约、业主大会议事规则，以及业主大会或者业主委员会的决议及会议记录；(3)物业服务合同、共有部分的使用和收益情况；(4)建筑区划内规划用于停放汽车的车位、车库的处分情况；(5)其他应当向业主公开的情况和资料。基于上述法律规定，业主行使知情权的方式应当是请求公布、查阅相关文件、资料的权利。业主委员会将小区供暖外包的决议和会议记录、设备设施的收益及支出情况，应属于业主知情权的范围。业委会成员工作履历也应属于公开范围，业委会是业主大会选举产生，业委会成员的履历应当向全体业主公开。但业主知情权的行使必须受到合理的限制。供暖费用收取明细，因涉及其他业主个人信息，且其他业主交纳费用的底单涉及业主隐私，在其他业主未授权的情况下，许某、赵某、张某无权要求公示。业主大会上业主签字的选票、唱票录像和记票明细部分，涉及每位小区业主的隐私权，许某、赵某、张某要求查阅应当取得投票业主的授权或同意，法院对该项查阅请求未予支持。

【法律链接】

1.《中华人民共和国物权法》第七十二条

对应：《中华人民共和国民法典》第二百七十三条

2. 最高人民法院《关于审理建筑物区分所有权纠纷案件适用法律若干问题的解释》第十三条

98. 业主要求撤销业主大会决议怎么办?

【案情导入】

崔某、王某系某小区业主,A物业服务企业为该小区提供物业服务,后小区决定不再与A物业服务企业续签服务合同,并出具《小区业主大会会议投票公告》,公告记载:经小区过半业主同意授权业主委员会组织选聘物业服务企业。该小区业委会委托招投标代理有限公司就小区物业服务进行招标。业委会出具业委〔2016〕19号小区招标工作汇报,将评标结果公布并说明了投票规则。后街道办事处向小区业主发出通告,写明:街道办事处陆续接到小区业主反映业主委员会在组织、召开年度业主大会过程中的问题,街道办事处对反映的问题高度重视,街道办事处根据相关规定,对小区业主反映的问题进行了调查、核实,根据已经掌握的相关文件资料,业主委员会在组织、召开年度业主大会过程中存在的主要问题之一是违反相关规定,未在业主大会召开15日以前通知全体业主,违反了业主大会召开的法定程序,基于上述事实,街道办事处根据相关规定作出如下决定:因年度业主大会的召开违反法定程序,责令业主大会和业主委员会立即改正年度业主大会所形成的决定或决议,业主大会和业主委员会应当严格按照相关规定组织召开业主大会和业主委员会会议。2016年12月31日,业委会作出《小区第二次临时业主大会会议决议公告》,写明:本小区采用书面表决方式召开了业主大会会议,在业主和居民的参与下进行了验票、监票、唱票和计票。后业委会作出业委〔2017〕01 号业委会公告,写明:小区与 B 物业服务企业关于签署《小区物业服务合同》已经业委会会议讨论通过,决定根据业主大会表决结果及国家相关法律法规要求,启动与 B 物业服务企业的合同签约工作。崔某、王某认为第二次临时业主大会投票过程中存在废票、造假、涂改以及赞成票中业主表决数未达"双过半"的情形,向法院提起诉讼,请求法院判令撤销《小区第二次临时业主大会会议决议公告》、业委〔2017〕01 号业委会公告。

【裁判要领】

本案的争议焦点在于《小区第二次临时业主大会会议决议公告》、业委〔2017〕01 号业委会公告是否应予以撤销。崔某、王某主张第二次临时业主大会投票过程中存在废票、造假、涂改以及赞成票中业主表决数未达"双过半"等情形,业委会对此均不予认可。法院认为,崔某、王某未就其提出的第二次临时业主大会投票过程中存在废票、造假、涂改及赞成票中业主户数未过小区全部业主户数的半数以及专有部分面积未过小区建筑总面积的半数等问题提供充分证据证明,法院不予支持。崔某要求撤销《小区第二次临时业主大会会议决议公告》、业委〔2017〕01 号业委会公告没有事实与法律依据,法院不予支持。

【实务参考】

业主大会或者业主委员会作出的决定侵害业主合法权益的,受侵害的业主可以请求人民法院予以撤销。业委会组织召开第二次临时业主大会,并对选票进行验票、监票、唱票和计票,最终以双过半数的结果通过两项议题,即终止物业服务企业的物业服务,选聘新物业服务企业,业委会将决议进行了公示。崔某、王某就其提出的程序及选票等问题,并未提交充分证据证明。因此,崔某、王某要求撤销《小区第二次临时业主大会会议决议公告》的主张,无事实及法律依据,法院不予支持。

业委会做出的业委〔2017〕01 号业委会公告系在作出的《小区第二次临时业主大会会议决议公告》的基础上作出的决议，故该决议系对《小区第二次临时业主大会会议决议公告》的执行，鉴于《小区第二次临时业主大会会议决议公告》未被法院认定应当撤销，且该公告仅系程序性告知，无侵犯业主实体权利或者违反法律规定的程序的情形，并非可撤销的事项，因此崔某要求撤销业委〔2017〕01 号业委会公告没有事实与法律依据，未被法院支持。

【法律链接】

《物业管理条例》第十二条

99. 小区内的健身器材致人伤害怎么办？

【案情导入】

汪某 A 与廖某原系夫妻关系，受害人汪某 B 系汪某 A、廖某的婚生女，于 2009 年出生。后汪某 A 与廖某离婚，离婚协议约定婚生女汪某 B 由廖某抚养。廖某带着汪某 B 在福建省厦门市居住生活。黄某与赵某 A 系夫妻关系，婚生子赵某 B 于 2005 年出生。汪某 A 与黄某系同事。物业服务企业系某小区的物业服务企业，黄某系该小区的业主。某设备公司与某房地产开发公司签订《供货安装合同》，约定由设备公司负责安装合同中约定的健身游乐设施，其中包括本案涉及的荡椅（合同中名称为单排荡船）。设备公司未提交涉及的健身游乐设施安装施工验收合格的相关证据。汪某 A 将汪某 B

从福建省厦门市接到事发地,并在当地为汪某 B 在某幼儿园报名托管一个月,其临时托管期间,汪某 A 委托黄某照顾汪某 B,汪某 B 的生活起居均由黄某负责。事发当天,赵某 B 与汪某 B 在没有监护人陪同的情形下,在楼下小区健身活动区玩耍。其间,汪某 B 头部被荡椅下部与地面部分卡夹受伤,汪某 B 经现场施救被送至医院治疗,经抢救无效死亡。公安机关经对汪某 B 死亡现场的勘察、尸表检验及调查走访后,初步认定系小区内健身休闲区荡椅致死,系意外事故死亡,没有犯罪事实发生。物业服务企业设置管理的健身器材中的“荡椅”已使用 4 年。该健身设施边悬挂有“健身器材使用须知”警示牌,其中明示“12 岁或以下儿童在监护人陪同下使用”。法院对事发小区的现场进行了勘查,勘验结果为“荡椅”为全金属钢制结构,“荡椅”座椅长度 1.4 米,座椅底部与地面距离 12 厘米,地面为瓷砖铺设,非软基或沙土地面,受害人汪某 B 伤亡系受座椅脚踏下部与硬地面卡夹头部所致。汪某 A、廖某认为物业服务企业未尽到安全保障义务,是导致汪某 B 死亡的原因之一,应当对汪某 B 的死亡承担赔偿责任,故向法院提起诉讼。

【裁判要领】

本案争议的焦点在于物业服务企业是否应对本案的损害后果承担赔偿责任。物业服务企业认为因汪某 B 及廖某、汪某 A 均不是该小区的业主,与物业服务企业之间并没有形成物业管理合同关系。法院认为,物业服务企业作为健身器材的直接管理人,未合理尽职履行物业管理职责,未及时妥当清除“荡椅”的安全危险,其在管理上存在过失,是导致汪某 B 死亡的原因之一,法院酌定由物业服务企业对汪某 B 的死亡承担部分赔偿责任。

【实务参考】

物业管理企业应当按照物业服务合同的约定,提供相应的服务。

物业管理企业未能履行物业服务合同的约定，导致业主人身、财产安全受到损害的，应当依法承担相应的法律责任。物业存在安全隐患，危及公共利益及他人合法权益时，责任人应当及时维修养护。物业服务企业作为事发小区全民健身器材公共物业的管理人，负有相应的安全保障义务，应对设施安全给予高度重视并积极完善器材的日常检查维护，切实履行其对公共物业的管理职责，为居民提供安全的健身活动场所。“荡椅”作为小区配套的公共设施，其质量及安全条件等均应当符合相关安全法律规定及国家强制标准。因此，在“荡椅”客观上存在重大安全缺陷时，物业服务企业作为健身器材的管理人，应对该器材安装、使用的安全性给予高度重视，及时排除危险。物业服务企业有能力和责任切实提供器材的安全保障，但物业服务企业未对“荡椅”质量合格、安装合理、使用环境安全等履行谨慎注意义务的行为和措施，导致汪某B头部卡压在“荡椅”底部受伤死亡。由于物业服务企业在管理上存在严重安全责任，对于公共健身器材的维护及管理工作存在重大过失，在未能证明其已尽到法定的安全注意义务的情形下，应对“荡椅”致受害人汪某B受伤死亡的后果承担侵权责任。

【法律链接】

1.《中华人民共和国侵权责任法》第六条、第二十六条、第二十七条、第三十七条

对应：《中华人民共和国民法典》第一千一百六十五条、第一千一百七十三条、第一千一百七十四条、第一千一百九十八条

2.《物业管理条例》第三十五条、第五十五条

3.最高人民法院《关于审理人身损害赔偿案件适用法律若干问题的解释》

第十二条 残疾赔偿金根据受害人丧失劳动能力程度或者伤残等级，按照受诉法院所在地上一年度城镇居民人均可支配收入或者农村居民人均纯收入标准，自定残之日起按二十年计算。但六十周岁以上的，年龄每增加一岁减少一年；七十五周岁以上的，按五年计算。

受害人因伤致残但实际收入没有减少,或者伤残等级较轻但造成职业妨害严重影响其劳动就业的,可以对残疾赔偿金作相应调整。

第十五条　死亡赔偿金按照受诉法院所在地上一年度城镇居民人均可支配收入或者农村居民人均纯收入标准,按二十年计算。但六十周岁以上的,年龄每增加一岁减少一年;七十五周岁以上的,按五年计算。

第十六条　被扶养人生活费计入残疾赔偿金或者死亡赔偿金。

第十七条　被扶养人生活费根据扶养人丧失劳动能力程度,按照受诉法院所在地上一年度城镇居民人均消费性支出和农村居民人均年生活消费支出标准计算。被扶养人为未成年人的,计算至十八周岁;被扶养人无劳动能力又无其他生活来源的,计算二十年。但六十周岁以上的,年龄每增加一岁减少一年;七十五周岁以上的,按五年计算。

被扶养人是指受害人依法应当承担扶养义务的未成年人或者丧失劳动能力又无其他生活来源的成年近亲属。被扶养人还有其他扶养人的,赔偿义务人只赔偿受害人依法应当负担的部分。被扶养人有数人的,年赔偿总额累计不超过上一年度城镇居民人均消费性支出额或者农村居民人均年生活消费支出额。

第十八条　赔偿权利人举证证明其住所地或者经常居住地城镇居民人均可支配收入或者农村居民人均纯收入高于受诉法院所在地标准的,残疾赔偿金或者死亡赔偿金可以按照其住所地或者经常居住地的相关标准计算。

被扶养人生活费的相关计算标准,依照前款原则确定。

100. 物业服务企业认为业主委员会不具有诉讼主体资格怎么办?

【案情导入】

某房地产开发公司(开发建设单位,甲方)与某物业服务企业

(物业服务企业,乙方)签订《前期物业服务合同》。业主入住后,与物业服务企业签订了《前期物业服务协议》,约定的协议期限自房地产开发公司开具的《入伙通知书》规定的(交用或入伙)日期起至业主大会授权业主委员会与物业服务企业签订《物业服务合同》生效时止。后小区业主召开了首次业主大会,会议选举了业主委员会委员,业委会将管理规约、业主大会议事规则、业主大会决定和筹备组工作报告提交镇人民政府备案,镇政府于2016年1月28日予以备案。《小区业主大会议事规则》对业主委员会的任期、议事方式和程序等事项作出了规定,“委员任职期限届满的,委员资格和身份自动终止,无法继续行使其委员职责”“业主委员会会议需有过半数委员出席,作出的业主委员会决定(包括形成的业主委员会议案)须经全体委员半数以上签字同意通过……”

2016年11月5日,业委会召开业主委员会会议,会议形成以下决议:同意提议终止《前期物业服务协议》的议案并提交2016年第一次临时业主大会批准。

2017年3月5日本小区2016年第一次临时业主大会形成决议并在小区公告栏公告:终止《前期物业服务协议》,通过小区新《物业服务协议》主要条款等。2017年3月6日,业主大会决议在小区公告栏张贴,通知全体业主和被告。2017年3月12日业委会将小区《2016年第一次临时业主大会决议》交给物业服务企业,告知物业服务企业《前期物业服务协议》已被小区业主大会终止,应撤出本小区管理,不得再向业主收取物业费,有特权参加候选服务企业推荐等。2017年3月16日物业服务企业书面回函,不遵从小区《2016年第一次临时业主大会决议》。

2017年7月2日小区《2016年度业主大会决议》通过,选出新的物业服务企业,并在小区公告栏予以公告。同日,业委会将已选出新的物业服务企业的决议通知了物业服务企业。2017年7月13日,业委会再次致函物业服务企业,要求物业服务企业60日内向业委会完成物业管理资料交接并于2017年9月10日前撤出小区物业管理区域。2018年1月24日,业委会7名成员中的3名已任期届满。2018年1月29日,因物业服务企业迟迟没有向业委会履行交接义务,也没有对业委会的撤出和交接要求进行任何回复,业委会向法院提起诉讼。物业服务企业认为,在提起本案诉讼时,有3名委员的任职期限已届满,业委会不具备进行本案诉讼活动的诉讼资格。

【裁判要领】

本案争议的焦点在于业主委员会是否具备进行本案诉讼活动的诉讼资格。业委会认为其是小区业主大会选举产生并依法经镇人民政府备案正式成立的合法组织,依法享有诉讼主体资格,就本次诉讼,也依法取得了小区业主大会的授权。法院认为,业主委员会的部分委员任期届满,不导致其丧失诉讼资格,故业委会的起诉符合相关法律规定,其作为案件主体适格。

【实务参考】

依照物业管理方面的法律、法规和规章规定,业主选举产生业主委员会,业主委员会应当向物业所在地的区、县人民政府房地产行政主管部门和街道办事处、乡镇人民政府备案,业主委员会执行业主大会的决议事项。根据上述规定可知,业主委员会经业主选举产生并经备案,即告成立,并且作为业主大会的常设执行机构执行业主大会作出的决议事项。具体到本案,业委会经该小区业主选举产生并在镇政府备案,在未经法定程序撤销的情况下,作为业主自治组织,实体一直存在,因此业委会的起诉符合相关法律规定,其作为本案原告主体适格。

业委会共有7名委员,在提起本案诉讼时,有3名委员的任职期限已届满,按照《小区业主大会议事规则》的规定,该3名委员资格和身份已经自动终止,无法继续行使其委员职责。但业委会仍有4名委员在任职期限内,依照《小区业主大会议事规则》关于业主委员会会议召开规则的约定,经半数委员出席、经全体委员半数以上签字同意通过,仍能够作出业主委员会决定,故该4名委员仍然能够继续行使其委员职责,能够代表业主委员会行使职责,并不导致业委会丧失诉讼资格。

【法律链接】

1.《中华人民共和国物权法》第七十六条

对应:《中华人民共和国民法典》第二百七十八条

2.《物业管理条例》第十五条、第十六条

第五篇　常用文书：实操范式

导　语

在小区物业管理过程中，往往存在管理服务不规范、管理制度不健全、业主诉求不能及时回应等问题。为了规范物业管理服务、简化服务流程、提升服务质量，本篇主要以北京为例，列举了物业管理服务常用文书，以期为物业管理企业实施物业管理提供操作指引，促进物业管理服务的规范化、专业化。在业主与物业服务企业的权利义务分配方面，提供了物业管理合同、管理规约等规范文本，详尽、全面的载明了物业服务企业与业主的权利、义务以及违约责任等事项，从而为物业服务的实施提供指导；在业主大会和业主委员会的履职方面，提供了业主大会议事规则、业主委员会办事规则、业主委员会备案单等规范文本，为业主大会、业主委员会的职责行使提供规范指引，保障业主的合法权益；在物业服务的监督方面，提供了物业管理服务等级标准等规范文本，为引导业主正确判断物业管理服务质量的优劣提供了参考，促进物业管理服务水平提高。本书文书范式依据本书发行前现行有效的法律和国家行政管理机关发布的示范文本进行拟定、收集、整理。因法律不时修订、废止及新的法律颁布实施和政策调整导致的文书范式变化，本书将适时进行修订和更新，敬请读者谅解并持续关注！

BF——2021——2712　　　　　　　　　　合同编号:

北京市前期物业服务合同

甲方(建设单位):______________________

乙方(物业服务人):____________________

说　　明

1. 本合同文本为示范文本，由北京市住房和城乡建设委员会、北京市市场监督管理局共同制定，供建设单位与前期物业服务人签订前期物业服务合同时使用。

2. 本合同文本中所称前期物业服务，是指建设单位承担前期物业服务责任，通过选聘前期物业服务人，由物业服务人按照前期物业服务合同的约定，对房屋及配套的设施设备和相关场地进行维修、养护、管理，维护物业区域内的环境卫生和相关秩序。

3. 本合同文本[ ]中选择内容、空格部分填写及其他需要删除或添加的内容，双方当事人应当协商确定。[ ]中选择内容，以划√方式选定；对于实际情况未发生或双方当事人不做约定的，应当在空格部分打×，以示删除。

4. 双方当事人签订本合同时应当认真核对合同内容，合同一经签署，对双方具有法律约束力。

北京市前期物业服务合同

甲方(建设单位):______________________________
统一社会信用代码:____________________________
房地产开发企业资质证书号:____________________
法定代表人:_____________联系电话:___________
委托代理人:_____________联系电话:___________
通讯地址:____________________________________
邮政编码:____________________________________

乙方(物业服务人):____________________________
统一社会信用代码:____________________________
法定代表人:_____________联系电话:___________
委托代理人:_____________联系电话:___________
通讯地址:____________________________________
邮政编码:____________________________________

甲方以[公开招标方式][邀请招标方式][协议方式]选聘乙方提供前期物业服务,根据《中华人民共和国民法典》《物业管理条例》及《北京市物业管理条例》等有关法律、法规的规定,在自愿、平等、公平、诚实信用的基础上,订立本合同。

第一部分　物业项目基本情况

第一条　本物业项目(以下简称"本物业")基本情况如下:

名称:[地名核准名称][暂定名]____________。

类型:[普通住宅][办公][商业][其他]________________。

坐落位置:北京市______区_____________________路(街)________________________。

规划建筑面积:________平方米。

第二条 物业管理区域四至:

东至_______________________________________;

南至_______________________________________;

西至_______________________________________;

北至_______________________________________。

规划平面图和物业管理区域内的物业构成明细分别见附件1、2。

第三条 物业服务用房主要用于物业服务人客服接待、项目档案资料保存、工具物料存放、人员值班备勤、业主大会及业主委员会办公用房等。

物业服务用房建筑面积为________平方米,其中地上建筑面积为________平方米,位于________[号楼][幢][座]________层________单元________号;地下建筑面积为________平方米,位于________[号楼][幢][座]________层________单元________号;其中业主大会及业主委员会办公用房建筑面积为________平方米,位于________[号楼][幢][座]________层________单元________号。

(注:物业服务用房为多处时,双方可自行增加以上内容)

第二部分 物业服务事项

第四条 甲方出售房屋交付之日当月前的服务范围一般包括:

1. 对已接收的物业进行维护。

2. 做好公共区域的清洁工作(施工垃圾的清理、施工场地和料场的清洁由甲方负责)。

3. 协助甲方做好出售房屋交付入住时的交房、接待以及与物业服务相关的咨询等工作。

第五条　业主入住后,乙方应当提供的物业服务包括以下内容:

1. 制订物业服务工作计划,根据法律、法规和本小区临时管理规约的授权制订物业服务的有关制度;并按照有关制度和计划组织实施;管理相关的工程图纸、档案与竣工验收资料等。

2. 负责本物业管理区域内物业共用部位的日常维修、养护和管理。物业共用部位明细见附件3。

3. 负责本物业管理区域内物业共用设施设备的日常维修养护、运行和管理。物业共用设施设备明细见附件4。

4. 负责共有绿地、景观的养护和管理。

5. 负责清洁卫生服务,包括本物业管理区域内物业共用部位、公共区域的卫生清洁和生活垃圾、建筑垃圾、大件垃圾的收集和管理。

6. 负责协助维护公共秩序和协助做好安全防范工作。

7. 负责保管甲方移交的全部资料。负责按照《北京市物业管理条例》要求建立、保管相关档案和资料。

8. 配合物业管理区域内非业主共有公共服务设施的产权单位做好相关设施的供水、供电等工作,并与产权单位约定设施运行、维修养护、更新改造等责任和物业服务事项。

9. 其他服务事项:____
____。

第六条　乙方指定物业服务项目负责人为:________,联系电话:________。乙方更换项目负责人的,应当提前7日在本物业管理区域内的显著位置公示。

第三部分　物业服务标准

第七条　乙方按以下第____种方式提供前期物业服务:

1. 北京市现行住宅物业服务标准中的____级物业服务标准,详见附件5。

2. 选择北京市现行住宅物业服务标准中不同等级的具体物业服

务事项和标准，详见附件5。

甲、乙双方约定的北京市现行住宅物业服务标准范围以外的具体服务事项和标准，详见附件6。

第四部分　物业服务期限

第八条　前期物业服务期限为____(最长不超过二年)年，自本项目首套房屋交付之日起算。

第五部分　物业服务费用

第九条　本合同生效之日至出售房屋交付之日的当月发生的物业费用由甲方承担。

本物业区域物业服务收费为[包干制][酬金制]方式。

第十条　包干制

1. 物业服务费用由业主按其拥有物业的建筑面积交纳，具体标准如下：

[多层住宅]：______________元/平方米·月；

[高层住宅]：______________元/平方米·月；

[别墅]：__________________元/平方米·月；

[办公楼]：________________元/平方米·月；

[商业物业]：______________元/平方米·月；

[会所]：__________________元/平方米·月；

________物业：____________元/平方米·月。

2. 物业服务费的盈余或者亏损均由乙方享有或者承担；乙方不得以亏损为由要求增加费用、降低服务标准或减少服务内容。

3. 乙方应当按规定向业主公布物业服务项目收支情况。

4. 经协商一致，业主应当自房屋交付之日下月起，按照[年][季][月]交纳物业服务费。

第十一条　酬金制

1. 物业服务费由业主按其拥有物业的建筑面积预先交纳,具体标准如下:

[多层住宅]:______________元/平方米·月;

[高层住宅]:______________元/平方米·月;

[别墅]:____________________元/平方米·月;

[办公楼]:_________________元/平方米·月;

[商业物业]:______________元/平方米·月;

[会所]:____________________元/平方米·月;

________物业:_____________元/平方米·月。

2. 物业服务费为所交纳的业主所有,由乙方代管,其构成包括物业服务支出和物业服务企业的酬金。

物业服务支出包括以下部分:

(1)管理服务人员的工资、社会保险和按规定提取的福利费等。

(2)物业共用部位、共用设施设备的日常运行、维护费用。

(3)物业管理区域内清洁卫生费用。

(4)物业管理区域内绿化养护费用。

(5)物业管理区域内秩序维护费用。

(6)乙方办公费用。

(7)乙方企业固定资产折旧。

(8)物业共用部位、共用设施设备及公众责任保险费用。

(9)乙方履行本物业服务合同项下所有义务需要的其他费用:_____________________________。

3. 乙方采取以下第____种方式提取酬金:

(1)[每季][每半年][每年],计________元的标准从预收的物业服务费中提取。

(2)[每季][每半年][每年],从预收的物业服务费中按____%的比例提取。

4. 物业服务支出应当全部用于本合同约定的支出,年度结算后结余部分,转入下一年度继续使用,年度结算后不足部分,由全体业主承担,另行交纳。

5. 乙方应当向全体业主公布物业服务年度计划和支出年度预决算,并按[季][半年]________向全体业主公布物业服务费的使用情况。

6. 经协商一致,业主应当自房屋交付之日起,按照[年][季][月]交纳物业服务费。

第十二条 甲方委托乙方提供机动车停车服务的,甲、乙双方另行签订停车管理委托协议进行约定,乙方应当与车位使用人签订书面的停车服务协议,明确双方在车位使用及停车服务等方面的权利义务。

停车服务费按________车位:________元/平方米·月的标准收取。

第十三条 房屋装饰装修前,业主与乙方签订书面装饰装修服务协议,乙方应当告知业主相关的禁止行为和注意事项,并将装饰装修的时间、地点等情况在业主所在楼内公示。除约定收取[装修管理费]________元、[装修保证金]________元、[装修垃圾清运费]________元、[   ]________元外,乙方不得另行收取其他任何费用。

业主完成装修后,应当通知乙方进行装修检查。经检查装修活动未出现损坏、擅自拆改建筑物承重结构、主体结构,擅自拆改供水、排水、再生水等管线,侵占绿地、毁坏绿化植物和绿化设施,占用、堵塞、封闭消防通道、疏散通道等共用部位,或者损坏消防设施等共用设施设备等违法、违规情形的,乙方应当在检查合格后7日内将装修保证金全额无息退还。

第十四条 乙方对甲方、业主物业专有部分提供维修养护或其他服务的,应当与甲方、业主签订服务协议,服务事项、标准及费用由双方在协议中约定。

第十五条　乙方接受供水、供电、供气、供热、通讯、有线电视等专业运营单位委托代收使用费用的,不得向业主收取手续费等额外费用,不得限制或变相限制业主或物业使用人购买或使用。

第十六条　在前期物业服务期间,业主转让或出租其物业专有部分时,应当将本合同、临时管理规约以及有关费用交纳情况等事项告知受让人或承租人,并自买卖合同或租赁合同签订之日起15日内,将买卖或出租情况告知乙方。业主转让物业前,应当与乙方结清相关费用。

第六部分　权利与义务

第十七条　甲方的权利义务

1. 根据有关法律、法规的要求,与乙方完成物业管理区域的承接查验工作,签订承接查验协议,并向业主公开查验的结果;对于承接查验发现的问题,甲方应当在30日内予以整改或委托乙方整改。

2. 审定乙方制定的物业服务方案,并监督实施。

3. 根据有关法律、法规及本合同的约定,向乙方提供物业服务用房。

4. 根据有关法律、法规及本市的规定,向乙方移交下列资料:

(1)物业管理区域划分相关文件。

(2)竣工总平面图,单体建筑、结构、设备的竣工图,配套设施、地下管网工程竣工图等竣工验收资料。

(3)设施设备的安装、使用和维护保养等技术资料。

(4)物业质量保修文件和物业使用说明文件。

(5)配套设施移交协议书复印件。

(6)物业管理必需的其他资料。

5. 配合乙方做好物业管理区域内的物业服务工作。

6. 按时足额交纳物业管理区域内已竣工但尚未出售物业的物业

服务费、因甲方原因未能按时交付物业买受人的物业及自有物业的物业服务费用。

7. 有关法律规定和当事人约定的其他权利义务。

第十八条 乙方的权利义务

1. 根据有关法律、法规及本合同的约定,按照物业服务标准和内容提供物业服务,收取物业服务费、特约服务费。

2. 及时向业主、物业使用人告知安全、合理使用物业的注意事项。

3. 定期听取业主的意见和建议,接受业主监督,改进和完善服务。

4. 对违法建设、违规出租房屋、私拉电线、占用消防通道等行为进行劝阻、制止,劝阻、制止无效的,及时报告相关行政执法机关。

5. 发现有安全风险隐患的,及时设置警示标志,及时采取措施排除隐患或者向有关专业机构报告。

6. 妥善保管和正确使用本物业的档案资料,及时记载有关变更信息,不得泄露在物业服务活动中获取的业主信息。

7. 对业主和物业使用人违反本合同和本小区临时管理规约的行为进行劝阻、制止,并及时报告业主委员会或者物业管理委员会。

8. 履行生活垃圾分类管理责任人职责,指导、监督业主和物业使用人进行生活垃圾分类。

9. 不得擅自占用本物业管理区域内的共用部位或擅自改变其使用用途。不得擅自将共用部分用于经营活动。不得擅自占用、挖掘本物业管理区域内的道路、场地,确需临时占用、挖掘本物业管理区域内道路、场地的,应当按规定办理相关手续,制定施工方案,开工前要在物业管理区域内公示,施工过程中尽可能减少对业主的影响,并及时恢复原状。

10. 乙方实施锅炉、电梯、电气、制冷以及有限空间、高空等涉及人身安全的作业,应当具备相应资质或委托具备相应资质的单位实施,委托其他单位实施的,应当明确各自的安全管理责任。

11. 乙方可将本物业管理区域内的专项服务委托给专业性服务企业,但不得将全部物业服务一并或分解后分别委托给其他单位或个人。乙方应当将委托事项及受托企业的信息在物业管理区域内公示。乙方与受托企业签订的合同中约定的服务标准,不得低于本合同约定。乙方应当对受托企业的服务行为进行监督,并对受托企业的服务行为承担责任。

12. 乙方应当在物业管理区域内显著位置设置公示栏,按照相关法律、法规的规定,公示乙方的服务内容及收费标准、服务方式、联系方式以及物业管理区域内设备设施的维修保养、业主装修、车位租售、费用使用、公共收益等相关情况。

13. 乙方可以对拒不交纳物业服务费的业主依法提起诉讼或者申请仲裁;但乙方不得采取停止供电、供水、供热、供燃气等方式催交物业费。

14. 乙方应当采取必要的安全保障措施防止从建筑物中抛掷物品情形的发生;未采取必要的安全保障措施的,应当依法承担未履行安全保障义务的侵权责任。乙方在不侵犯他人隐私的情况下,可通过安装监控摄像头等方式就抛掷物品危害他人人身财产安全、破坏环境卫生等行为收集相应证据。乙方需妥善保管录音录像等证据,不得擅自毁损破坏,并且未经法定程序不得擅自向第三方公开。

15. 配合街道办事处、乡镇人民政府、行政执法机关和居民委员会、村民委员会做好物业管理相关工作。

16. 有关法律规定和当事人约定的其他权利义务。

第十九条　业主的权利义务

1. 有权要求甲、乙双方按合同约定提供物业服务。

2. 甲、乙双方履行本合同,对乙方提供的物业服务有建议、督促的权利。

3. 对本物业管理区域内专项维修资金的使用及物业共用部位、

共用设施设备的经营收益及使用情况，享有知情权和监督权。

4. 遵守本小区临时管理规约以及物业管理区域内物业共用部分的使用、公共秩序和环境卫生的维护等方面的规章制度。

5. 按照国家和本市有关规定缴纳专项维修资金。

6. 对乙方根据合同和有关规章制度提供的管理服务给予必要配合。

7. 根据本合同的约定交纳物业服务费与其他服务费。

8. 有关法律、法规和当事人约定的其他权利义务。

第七部分　合 同 终 止

第二十条　本合同期限届满前3个月，由业主共同决定是否继续聘用乙方作为物业服务人。本合同期限未满，但业主已选聘新的物业服务人的，业主与新物业服务人签订的物业服务合同生效时，本合同自动终止；乙方应当在接到业主委员会或物业管理委员会合同终止书面通知之日起30日内，移交物业服务用房、物业服务的相关资料及属于本物业管理区域内的物业共用设施设备、公共区域，结清预收、代收的相关费用，并按时撤出本物业管理区域。

因前款原因解除合同造成乙方损失的，除不可归责于业主的事由外，乙方有权要求业主赔偿损失。在办理交接至撤出物业管理区域期间，乙方应当负责维持正常的物业管理秩序。

第二十一条　本合同期限届满，业主未选聘新的物业服务人，或与新物业服务人签订的物业服务合同尚未生效的，乙方应当继续按合同约定提供物业服务，在此期间的物业服务费用仍由业主按本合同约定标准交纳。

第二十二条　本合同终止后，甲乙双方应当共同做好债权债务处理、物业服务费用的清算、对外签订的各种协议的执行等善后工作；乙方应当协助业主委员会或物业管理委员会做好物业服务的交接和善后工作。

第八部分　违约责任

第二十三条　由于甲方开发建设遗留问题导致乙方未能完成服务内容的,乙方有权要求甲方限期解决,甲方应当承担相应的违约责任;给乙方造成损失的,甲方应当承担相应的赔偿责任。

乙方在服务期限内擅自撤出的,应当按照服务剩余期限物业服务总费用________的标准向业主支付违约金;乙方在本合同终止后拒不撤出本物业区域的,应当按照物业服务总费用________的标准向业主支付延迟撤出期间违约金。前述行为给业主造成损失的,乙方应当承担相应的赔偿责任。

除不可预见的情况外,乙方擅自停水、停电的,甲方或业主有权要求乙方限期解决,乙方应当承担相应的违约责任;给甲方或业主造成损失的,乙方应当承担相应的赔偿责任。

第二十四条　乙方违反本合同的约定,擅自提高物业服务费标准,业主就超额部分有权拒绝交纳,同时乙方应当按________的标准向业主支付违约金。业主逾期未交纳物业服务费的,应当按照________的标准承担相应的违约金。

第二十五条　除本合同第七部分规定的合同终止情形外,甲、乙双方均不得提前解除本合同,否则解约方应当承担相应的违约责任;给对方或业主造成损失的,解约方应当承担赔偿责任。

第二十六条　因不可抗力致使合同部分或全部无法履行的,根据不可抗力的影响,部分或全部免除责任。

第二十七条　为维护公共利益,在不可预见的情况下,如发生燃气泄露、漏电、火灾、暖气管或水管破裂、救助人命等突发事件,或者依法配合公安机关工作等,乙方因采取紧急避险措施造成损失的,当事人应当按有关规定处理。

第二十八条　乙方有确切证据证明属于以下情况的,可不承担违约责任:

1. 由于甲方、业主或物业使用人的自身责任且乙方无过错导致乙方的服务无法达到合同约定的。

2. 因维修养护本物业区域内的共用部位、共用设施设备需要且事先已告知业主或物业使用人，暂时停水、停电、停止共用设施设备使用等造成损失的。

3. 非乙方责任出现供水、供电、供气、供热、通讯、有线电视及其他共用设施设备运行障碍造成损失的。

第九部分　争议解决

第二十九条　合同履行过程中发生争议的，双方可以通过友好协商或者向物业所在地人民调解委员会申请调解的方式解决；不愿协商、调解或者协商、调解不成的，可以按照以下第____种方式解决：

1. 向____________人民法院提起诉讼。

2. 向____________仲裁委员会申请仲裁。

第十部分　附　　则

第三十条　对本合同的任何修改、补充须经双方书面确认，与本合同具有同等的法律效力。对本合同的修改、补充不得损害业主的利益，修改、补充的内容不得与本小区临时管理规约的内容相抵触。

第三十一条　本合同正本连同附件一式____份，甲方、乙方____各执一份，具有同等法律效力。本合同签订或者变更之日起15日内，乙方应当将本合同报物业所在地街道办事处或乡镇人民政府、所在区住房城乡建设或房屋主管部门予以备案。

第三十二条　本合同经双方法定代表人或授权代表人签字并加盖公章后生效，并作为《商品房预售合同》或《商品房现房买卖合同》的附件。

第三十三条　其他约定：____

____

____
____
____。

甲方:　　　　　　　　　　　　乙方:
授权代表:　　　　　　　　　　授权代表:
签订日期:　　年　月　日　　　　　年　月　日

附件:1. 规划平面图
2. 物业构成明细
3. 物业共用部位明细
4. 物业共用设施设备明细
5. 物业服务标准
6. 其他服务事项

附件 1

规划平面图

附件 2

物业构成明细

类型	幢数	套(单元)数	建筑面积(平方米)
高层住宅			
多层住宅			
别墅			
商业用房			
工业用房			
办公楼			
自行车库			
机动车车库			
会所			
学校			
幼儿园			
文化活动场所			
________用房			
合计			
备注			

附件3

物业共用部位明细

1. 房屋承重结构。
2. 房屋主体结构。
3. 公共门厅。
4. 公共走廊。
5. 公共楼梯间。
6. 内天井。
7. 户外墙面。
8. 屋面。
9. 传达室。
10. ________。

附件4

物业共用设施设备明细

1. 电梯:

垂直梯________部。

扶梯__________部。

____。

2. 绿化率:______%。

楼间、集中绿地____________________平方米。

砖石铺装_________________________平方米。

____。

3. 区域内市政：

市政供暖采暖及生活热水系统______________。

[道路][楼间甬路]____________________平方米。

[室外上下水管道]__________________________米。

[沟渠]____。

[蓄水池]____________________________________个。

[化粪池]____________________________________个。

[污水井]____________________________________个。

[雨水井]____________________________________个。

变配电系统包括______________________________。

高压双路供电电源____________________________。

公共照明设施[路灯]____个；[草坪灯]____个；[　　]____个。

[物业区域的外围护栏及围墙]________________________。

[高压水泵][高压水箱]____________________________个。

[污水泵]____个。

[中水及设备系统]________________________________。

[　　　　　]____。

4. 燃气调节站____。

5. 消防设施包括______________________________________。

6. 监控设施包括______________________________________。

7. 避雷设施包括______________________________________。

8. 空调设备：[中央空调系统]使用范围_______________。

9. 电视共用天线______________________________________。

10. 电脑网络线____。

11. 电讯电话____。

12. 地下机动车库________________平方米。

13. 地上机动车停车场____________平方米。

14. 非机动车库________________平方米。
15. 垃圾中转站____________________个。
16. 信报箱________________________个。
17. 共用设施设备用房__________平方米。
18. 物业服务用房______________平方米。
19. ________________________________。

附件 5

物业服务标准

附件 6

其他物业服务事项

BF——2021——2713　　　　　　　　　　合同编号：

北京市物业服务合同

甲方(业主)：______________________

乙方(物业服务人)：________________

说　　明

1. 本合同文本为示范文本,由北京市住房和城乡建设委员会与北京市市场监督管理局共同制定,供业主(含业主大会、业主委员会、物业管理委员会)与物业服务人签约时使用。

2. 本合同文本中所称物业服务,是指业主通过选聘物业服务人,由物业服务人按合同的约定,对物业管理区域内的房屋及其配套的设施设备和相关场地进行维修、养护、管理,维护环境卫生和相关秩序,并由业主支付费用的活动。

3. 本合同文本[ ]中选择内容、空格部位填写及其他需要删除或添加的内容,双方当事人应当协商确定。[ ]中选择内容,以划√方式选定;对于实际情况未发生或双方当事人不做约定的,应当在空格部位打×,以示删除。

4. 双方当事人签订本合同时应当认真核对合同内容,合同一经签署,对双方具有法律约束力。

北京市物业服务合同

甲方(业主)：____________________

[业主][业主大会][业主委员会][物业管理委员会]

负责人：____________________

(此项由业主大会/业主委员会/物业管理委员会填写)

联系电话：____________________

身份证号：____________________

通讯地址：____________________

邮政编码：____________________

乙方(物业服务人)：____________________

[物业服务企业][专业单位][其他物业管理人]

(物业服务人是服务企业、专业单位请填1,其他物业管理人填2)

1. 统一社会信用代码：____________________

法定代表人：__________ 联系电话：__________

委托代理人：__________ 联系电话：__________

通讯地址：____________________

邮政编码：____________________

2. 身份证号：____________________

联系方式：____________________

甲方以[公开招标方式][邀请招标方式][协议方式]选聘乙方提供物业服务,根据《中华人民共和国民法典》《物业管理条例》及《北京市物业管理条例》等有关法律、法规的规定,在自愿、平等、公平、诚实信用的基础上,订立本合同。

第一部分　物业项目基本情况

第一条　本物业项目(以下简称“本物业”)基本情况如下:

名称:[地名核准名称][暂定名]＿＿＿＿＿＿。

类型:[普通住宅][办公][商业][其他]＿＿＿＿＿＿＿＿。

坐落位置:北京市＿＿＿区＿＿＿＿＿＿＿＿＿＿路(街)＿＿＿＿＿＿＿＿＿＿。

规划建筑面积:＿＿＿＿平方米。

第二条　物业管理区域四至:

东至＿＿＿＿＿＿＿＿＿＿＿＿＿＿＿＿＿＿＿＿;

南至＿＿＿＿＿＿＿＿＿＿＿＿＿＿＿＿＿＿＿＿;

西至＿＿＿＿＿＿＿＿＿＿＿＿＿＿＿＿＿＿＿＿;

北至＿＿＿＿＿＿＿＿＿＿＿＿＿＿＿＿＿＿＿＿。

规划平面图和物业管理区域内的物业构成明细分别见附件1、2。

第三条　物业服务用房主要用于物业服务企业客服接待、项目档案资料保存、工具物料存放、人员值班备勤、业主大会及业主委员会办公用房等。

物业服务用房建筑面积为＿＿＿＿平方米,其中地上建筑面积为＿＿＿＿平方米,位于＿＿＿＿[号楼][幢][座]＿＿＿＿层＿＿＿＿单元＿＿＿＿号;地下建筑面积为＿＿＿＿平方米,位于＿＿＿＿[号楼][幢][座]＿＿＿＿层＿＿＿＿单元＿＿＿＿号;其中业主大会及业主委员会办公用房建筑面积为＿＿＿＿平方米,位于＿＿＿＿[号楼][幢][座]＿＿＿＿层＿＿＿＿单元＿＿＿＿号。

(注:物业服务用房为多处时,双方可自行增加以上内容)

第二部分　物业服务事项及期限

第四条　乙方指定物业服务项目负责人为:＿＿＿＿,联系电话：________。乙方更换项目负责人的，应当于7日内在本物业管理区域内的显著位置公示。

第五条 乙方应当提供的物业服务包括以下内容：

1. 制订物业服务工作计划，根据法律、法规和本小区管理规约的授权制订物业服务的有关制度；并按照有关制度和计划组织实施；管理相关的工程图纸、档案与竣工验收资料等。

2. 负责本物业管理区域内物业共用部位的日常维修、养护和管理。物业共用部位明细见附件3。

3. 负责本物业管理区域内物业共用设施设备的日常维修养护、运行和管理。物业共用设施设备明细见附件4。

4. 负责共有绿地、景观的养护和管理。

5. 负责清洁卫生服务，包括本物业管理区域内物业共用部位、公共区域的清洁卫生和生活垃圾、建筑垃圾、大件垃圾的收集和管理等。

6. 负责协助维护公共秩序和协助做好安全防范工作。

7. 负责保管甲方移交的全部资料。负责按照《北京市物业管理条例》的要求建立、保管相关档案和资料。

8. 配合物业管理区域内非业主共有公共服务设施的产权单位做好相关设施的供水、供电等工作，并与产权单位约定设施运行、维修养护、更新改造等责任和物业服务事项。

9. 其他服务事项：____。

第六条 物业服务期限为______年，自______年____月____日至______年____月____日。

第三部分 物业服务标准

第七条 乙方按以下第____种方式提供住宅的物业服务：

1. 北京市现行住宅物业服务标准中的____级物业服务标准，详见附件5。

2. 选择北京市现行住宅物业服务标准中不同等级的具体物业服务事项和标准,详见附件6。

甲、乙双方约定的北京市现行住宅物业服务标准范围以外的具体服务事项和标准,详见附件6。

第四部分　物业服务费用

第八条　本物业区域物业服务收费为[包干制][酬金制]方式。

第九条　包干制

1. 物业服务费用由甲方按其拥有物业的建筑面积交纳,具体标准如下:

[多层住宅]:______________元/平方米·月;

[高层住宅]:______________元/平方米·月;

[别墅]:__________________元/平方米·月;

[办公楼]:________________元/平方米·月;

[商业物业]:______________元/平方米·月;

[会所]:__________________元/平方米·月;

________物业:____________元/平方米·月。

2. 盈余或者亏损均由乙方享有或者承担;乙方不得以亏损为由要求增加费用、降低服务标准或减少服务内容。

3. 乙方应当按规定向甲方公布物业服务收支情况。

4. 甲方应当在合同生效后,按照[年][季]交纳物业服务费,具体于______________前交纳。

第十条　酬金制

1. 物业服务费由甲方按其拥有物业的建筑面积预先交纳,具体标准如下:

[多层住宅]:______________元/平方米·月;

［高层住宅］：＿＿＿＿＿＿＿元/平方米·月；

［别墅］：＿＿＿＿＿＿＿＿元/平方米·月；

［办公楼］：＿＿＿＿＿＿＿＿元/平方米·月；

［商业物业］：＿＿＿＿＿＿＿元/平方米·月；

［会所］：＿＿＿＿＿＿＿＿元/平方米·月；

＿＿＿＿物业：＿＿＿＿＿＿元/平方米·月。

2. 物业服务费为所交纳的甲方所有，其构成包括物业服务支出和物业服务企业的酬金。

物业服务支出包括以下部分：

(1)管理服务人员的工资、社会保险和按规定提取的福利费等。

(2)物业共用部位、共用设施设备的日常运行、维护费用。

(3)物业管理区域内清洁卫生费用。

(4)物业管理区域内绿化养护费用。

(5)物业管理区域内秩序维护费用。

(6)乙方办公费用。

(7)乙方企业固定资产折旧。

(8)物业共用部位、共用设施设备及公众责任保险费用。

(9)乙方履行本物业服务合同项下所有义务需要的其他费用：＿＿＿＿＿＿＿＿＿＿＿＿＿＿＿。

3. 乙方采取以下第＿＿种方式提取酬金：

(1)［每季］［每半年］［每年］＿＿＿＿，计＿＿＿＿元的标准从预收的物业服务费中提取。

(2)［每季］［每半年］［每年］＿＿＿＿，从预收的物业服务费中按＿＿%的比例提取。

4. 物业服务支出应当全部用于本合同约定的支出，年度结算后结余部分，转入下一年度继续使用，年度结算后不足部分，由全体业主承担，另行交纳。

5. 乙方应当向甲方公布物业服务年度计划和支出年度预决算，

并按[季][半年]______向甲方公布物业服务费的使用情况。

6. 甲方应当在合同生效后,按照[年][季]交纳物业服务费,具体于______________前交纳。

第十一条　乙方对甲方物业专有部分提供维修养护或其他服务的,应当与甲方另行签订服务协议,服务事项、标准及费用由双方在协议中约定。

第十二条　物业装饰装修前,甲方与乙方签订书面装饰装修服务协议,乙方应当告知甲方相关的禁止行为、注意事项、垃圾堆放和清运要求以及费用、施工时间等事项,并将装饰装修的时间、地点等情况在甲方所在楼内公示。除收取[装修管理费]________元、[装修保证金]______元、[装修垃圾清运费]________元、[　　　　　]费用________元外,乙方不得另行收取其他任何费用。

甲方完成装修后,应当通知乙方进行装修检查。经检查装修活动未出现损坏、擅自拆改建筑物承重结构、主体结构,擅自拆改供水、排水、再生水等管线,侵占绿地、毁坏绿化植物和绿化设施,占用、堵塞、封闭消防通道、疏散通道等共用部位,或者损坏消防设施等共用设施设备等违法、违规情形的,乙方应当在检查合格后7日内将装修保证金全额无息退还。

第十三条　甲方委托乙方提供机动车停车服务的,甲乙双方另行签订停车管理委托协议进行约定,乙方应当与车位使用人签订书面的停车服务协议,明确双方在车位使用及停车服务等方面的权利义务。

停车服务费按________元/车位·月的标准收取。

第十四条　乙方接受供水、供电、供气、供热、通讯、有线电视等专业运营单位委托代收使用费用的,不得向甲方收取手续费等额外费用,不得限制或变相限制甲方购买或使用。

第十五条　在物业服务期间,甲方转让或出租其物业专有部分时,应当将本合同、本小区管理规约以及有关费用交纳情况等事项告知受让人或承租人,并自买卖合同或租赁合同签订之日起15日内,将买卖或出租情况告知乙方。甲方转让物业前,应当与乙方结清相关费用。

第五部分　权利与义务

第十六条　甲方的权利义务

1. 要求乙方按照本合同约定提供服务。

2. 监督乙方履行本合同,对乙方提供的物业服务有建议、督促的权利。

3. 审定乙方制定的物业服务方案,并监督实施。

4. 监督专项维修资金的使用。

5. 对物业共用部位、共用设施设备和相关场地使用,享有知情权、监督权和收益权。

6. 遵守本小区管理规约,业主大会议事规则。

7. 遵守物业管理区域内共用部位和共用设施设备的使用、公共秩序和环境卫生的维护等以及应对突发事件等方面的制度要求。

8. 按照国家和本市有关规定缴纳专项维修资金。

9. 应当配合乙方实施物业管理。

10. 应当根据本合同的约定按时足额交纳物业费。

11. 应当履行房屋安全使用责任。

12. 有关法律、法规和当事人约定的其他权利义务。

第十七条　乙方的权利义务

1. 根据国家和本市规定的标准、规范及本合同的约定提供物业服务,并收取物业费。

2. 及时向甲方告知安全、合理使用物业的注意事项。

3. 定期听取甲方的意见和建议,接受甲方监督,改进和完善服务。

4. 对违法建设、违规出租房屋、私拉电线、占用消防通道等行为进行劝阻、制止,劝阻、制止无效的,及时报告相关行政执法机关。

5. 发现有安全风险隐患的,及时设置警示标志,采取措施排除隐患或者向有关专业机构报告。

6. 妥善保管和正确使用本物业的档案资料,及时记载有关变更信息,不得泄露在物业服务活动中获取的甲方信息。

7. 对甲方和物业使用人违反本合同、本小区管理规约的行为进行劝阻、制止;并及时报告业主委员会或者物业管理委员会。

8. 履行生活垃圾分类管理责任人职责,指导、监督甲方进行生活垃圾分类。

9. 不得擅自占用本物业管理区域内的共用部位或擅自改变其使用用途。不得擅自将甲方所有的共用部分用于经营活动。不得擅自占用、挖掘本物业管理区域内的道路、场地,确需临时占用、挖掘本物业管理区域内道路、场地的,应当按规定办理相关手续,制定施工方案,开工前要在物业管理区域内公示,施工过程中尽可能减少对甲方的影响,并及时恢复原状。

10. 乙方实施锅炉、电梯、电气、制冷以及有限空间、高空等涉及人身安全的作业,应当具备相应资质或委托具备相应资质的单位实施,委托其他单位实施的,应当明确各自的安全管理责任。

11. 乙方可将本物业管理区域内的专项服务委托给专业性服务企业,但不得将全部物业服务一并或分解后分别委托给其他单位或个人。乙方应当将委托事项及受托企业的信息在物业管理区域内公示。乙方与受托企业签订的合同中约定的服务标准,不得低于本合同约定。乙方应当对受托企业的服务行为进行监督,并对受托企业的服务行为承担责任。

12. 乙方应当在物业管理区域内显著位置设置公示栏,按照相关法律、法规的规定,公示乙方的服务及收费标准、服务方式、联系方式以及物业管理区域内设备设施的维修保养、业主装修、车位租售、费用使用等相关情况。

13. 甲方在合理期限届满后拒不交纳物业费的,乙方可以对其依法提起诉讼或者申请仲裁;但乙方不得采取停止供电、供水、供热、供燃气等方式催交物业费。

14. 乙方应当采取必要的安全保障措施防止从建筑物中抛掷物品情形的发生;未采取必要的安全保障措施的,应当依法承担未履行安全保障义务的侵权责任。乙方在不侵犯他人隐私的情况下,可通过安装监控摄像头等方式就抛掷物品危害他人人身财产安全、破坏环境卫生等行为收集相应证据。乙方需妥善保管录音录像等证据,不得擅自毁损破坏,并且未经法定程序不得擅自向第三方公开。

15. 配合街道办事处、乡镇人民政府、行政执法机关和居民委员会、村民委员会做好物业管理相关工作。

16. 有关法律规定和当事人约定的其他权利义务。

第六部分　合 同 终 止

第十八条　本合同期限届满前 6 个月,甲方应当与其他业主共同决定续聘或者另聘物业服务人,并将决定书面告知乙方。

第十九条　本合同期限届满前,甲方决定继续聘用乙方的,应当在本合同届满前重新签订物业服务合同。乙方不接受续聘的,应当在本合同届满前 90 日书面告知甲方。

第二十条　本合同期限届满、甲方与其他业主没有共同作出续聘或者另聘物业服务人决定,乙方继续按本合同约定提供物业服务的,本合同权利义务延续。在合同权利义务延续期间,任何一方提出终止合同的,应当提前60 日书面告知对方。

第二十一条　乙方自收到甲方不再续约的通知之日起 30 日内履行下列交接义务,并在合同届满后退出物业管理区域:

1. 移交物业共用部分,包括共用设施设备、公共区域等。

2. 物业共用部分查验交接以及移交相关档案资料等,见附件 7。

3. 甲乙双方结清预收、代收的相关费用,包括物业费的清算、对外签订的各种协议的执行等。

4. 移交物业服务用房、物业服务的相关资料。

在办理交接至撤出物业管理区域期间,乙方应当负责维持正常的物业管理秩序。

第七部分　违约责任

第二十二条　甲、乙双方对物业服务质量发生争议的,双方可共同委托专业评估机构就乙方的物业服务质量是否符合本合同约定的服务标准进行评估;乙方管理服务达不到本合同约定的服务内容和标准的,应当承担采取补救措施或赔偿损失等违约责任。

第二十三条　乙方违反本合同的约定,擅自提高物业服务费标准的,甲方就超额部分有权拒绝交纳,同时乙方应当按________的标准向甲方支付违约金。

乙方在服务期限内擅自撤出的,应当按照服务剩余期限物业服务总费用________的标准向甲方支付违约金;乙方在本合同终止后拒不撤出本物业区域的,应当按照延迟撤出期间物业服务总费用________的标准向甲方支付违约金。前述行为给甲方造成损失的,乙方应当承担相应的赔偿责任。

除不可预见的情况外,乙方擅自停水、停电的,甲方有权要求乙方限期解决,乙方应当承担相应的违约责任;给甲方造成损失的,乙方应当承担相应的赔偿责任。

第二十四条　除本合同约定及法律规定的合同应当终止的情形外,甲、乙双方均不得提前解除本合同,否则解约方应当承担相应的违约责任;给守约方造成损失的,解约方应当承担赔偿责任。

第二十五条　甲方违反本合同约定,未能按时足额交纳物业服务费,应当按________的标准向乙方支付违约金。

甲方违反本合同的约定,实施妨害物业服务行为的,应当承担恢复原状、停止侵害、排除妨碍等相应的民事责任。

第二十六条 因不可抗力致使合同部分或全部无法履行的，根据不可抗力的影响，部分或全部免除责任。

第二十七条 为维护公共利益，在不可预见情况下，如发生燃气泄露、漏电、火灾、暖气管或水管破裂、救助人命等突发事件或者依法配合公安机关工作等情形，乙方因采取紧急避险措施造成损失的，当事人应当按有关规定处理。

第二十八条 乙方有确切证据证明属于以下情况的，可不承担违约责任：

1. 由于甲方自身责任导致乙方的服务无法达到合同约定的。

2. 因维修养护本物业区域内的共用部位、共用设施设备需要且事先已告知甲方，暂时停水、停电、停止共用设施设备使用等造成损失的。

3. 非乙方责任出现供水、供电、供气、供热、通讯、有线电视及其他共用设施设备运行障碍造成损失的。

第八部分 争 议 解 决

第二十九条 合同履行过程中发生争议的，双方可以通过友好协商或者向物业所在地人民调解委员会申请调解的方式解决；不愿协商、调解或者协商、调解不成的，可以按照以下第____种方式解决：

1. 向______________人民法院提起诉讼。

2. 向______________仲裁委员会申请仲裁。

第九部分 附 则

第三十条 对本合同的任何修改、补充须经双方书面确认，与本合同具有同等的法律效力。修改、补充的内容不得违背本小区管理规约的内容。

第三十一条 本合同正本连同附件一式____份，甲方、乙方各执____份，具有同等法律效力。本合同签订或者变更之日起 15 日内，乙方应当将本合同报物业所在地街道办事处或乡镇人民政府、所在区住房城乡建设或房屋主管部门予以备案。

第三十二条　本合同经双方签字并盖章后生效。

第三十三条　其他约定:____

____

____

____

____。

甲方:　　　　　　　　　　　　　　乙方:

授权代表:　　　　　　　　　　　　授权代表:

签订日期:　　年　月　日　　　　　　年　月　日

附件:1. 规划平面图

2. 物业构成明细

3. 物业共用部位明细

4. 物业共用设施设备明细

5. 物业服务标准

6. 其他服务事项

7. 移交资料清单

附件 1

规划平面图

附件 2

物业构成明细

类型	幢数	套(单元)数	建筑面积(平方米)
高层住宅			
多层住宅			
别墅			
商业用房			
工业用房			
办公楼			
自行车库			
机动车车库			
会所			
学校			
幼儿园			
文化活动场所			
________用房			
合计			
备注			

附件 3

物业共用部位明细

1. 房屋承重结构。
2. 房屋主体结构。
3. 公共门厅。
4. 公共走廊。
5. 公共楼梯间。
6. 内天井。
7. 户外墙面。
8. 屋面。
9. 传达室。
10. ________。

附件 4

物业共用设施设备明细

1. 电梯:

垂直梯________部。

扶梯__________部。

____。

2. 绿化率:______%。

楼间、集中绿地_____________________平方米。

砖石铺装____________________平方米。

____。

3. 区域内市政：

市政供暖采暖及生活热水系统__________。

[道路][楼间甬路]______________平方米。

[室外上下水管道]________________米。

[沟渠]________________________。

[蓄水池]______________________个。

[化粪池]______________________个。

[污水井]______________________个。

[雨水井]______________________个。

变配电系统包括__________________。

高压双路供电电源________________。

公共照明设施[路灯]___个;[草坪灯]___个;[　　]___个。

[物业区域的外围护栏及围墙]______________。

[高压水泵][高压水箱]________________个。

[污水泵]____________________________个。

[中水及设备系统]______________________。

[　　　　]____________________________。

4. 燃气调节站__________________________。

5. 消防设施包括________________________。

6. 监控设施包括________________________。

7. 避雷设施包括________________________。

8. 空调设备:[中央空调系统]使用范围__________。

9. 电视共用天线________________________。

10. 电脑网络线________________________。

11. 电讯电话__________________________。

12. 地下机动车库______________平方米。

13. 地上机动车停车场__________平方米。

14. 非机动车库________________平方米。

15. 垃圾中转站____________________个。

16. 信报箱________________________个。

17. 共用设施设备用房__________平方米。

18. 物业服务用房______________平方米。

19. _________________________________。

附件 5

物业服务标准

附件 6

其他物业服务事项

附件 7

移交资料清单

北京市住房和城乡建设委员会关于印发北京市住宅区业主管理规约（示范文本）的通知

各区住房城乡（市）建设委（房管局）、北京经济技术开发区开发建设局、各有关单位：

为了引导和规范广大业主合理使用、维护物业，依法行使权利、履行相应义务，根据《中华人民共和国民法典》《物业管理条例》《北京市物业管理条例》等法律、法规规定，市住房城乡建设委制定了北京市住宅区业主管理规约（示范文本），现印发给你们，并就有关事项通知如下：

一、管理规约由全体业主共同制定，对全体业主具有普遍约束力。业主可以根据实际情况依法共同决定对示范文本的内容进行增补。

二、管理规约应当按照规定报物业所在地街道办事处、乡镇人民政府备案。

三、各区住房城乡（市）建设或房屋主管部门要积极做好示范文本的宣传和推广工作，引导业主、物业使用人等主体遵守相关约定。

四、非住宅区可以参照使用。

五、本通知自2022年9月1日起施行。《关于印发〈北京市住宅区管理规约〉〈北京市住宅区业主大会议事规则〉〈北京市住宅区首次业主大会会议召开方案〉和〈北京市住宅区首次业主大会会议筹备组工作报告〉制定规范和示范文本的通知》（京建发〔2010〕762号）中的《北京市住宅区管理规约》（示范文本）及制定规范同时废止。

特此通知。

北京市住房和城乡建设委员会

2022 年 8 月 12 日

北京市住宅区业主管理规约

（示范文本）

第一条 物业管理区域名称：____________________。

第二条 业主对建筑物的专有部分享有占有、使用、收益和处分的权利，但不得侵害其他人的合法权益。

第三条 业主对建筑物专有部分以外的共有部分，享有权利，承担义务；不得以放弃权利不履行义务。

第四条 业主可以以幢、单元、楼层为单位，共同决定本单位范围内的物业管理事项，事项范围和决定程序由业主大会议事规则规定。

第五条 业主自行承担其物业专有部分的维修养护责任。因维修养护不及时或者未采取措施给其他业主造成损失的，应当承担相应责任。

业主不履行维修养护义务的，可以由物业服务人报经业主委员会、物业管理委员会同意，代为维修养护或者采取应急防范措施，费用由业主承担。

第六条 业主应当遵守房屋建筑使用安全及供水、供电、供气、供热、排水、通行、通风、采光、装饰装修、环境卫生、环境保护等方面的相关规定，合理使用物业。

第七条 业主应当配合物业服务人开展对物业共有部分的维修、养护、更新、改造等活动。

第八条 业主出租或者转让专有部分的，应当遵守房屋租赁以及房屋转让的有关规定，告知承租人和买受人本管理规约的内容。

第九条 业主应当遵守《北京市生活垃圾管理条例》和《北京市文明行为促进条例》等法律、法规，按照规定分类投放生活垃圾，遵守文明行为规范。

业主大会或者业主委员会、物业管理委员会,对任意弃置垃圾、排放污染物或者噪声、违反规定饲养动物、违章搭建、侵占通道、拒付物业费等损害他人合法权益的行为,有权依照法律、法规,请求行为人停止侵害、排除妨碍、消除危险、恢复原状、赔偿损失。

第十条　相关管理部门在依法执行公务需要进入物业管理区域时,相关业主应当予以配合。

第十一条　本规约对本物业管理区域内的业主及物业使用人等具有约束力。物业使用人违反本规约的,相关业主承担连带责任。

第十二条　业主之间因本规约发生的纠纷,可以协商解决。协商不成的,可以采用以下方式解决:

(一)业主委员会或者物业管理委员会调解;

(二)社区居民委员会调解;

(三)物业管理纠纷人民调解组织调解;

(四)向物业所在地人民法院提起诉讼或者依法申请仲裁。

________区________业主大会

年　　月　　日

关于印发《北京市住宅区管理规约》、《北京市住宅区业主大会议事规则》、《北京市住宅区首次业主大会会议召开方案》和《北京市住宅区首次业主大会会议筹备组工作报告》制定规范和示范文本的通知

（京建发〔2010〕762号）

各区县建委、房管局，各有关单位：

为贯彻落实《北京市住宅区业主大会和业主委员会指导规则》（京建发〔2010〕739号），协助、指导和规范业主大会、业主委员会的成立及活动，保障广大业主的合法权益，现将《北京市住宅区管理规约》、《北京市住宅区业主大会议事规则》、《北京市住宅区首次业主大会会议召开方案》和《北京市住宅区首次业主大会会议筹备组工作报告》的制定规范及示范文本印发给你们，上述文件自2011年1月1日起实施。北京市住房和城乡建设委员会、北京市社会建设工作办公室、北京市民政局、北京市规划委员会《关于印发〈管理规约〉、〈业主大会议事规则〉和〈首次业主大会会议召开工作方案〉示范文本的通知（京建物〔2009〕449号）》同时废止。

特此通知。

二〇一〇年十二月二十七日

北京市住宅区管理规约制定规范

1.[管理规约]管理规约是首次业主大会会议筹备组拟订的,由本物业管理区域业主大会会议通过的对物业的使用、维护和管理、业主的共同权益的维护、物业共用部分的经营和收益分配等公共管理权的行使、物业管理区域内的应急预案、业主应当履行的义务、违反管理规约应当承担的责任等事项依法作出的约定。

2.[制定主体和时间]首次业主大会会议筹备组应当自成立之日起60日内拟定管理规约草案。

3.[公示和修改]管理规约草案应当以书面形式在物业管理区域内显著位置公示7天。公示期间,筹备组应当记录业主提出的修改意见和建议。公示期满后7日内,筹备组应当参考业主提出的意见和建议,确定正式的管理规约草案。

管理规约草案与现行法律、法规、规章等相抵触的,筹备组应当及时修改,并将修改后的管理规约草案在物业管理区域内显著位置重新公示。

4.[法律效力]管理规约草案应当在首次业主大会会议上进行表决,经专有面积占建筑物总面积过半数业主且占总人数过半数的业主同意,管理规约草案经表决通过后在本物业管理区域内生效。

管理规约应当尊重社会公德,不得违反法律、法规、规章或者损害社会公共利益。

管理规约对业主及物业使用人具有约束力。业主或者物业使用人违反管理规约,损害其他业主和物业使用人合法权益的,受损害人可以依法提起诉讼。

5.[基本内容]管理规约的基本内容应当包括九部分内容,分别为物业基本情况、物业管理方式、物业共用部分的经营和收益分配、物业的使用、维护和管理、物业管理区域内的应急预案、违反管理规约应当承担的责任、争议解决方式和附则。

5.1　物业基本情况:包括物业管理区域划分及调整、物业服务用房的基本情况和物业共用部分。

5.2　物业管理方式:按照《物权法》、《北京市物业管理条例》的规定,业主大会可以决定本物业管理区域内实行自行管理、委托物业服务企业或者专业性服务企业管理、委托其他管理人管理。

5.3　业主共同管理的权利和责任:业主按照《物权法》、《物业管理条例》、《北京市物业管理条例》和《北京市住宅区业主大会和业主委员会指导规则》等相关法律、法规、规章和规范性文件的规定对物业管理区域共用部分享有共同管理权利并承担共同管理责任。

5.4　物业共用部分的经营和收益分配:物业管理区域内的物业共用部分的经营和收益可以分为属于全体业主的经营及收益和属于相关业主的经营及收益。

属于全体业主或者相关业主的共用部分,禁止任何单位、个人侵占、处分或者改作他用;利用物业共用部分经营的,应当符合法律、法规的规定和本规约的约定,并经业主大会或者相关业主共同决定。委托物业服务企业或者其他管理人实施物业管理的,按照物业服务合同约定可以委托物业服务企业或者其他管理人统一实施。

利用物业共用部分经营所得收益,属于全体业主或者相关业主的共用部分,按照相关法律法规的规定和全体业主或者相关业主的约定进行分配,但全体业主或者相关业主约定的分配方式不得违反相关法律、法规和规章的禁止性规定。

利用物业共用部分经营所得收益,一般按照业主专有部分占建筑物总面积的比例分配,全体业主或者相关业主另有约定的除外。

业主委员会、相关业主应当至少每半年在物业管理区域内公布全体业主共用部分、部分业主共用部分物业经营所得收益的收支情况,接受业主大会、业主的监督。

业主转让建筑物内的专有部分,其对共用部分享有的共用和共同管理的权利一并转让。

5.5　物业的使用、维护和管理:包括物业使用的注意事项和禁止行为、物业的装饰装修、物业的维修、更新和改造、专项维修资金的筹集和使用、物业费用的缴纳和监督、水、电、气等费用的交纳及相关设施设备的维修责任。

5.6　物业管理区域内的应急预案:管理规约中应当约定物业管理区域内发生下列紧急情形之一的,授权相关主体采取紧急措施的应急预案:

(一)物业服务企业突然停止提供物业服务;

(二)其他紧急情形。

5.7　违约责任:业主、使用人违反管理规约约定,侵害他人合法权益的,业主大会、业主委员会、物业服务企业或者其他管理人有权要求其改正;业主、物业使用人拒不改正的,应承担违约责任,并可以由业主委员会在本物业管理区域内公布该业主、物业使用人的姓名及违约事实,限期未改正的,业主大会也可以依本规约对其提起诉讼。

管理规约中可以对业主不交存专项维修资金、拒付或者不按时交纳物业费用和其他应当分摊的费用等损害业主共同权益的行为,约定不得行使以下共同管理权:

(一)选举权和被选举权;

(二)不得参与经营物业共有部分业主所得收益的分配。

限制共同管理权的时限应当在管理规约中予以明确。

物业使用人违反本规约的,相关业主承担连带责任。

5.8　争议解决方式:业主之间因本规约实施中发生的纠纷,可以协商解决。协商不成的,由业主委员会、物业所在地街道办事处、乡镇人民政府、社区居民委员会或者物业管理纠纷调解组织进行调解;也可以申请仲裁或者向人民法院提起诉讼。

因物业管理纠纷而引起的民事诉讼，其费用由参加诉讼的业主依法承担；属共同诉讼的，经业主授权，推荐诉讼代表人具体实施，诉讼费用由参加共同诉讼的业主依法共同承担。

5.9　附则：对管理规约的生效时间等事项作出约定。

6.［适用范围］本管理规约适用于本市行政区域内的住宅区物业项目及相关活动，非住宅区参照执行。

7.［行政管辖和行政指导］相关行政管理部门在依法执行公务需要进入物业管理区域时，各相关主体应当予以配合。

8.［格式及填写说明］管理规约正文应当用A4纸打印，空格部分应当用钢笔（黑色墨水、蓝黑墨水）、签字笔或者打印填写，空格部分若不填写内容，应当用“×”划掉。

北京市住宅区业主大会议事规则制定规范

1.［业主大会议事规则］业主大会议事规则是全体业主关于业主大会组织架构与活动规范的约定。

2.［制定依据］根据《中华人民共和国物权法》①、《物业管理条例》、《北京市物业管理条例》和《北京市住宅区业主大会和业主委员会指导规则》，结合本物业管理区域实际，制定业主大会议事规则。

3.［制定、公示和修改］首次业主大会会议筹备组应当自成立之日起 60 日内拟定业主大会议事规则草案。

业主大会议事规则草案应当以书面形式在物业管理区域内显著位置公示 7 天。公示期间，筹备组应当记录业主提出的修改意见和建议。公示期满后 7 日内，筹备组应当参考业主提出的意见和建议进行修订，确定正式的业主大会议事规则草案。

业主大会议事规则草案与现行法律、法规、规章等相抵触的，筹备组应当及时修改，并将修改后的业主大会议事规则草案在物业管理区域内显著位置重新公示。

4.［业主大会］业主大会由物业管理区域内的全体业主组成，在物业管理活动中，业主基于建筑物区分所有权，依据法律、法规、规章的规定和管理规约、业主大会议事规则的约定行使共同管理权利并承担共同管理责任。

5.［业主大会的活动］业主大会、业主委员会应当依据法律、法规、规章的规定和管理规约、业主大会议事规则的约定行使共同管理权、履行职责。

---

① 2021 年后应改为《中华人民共和国民法典》。

业主大会、业主委员会依法行使共同管理权不受任何组织和个人的非法干涉。

业主大会、业主委员会不得作出与物业管理无关的决定，不得从事与物业管理无关的活动。

6. [业主大会的机构设置]业主大会选举产生业主委员会，业主大会可以设立监事会，聘任财务人员、秘书等人员。

监事会是业主大会下设的监督机构，由业主大会选举产生，对业主大会负责，依业主大会授权开展工作，对业主大会决定的执行和财务活动进行监督，监事会作出的决定经业主大会通过后生效。监事会可根据需要组建专门工作小组，开展专项工作。

业主大会设立监事会的，议事规则中应对监事会成员产生方式、职责范围等内容明确规定。

财务人员和秘书由业主委员会公开招聘，秘书和财务人员的设置、职责和任免由业主委员会决定，决定结果在小区内公示，公示时间不少于7日。

7. [基本内容]业主大会议事规则应当包含下列内容：

7.1　业主大会会议种类：业主大会会议分为定期会议和临时会议，有下列情形之一的，业主委员会应当自业主提议和情形发生之日起45日内组织召开业主大会临时会议：

(一)20%以上业主就物业管理共同事项提议的；

(二)经业主委员会半数(含半数)以上委员提议变更业主委员会委员的；

(三)业主委员会委员空缺达半数以上的；

(四)业主委员会认为业主小组决定的事项，与业主大会或业主委员会作出的决定有抵触，提议召开业主大会临时会议的；

(五)管理规约、业主大会议事规则规定的其他情形。

7.2　业主大会会议召开的形式、程序、议事和表决。

7.2.1　会议召开的形式：业主大会会议可以采用集体讨论的形

式,也可以采用书面征求意见的形式。

7.2.2　会议召开的程序:业主大会会议召开的程序包括形成业主大会会议议案、发布公告、会议召开、表决和公告业主大会会议决议(含决议被通过或被否决)。

业主大会会议召开前15日,业主委员会应当将会议的时间、地点、内容等主要事项以书面形式向物业管理区域内全体业主公告。业主大会会议应当自召开之日起90日内完成。

7.2.3　表决方式:业主大会会议可以现场表决或书面表决,也可以采用业主决定共同事项公共决策平台进行表决。对现场表决或书面表决形式、结果有异议的,可通过业主决定共同事项公共决策平台核查,核查结果公布以前不影响现场或书面表决结果的效力。

7.2.4　业主大会决议、决定的效力:业主大会形成的决议、决定,对本物业管理区域内的全体业主具有约束力,业主必须共同遵守。持不同意见的业主不得抵制业主大会决议、决定的执行,不得干扰业主大会的正常工作。

业主大会形成的决议、决定违反法律、法规和规章的,业主可以向物业所在地街道办事处、乡镇人民政府举报,由受理单位及时责令限期改正或者撤销其决定,并通告全体业主;业主大会形成的决议、决定侵害业主合法权益的,受侵害的业主可以依法请求人民法院予以撤销。

7.3　业主可以幢、单元为单位设立业主小组,业主小组由该幢、单元的全体业主组成,讨论、决定本幢、本单元物业共用部分的经营、收益分配及维修等事项,根据该幢、单元的全体业主约定,业主小组还可以履行下列职责:

(一)讨论业主大会拟讨论的事项;

(二)推选业主代表出席业主大会会议。

业主小组通过召开业主小组会议履行上述职责。业主小组会议的召集人由该小组业主推选的具有业主身份的人士担任,会议议事程序参照业主大会会议程序执行。

业主小组依法履行上述职责作出的决定，应当及时告知相关业主和业主委员会。业主小组决定的事项，与业主大会作出的决定有抵触的，业主委员会应当及时告知；业主小组未及时改正的，业主委员会应当组织召开业主大会临时会议予以讨论，并作出决议。

7.4 推选业主代表参加业主大会会议的，业主代表应当于参加会议前3日，就业主大会会议表决的事项书面征求其所代表业主的意见，业主代表不能代替业主本人作出决定。表决书应当经业主本人签字后，由业主代表送达业主大会会议投票表决。

7.5 业主可以委托代理人参加业主大会会议、业主小组会议，代理人应当持业主书面委托书并根据委托内容投票表决。

7.6 业主大会发生下列情形之一的，应当由业主委员会向社会公告，并向物业所在地的街道办事处、乡镇人民政府做书面报告，在街道办事处、乡镇人民政府的指导下，做好财务清算工作：

（一）建筑物灭失的；

（二）物业管理区域发生变化的；

（三）其他原因导致业主大会事实灭失的。

财务清算结束后30日内，业主委员会应按规定向有关部门办理业主大会注销以及业主大会、业主委员会印章注销等手续，因为物业管理区域合并导致业主大会解散的，业主委员会将保管的其他档案资料移交给调整后物业管理区域内的业主委员会，建筑物灭失的或其他原因导致业主大会事实灭失的，业主大会将保管的其他档案资料移交给当地街道办事处、乡镇人民政府。

7.7 业主委员会委员资格、人数、任期、更换、候补及补选办法、会议形式、议事规则和工作制度。

7.7.1 业主委员会的产生：业主委员会由业主大会会议选举产生，向业主大会负责并报告工作，受业主监督。

7.7.2 业主委员会主任、副主任的产生：业主委员会主任和副主任在全体委员中推举或选举产生,业主委员会主任或者副主任委员资格终止的,业主委员会应及时召开会议,重新选举产生业主委员会主任或者副主任。

7.7.3　业主委员会会议种类:业主委员会会议分为定期会议和临时会议。有下列情形之一的,业主委员会应当自业主提议和情形发生之日起7日内组织召开业主委员会临时会议:

(一)经三分之一以上业主委员会委员提议;

(二)业主委员会主任认为有必要的;

(三)业主委员会就业主提议形成议案的。

业主委员会委员不得委托他人出席业主委员会会议。

7.7.4　业主委员会议事规则和工作制度:业主委员会会议由业主委员会主任或其委托的副主任负责召集和主持,业主委员会应当做好会议的书面记录。业主委员会作出决议或决定应至少有超过备案全体委员半数以上的委员的同意且书面签署。

业主可以查阅、抄录和复制业主委员会所有会议资料,并有权就涉及自身利益的事项向业主委员会提出询问,业主委员会应当在接受询问之日起7日内予以答复。涉及业主个人隐私的,应当征得相关业主本人同意。

7.7.5　业主委员会决定的效力:业主委员会作出的决定,对业主委员会委员和业主具有约束力,业主委员会委员和业主必须共同遵守;持不同意见的委员、业主不得抵制业主委员会决定的贯彻执行,不得干扰业主委员会的正常工作。

业主委员会作出的决定违反法律、法规和规章的,业主可以向物业所在地的街道办事处、乡镇人民政府举报,由受理单位依法处理;业主委员会作出的决定侵害业主合法权益的,受侵害的业主可以依法请求人民法院予以撤销。

7.8　业主大会、业主委员会等业主大会其他执行机构经费的筹集、使用和管理制度。

业主大会和业主委员会等业主大会其他执行机构的工作经费由全体业主分摊或者从经营物业共用部分收益中提取,归全体业主共有,不得强制要求物业企业或其他管理人承担。

业主大会的财务管理由业主委员会负责,财务管理人员由负责人、会计和出纳组成,负责人由业主委员会推选的一名委员担任。财务管理人员不能继续履行职责时,业主委员会应及时确定接管人员。

7.9　业主大会、业主委员会印章和档案等管理制度。业主大会和业主委员会依据各自的职责范围使用印章。每次印章使用应当有记录,记录内容包括申请使用人姓名、用途、盖章人姓名。记录应当存档,供业主查阅。

8.[适用范围]本规范适用于本市行政区域内的住宅区业主大会的活动,非住宅区业主大会活动参照本规范。

9.[备案]业主大会议事规则内容以在政府备案的文件最终文本为准。

10.[格式及填写说明]业主大会议事规则正文应当用A4纸打印,空格部分应当用钢笔(黑色墨水、蓝黑墨水)、签字笔或者打印填写,空格部分若不填写内容,应当用“×”划掉。

北京市住宅区业主大会议事规则

（示范文本）

使用说明

一、本议事规则文本为示范文本,由北京市住房和城乡建设委员会制定,适用于本市住宅区业主、业主大会的相关活动。

二、本示范文本中相关条款后有空白行,供业主自行约定或补充约定。业主可以根据实际情况共同决定对示范文本的内容进行选择、修改、增补或者删减。

三、非住宅区可以参照适用本示范文本。

________业主大会议事规则

（名称应当与前期物业服务合同名称一致）

第一章　业主大会

第一条　本业主大会名称为________区县________业主大会。

第二条　业主大会的议事内容包括：

（一）制定、修改管理规约、业主大会议事规则；

（二）选举业主委员会或者更换业主委员会成员；

（三）决议业主委员会的工作职责和经费；

（四）审查业主委员会和物业服务企业或其他管理人的年度工作报告；

（五）决议或者变更物业管理方式、服务事项、服务标准和收费方案；

（六）选聘和解聘物业服务企业或者其他管理人；

（七）筹集、管理和使用专项维修资金；

（八）决议申请改建、重建建筑物及附属设施；

（九）决议申请变动建筑主体和拆改承重结构；

（十）决议申请分立或者合并物业管理区域；

（十一）改变或者撤销本物业管理区域内部分业主作出的与业主大会决定相抵触的决议；

（十二）制定本物业管理区域内共用部位和共用设施设备的使用、公共秩序和环境卫生的维护等方面的制度；

（十三）制定物业合同无法履行等情形的应急预案；

（十四）决议本物业管理区域内全体业主共用部分的经营、收益分配等方案；

(十五)决议对业主违反法律、法规、规章和管理规约、业主大会议事规则的行为,向人民法院提起诉讼的事项;

(十六)决议本物业管理区域内全体业主诉讼事宜;

(十七)决议物业管理区域内的其他重大物业管理事项。

决定第(七)项事项,应当经专项维修资金列支范围内专有部分占建筑物总面积三分之二以上的业主且占总人数三分之二以上的业主同意;决定第(八)项事项,应当经专有部分占建筑物总面积三分之二以上的业主且占总人数三分之二以上的业主同意;决定第(十)项事项,应当经原物业管理区域内以及拟调整后物业管理区域内的专有部分占建筑物总面积三分之二以上的业主且占总人数三分之二以上的业主同意。

决定其他事项,应当经专有部分占建筑物总面积过半数的业主且占总人数过半数的业主同意;法律、法规和规章另有规定的,从其规定。

第三条　业主大会会议分为定期会议和临时会议。

业主大会每年召开__次定期会议,召开时间为________,由业主委员会负责召集。业主大会定期会议召开前,业主委员会应当向业主公告以下内容:

(一)上一年度物业管理情况报告;

(二)上一年度业主委员会工作情况报告;

(三)上一年度业主大会收支情况报告;

(四)物业管理的其他有关事项。

业主大会定期会议应当讨论并决议以下内容:

(一)审查业主委员会和物业服务企业或者其他管理人的年度工作计划;

(二)选举需要补选或者定期改选的业主委员会委员;

(三)决议下一年度物业管理有关事项;

(四)决议下一年度业主大会收支预算;

(五)决议物业管理其他的有关事项。

业主委员会在业主大会定期会议召开60日前,应当就有关物业管理工作征询业主意见,并对业主提出的意见、建议等,由业主委员会会议审议,形成议案提交业主大会会议决定。

业主委员会应当在会议召开15日前,将会议的时间、地点、内容等主要事项以书面形式向物业管理区域内全体业主公告。

第四条 有下列情形之一的,业主委员会应当自业主提议和情形发生之日起45日内组织召开业主大会临时会议:

(一)20%以上业主就物业管理共同事项提议;

(二)经业主委员会半数(含)以上委员提议变更业主委员会委员的;

(三)业主委员会委员空缺达半数(含)以上的;

(四)业主委员会认为业主小组决定的事项,与业主大会或业主委员会作出的决定有抵触,提议召开业主大会临时会议的;

(五)________________________________;

(六)________________________________。

第五条 业主委员会对提议业主人数有异议的,应当自收到业主提议之日起30日内自行核查或向街道办事处、乡镇人民政府申请启动公共决策平台进行核查,并作出是否召集业主大会临时会议的书面决定,在物业管理区域内显著位置公告。

业主对业主委员会自行核查的结果有异议的,业主可以自行于核查结果公示后3日内向街道办事处、乡镇人民政府申请启动公共决策平台进行核查,并将核查结果在物业管理区域内显著位置公示。

第六条 业主委员会未按时作出决定或者业主委员会决定不召开临时会议,但经公共决策平台核查后业主提议符合第四条规定的情形的,业主大会设立监事会的,应当由监事会根据管理规约、业主大会议事规则予以监督;业主委员会不接受业主大会监事会监督,或者未设立监事会但相关业主提出申请的,物业所在地的街道办事处、乡镇人民政府应当于10日内责令业主委员会履行职责,逾期仍不履行的,街道办事处、乡镇人民政府应当依法指导、协助业主组织召开业主大会临时会议,对相关事宜进行表决,并进行监督。

第七条　业主大会会议可以采用集体讨论的形式,也可以采用书面征求意见的形式。

采用集体讨论形式的,业主大会选择以下第____种方式:

(一)由全体业主参加业主大会会议;

(二)由业主从业主小组中推选业主代表参加业主大会会议。

推选业主代表参加业主大会会议的,业主代表产生方式如下:

1. 以幢为单位设立业主小组,从业主小组中推选业主代表;

2. 以单元为单位设立业主小组,从业主小组中推选业主代表;

3. ____。

第八条　业主小组由该幢、单元的全体业主组成,履行下列职责:

(一)讨论、决定本幢、本单元物业共用部分的经营、收益分配及维修等事项;

(二)____;

(三)____。

业主小组通过召开业主小组会议履行上述职责。业主小组会议的召集人由该小组业主推选的具有业主身份的人士担任,会议议事程序参照本规则中业主大会会议程序执行。

业主小组依法履行上述职责作出的决定,应当及时告知相关业主和业主委员会。业主小组决定的事项,与业主大会作出的决定有抵触的,业主委员会应当及时告知;业主小组未及时改正的,业主委员会应当组织召开业主大会临时会议予以讨论,并作出决议。

第九条　业主小组推选业主代表参加业主大会会议的,业主代表由业主自荐或互荐的方式产生,业主代表不能代替业主本人作出决定。业主代表应当于参加会议3日前,就业主大会会议表决的事项书面征求其所代表业主们的意见,表决书应当经业主本人签字后,由业主代表送达业主大会会议投票表决。

第十条 业主委员会在物业管理区域内显著位置或业主大会及业主委员会办公用房设提案箱、提案簿,并安排专门的委员每月负责收集、整理当月业主、业主代表就物业管理有关事项的提议、意见、建议,向业主委员会主任报告,由业主委员会主任决定召开业主委员会会议审议的时间、地点等。

业主委员会根据业主、业主代表的提议、意见、建议和相关政策的要求,由业主委员会会议审议后,形成有编号的业主委员会议案,提交业主大会会议决议。

第十一条 业主大会会议按下列程序召开:

(一)会议筹备工作

业主委员会负责开会前的准备工作。根据业主、业主代表的提议、意见、建议,经业主委员会会议审议后草拟议案,制定征询意见表或表决票,核实业主情况。

(二)发布公告

业主大会会议召开前15日,由业主委员会将会议的时间、地点、内容等主要事项以书面形式向物业管理区域内全体业主公告并告知相关的社区居民委员会。发生重大事故或紧急事件等,需要及时处理的,要及时通知和公告,并同时告知街道办事处、乡镇人民政府和社区居民委员会。

公告包括以下内容:1. 会议形式;2. 会议日期、地点;3. 提交会议审议的事项;4. 会务常设联系人姓名、联系电话;5. 其他需公告的事项。

公告期间,业主可向业主委员会提出对公告内容的意见和建议,由业主委员会会议审议。

(三)会议召开

业主委员会负责组织召开业主大会会议。

采用书面征求意见形式的,业主委员会应在投票日期____日前发放征询意见表或表决票(选票),将业主大会议事内容书面征询物业管理区域内业主意见。

召开业主大会会议时,可以邀请物业所在地街道办事处、乡镇人民政府和社区居民委员会的人员列席。

(四)表决形式

业主大会会议可以现场表决或书面表决,也可以采用业主决定共同事项公共决策平台进行表决。对现场表决或书面表决形式、结果有异议的,可通过业主决定共同事项公共决策平台核查。

(五)公告业主大会会议决议

业主委员会应当在业主大会的决定作出之日起 3 日内以书面形式在物业管理区域内公告业主大会决定。

业主委员会做好业主大会会议书面记录;业主大会会议决定的议事文件由业主委员会发布或签署,并由出席会议的业主委员会委员签字并存档,业主大会已刻制印章的,业主委员会委员签字并加盖业主大会印章后存档。

第十二条 业主大会形成的决议,对本物业管理区域内的全体业主具有约束力,业主必须共同遵守。持不同意见的业主不得抵制业主大会决定的执行,不得干扰业主大会的正常工作。

业主大会形成的决议违反法律法规的,业主可以向物业所在地街道办事处、乡镇人民政府举报,由受理单位依法处理;业主大会形成的决议侵害业主合法权益的,受侵害的业主可以依法请求人民法院予以撤销。

第十三条 业主可以委托代理人参加业主大会会议、业主小组会议,代理人应当持业主书面委托书并根据委托内容进行投票表决。

业主委托代理人参加业主大会会议、业主小组会议的,应符合下列约定:

(一)业主是自然人的,可以书面委托物业管理区域内的其他业主或者______参加;业主为无完全民事行为能力人、限制民事行为能力人的,由其法定代理人参加业主大会会议、业主小组会议,行使投票权;

(二)业主为法人的,由其法定代表人或书面委托代理人参加业主大会会议、业主小组会议;

(三)业主是其他组织的,由其负责人或书面委托代理人参加业主大会会议、业主小组会议。

第十四条 业主的表决权按照面积和人数计算。

业主的面积表决权数按照下列方法认定:

(一)专有部分面积,按照不动产登记簿记载的面积计算;尚未进行物权登记的,暂按测绘机构的实测面积计算;尚未进行实测的,暂按房屋买卖合同记载的面积计算;

(二)建筑物总面积,按照前项的统计总和计算,但按照管理规约和业主大会议事规则约定,对因损害业主共同权益而被限制选举权、表决权的业主所拥有的专有面积不计入建筑物总面积。

业主的人数表决权数按照下列方法认定:

(一)业主人数,按照专有部分的数量计算,一个专有部分按一人计算。但建设单位尚未出售和虽已出售但尚未交付的部分,以及同一买受人拥有一个以上专有部分的,按一人计算;

(二)总人数,按照前项的统计总和计算,但按照管理规约和业主大会议事规则约定,对因损害业主共同权益而被限制选举权、表决权的业主人数不计入总人数。

按照规划建设的已经办理了不动产转移登记的车库、车位,按照不动产登记簿记载的面积计算;尚未进行不动产转移登记但是具有销售(预售)许可证的车库、车位,按测绘机构的实测面积计算;尚未进行实测的,暂按买卖合同记载的面积计算。按照规划建设的人防工程面积不计算投票权。

第十五条 业主大会、业主委员会等工作经费用于下列开支:

(一)电话费、纸张费、邮递费等日常办公等费用;

(二)有关人员工资和津贴,共计费用__________元/月,具体支付对象如下:

1. ________,费用____元/月;

2. ________,费用____元/月;

3. ________,费用____元/月;

(三)______________________________________;

(四)_______________________________________。

业主大会、业主委员会等开展工作的经费,不得强制要求物业企业或其他管理人承担,其工作经费来源,采用下列第__________种筹集方式:

(一)业主每月按每平方米建筑面积交纳______元;

(二)物业共用部分经营所得收益;

(三)业主自愿捐赠;

(四)_______________________________________;

(五)_______________________________________。

业主大会、业主委员会等工作经费归全体业主共有,依据法律、法规、规章、管理规约和本议事规则进行财务管理,并由__________进行年度审计。经费收支账目于每月____日在物业管理区域内公布一次,接受业主大会、业主的监督。

第二章　业主委员会

第十六条　业主委员会执行业主大会的决定,接受业主的监督,依法履行下列职责:

(一)召集业主大会定期会议和临时会议;

(二)定期向业主大会报告物业管理情况;

(三)代表全体业主与业主大会选聘的物业服务企业或其他管理人签订物业服务合同;

（四）拟订业主委员会的年度财务预算方案、决算方案，提交业主大会会议决定；

（五）及时了解业主、物业使用人的意见和建议，形成议案提交业主大会会议决定；

（六）及时了解业主、物业使用人的对物业服务的意见和建议，监督物业服务；

（七）拟订建筑物及其附属设施维修资金使用、续筹方案，提交业主大会会议决定；

（八）督促业主按照约定交纳专项维修资金、物业费和其他应当由业主共同分摊的费用；

（九）对有关档案资料、会议记录、印章及其他属于业主大会的财物进行妥善保管，建立并妥善保管工作档案，为业主提供查阅、抄录和复制档案资料的便利；

（十）调解业主之间因物业使用、维护和管理产生的纠纷；

（十一）根据业主的意见、建议和要求，拟订《业主大会议事规则》和《管理规约》修改方案，提交业主大会会议决定；

（十二）拟订物业管理区域内公共秩序和环境卫生的维护等方面的规章制度的方案，提交业主大会会议决定；

（十三）拟订物业管理区域内物业共用部分的使用、收益方案，提交业主大会会议决定；

（十四）初审物业服务企业或者其他管理人制订的年度服务计划，提交业主大会会议决定；

（十五）监督物业服务企业或者其他管理人履行物业服务合同；

（十六）建立业主委员会接待制度，接受业主、物业使用人的咨询、投诉和监督，并定期将工作情况以公告等形式向全体业主报告；

（十七）对违反国家和本市相关规定以及管理规约、业主大会议事规则的行为，可以要求行为人停止侵害、排除妨碍、消除危险、返还财产；

(十八)业主大会赋予的其他职责。

第十七条　业主委员会委员由物业管理区域内的业主担任,并应当符合下列条件:

(一)具有完全民事行为能力;

(二)遵守管理规约、业主大会议事规则;

(三)未被业主大会依约限制行使被选举权;

(四)热心公益事业,责任心强,公正廉洁;

(五)具有一定组织能力;

(六)具备必要的工作时间;

(七)________________________________;

(八)________________________________。

除上述条件外,主任委员还应当符合以下条件:

(一)具有丰富的工作经验和良好的群众基础;

(二)熟悉物业管理相关法律、法规、规章和政策;

(三)________________________________;

(四)________________________________。

业主是法人或者其他组织的,可以授权自然人参加业主委员会委员的选举。一个物业管理区域内,一个法人或者其他组织只能由一个自然人代表。房屋共有的,业主可以授权共有人参加业主委员会的选举。

第十八条　有以下行为的业主,不能担任业主委员会委员:

(一)擅自搭建建筑物、构筑物;

(二)擅自拆改房屋承重结构;

(三)擅自改变住宅外立面;

(四)擅自拆改燃气管道和设施;

(五)在物业管理区域内的物业服务机构任职,或与其关联机构有利害关系的;

(六)______________________________________;

（七）____。

第十九条 业主委员会设委员__________名，其中主任1名，副主任______名。

本物业管理区域选举候补委员____名。

第二十条 业主委员会主任和副主任在全体委员中推举产生，业主委员会主任或者副主任委员资格终止的，业主委员会应及时召开会议，重新推举产生业主委员会主任或者副主任。

第二十一条 业主委员会主任负责业主委员会的日常事务，履行以下职责：

（一）负责召集业主委员会会议；

（二）主持制订业主委员会工作计划和实施方案；

（三）主持制定印章使用管理、档案资料管理和财务管理等制度；

（四）代表业主委员会向业主大会汇报工作；

（五）组织、协调、解决本物业管理区域物业管理实施工作中的日常问题；

（六）执行业主大会、业主委员会决定；

（七）完成业主委员会交办的工作；

（八）____；

（九）____。

第二十二条 业主委员会副主任履行以下职责：

（一）协助业主委员会主任工作；

（二）根据业主委员会主任的授权，召集业主委员会会议、主持业主委员会工作；

（三）业主委员会主任缺席时，代行其职责；

（四）执行业主大会、业主委员会决定；

（五）完成业主委员会交办的工作；

（六）____；

（七）____。

第二十三条　业主委员会委员依法履行以下职责:

(一)参加业主委员会会议等有关活动;

(二)参与制订业主委员会工作计划和实施方案;

(三)参与制定印章使用管理、档案资料管理和财务管理等制度;

(四)参与组织、协调、解决本物业管理区域物业管理实施工作中的日常问题;

(五)密切联系业主、业主代表,广泛了解本物业管理区域内物业管理动态、情况和问题,向业主委员会或者通过业主委员会向业主大会反映业主的意见和建议;

(六)承担业主委员会布置的专项工作;

(七)执行业主大会、业主委员会的决定,完成业主委员会交办的工作;

(八)____;

(九)____。

第二十四条　业主委员会委员实行任期制,委员每届任期不得超过六年,连选可以连任。业主委员会每两年定期改选部分委员,在召开第一次全体委员会议时,应当按照委员在业主大会选举过程中得票的多少,将全部委员尽量平均分为三组:得票较少的一组委员应当在第2年任满后的业主大会定期会议上改选,得票居中的一组委员应当在第4年任满后的业主大会定期会议上改选,得票较多的一组委员应当在第6年任满后的业主大会定期会议上改选。

第二十五条　业主委员会委员任期届满60日前,由业主委员会召开业主大会会议进行更换选举,并做好以下更换选举筹备工作:

(一)起草任期届满的委员工作情况的报告;

(二)确定业主大会会议召开的时间、地点、形式和内容;

(三)确认业主身份,确定业主在业主大会会议上的投票权数;

(四)将业主委员会委员候选人的照片、姓名、性别、学历、工作履历以及交纳物业费用的证明和交纳建筑物及其附属设施维修资金的证明等在本物业管理区域内公示；

（五）做好召开业主大会会议的其他准备工作。

业主委员会委员任期届满未更换的，业主可以建议业主委员会组织更换，仍不更换的，业主可以向物业所在地街道办事处、乡镇人民政府提出更换业主委员会委员的申请，由街道办事处、乡镇人民政府责令业主委员会召开业主大会会议选举业主委员会委员。

业主委员会委员补足后，应当及时办理变更备案手续。

第二十六条 业主委员会委员实行差额选举；业主委员会委员候选人采用第______种方式产生：

（一）业主委员会直接听取业主意见，经汇总后提出业主委员会委员候选人名单；

（二）业主委员会向业主发放推荐表，根据得票多少，产生业主委员会委员候选人；

（三）业主委员会书面公告业主到指定地点领取推荐表推荐，根据得票多少，产生业主委员会委员候选人；

（四）5%以上的业主联名推荐业主委员会委员候选人；

（五）其他方式______________________________。

第二十七条 业主委员会委员缺额，由候补委员按照得票顺序自动补足；候补委员名额用完，且业主委员会委员空缺达半数以上的，业主委员会应当组织召开业主大会会议决定增补委员，在委员增补之前，不得以业主委员会的名义从事组织召开业主大会会议决定增补委员以外的活动。

业主委员会委员集体提出辞职的，应当向业主大会报告工作、说明辞职理由，并以书面形式告知物业所在地的街道办事处、乡镇人民政府。在报告同时，应当将其保管的档案资料、印章及其他财物账目交由街道办事处、乡镇人民政府暂时保管。

新的业主委员会产生后，及时与街道办事处、乡镇人民政府进行档案资料、印章及其他财务账目等的转交。

第二十八条　业主委员会委员有下列情形之一的，其委员资格自动终止，并由业主委员会在物业管理区域内显著位置予以公告：

（一）任职期限届满的；

（二）不再具备业主身份的；

（三）限制民事行为能力或者无民事行为能力的；

（四）被依法追究刑事责任，无法履行委员职责的；

（五）以书面形式向业主大会或者业主委员会提出辞职的；

（六）业主大会议事规则规定的其他情形。

业主委员会委员资格终止的，应当自终止之日起3日内向业主委员会移交其保管的有关凭证、档案等文件资料、印章及其他属于全体业主共有的财物。

第二十九条　业主委员会会议分为定期会议和临时会议。定期会议每______月召开一次。经三分之一以上业主委员会委员提议或者业主委员会主任认为有必要的或者业主委员会就业主提议形成议案的，应当及时召开业主委员会临时会议。

业主委员会委员不得委托他人出席业主委员会会议。

第三十条　召开业主大会定期会议时，由业主委员会主任代表业主委员会向业主大会报告工作，工作报告内容应与本规则第十六条约定的业主委员会工作职责相一致，并分为日常工作报告、特定工作报告、财务报告和工作计划等部分。

业主委员会在向业主大会报告工作15日前，应将工作报告的主要内容以书面形式向物业管理区域内全体业主公告。

第三十一条　业主委员会依法作出的决定，对业主委员会委员和业主具有约束力，业主委员会委员和业主必须共同遵守；持不同意见的委员、业主不得抵制业主委员会决定的贯彻执行，不得干扰业主委员会的正常工作。

业主委员会作出的决定违反法律法规的，业主可以向物业所在地的街道办事处、乡镇人民政府举报，由受理单位依法处理；业主委员会作出的决定侵害业主合法权益的,受侵害的业主可以依法请求人民法院予以撤销。

第三十二条 业主委员会会议应当按照下列规则召开:

(一)会议由主任或其委托的副主任负责召集,并决定会议召开的时间、地点等;主任和副主任均不履职的,三分之一以上的委员可以自行召集业主委员会会议;

(二)委员因故不能参加会议的,提前 1 日向业主委员会召集人说明;

(三)提前 7 日将会议通知及有关材料送达每位委员;

(四)讨论、决定物业管理公共事项的,于会议召开 3 日前在物业管理区域内以书面形式公告会议议程,听取业主的意见和建议;

(五)做好会议书面记录,并由主持人和记录人签字;涉及重要事项的会议由全体出席会议的委员签字;

(六)会议有过半数委员出席,作出的业主委员会决定(包括形成的业主委员会议案)须经全体委员半数以上签字同意通过;

(七)业主委员会会议决定的议事文件由业主委员会发布或签署,并由出席会议的业主委员会委员签字并加盖业主委员会印章后存档;

(八)业主委员会应当将业主委员会的决定(包括业主委员会议案)在作出之日起 3 日内以书面形式在物业管理区域内公告,接受业主的查询和监督。

第三十三条 涉及以下重要事项的,业主委员会召开会议前应当先行召开业主意见征求会,公开听取业主的意见,并可以邀请业主代表旁听业主委员会会议,业主代表由业主小组推选产生:

(一)拟订《业主大会议事规则》和《管理规约》修改方案;

(二)拟订建筑物及其附属设施维修资金使用、续筹方案;

(三)拟订物业管理区域内公共秩序和环境卫生的维护等方面的规章制度的方案;

(四)拟订物业管理区域内物业共用部分的使用、收益方案;

(五)初审物业服务企业或者其他管理人制订的年度服务计划;

(六)____;

(七)____。

第三十四条　业主委员会应当做好业主大会会议、业主委员会会议的书面记录,并安排专人负责会议记录和会议资料的存档。

业主委员会会议书面记录由会议主持人(业主委员会主任或副主任)和记录人签字,并加盖业主委员会印章后存档;涉及重要事项的会议由会议主持人(业主委员会主任或副主任)、记录人和全体出席会议的业主委员会委员签字,并加盖业主委员会印章后存档。

第三十五条　业主可以查阅业主委员会所有会议资料,并有权就涉及自身利益的事项向业主委员会提出询问,业主委员会应当在接受询问之日起7日内予以答复。

第三十六条　业主大会印章和业主委员会印章由业主委员会指派专人保管。

印章保管人不得将印章转借他人,如确因工作需要或印章保管人外出,印章由业主委员会会议决定暂时保管人,并办理暂时交管手续。

印章保管人对印章必须妥善保管,防止印章丢失、被盗和被盗用,如发现上述情况必须立即报告并采取补救措施。

第三十七条　业主大会和业主委员会依据各自的职责范围使用印章。每次印章使用应当有记录,记录内容包括申请使用人姓名、用途、盖章人姓名。记录应当存档,业主可以查阅。

第三十八条　未依业主大会决定、业主委员会决定而使用业主大会印章、业主委员会印章的,由印章保管人承担责任;造成经济损失或不良影响的,依法追究印章保管人的相应责任。

业主大会、业主委员会印章遗失的,业主委员会应当向社会公告,并按照相关规定重新刻制业主大会、业主委员会印章。违反上述规定，印章遗失后造成经济损失或不良影响的，由印章遗失责任人承担相应的责任。

第三十九条 下列档案资料应当编号造册，并由业主委员会指定专人保管：

（一）物业管理区域内的物业资料；

（二）各类会议记录、纪要；

（三）业主大会、业主委员会作出的决议、决定等书面材料；

（四）业主大会成立备案及业主委员会产生、委员产生、备案及更新备案的材料；

（五）业主清册及联系方式；

（六）签订的物业服务合同；

（七）有关法律、法规和业务往来文件；

（八）业主和使用人的提议、书面意见、建议书；

（九）建筑物及其附属设施维修资金收支情况清册；

（十）利用物业共用部分经营所得收益的收支情况清册；

（十一）业主大会、业主委员会工作经费的收支情况清册；

（十二）其他有关材料。

上述档案资料遗失的，由档案保管人承担责任；造成经济损失或不良影响的，依法追究档案保管人的相应责任。

第四十条 本业主大会的财务管理按照以下原则执行：

（一）属于本物业管理区域内全体业主或相关业主所有的资金的收支范围按本物业管理区域管理规约、业主大会议事规则相关约定执行，并由业主委员会负责业主大会的财务管理。

（二）财务管理人员由出纳、会计和负责人组成。出纳________（姓名）负责现金的提取和存入；会计负责账目的记录和核对；负责人负责现金和账目的吻合性。

（三）全体业主或相关业主在取得物业共用部分经营所得收益时，统一由负责财务管理的会计或者出纳入账，并出具收据，加盖财务专用章。严禁任何人截留、挪作他用、私分、私存物业共用部分经营所得收益。

（四）业主委员会主任负责业主委员会办公经费的审批签字。但一次支出超过人民币____元（含本数）时，需经业主委员会会议通过后，方可使用与划转。

（五）业主委员会应当按照国家规定的财务管理制度进行财务管理，业主大会财务专用章由会计负责保管；财务账目实行公开化，于每月____日在物业管理区域内公布一次，并由____________进行年度审计，接受业主的监督。

（六）业主大会以及业主委员会不得向任何单位及个人借款或为任何第三方提供担保。

（七）在财务总结年度内，业主大会的资金使用有节余时，自动结转到下一年度；资金发生不足时，由业主委员会草拟筹集方案，提交业主大会会议决定。

（八）业主、业主委员会及其委员不得侵占属于本物业管理区域全体业主或部分业主所有的资金；侵占全体业主或部分业主所有资金的，受侵害的业主可以依法向人民法院提起诉讼。

第四十一条　保管业主大会、业主委员会印章、档案资料或财务凭证、财物的业主委员会委员资格终止的，应当自资格终止之日起3日内向业主委员会移交其保管的业主大会、业主委员会印章、档案资料或财务凭证、财物。业主委员会重新确定印章、档案资料或财务凭证、财物保管人，并完成印章、档案资料或财务凭证、财物交接工作。

业主委员会委员集体提出辞职的，应当向业主大会报告工作、说明辞职理由，并以书面形式告知物业所在地的街道办事处、乡镇人民政府。在报告同时，应当将其保管的档案资料、印章及其他财物账目交由街道办事处、乡镇人民政府暂时保管。

新的业主委员会产生后，与街道办事处、乡镇人民政府进行档案资料、印章及其他财物账目等的转交。

第三章　监事会、财务人员和秘书

第四十二条　监事会依据业主大会的授权开展工作,向业主大会负责并汇报工作,监事会的职责范围包括:

(一)制订年度工作计划,报业主大会批准;

(二)在业主大会会议期间,向业主大会报告物业管理监督工作的实施情况;

(三)监督业主委员会的工作和财务状况;

(四)了解业主的意见和建议,了解物业服务企业履行物业服务合同的情况;

(五)派员列席业主委员会会议;

(六)接受业主对业主委员会或业主委员会委员的投诉,并决定是否启动调查程序;

(七)监督业主委员会委员的更换选举;

(八)对业主委员会或业主委员会委员的行为进行调查、提出处理意见并提交业主大会表决;

(九)业主大会赋予的其他职责。

第四十三条　业主大会选举产生监事会,监事会由__人组成。

监事会监事每次选举产生后,召开监事会会议推选产生召集人1名和副召集人1名,并在小区内公示,公示时间不少于7日。

第四十四条　监事会召集履行以下职责:

(一)召集和主持监事会会议;

(二)主持制订监事会工作计划和实施方案;

(三)组织了解本物业区域业主大会决议、决定的执行情况、业主代表及业主委员会委员的工作情况;

(四)组织草拟监事会提交业主大会的请求、建议和意见;

(五)指派监事参加业主委员会会议;

(六)代表监事会向业主大会汇报工作;

（七）____；

（八）____。

第四十五条　监事会监事由物业管理区域内的业主担任,并应当符合下列条件:

（一）具有完全民事行为能力;

（二）遵守管理规约、业主大会议事规则;

（三）未被业主大会依约限制行使被选举权;

（四）热心公益事业,责任心强,公正廉洁;

（五）具备必要的工作时间;

（六）____；

（七）____。

第四十六条　监事会会议应当按照下列规则召开:

（一）会议由召集人或其委托的副召集人负责召集,并决定会议召开的时间、地点等;

（二）监事因故不能参加会议的,提前1日向监事会召集人说明;

（三）提前7日将会议通知及有关材料送达每位监事;

（四）做好会议书面记录,并由主持人和记录人签字,涉及重要事项的会议由全体出席会议的监事签字;

（五）会议应有过半数监事出席,作出的监事会决定须经全体监事半数以上表决通过并签字;

（六）监事会会议决定的议事文件由监事会发布或签署,并由出席会议的监事会监事签字后存档;

（七）监事会应当将监事会的决定在作出之日起3日内以书面形式在物业管理区域内公告,接受业主的查询和监督;

（八）____；

（九）____。

第四十七条　业主委员会公开招聘1名秘书和____名财务人员。秘书和财务人员的任免由业主委员会会议决定,决定结果在小区内公示,公示时间不少于7日。

第四十八条 秘书的职责:

(一)起草业主大会会议和业主委员会会议的会议通知,并在物业管理区域显著位置公布;

(二)负责业主大会会议和业主委员会的会议记录;

(三)协助业主委员会的工作;

(四)执行业主委员会的决议;

(五)接收业委会委员的书面辞职申请;

(六)接收离任的业主委员会委员所保管的档案资料及财物;

(七)收取合理的复印费后,向业主提供有关业主委员会会议和业主大会的会议记录的复印件;

(八)______________________________;

(九)______________________________。

第四十九条 财务人员的职责:

(一)严格遵守、执行国家财经法律法规和财会制度;

(二)认真审查各种报销或支出的原始凭证;

(三)根据原始凭证,做好现金和银行账目;

(四)负责到银行办理经费领取手续,支付和结算;

(五)负责支票签发管理;

(六)保管现金、空白支票、空白收据;

(七)做好工资、补贴的造册发放工作;

(八)定期向业主委员会汇报财政收支情况;

(九)做好财务收支明细表;

(十)在收取合理的复印费后,向业主提供业主大会预算的复印件、业主大会财务报表的复印件等财务资料;

(十一)______________________________;

(十二)______________________________。

第四章　附　　则

第五十条　本议事规则由业主委员会根据业主大会的决议修改。修改后的规则,经业主大会会议表决通过之日起生效。

本议事规则未尽事项由业主大会会议补充。

第五十一条　本议事规则对本物业管理区域内的各业主和使用人均具有约束力。物业的所有人发生变更时,议事规则的效力及于物业的继受人。

本规约自首次业主大会会议表决通过之日(＿＿＿＿年＿＿＿＿月＿＿＿＿日)起生效。

第五十二条　制定和修改的业主大会议事规则,应当按照规定报物业所在地街道办事处、乡镇人民政府备案。

第五十三条　本议事规则业主各执1份,业主委员会保存3份,物业所在地的区(市)县房屋行政主管部门、街道办事处、乡(镇)人民政府、社区居民委员会各1份。

北京市住宅区首次业主大会会议召开方案制定规范

1.［首次业主大会会议召开方案］首次业主大会会议召开方案是首次业主大会会议筹备组根据本物业管理区域内的实际情况，依法制定的关于本物业管理区域内首次业主大会会议召开及表决方式、召开时间、召开地点、决议事项、表决规则、业主委员会委员候选人产生办法、业主委员会委员及候补委员产生办法、筹备及召开首次业主大会会议费用预算明细及费用结算方案和筹备组的解散等事项的方案。

2.［制定主体和制定时间］首次业主大会会议召开方案由筹备组负责制定，并在筹备组成立之日起60日内完成。

3.［公示和修改］首次业主大会会议召开方案应当以书面形式在物业管理区域内显著位置公示7天。公示期间，筹备组应当记录业主提出的修改意见和建议。公示期满后7日内，筹备组应当参考业主提出的意见和建议，确定并公告正式的首次业主大会会议召开方案。

首次业主大会会议召开方案与现行法律、法规、规章等相抵触的，筹备组应当及时修改，并将修改后的首次业主大会会议召开方案在物业管理区域内显著位置公告。

4.［法律效力］首次业主大会会议召开方案是首次业主大会会议筹备组为成立业主大会，保证首次业主大会会议顺利召开制定的工作方案，适用于本物业管理区域内召开首次业主大会会议，对本物业管理区域内的筹备召开首次业主大会会议具有约束力。首次业主大会会议召开方案不得侵害业主的合法权益。

首次业主大会会议召开方案与现行法律、法规、规章等相抵触的内容无效,但不影响其他条款的效力。

5.［基本内容］首次业主大会会议召开方案的基本内容应当包括首次业主大会会议召开及表决方式、召开时间、召开地点、决议事项、表决规则、业主委员会委员候选人产生办法、业主委员会委员及候补委员产生办法、筹备及召开首次业主大会会议费用预算明细及费用结算方案和筹备组的解散等。

5.1　召开及表决方式:首次业主大会召开及表决方式由筹备组结合本物业管理区域的实际情况,征求相关业主意见后确定。首次业主大会会议可以采取集体讨论或者书面征求意见形式召开。

首次业主大会会议业主大会表决时,可以现场表决或者书面表决,也可以采用北京市业主决定共同事项公共决策平台进行表决。对现场表决或者书面表决形式及结果有异议的,可以通过北京市业主决定共同事项公共决策平台核查。

本市提倡通过北京市业主决定共同事项公共决策平台表决。

5.2　召开时间:筹备组应当自成立之日起3个月内完成筹备工作,组织召开首次业主大会会议。

具体召开时间及会期由筹备组结合本物业管理区域的实际情况确定。

5.3　召开地点:首次业主大会会议召开地点由筹备组结合本物业管理区域的实际情况根据首次业主大会会议召开方式确定。

5.4　决议事项:首次业主大会会议决议事项分为应当表决事项和可以表决事项。

其中,应当表决事项包括:

(一)管理规约(草案);

(二)业主大会议事规则(草案);

(三)选举业主委员会委员。

《北京市物业管理条例》实施后申请办理商品房预售许可或者现房销售的住宅物业项目,首次业主大会会议除完成前款事项表决外,还应当就解除前期物业服务合同并确定物业管理方式进行表决。但是未表决该事项的,不影响业主大会的成立和备案。

5.5　表决规则:决议以上事项应当经本物业管理区域内专有部分占建筑物总面积过半数的业主且占总人数过半数的业主同意。首次业主大会会议筹备组应当按照《北京市住宅区业主大会和业主委员会指导规则》第二十一条的规定计算业主的表决权。

5.6　业主委员会委员候选人产生办法:业主委员会委员候选人的产生办法由首次业主大会会议筹备组结合本物业管理区域的实际情况,按照公开、公平和公正的原则协商确定。

业主委员会委员候选人可以由业主自荐,也可以由若干名业主推荐产生。业主委员会委员候选人产生后,应当在本物业管理区域内公示候选人名单和简历。

5.7　业主委员会委员及候补委员产生办法:业主委员会委员及候补委员的产生办法由首次业主大会会议筹备组结合本物业管理区域的实际情况,按照公开、公平和公正的原则协商确定。

业主委员会委员及候补委员由本物业管理区域内的业主担任,并应当符合《北京市住宅区业主大会和业主委员会指导规则》第四十一条规定的任职条件。

5.8　筹备及召开首次业主大会会议费用预算明细及费用结余移交方案:筹备组应当结合本物业管理区域的实际情况,与建设单位协商确定筹备及召开首次业主大会会议费用预算明细及结算方案。

建设单位拒不履行承担筹备及召开首次业主大会会议所需费用义务的,筹备组可向街道办事处、乡镇人民政府说明情况,不影响筹备及召开首次业主大会会议的活动。相关费用可先由业主垫付。

5.9　筹备组的解散:因筹备组成员辞职或者因其他原因造成筹备组不能履行职责的或者逾期未完成筹备工作的,筹备组应当在物业管理区域内显著位置公告并说明理由,筹备组自公告之日起自动解散,符合《北京市住宅区业主大会和业主委员会指导规则》第十条规定的,业主可以重新申请成立业主大会。

业主大会成立后,筹备组应当解散并将相关资料移交给业主委员会。

6.[适用范围]住宅区业主大会会议首次召开方案适用于本市行政区域内住宅区的召开首次业主大会会议。非住宅区可以参照使用。

7.[行政指导]物业管理区域所在地的街道办事处、乡镇人民政府应当协助、指导和监督本辖区内的物业管理区域召开首次业主大会会议。

8.[格式及填写说明]首次业主大会会议召开方案正文应当用A4纸打印,空格部分应当用钢笔(黑色墨水、蓝黑墨水)、签字笔或者打印填写,空格部分若不填写内容,应当用"×"划掉。涂改之处,须经当事人签字或者盖章确认。

北京市住宅区首次业主大会会议召开方案

（示范文本）

使用说明

一、本首次业主大会会议召开方案文本为示范文本，由北京市住房和城乡建设委员会制定，适用于本市范围内住宅区首次业主大会会议筹备组筹备召开首次业主大会会议。

二、业主可以根据实际情况共同决定对示范文本的内容进行选择、修改、增补或者删减。

三、非住宅区可以参照使用本示范文本。

________首次业主大会会议召开方案

(名称应当与前期物业服务合同所填名称一致)

根据《中华人民共和国物权法》①、《物业管理条例》、《北京市物业管理条例》、《北京市住宅区业主大会和业主委员会指导规则》及相关法律、法规、规章规定,结合本物业管理区域内的实际情况,在____区(县)______街道办事处/乡镇人民政府的指导下,由________________建设单位代表、业主代表,共____人,于____年____月____日组建成立____________________________物业管理区域(以下简称本物业管理区域)首次业主大会会议筹备组(以下简称筹备组),经筹备组研究决定,制定本工作方案:

一、首次业主大会会议召开方式

筹备组决定以第____种形式召开首次业主大会会议。

1. 集体讨论形式;

2. 书面征求意见形式。

二、首次业主大会会议表决方式

筹备组决定以第____种形式投票表决首次业主大会会议相关议题。

1. 采用集体讨论形式召开首次业主大会会议并采用当场投票形式表决;

2. 采用集体讨论形式召开首次业主大会会议并采用收发表决票形式表决;

3. 使用北京市业主决定共同事项公共决策平台形式表决;

4. 采用书面征求意见形式召开首次业主大会会议并采用收发表决票形式表决。

---

① 2021年后应改为《中华人民共和国民法典》。

以书面征求意见方式召开首次业主大会会议的，由筹备组派____名工作人员将业主大会议事规则（表决稿）、管理规约（表决稿）、首次业主大会会议召开方案（本方案）、《业主委员会委员候选人简历》以及《本物业区域首次业主大会会议表决书》等文件公示并送达业主，由业主或者由其配偶、子女、父母等共同居住的成年家属签收。也可采用挂号信等方式送达，并保留送达记录。

业主本人应当按照《本物业区域首次业主大会会议表决书》中的要求和形式进行表决，经本人签字后，由筹备组工作人员收集，也可由业主投放到______（筹备组指定地点）。

三、首次业主大会会议召开时间

筹备组决定于____年____月____日至____年____月____日，在本物业管理区域内召开首次业主大会会议。逾期未召开的，则自动延期，但至迟不超过筹备组自成立之日起三个月。

首次业主大会会议会期由筹备组根据本物业管理区域的实际情况和首次业主大会会议召开及表决方式确定，最长不得超过60天。

采用第1种表决方式的，首次业主大会会议会期为____天；

采用第2种表决方式的，首次业主大会会议会期为____天；

采用第3种表决方式的，首次业主大会会议会期为____天；

采用第4种表决方式的，首次业主大会会议会期为____天。

四、首次业主大会会议召开地点

采用集体讨论形式召开首次业主大会会议的，筹备组决定于__________召开本物业管理区域首次业主大会会议。

采用书面征求意见形式召开首次业主大会会议的，筹备组决定于__________收发《业主委员会候选人自荐表》、《业主委员会候选人推荐表》和《本物业区域首次业主大会会议表决书》。

五、首次业主大会决议事项

首次业主大会会议决议事项分为应当表决事项和可以表决事项。《北京市物业管理条例》实施后申请办理商品房预售许可或者现房销售的住宅物业项目,首次业主大会会议除完成应当表决事项表决外,还应当就是否解除前期物业服务合同并确定物业管理方式进行表决。但是未表决该事项的,不影响业主大会的成立和备案。

1. 应当表决事项进行表决:

(1)管理规约(草案);

(2)业主大会议事规则(草案);

(3)选举业主委员会委员。

2. 可以表决事项:

(1)是否解除前期物业服务合同;

(2)确定物业管理方式为:

①本物业管理区域内实行自行管理;

②委托物业服务企业或者专业性服务企业管理;

③委托其他管理人管理。

六、首次业主大会会议表决规则

决议以上事项应当经本物业管理区域内专有部分占建筑物总面积过半数的业主且占总人数过半数的业主同意。

业主的表决权按照面积和人数计算。

业主的面积表决权数按照下列方法认定:

(一)专有部分面积,按照不动产登记簿记载的面积计算;尚未进行不动产登记的,暂按测绘机构的实测面积计算;尚未进行实测的,暂按房屋买卖合同记载的面积计算。

(二)建筑物总面积,按照前项的统计总和计算。

业主的人数表决权数按照下列方法认定:

(一)业主人数,按照专有部分的数量计算,一个专有部分按一人计算。但建设单位尚未出售和虽已出售但尚未交付的部分,以及同一买受人拥有一个以上专有部分的,按一人计算。

(二)总人数,按照前项的统计总和计算。

按照规划建设的已经办理了不动产登记的车库、车位,按照不动产登记簿记载的面积计算;尚未进行不动产登记但是具有销售(预售)许可证的车库、车位,按测绘机构的实测面积计算;尚未进行实测的,暂按买卖合同记载的面积计算。按照规划建设的人防工程面积不计算投票权。

根据以上表决规则和本物业管理区域内业主及其专有部分面积明细表(见附件)确立各业主的表决权。

七、业主委员会委员候选人产生办法

筹备组按照《北京市住宅区业主大会和业主委员会指导规则》的有关规定,本着公开、公平和公正的原则结合本物业管理区域的实际情况,决定业主委员会委员候选人可以由业主自荐,也可以由____名以上的业主联名推荐产生。业主委员会委员候选人推荐产生的,应同时提交被推荐人的同意参选书面证明。本物业管理区域内业主可以凭房屋权属证书和身份证于____年____月____日至____年____月____日到______领取《业主委员会候选人自荐表》、《业主委员会候选人推荐表》,并于____年____月____日前将《业主委员会候选人自荐表》、《业主委员会候选人推荐表》交回________,过期不予登记。

业主委员会委员候选人产生后,应于____年____月____日至____年____月____日在本物业管理区域内公示候选人名单和简历。

八、业主委员会委员及候补委员产生办法

筹备组按照《北京市住宅区业主大会和业主委员会指导规则》的有关规定,本着公开、公平和公正的原则结合本物业管理区域的实际情况,决定业主委员会委员名额为______名,候补委员为______名。

业主委员会委员由物业管理区域内的业主担任,并应当符合下列________条件:

(一)具有完全民事行为能力;

(二)遵守管理规约、业主大会议事规则;

(三)未被业主大会依约限制被选举权;

(四)热心公益事业,责任心强,公正廉洁;

(五)具有一定组织能力;

(六)具备必要的工作时间;

(七)临时管理规约约定的其他条件。

除上述条件外,主任委员还应当符合以下____条件:

(一)具有丰富的工作经验和良好的群众基础;

(二)熟悉物业管理相关法律、法规、规章和政策。

业主是法人或者其他组织的,可以授权自然人参加业主委员会委员的选举。一个物业管理区域内,一名自然人只能代表一个法人或者其他组织。

有以下行为之一的业主,不能担任业主委员会委员:

(一)____________________;

(二)____________________。

九、筹备及召开首次业主大会会议费用预算明细及费用结算方案

按照《北京市住宅区业主大会和业主委员会指导规则》关于建设单位承担筹备及召开首次业主大会会议所需费用的规定,结合本物业管理区域的实际情况,经与建设单位友好协商,筹备组与建设单位共同确定本物业管理区域筹备及召开首次业主大会会议所需费用预算为______元,费用预算明细见附件。

首次业主大会会议结束后,筹备组与建设单位结算筹备及召开首次业主大会会议的实际费用。

十、筹备组的解散

因筹备组成员辞职或者因其他原因造成筹备组不能履行职责的或者逾期未完成筹备工作的,筹备组应当在在物业管理区域内显著位置公告并说明理由,筹备组自公告之日起自动解散,符合第十条规定的,业主可以重新申请成立业主大会。

业主大会成立后,筹备组应当解散并将相关资料移交给业主委员会。

筹备组全体成员签字:______________

年　　月　　日

北京市住宅区首次业主大会会议筹备组工作报告撰写规范

1.［筹备组工作报告］首次业主大会会议筹备组工作报告是首次业主大会会议筹备组关于其在存续期间开展筹备工作有关情况的说明，是对整个筹备工作和首次业主大会会议情况的总结，是业主委员会备案的重要材料之一。

首次业主大会会议筹备组工作报告对象是全体业主。

2.［撰写主体和时间］筹备组工作报告由筹备组集体讨论撰写，筹备组组长签字确认。业主委员会备案时，筹备组工作报告应当作为备案材料之一提交给街道办事处、乡镇人民政府。

3.［撰写报告要求］筹备组应当及时记录筹备工作有关情况，如实撰写筹备组工作报告，并接受业主的询问和监督。

首次业主大会会议筹备组应当自撰写完成工作报告之日起 3 日内，将报告内容在物业管理区域内显著位置公告，公告时间不少于 7 日。

4.［基本内容］筹备组工作报告主要包括以下内容：

4.1　筹备组成立情况：包括筹备组成立的时间、筹备组人员组成情况等。

4.2　筹备组工作基本原则：包括筹备组如何形成有效决议、筹备工作时限等内容。

4.3　筹备组开展筹备工作情况：筹备组工作议事日程表，业主表决权数情况，拟定的首次业主大会会议召开方案、管理规约（草案）、业主大会议事规则（草案）的征求意见及修改情况，业主委员会委员候选人及候补委员产生情况，筹备组各次会议情况，管理规约、业主大会议事规则、表决票样本、业主委员会委员候选人简历等相关文本、筹备组决议的公示、公告情况,筹备组发布的公示、公告的全部文本,街道办事处、乡镇人民政府的指导和监督情况,首次业主大会会议费用情况以及其他需要说明的情况。

4.4 首次业主大会会议召开的有关情况:包括首次业主大会会议议题,收发选票和计票、验票情况等。

4.5 筹备组组长声明:由筹备组组长根据筹备工作的实际情况如实填写,对筹备工作的各项文本内容、相关程序、是否符合相关法律、法规、规章和政策,附件内容是否齐备等予以说明。

5. [行政指导]物业项目所在地的街道办事处、乡镇人民政府应当协助、指导和监督首次业主大会会议筹备工作。

6. [格式及填写说明]筹备组工作报告正文应当用 A4 纸打印,空格部分应当用钢笔(黑色墨水、蓝黑墨水)、签字笔或者打印填写,空格部分若不填写内容,应当用“×”划掉。

北京市住宅区首次业主大会会议筹备组工作报告

（示范文本）

使用说明

一、本筹备组工作报告文本为示范文本，北京市住宅区首次业主大会会议筹备组应当遵守首次业主大会会议筹备组工作报告撰写规范，结合物业项目的实际情况并参照本示范文本撰写工作报告。

二、首次业主大会会议筹备组工作报告应当自撰写完成之日起3日内，将报告内容在物业管理区域内显著位置公告，公告时间不少于7日。

三、非住宅区可以参照使用本示范文本。

________首次业主大会会议筹备组工作报告

（名称应当与前期物业服务合同一致）

________（物业项目名称）全体业主：

________（物业项目名称）首次业主大会会议筹备组按照《北京市物业管理条例》和《北京市住宅区业主大会和业主委员会指导规则》等有关法律、法规、规章和政策的规定，进行首次业主大会会议筹备和召开工作，现将有关情况报告如下。

一、筹备组成立情况

（一）__________街道办事处/乡镇人民政府于____年__月__日指定______（姓名），____________（身份证号）担任本物业项目首次业主大会会议筹备组组长。

（二）筹备组组长于____年__月__日在物业管理区域内发布筹备组成员招募公告，在报名日期内共接到______名业主报名，经条件核实以及____________（推选方式：如集体讨论、民主选举等），确定业主代表____名、建设单位代表__名、__（其他单位代表）____名，共____名人员组成首次业主大会会议筹备组。（筹备组成员详细名单及公告情况见附件）。

筹备组成立时间为____年__月__日。

二、筹备组工作原则

（一）筹备组组长召集和主持筹备组会议。

（二）筹备组作出决定应当经筹备组中具有表决权的过半数成员同意；成员进行表决时应当在决议上签字，注明同意、反对或者弃权。持保留意见的成员不签字的，不影响决议的效力。

（三）筹备组应当对会议进行书面记录，筹备组组长应当对会议记录签字确认。

（四）筹备组的成员不能委托代理人参加会议，但成员是法人或者其他组织的除外。

（五）筹备组应当自成立之日起3个月内完成筹备工作，组织召开首次业主大会会议。

（六）业主大会成立后，筹备组应当将相关资料移交给业主委员会。

因筹备组成员辞职或者因其他原因造成筹备组不能履行职责的或者逾期未完成筹备工作的，筹备组应当在在物业管理区域内显著位置公告并说明理由，筹备组自公告之日起自动解散，符合《北京市住宅区业主大会和业主委员会指导规则》第十条规定的，业主可以重新申请成立业主大会。

三、筹备组工作日程表

时间	讨论内容	决议情况	公示公告时间
年 月 日	首次业主大会会议召开方案（草案）及征求意见	全体通过	年 月 日 至 年 月 日
	管理规约（草案）及征求意见	未通过	
	发布业主委员会候选人及候补委员招募公告	全体通过	
	公告业主委员会候选人名单及简历	全体通过	
	管理规约（草案）及征求意见	过半数通过	
	首次业主大会会议召开方案征求意见情况总结、首次业主大会会议召开方案（表决稿）	过半数通过	年 月 日 至 年 月 日

续表

时间	讨论内容	决议情况	公示公告时间
	业主大会议事规则征求意见情况总结、拟定业主大会议事规则(表决稿)		
注:该表格内容可根据实际工作情况进行调整。会议记录、决议记录和公示、公告具体内容见附件。			

四、首次业主大会会议召开情况

(一)首次业主大会会议召开时间为____年__月__日至____年__月__日。

(二)首次业主大会会议结果为:

1. 管理规约:____________________________;

2. 业主大会议事规则:____________________;

3. 业主委员会委员:______________________;

4. 解除前期物业服务合同并确定物业管理方式:______;

5. ____________:________________________。

(三)首次业主委员会会议召开时间为____年__月__日,推选______(姓名)为主任委员,__________(姓名)为副主任委员,____________________。

五、首次业主大会会议费用情况

(一)首次业主大会会议费用预算总额为______(大写),实际使用总额为__________(大写),具体明细见附件。

(二)费用来源为建设单位提供/业主垫付/业主捐赠/其他:__________。

业主垫付的,按照____元/每户或者____元/每平方米计算。

(三)首次业主大会会议结余为________(大写),经协商,结余费用按照退回建设单位/转为业主大会活动经费/其他：______________________________________

____方式处理。

附件：1. 筹备组成员名单

2. 首次业主大会会议召开方案

3. 业主表决权数确定办法

4. 首次业主大会会议工作人员产生办法

5. 业主委员会委员候选人及候补委员产生办法

6. 筹备组会议记录及决议情况

7. 各项工作征求意见情况汇总

8. 街道办事处、乡镇人民政府指导意见

9. 各项工作公示、公告情况汇总

10. 首次业主大会会议费用使用明细

11. ______________________________

筹备组组长声明

本人受________街道办事处/乡镇人民政府指定，参与指导监督本小区首次业主大会会议筹备、会议召开、业主委员会选举的全过程。筹备组全体成员共同完成此工作报告，并将此报告于____年__月__日至____年__月__日在物业管理区域内显著位置向全体业主进行公告。筹备组保证上述报告记载的情况内容真实、程序规范，符合法律、法规、规章和相关政策的规定和要求。如有隐瞒、提供材料不真实等行为，筹备组全体成员将承担由此引发的法律后果。

筹备组组长签字（签章）：____________

年　　月　　日

关于印发《业主委员会备案单》《印章刻制证明》《物业管理区域变更申请书及确认书》的通知

(京建发〔2010〕761 号)

各区县住房城乡建设委、房管局,各有关单位:

为贯彻落实《北京市住宅区业主大会和业主委员会指导规则》(京建发〔2010〕739 号),现将《业主委员会备案单》、《印章刻制证明》和《物业管理区域变更申请书及确认书》印发给你们,上述文件自 2011 年 1 月 1 日起实施,请结合实际,规范使用。北京市住房和城乡建设委员会、北京市社会建设工作办公室、北京市民政局、北京市规划委员会、北京市公安局《关于印发〈业主委员会备案单〉、〈印章刻制证明〉、〈物业区域划分意见书及审核表〉的通知》(京建物〔2009〕448 号)同时废止。

特此通知。

二〇一〇年十二月二十七日

业主委员会备案单

______[街道(地区)办事处/乡镇人民政府]业务[____年]第__号

<table>
<tr><td>名称</td><td colspan="4">北京市________区(县)____________________________________
________业主委员会</td></tr>
<tr><td rowspan="5">物业
项目
基本
信息</td><td>名称</td><td colspan="3"></td></tr>
<tr><td rowspan="2">类型</td><td colspan="2" rowspan="2">住宅□ 办公□ 商业□
其他:__________</td><td>建筑物总面积:____平方米</td></tr>
<tr><td>业主总人数:______人</td></tr>
<tr><td colspan="2">物业管理
区域</td><td colspan="2">东至:____________________
西至:____________________
南至:____________________
北至:____________________</td></tr>
<tr><td colspan="2">业主大会
办公用房</td><td colspan="2">地址:______________________
建筑面积:________平方米</td></tr>
<tr><td colspan="3">首次业主大会
会议召开时间</td><td colspan="2">____年____月____日至____年____月____日</td></tr>
<tr><td colspan="3">首次业主大会会议
及表决形式</td><td colspan="2">1. 集体讨论□
2. 书面征求意见:①收发纸制表决票□
②业主公共决策平台□</td></tr>
</table>

续表

<table>
<tr><td rowspan="2">备案材料清单</td><td colspan="7">1. 管理规约☐　2. 业主大会议事规则☐　3. 业主大会决议☐
4. 筹备组工作报告☐</td></tr>
<tr><td colspan="7">备注(受理人填写):</td></tr>
<tr><td rowspan="12">业主委员会委员情况</td><td colspan="7">本业主委员会共______人,委员具体情况如下:</td></tr>
<tr><td>姓名</td><td>性别</td><td>职业</td><td>专有部分地址</td><td>联系电话</td><td>任期</td><td>职务</td></tr>
<tr><td></td><td></td><td></td><td></td><td></td><td></td><td>主任</td></tr>
<tr><td></td><td></td><td></td><td></td><td></td><td></td><td></td></tr>
<tr><td></td><td></td><td></td><td></td><td></td><td></td><td></td></tr>
<tr><td></td><td></td><td></td><td></td><td></td><td></td><td></td></tr>
<tr><td></td><td></td><td></td><td></td><td></td><td></td><td></td></tr>
<tr><td></td><td></td><td></td><td></td><td></td><td></td><td></td></tr>
<tr><td></td><td></td><td></td><td></td><td></td><td></td><td></td></tr>
<tr><td></td><td></td><td></td><td></td><td></td><td></td><td></td></tr>
<tr><td></td><td></td><td></td><td></td><td></td><td></td><td></td></tr>
<tr><td colspan="7">注:业主委员会委员身份证复印件附后。</td></tr>
<tr><td>备案声明</td><td colspan="7">本业主委员会依法由业主大会选举产生,现委托__________(姓名),身份证号____________________,到贵单位办理业主委员会备案手续(身份证复印件附后)。受托人已认真阅读填表说明,并保证填报内容及提交的相关材料真实。如有隐瞒、提供材料不真实等行为,本业主委员会将承担由此引发的法律后果。
业主委员会全体委员签字:____
____

受托人签字:________________
年　　月　　日</td></tr>
</table>

续表

备案单位意见	该业主委员会提交的材料齐全,符合首次业主大会会议召开和形成决定的法定要求,符合备案条件,现予以备案。 经办人(签字):____________ __________街道办事处/乡镇人民政府 ______年___月___日(盖章)

此备案单一式两份,由街道办事处/乡镇人民政府、业主委员会各留存一份。街道办事处、乡镇人民政府应当在备案(包括备案事项变更)后7日内将备案材料抄送区县房屋行政主管部门,将有关情况书面通报物业所在地公安派出所、社区居民委员会。

备案事项变更单

______年____月____日

<table>
<tr><td>变更事项</td><td>1. 管理规约 □
2. 业主大会议事规则 □
3. 业主委员会委员 □</td></tr>
<tr><td>业主大会会议召开时间</td><td>______年____月____日至______年____月____日</td></tr>
<tr><td>业主大会会议形式</td><td>1. 集体讨论□　2. 书面征求意见□　3. 业主决定共同事项公共决策平台□</td></tr>
<tr><td rowspan="2">变更备案材料清单</td><td>1. 变更事项文本□　2. 业主大会决议□　3. 变更情况说明□</td></tr>
<tr><td>备注(受理人填写):</td></tr>
<tr><td rowspan="2">变更事项简要情况</td><td>本业主委员会于______年____月____日备案,备案号为______,现备案事项发生如下变更,特此说明。</td></tr>
<tr><td>1. 管理规约修改以下内容:
(1)______________
(2)______________
2. 业主大会议事规则修改以下内容:
(1)__________
(2)__________</td></tr>
</table>

续表

<table>
<tr><td>变更事项
简要情况</td><td>3. 业主委员会委员变更：原业主委员会委员______（姓名）、______（姓名）因______原因不再担任委员，新增委员具体名单如下：
<table><tr><th>姓名</th><th>性别</th><th>职业</th><th>专有部分地址</th><th>联系电话</th><th>任期</th><th>职务</th></tr><tr><td></td><td></td><td></td><td></td><td></td><td></td><td></td></tr><tr><td></td><td></td><td></td><td></td><td></td><td></td><td></td></tr><tr><td></td><td></td><td></td><td></td><td></td><td></td><td></td></tr><tr><td></td><td></td><td></td><td></td><td></td><td></td><td></td></tr></table>注：新增业主委员会委员身份证复印件附后。</td></tr>
<tr><td>备案声明</td><td>本业主委员会现委托______（姓名），身份证号：______，到贵单位办理业主委员会备案事项变更手续（身份证复印件附后）。受托人已认真阅读填表说明，并保证填报内容及提交的相关材料真实。如有隐瞒、提供材料不真实等行为，本业主委员会将承担由此引发的法律后果。
现任业主委员会全体委员签字：______
受托人签字：______
______年____月____日</td></tr>
<tr><td>备案单位意见</td><td>该业主委员会提交的材料齐全，符合变更备案要件，予以变更备案。
经办人（签字）：______
____街道办事处/乡镇人民政府
______年____月____日（盖章）</td></tr>
</table>

业主委员会备案单填写说明

1.【编号】“______［街道（地区）办事处/乡镇人民政府］”横线处填写街道（地区）办事处、乡镇人民政府名称。

“业备［____年］第__号”，第一个横线处填写年度，如“2010”；第二个横线处使用两位阿拉伯数字编号填写，如“01”。

2.【名称】填写区县名称和业主委员会名称。

3.【物业项目基本信息】

（1）物业项目名称、类型应当与前期物业服务合同名称一致；

（2）建筑物总面积和业主总人数应当按照最高人民法院《关于审理建筑物区分所有权纠纷案件适用法律若干问题的解释》（法释〔2009〕7号）第八条的规定计算；

（3）业主大会办公用房，2010年10月1日以后新建的住宅物业项目应当按照《北京市物业管理条例》第十八条的规定配建物业服务用房。2010年10月1日前建设的住宅物业项目按其实际情况填写，没有用房的用“×”划掉。

4.【备案材料清单】

（1）已提交相应材料的，在相应材料名称后面“□”打“√”。

（2）备注：备案受理人可以对已提供的备案材料的有关情况进行补充说明。

5.【业主委员会委员情况】

（1）在“任期”栏内填写业主委员会委员的任期时限或者起止时间。例如，“4年”或者“2010年12月31日至2016年12月31日”。填写任期时限的，时限自备案之日起计算。

（2）“职务”栏内填写委员担任的相应职务。例如，“主任委员、副主任委员”。

6.【备案事项变更】

备案事项发生变更的，业主委员会应当及时办理变更备案，并按

以下说明填写《备案事项变更单》:

(1)【变更事项】:按照实际变更事项在“□”打“√”。

(2)【备案材料清单】

①修改管理规约、业主大会议事规则的,应当提供变更后的文本;选举新的业主委员会委员的,应当提供新的业主委员会名单。

②变更情况说明:包括变更事项的全部内容、基本程序、相关的业主委员会决定、业主大会决定等。

③备注:备案受理人可以对已提供的备案材料的有关情况进行补充说明。

(3)【变更事项简要情况】:包括变更事项的类别、主要内容、变更程序等。

(4)【备案声明】:由现任业主委员会全体委员签字。

印章刻制证明

北京市公安局______分局：

北京市______区县__________业主委员会已完成备案，受业主委员会委托，______（姓名）____________（身份证号）现到你局办理印章刻制手续。印章名称为：____________。印章刻制后，业主委员会应当将印鉴留存原备案部门。

特此证明。

______街道办事处（乡镇人民政府）（盖章）

年　　月　　日

印章图样

北京市住宅区物业管理区域变更申请书(分立)

______区(县)______[街道(地区)办事处/乡镇人民政府]划字[______年]第__号

<table>
<tr><td>拟分立的物业项目名称</td><td colspan="3"></td></tr>
<tr><td>所在街道办事处/乡镇人民政府</td><td></td><td>所在社区居委会</td><td></td></tr>
<tr><td>申请人</td><td></td><td>业委会备案号</td><td></td></tr>
<tr><td>申请人联系地址</td><td colspan="3">邮编:</td></tr>
<tr><td>联系人</td><td></td><td>联系电话</td><td></td></tr>
<tr><td rowspan="2">申请内容</td><td colspan="3">分立原物业管理区域为________________________</td></tr>
<tr><td colspan="3">提供材料:
1. 原物业管理区域基本情况□
2. 业主共同决定(业主大会决议)□
3. 新分立的物业管理区域基本情况□</td></tr>
</table>

续表

<table>
<tr><td rowspan="7">新物业
管理区域
基本情况
（一）</td><td>物业项目
名称</td><td colspan="3"></td></tr>
<tr><td rowspan="2">物业管理
区域四至</td><td colspan="3">东至：________________
西至：________________
南至：________________
北至：________________</td></tr>
<tr><td colspan="3">注：物业管理区域内物业构成、物业共用部分明细附后。</td></tr>
<tr><td>物业类型</td><td>住宅□办公□
商业□
其他：______</td><td>建筑物
总面积</td><td>平方米</td></tr>
<tr><td>总套数</td><td></td><td>业主总人数</td><td>人</td></tr>
<tr><td>物业服务
用房</td><td colspan="3">地址：________________
建筑面积：______平方米</td></tr>
<tr><td>业主大会
办公用房</td><td colspan="3">地址：________________
建筑面积：______平方米</td></tr>
<tr><td rowspan="3">新物业
管理区域
基本情况
（二）</td><td>物业项目
名称</td><td colspan="3"></td></tr>
<tr><td rowspan="2">物业管理
区域四至</td><td colspan="3">东至：________________
西至：________________
南至：________________
北至：________________</td></tr>
<tr><td colspan="3">注：物业管理区域内物业构成、物业共用部分明细附后。</td></tr>
</table>

续表

<table>
<tr><td rowspan="5">新物业
管理区域
基本情况
（二）</td><td>总套数</td><td rowspan="2">住宅□办公□
商业□
其他：______</td><td rowspan="2">建筑物总面积</td><td rowspan="2">平方米</td></tr>
<tr><td>物业服务
用房</td></tr>
<tr><td rowspan="3">业主大会
办公用房</td><td></td><td>业主总人数</td><td>人</td></tr>
<tr><td colspan="3">地址：______
建筑面积：______平方米</td></tr>
<tr><td colspan="3">地址：______
建筑面积：______平方米</td></tr>
<tr><td>申请人声明</td><td colspan="4">______全体业主（业主大会）依法作出上述变更物业管理区域的申请，现委托______（姓名），______（身份证号），到贵单位办理物业管理区域变更确认手续（身份证复印件附后）。受托人已认真阅读填表说明，并保证填报内容及提交的相关材料真实。如有隐瞒、提供材料不真实等行为，______全体业主（业主大会）将承担由此引发的法律后果。
受托人签字：______
______年____月____日</td></tr>
<tr><td>街道办事处、
乡镇人民
政府意见</td><td colspan="4">经审核，申请表中申报的物业管理区域符合《物业管理条例》、《北京市物业管理条例》及我市规划、建设和物业管理的有关规定。
新的物业管理区域划定后，业主应当尽快组织成立业主大会，决定物业服务方式，并按照本市规定进行物业服务合同备案。
审核人：（签章）______
审核日期：______年____月____日（盖章）</td></tr>
</table>

物业管理区域变更申请书（分立）填表说明

1.【编号】“______［街道（地区）办事处/乡镇人民政府］”横线处填写街道办事处、乡镇人民政府名称。

“划字[______年]第___号”,第一个横线处填写年度,如“2010”,第二个横线处使用阿拉伯数字编号填写,如“01”。

2.【物业项目名称】填写拟进行分立物业项目名称,与(前期)物业服务合同一致。

3.【申请人】已成立业主大会的,填写业主大会名称;未成立业主大会的,填写____________全体业主。

4.【业委会备案号】未成立业主大会的,不需要填写业主委员会备案号。

5.【申请内容】与业主大会决议一致。

6.【提供材料】

(1)原物业管理区域基本情况,包括物业管理区域内物业构成、物业共用部分明细(包括物业共用部位和物业共用设施设备明细),应当与原(前期)物业服务合同一致;

(2)业主共同决定(业主大会决议):决定申请分立物业管理区域事项,应当分别经原物业管理区域内以及拟分立后物业管理区域内专有部分占建筑物总面积三分之二以上的业主且占总人数三分之二以上的业主同意;

(3)物业管理区域变更应当符合以下原则:物业主要配套设施设备和相关场地共用的,应当划分为一个物业管理区域;住宅区和非住宅区原则上应当划分为不同的物业管理区域;

(4)新变更的物业管理区域的物业构成、物业共用部分明细(包括物业共用部位和物业共用设施设备明细),格式参见(前期)物业服务合同附件 。

7.【新物业管理区域基本情况】填写分立后各物业管理区域的情况;如果一个物业管理区域分成多个物业管理区域的,可以自行增加新物业管理区域基本情况。

北京市住宅区物业管理区域变更申请书(合并)

____区(县)____[街道(地区)办事处/乡镇人民政府]划字[____年]第__号

拟合并的物业项目名称(一)			
所在街道办事处/乡镇人民政府		所在社区居委会	
申请人		业委会备案号	
申请人联系地址	邮编:		
联系人		联系电话	
拟合并的物业项目名称(二)			
所在街道办事处/乡镇人民政府		所在社区居委会	
申 请 人		业委会备案号	
申请人联系地址	邮编:		
联系人		联系电话	

续表

<table>
<tr><td rowspan="2">申请内容</td><td colspan="4">合并以上物业管理区域为____。</td></tr>
<tr><td colspan="4">提供材料：
1. 原物业管理区域基本情况□
2. 业主共同决定(业主大会决议)□
3. 新分立的物业管理区域基本情况□</td></tr>
<tr><td rowspan="6">新物业管理区域基本情况</td><td>物业项目名称</td><td colspan="3"></td></tr>
<tr><td>物业管理区域四至</td><td colspan="3">东至：____________________
西至：____________________
南至：____________________
北至：____________________</td></tr>
<tr><td>物业类型</td><td>住宅□办公□商业□
其他：__________</td><td>建筑物总面积</td><td>平方米</td></tr>
<tr><td>总套数</td><td></td><td>业主总人数</td><td>人</td></tr>
<tr><td>物业服务用房</td><td colspan="3">地址：________________建筑面积：________________平方米</td></tr>
<tr><td>业主大会办公用房</td><td colspan="3">地址：________________建筑面积：________________平方米</td></tr>
<tr><td>申请人声明</td><td colspan="4">______全体业主(业主大会)依法作出上述变更物业管理区域的申请,现委托__________(姓名),________________(身份证号),到贵单位办理物业管理区域变更确认手续(身份证复印件附后)。受托人已认真阅读填表说明,并保证填报内容及提交的相关材料真实。如有隐瞒、提供材料不真实等行为,______________________全体业主(业主大会)将承担由此引发的法律后果。
受托人签字：__________
____年____月____日</td></tr>
</table>

续表

街道办事处、乡镇人民政府意见	经审核,申请表中申报的物业管理区域符合《物业管理条例》《北京市物业管理条例》及我市规划、建设和物业管理管理的有关规定。 新的物业管理区域划定后,业主应当尽快组织成立业主大会,决定物业服务方式,并按照本市规定进行物业服务合同备案。 审核人:(签章)______ 审核日期:______年____月____日(盖章)

物业管理区域变更申请书(合并)填表说明

1.【编号】“________[街道(地区)办事处/乡镇人民政府]”横线处填写街道办事处、乡镇人民政府名称。

“划字[______年]第____号”,第一个横线处填写年度,如“2010”,第二个横线处使用阿拉伯数字编号填写,如“01”。

2.【物业项目名称】填写拟进行合并物业项目名称,与(前期)物业服务合同一致。

3.【拟合并物业管理区域】填写拟合并的各物业管理区域的情况;如果多个物业管理区域合并成一个物业管理区域的,可以自行增加拟合并的物业管理区域。

4.【申请人】已成立业主大会的,填写业主大会名称;未成立业主大会的,填写__________全体业主。

5.【业委会备案号】未成立业主大会的,不需要填写业主委员会备案号。

6.【申请内容】与业主大会决议一致。

7.【提供材料】

(1)原物业管理区域基本情况,包括物业管理区域内物业构成、物业共用部分明细(包括物业共用部位和物业共用设施设备明细),

应当与原(前期)物业服务合同一致。

(2)业主共同决定(业主大会决议):决定申请分立物业管理区域事项,应当分别经原物业管理区域内以及拟分立后物业管理区域内专有部分占建筑物总面积三分之二以上的业主且占总人数三分之二以上的业主同意。

(3)物业管理区域变更应当符合以下原则:物业主要配套设施设备和相关场地共用的,应当划分为一个物业管理区域;住宅区和非住宅区原则上应当划分为不同的物业管理区域。

(4)新的物业管理区域的物业构成、物业共用部分明细(包括物业共用部位和物业共用设施设备明细),格式参见(前期)物业服务合同附件 。

物业管理区域变更确认书

______(物业项目名称)全体业主:

____________(街道办事处、乡镇人民政府名称)于____年____月____日接到________全体业主(业主大会)关于变更物业管理区域的申请,经会同________(区县房屋行政主管部门、其他相关部门名称等)进行审查,现对新的物业管理区域进行确认。

特此告知。

附件:1. ________物业管理区域基本情况

2. ________物业构成明细

3. ________物业共用部位明细

4. ________物业共用设施设备明细

____(街道办事处/乡镇人民政府)

(盖章)

年　月　日

附件1:

________物业管理区域基本情况

<table>
<tr><td rowspan="8">新物业管理区域基本情况</td><td>物业项目名称</td><td colspan="3"></td></tr>
<tr><td>所在街道办事处/乡镇民下政府</td><td></td><td>所在社区居委会</td><td></td></tr>
<tr><td>物业管理区域四至</td><td colspan="3">东至:________
西至:________
南至:________
北至:________</td></tr>
<tr><td>物业类型</td><td>住宅□办公□
商业□
其他:________</td><td>建筑物总面积</td><td>平方米</td></tr>
<tr><td>总套数</td><td></td><td>业主总人数</td><td>人</td></tr>
<tr><td>物业服务用房</td><td colspan="3">地址:________
建筑面积:________平方米</td></tr>
<tr><td>业主大会办公用房</td><td colspan="3">地址:________
建筑面积:________平方米</td></tr>
<tr><td colspan="4"></td></tr>
<tr><td>备注</td><td colspan="4">分立物业管理区域的,应当就每个新的物业管理区域进行公告;合并物业管理区域的,公告新合并的物业管理区域。</td></tr>
</table>

附件2：

________物业构成明细

类型	楼(幢)号	套(单元)数	建筑面积(平方米)
高层住宅			
多层住宅			
别墅			
商业用房			
工业用房			
办公楼			
自行车车库			
机动车车库			
会所			
学校			
幼儿园			
文化活动场所			
________用房			
合计			
备注			

附件3:

________物业共用部位明细

1. 房屋承重结构;
2. 房屋主体结构;
3. 公共门厅;
4. 公共走廊;
5. 公共楼梯间;
6. 内天井;
7. 户外墙面;
8. 屋面;
9. __________;
10. __________;
11. __________;
12. __________;
13. __________;
14. __________;
15. __________。

附件4：

____________物业共用设施设备明细

1. 电梯：

垂直梯______部；

扶梯______部。

2. 绿化率：____%：

楼间、集中绿地____________平方米；

砖石铺装____________平方米。

3. 区域内市政：

【道路】【楼间甬路】____________平方米；

【室外上下水管道】____________米；

【沟渠】____________；

【蓄水池】____________个；

【化粪池】____________个；

【雨水井】____________个；

变配电系统包括__________________________；

高压双路供电电源________________________；

公共照明设施【路灯】____个；【草坪灯】____个；【 】____个；

【物业管理区域的外围护拦及围墙】__________________；

【高压水泵】【高压水箱】____________________个；

【污水泵】____________个；

【中水及设备系统】______________________；

【 】______________________________。

4.【燃气调压站】______________________。

5. 消防设施包括______________________。

6. 监控设施包括________________________。
7. 避雷设施包括________________________。
8. 空调设备:【中央空调系统】使用范围_______________。
9. 电视共用天线_____________。
10. 电脑网络线_____________。
11. 电讯电话_____________。
12. 车道_____________。
13. 地上机动车停车场__________个,车位________平方米。
14. 自行车车库_________________平方米。
15. 垃圾中转站_____________个。
16. 信报箱_____________个。
17. 值班室__________平方米。
18. 物业服务用房_______________平方米。
19. ___________________________________。

北京市住宅区临时管理规约制定规范

1.［临时管理规约］临时管理规约是建设单位和业主对有关物业的使用、维护、管理，业主的共同利益，业主应当履行的义务，违反临时管理规约应当承担的责任等事项依法作出的约定。

2.［制定主体和时间］建设单位应当在销售房屋前制定临时管理规约，并在销售场所公示。

3.［签订主体和时间］建设单位应当在销售房屋前向物业买受人明示临时管理规约，并予以说明。

物业买受人在与建设单位签订房屋买卖合同时，应当对遵守临时管理规约予以书面承诺。

4.［基本内容］临时管理规约不得侵害物业买受人的合法权益，具体应当包括九部分内容，分别为物业基本情况，物业的使用，维修和管理，前期物业服务，装饰装修，首次业主大会会议筹备，物业项目交接，争议解决方式和附则。

4.1　物业基本情况：主要包括物业管理区域划分和物业服务用房的基本情况。

4.2　物业专有部分的交付、使用、维修和管理：主要包括“业主一卡通”的办理、业主对专有部分的使用维护要求。

4.3　物业共用部分的使用、维护和管理：主要包括物业共用部分的使用要求，建设单位不得擅自利用物业共用部分进行经营活动等。

4.4　前期物业服务：主要明确建设单位承担前期物业服务

责任。

4.5　装饰装修:主要包括装饰装修的基本程序、注意事项以及日常管理等。

4.6　首次业主大会会议筹备:主要包括建设单位应当在首次业主大会会议筹备阶段提供业主信息和其他材料,并承担相应费用。

4.7　物业项目交接:明确业主和建设单位在物业项目查验交接中的权利和责任。

4.8　争议解决方式:临时管理规约可以对争议的具体解决方式进行约定。

4.9　附则:主要包括名词解释、临时管理规约的效力等内容。

5.[必备条款]建设单位在制定临时管理规约时,应当包括以下条款:

5.1　物业管理区域内,建设单位尚未出售和虽已出售但尚未交付的部分,由建设单位享有业主权利、承担业主义务。

5.2　业主在办理房屋交付手续前,应当向建设单位领取所购房屋的"业主一卡通",与银行、建设单位签订前期物业费托收协议。

5.3　业主共同决定解除前期物业服务合同并确定物业管理方式的,建设单位应当按照《北京市物业管理条例》的规定,与全体业主进行物业共用部分查验交接。

5.4　建设单位应当自首次业主大会会议筹备组成立之日起7日内向筹备组提供业主名册、业主专有部分面积、建筑物总面积等资料,并承担筹备及召开首次业主大会会议所需费用。

5.5　建设单位应当于每年第一季度公示上一年度前期物业服务合同履行情况、物业服务项目收支情况。

6.[适用范围]本临时管理规约示范文本适用于本市行政区域内的住宅物业项目及相关活动。

7.[司法和行政管辖]相关行政管理部门在依法执行公务需要进入物业管理区域时,各相关主体应当予以配合。

8.［格式及填写说明］临时管理规约正文应当使用 A4 纸，空格部分应当用钢笔、签字笔或者打印填写，空格部分若不填写内容，应当用“/”划掉。涂改之处，须经当事人签字或者盖章确认。临时管理规约确认承诺书由物业买受人填写确认。

北京市住宅区临时管理规约

(示范文本)

使用说明

1. 本临时管理规约文本为示范文本,由北京市住房和城乡建设委员会制定。临时管理规约是自首户业主入住之日起至业主大会成立期间,业主与业主、业主与建设单位等主体之间,对有关物业的使用、维护、管理,业主的共同利益,业主应当履行的义务,违反临时管理规约应当承担的责任等事项的约定。

2. 物业管理区域内,业主依法享有法律、法规和规章等规定的权利,并履行相应义务。

3. 相关行政管理部门在依法执行公务需要进入物业管理区域时,各相关主体应当予以配合。

4. 本示范文本自发布之日起启用。

________临时管理规约

（名称应当与前期物业服务合同名称一致）

第一部分　物业基本情况

（应当与前期物业服务合同内容一致）

一、物业管理区域

东至________________________________；

南至________________________________；

西至________________________________；

北至________________________________。

物业管理区域内的物业构成明细详见《前期物业服务合同》。

二、物业服务用房

物业服务用房建筑面积为__________平方米，其中地上建筑面积为______平方米，位于______【幢】【座】______层______单元__________号；地下建筑面积为______平方米，位于______【幢】【座】______层______单位______号。

其中业主大会及业主委员会办公用房建筑面积为______平方米，位于____【幢】【座】__________层______单位______号。

（注：物业服务用房为多处时，可根据实际情况增加以上内容）

第二部分　物业专有部分交付、使用、维修和管理

三、物业买受人在办理房屋交付手续前，应当向建设单位领取所购房屋的“业主一卡通”，与银行、建设单位签订前期物业费托收协议，并按照前期物业服务合同约定的费用标准在“业主一卡通”内预存______个月（不超过12个月）的物业费。

新建房屋建筑,建设单位在交付使用时,应当向物业买受人提交质量保证书、房屋建筑使用说明书及其他文件,明确告知物业买受人房屋建筑的各项性能指标、使用与维护保养要求、质量保修内容等。

四、物业专有部分维修、使用和管理

(一)业主对物业的专有部分享有占有、使用、收益和处分的权利,但不得侵害其他人的合法权益,遵守供电、供水、供热、供气、排水、通行、通风、采光、装饰装修、环境卫生、环境保护等方面的相关规定。

业主、物业使用人在使用专有部分时应当遵守《北京市城镇房屋建筑使用安全综合治理办法》等有关法律法规和规章的规定。

物业保修期满后,业主自行承担其物业专有部分的维修养护责任。因维修养护不及时或者未采取措施消除物业安全隐患给其他业主造成损失的,应当承担相应责任。

(二)业主、物业使用人应当按照规划用途使用物业。确需改变物业规划用途的,应当依法办理相关手续。

业主、物业使用人应当按照规定合理使用水、电、气、热等设施设备,不得擅自拆改。

(三)业主、物业使用人应当按照设计预留的位置安装空调,未预留设计位置的,应当与建设单位协商确定合理位置,并做好噪音预防及冷凝水处理。

(四)建设单位需要进入专有部分对物业共用部分进行维修、养护、更新、改造时,应当提前通知相关业主、物业使用人,相关专有部分的业主、物业使用人应当予以配合,造成专有部分损失的,责任人应当依法承担恢复原状、赔偿损失等法律责任。

建设单位确实无法通知业主、物业使用人的,应当在公安部门、街道办事处、乡镇人民政府和其他业主的监督下,先行进行维修,事后应当及时通知相关业主、物业使用人,并做好善后工作。

(五)业主出租或者转让专有部分的,应当遵守房屋租赁以及房屋转让的有关规定，告知承租人和买受人本临时管理规约的内容，并将出租及转让情况告知建设单位。

第三部分 物业共用部分使用、维修和管理

五、业主对物业共用部分享有权利、承担义务，不得以放弃权利不履行义务。

六、业主、物业使用人等在使用物业共用部分时，应当遵守建设单位根据《前期物业服务合同》制定的物业共用部分使用、公共秩序和环境卫生维护等方面的规章制度。

因使用人不当使用给物业共用部分造成损害的，责任人应当依法承担恢复原状、赔偿损失等法律责任。

七、建设单位应当按照《前期物业服务合同》的约定，对物业共用部分进行日常维修、养护、运行和管理。

八、业主、物业使用人在使用物业共用部分时，应当遵守下列约定：

（一）宠物饲养：业主、物业使用人应当遵守《北京市养犬管理规定》，______。

（二）车辆停放：业主、物业使用人应当与停车管理单位签订停车管理协议，按位停车；在小区地面行驶时，要注意减速避让行人；________________________。

占用消防通道的，停车管理单位应当劝阻；拒不改正的，停车管理单位应当及时报告消防主管部门。

（三）电梯使用：业主、物业使用人应当遵守《乘梯须知》，________________。

（四）阳台封闭：________________________________。

（五）太阳能热水器安装：________________________。

（六）____。

（七）____。

九、本物业管理区域内禁止以下行为:

(一)擅自拆改房屋承重结构、主体结构、改变房屋外观;

(二)擅自占用或损坏物业共用部分、移动物业共用设施设备;

(三)违章搭建、私设摊点;

(四)在非指定位置倾倒或抛弃垃圾、杂物;

(五)违反有关规定堆放易燃、易爆、剧毒、放射性物品,排放大气污染物、水污染物、噪声、光、电磁波辐射等有害物质;

(六)擅自在物业共用部分悬挂、张贴、涂改、刻画;

(七)利用物业从事危害公共利益和侵害他人合法权益的活动;

(八)法律、法规、规章和本规约禁止业主的其他行为。

十、业主应当按照规定交存住宅专项维修资金,按照《前期物业服务合同》的约定缴纳物业费用。

十一、为维护物业管理区域安全秩序,秩序维护人员可以对陌生来访人进行询问并登记来访情况,业主、物业使用人应当告知来访人予以配合。

发生火险、盗窃、人身伤亡等安全事故的,业主、建设单位应当向公安机关反映有关情况。建设单位应当配合公安机关的调查取证,监控录像保存等应当符合有关规定。

十二、建设单位对业主、物业使用人出现的不符合物业共用部分使用要求的行为,可以采取批评、规劝、________等方式予以劝阻。

十三、建设单位不得擅自利用业主依法享有的物业共用部分进行经营活动。

建设单位应当于每年第一季度公示上一年度前期物业服务合同履行情况、物业服务项目收支情况。

第四部分　前期物业服务

十四、建设单位承担本物业管理区域前期物业服务责任。具体物业服务事项、服务标准和物业费用标准等按照《前期物业服务合同》约定执行。

第五部分　装 饰 装 修

十五、装修人和装修人委托的装饰装修企业以及建设单位应当遵守《住宅室内装饰装修管理办法》(中华人民共和国建设部令第110号)等法律、法规、规章的规定。

十六、装修人在住宅室内装饰装修工程开工前,应当向建设单位申报登记。建设单位应当将住宅室内装饰装修工程的禁止行为和注意事项告知装修人和装修人委托的装饰装修企业。

十七、法定休息日、节假日全天及工作日12时至14时、18时至次日8时,禁止在已竣工交付使用的住宅楼内进行产生噪声的装修作业。在其他时段内进行装修作业的,应当采取措施,减轻对周围生活环境的干扰。

建设单位应当将装饰装修的时间要求、地点等情况在业主所在楼内公示。

十八、建设单位应当加强对装饰装修活动的巡查、监督。装修人不得拒绝和阻碍建设单位依据住宅室内装饰装修管理服务协议的约定,对住宅室内装饰装修活动的监督检查。

装修人和装修人委托的装饰装修企业拒不办理申报登记或者违反相关规定及装饰装修服务协议的,建设单位应当及时告知并劝阻;拒不改正的,建设单位应当及时向有关主管部门报告,并在物业管理区域内公示。

十九、业主、物业使用人因装修房屋影响物业共用部分正常使用的,应当及时恢复;给其他业主、物业使用人造成损失的,应当承担赔偿责任。

二十、其他:________________________________。

(注:参照《住宅室内装饰装修管理办法》,中华人民共和国建设部令第110号)

第六部分 首次业主大会会议筹备

二十一、物业管理区域内已交付业主的专有部分达到建筑物总面积50%以上的,建设单位应当向物业所在地街道办事处、乡镇人民政府报送筹备首次业主大会会议所需资料,并推荐业主代表作为临时召集人,召集占总人数5%以上或者专有部分占建筑物总面积5%以上的业主向物业所在地街道办事处、乡镇人民政府提出书面申请成立业主大会;占总人数5%以上或者专有部分占建筑物总面积5%以上的业主也可以自行向物业所在地街道办事处、乡镇人民政府提出书面申请成立业主大会。

二十二、建设单位应当自首次业主大会会议筹备组成立之日起7日内向筹备组提供业主名册、业主专有部分面积、建筑物总面积等资料,并承担筹备及召开首次业主大会会议所需费用。

筹备组可以与建设单位协商所需费用的事项(包括打印、复印相关材料的费用,必要的通讯和交通费用等)和具体数额。

第七部分 物业项目查验交接

二十三、业主共同决定解除前期物业服务合同并且确定物业管理方式的,建设单位应当与全体业主就物业共用部分进行查验交接。具体方法按照北京市物业项目交接有关规定执行。

二十四、物业共用部分经查验符合相关标准,不免除建设单位按照国家规定和买卖合同约定的保修期限、范围等应当承担的保修责任。

第八部分 争议解决

二十五、业主、物业使用人和建设单位在物业使用、管理中产生矛盾纠纷时,可以提请物业管理纠纷人民调解组织调解处理,也可以依法申请仲裁或者向人民法院提起诉讼。

二十六、违反本临时管理规约或者有关法律、法规、规章的规定，造成其他权利人人身伤害、财产损失的，责任人依法承担赔偿责任。

二十七、物业使用人违反本临时管理规约的，业主承担连带责任。

第九部分　附　　则

二十八、本规约所称物业使用人，包括房屋承租人、共居人等。

二十九、物业管理区域内，建设单位尚未出售和虽已出售但尚未交付的部分，由建设单位享有业主权利、承担业主义务。

三十、本规约对本物业管理区域内的业主及物业使用人等具有约束力。物业转让的，本规约效力直接及于物业受让人。

三十一、本规约由业主、建设单位各持一份。

三十二、相关行政管理部门在依法执行公务需要进入物业管理区域时，各相关主体应当予以配合。

三十三、本规约作为房屋买卖合同的附件，自该物业项目首个买受人签字承诺之日起生效，至业主共同决定的管理规约生效之日起终止。

承　诺　书

本人是＿＿＿＿＿＿＿＿(小区名称)＿＿＿＿＿(楼号、房号)的买受人,已经详细阅读并承诺遵守《＿＿＿＿＿临时管理规约》。

业主(签章):

年　　月　　日

中国物业管理协会关于印发《普通住宅小区物业管理服务等级标准》（试行）的通知

（中物协〔2004〕1号）

各物业管理企业：

为了提高物业管理服务水平，督促物业管理企业提供质价相符的服务，引导业主正确评判物业管理企业服务质量，树立等价有偿的消费观念，促进物业管理规范发展，根据国家发展和改革委员会会同建设部印发的《物业服务收费管理办法》，我会制定了《普通住宅小区物业管理服务等级标准》（试行），现印发给你们，作为与开发建设单位或业主大会签订物业服务合同、确定物业服务等级、约定物业服务项目、内容与标准以及测算物业服务价格的参考依据。试行中的情况，请及时告我会秘书处。

附件：1. 普通住宅小区物业管理服务等级标准（试行）

2. 普通住宅小区物业管理服务等级标准（试行）的使用说明

中国物业管理协会

2004年1月6日

附件1：

普通住宅小区物业管理服务等级标准（试行）

一级

（一）基本要求

1. 服务与被服务双方签订规范的物业服务合同，双方权利义务关系明确。

2. 承接项目时，对住宅小区共用部位、共用设施设备进行认真查验，验收手续齐全。

3. 管理人员、专业操作人员按照国家有关规定取得物业管理职业资格证书或者岗位证书。

4. 有完善的物业管理方案，质量管理、财务管理、档案管理等制度健全。

5. 管理服务人员统一着装、佩戴标志，行为规范，服务主动、热情。

6. 设有服务接待中心，公示24小时服务电话。急修半小时内、其他报修按双方约定时间到达现场，有完整的报修、维修和回访记录。

7. 根据业主需求，提供物业服务合同之外的特约服务和代办服务的，公示服务项目与收费价目。

8. 按有关规定和合同约定公布物业费用或者物业服务资金的收支情况。

9. 按合同约定规范使用住房专项维修资金。

10. 每年至少1次征询业主对物业服务的意见，满意率80%以上。

（二）房屋管理

1. 对房屋共用部位进行日常管理和维修养护，检修记录和保养记录齐全。

2. 根据房屋实际使用年限，定期检查房屋共用部位的使用状况，需要维修，属于小修范围的，及时组织修复；属于大、中修范围的，及时编制维修计划和住房专项维修资金使用计划，向业主大会或者业主委员会提出报告与建议，根据业主大会的决定，组织维修。

3. 每日巡查 1 次小区房屋单元门、楼梯通道以及其他共用部位的门窗、玻璃等，做好巡查记录，并及时维修养护。

4. 按照住宅装饰装修管理有关规定和业主公约（业主临时公约）要求，建立完善的住宅装饰装修管理制度。装修前，依规定审核业主（使用人）的装修方案，告知装修人有关装饰装修的禁止行为和注意事项。每日巡查 1 次装修施工现场，发现影响房屋外观、危及房屋结构安全及拆改共用管线等损害公共利益现象的，及时劝阻并报告业主委员会和有关主管部门。

5. 对违反规划私搭乱建和擅自改变房屋用途的行为及时劝阻，并报告业主委员会和有关主管部门。

6. 小区主出入口设有小区平面示意图，主要路口设有路标。各组团、栋及单元（门）、户和公共配套设施、场地有明显标志。

（三）共用设施设备维修养护

1. 对共用设施设备进行日常管理和维修养护（依法应由专业部门负责的除外）。

2. 建立共用设施设备档案（设备台账），设施设备的运行、检查、维修、保养等记录齐全。

3. 设施设备标志齐全、规范，责任人明确；操作维护人员严格执行设施设备操作规程及保养规范；设施设备运行正常。

4. 对共用设施设备定期组织巡查，做好巡查记录，需要维修，属于小修范围的，及时组织修复；属于大、中修范围或者需要更新改造的,及时编制维修、更新改造计划和住房专项维修资金使用计划,向业主大会或业主委员会提出报告与建议,根据业主大会的决定,组织维修或者更新改造。

5. 载人电梯 24 小时正常运行。

6. 消防设施设备完好,可随时启用;消防通道畅通。

7. 设备房保持整洁、通风,无跑、冒、滴、漏和鼠害现象。

8. 小区道路平整,主要道路及停车场交通标志齐全、规范。

9. 路灯、楼道灯完好率不低于 95%。

10. 容易危及人身安全的设施设备有明显警示标志和防范措施;对可能发生的各种突发设备故障有应急方案。

(四)协助维护公共秩序

1. 小区主出入口 24 小时站岗值勤。

2. 对重点区域、重点部位每 1 小时至少巡查 1 次;配有安全监控设施的,实施 24 小时监控。

3. 对进出小区的车辆实施证、卡管理,引导车辆有序通行、停放。

4. 对进出小区的装修、家政等劳务人员实行临时出入证管理。

5. 对火灾、治安、公共卫生等突发事件有应急预案,事发时及时报告业主委员会和有关部门,并协助采取相应措施。

(五)保洁服务

1. 高层按层、多层按幢设置垃圾桶,每日清运 2 次。垃圾袋装化,保持垃圾桶清洁、无异味。

2. 合理设置果壳箱或者垃圾桶,每日清运 2 次。

3. 小区道路、广场、停车场、绿地等每日清扫 2 次;电梯厅、楼道每日清扫 2 次,每周拖洗 1 次;一层共用大厅每日拖洗 1 次;楼梯扶手每日擦洗 1 次;共用部位玻璃每周清洁 1 次;路灯、楼道灯每月清洁 1 次。及时清除道路积水、积雪。

4. 共用雨、污水管道每年疏通 1 次;雨、污水井每月检查 1 次,视检查情况及时清掏;化粪池每月检查 1 次,每半年清掏 1 次,发现异常及时清掏。

5. 二次供水水箱按规定清洗,定时巡查,水质符合卫生要求。

6. 根据当地实际情况定期进行消毒和灭虫除害。

(六)绿化养护管理

1. 有专业人员实施绿化养护管理。

2. 草坪生长良好,及时修剪和补栽补种,无杂草、杂物。

3. 花卉、绿篱、树木应根据其品种和生长情况,及时修剪整形,保持观赏效果。

4. 定期组织浇灌、施肥和松土,做好防涝、防冻。

5. 定期喷洒药物,预防病虫害。

二级

(一)基本要求

1. 服务与被服务双方签订规范的物业服务合同,双方权利义务关系明确。

2. 承接项目时,对住宅小区共用部位、共用设施设备进行认真查验,验收手续齐全。

3. 管理人员、专业操作人员按照国家有关规定取得物业管理职业资格证书或者岗位证书。

4. 有完善的物业管理方案,质量管理、财务管理、档案管理等制度健全。

5. 管理服务人员统一着装、佩戴标志,行为规范,服务主动、热情。

6. 公示16小时服务电话。急修1小时内、其他报修按双方约定时间到达现场,有报修、维修和回访记录。

7. 根据业主需求,提供物业服务合同之外的特约服务和代办服务的,公示服务项目与收费价目。

8. 按有关规定和合同约定公布物业服务费物业费用或者物业服务资金的收支情况。

9. 按合同约定规范使用住房专项维修资金。

10. 每年至少 1 次征询业主对物业服务的意见,满意率 75% 以上。

(二)房屋管理

1. 对房屋共用部位进行日常管理和维修养护,检修记录和保养记录齐全。

2. 根据房屋实际使用年限,适时检查房屋共用部位的使用状况,需要维修,属于小修范围的,及时组织修复;属于大、中修范围的,及时编制维修计划和住房专项维修资金使用计划,向业主大会或者业主委员会提出报告与建议,根据业主大会的决定,组织维修。

3. 每 3 日巡查 1 次小区房屋单元门、楼梯通道以及其他共用部位的门窗、玻璃等,做好巡查记录,并及时维修养护。

4. 按照住宅装饰装修管理有关规定和业主公约(业主临时公约)要求,建立完善的住宅装饰装修管理制度。装修前,依规定审核业主(使用人)的装修方案,告知装修人有关装饰装修的禁止行为和注意事项。每 3 日巡查 1 次装修施工现场,发现影响房屋外观、危及房屋结构安全及拆改共用管线等损害公共利益现象的,及时劝阻并报告业主委员会和有关主管部门。

5. 对违反规划私搭乱建和擅自改变房屋用途的行为及时劝阻,并报告业主委员会和有关主管部门。

6. 小区主出入口设有小区平面示意图,各组团、栋及单元(门)、户有明显标志。

(三)共用设施设备维修养护

1. 对共用设施设备进行日常管理和维修养护(依法应由专业部门负责的除外)。

2. 建立共用设施设备档案(设备台账),设施设备的运行、检查、维修、保养等记录齐全。

3. 设施设备标志齐全、规范,责任人明确;操作维护人员严格执行设施设备操作规程及保养规范;设施设备运行正常。

4. 对共用设施设备定期组织巡查,做好巡查记录,需要维修,属于小修范围的,及时组织修复;属于大、中修范围或者需要更新改造的,及时编制维修、更新改造计划和住房专项维修资金使用计划,向业主大会或业主委员会提出报告与建议,根据业主大会的决定,组织维修或者更新改造。

5. 载人电梯早 6 点至晚 12 点正常运行。

6. 消防设施设备完好,可随时启用;消防通道畅通。

7. 设备房保持整洁、通风,无跑、冒、滴、漏和鼠害现象。

8. 小区主要道路及停车场交通标志齐全。

9. 路灯、楼道灯完好率不低于 90%。

10. 容易危及人身安全的设施设备有明显警示标志和防范措施;对可能发生的各种突发设备故障有应急方案。

(四)协助维护公共秩序

1. 小区主出入口 24 小时值勤。

2. 对重点区域、重点部位每 2 小时至少巡查 1 次。

3. 对进出小区的车辆进行管理,引导车辆有序通行、停放。

4. 对进出小区的装修等劳务人员实行登记管理。

5. 对火灾、治安、公共卫生等突发事件有应急预案,事发时及时报告业主委员会和有关部门,并协助采取相应措施。

(五)保洁服务

1. 按幢设置垃圾桶,生活垃圾每天清运 1 次。

2. 小区道路、广场、停车场、绿地等每日清扫 1 次;电梯厅、楼道每日清扫 1 次,半月拖洗 1 次;楼梯扶手每周擦洗 2 次;共用部位玻璃每月清洁 1 次;路灯、楼道灯每季度清洁 1 次。及时清除区内主要道路积水、积雪。

3. 区内公共雨、污水管道每年疏通 1 次;雨、污水井每季度检查 1 次,并视检查情况及时清掏;化粪池每 2 个月检查 1 次,每年清掏 1

次,发现异常及时清掏。

4. 二次供水水箱按规定期清洗,定时巡查,水质符合卫生要求。

5. 根据当地实际情况定期进行消毒和灭虫除害。

(六)绿化养护管理

1. 有专业人员实施绿化养护管理。

2. 对草坪、花卉、绿篱、树木定期进行修剪、养护。

3. 定期清除绿地杂草、杂物。

4. 适时组织浇灌、施肥和松土,做好防涝、防冻。

5. 适时喷洒药物,预防病虫害。

三级

(一)基本要求

1. 服务与被服务双方签订规范的物业服务合同,双方权利义务关系明确。

2. 承接项目时,对住宅小区共用部位、共用设施设备进行认真查验,验收手续齐全。

3. 管理人员、专业操作人员按照国家有关规定取得物业管理职业资格证书或者岗位证书。

4. 有完善的物业管理方案,质量管理、财务管理、档案管理等制度健全。

5. 管理服务人员佩戴标志,行为规范,服务主动、热情。

6. 公示 8 小时服务电话。报修按双方约定时间到达现场,有报修、维修记录。

7. 按有关规定和合同约定公布物业服务费物业费用或者物业服务资金的收支情况。

8. 按合同约定规范使用住房专项维修资金。

9. 每年至少 1 次征询业主对物业服务的意见,满意率 70% 以上。

(二)房屋管理

1. 对房屋共用部位进行日常管理和维修养护,检修记录和保养记录齐全。

2. 根据房屋实际使用年限，检查房屋共用部位的使用状况，需要维修，属于小修范围的，及时组织修复；属于大、中修范围的，及时编制维修计划和住房专项维修资金使用计划，向业主大会或者业主委员会提出报告与建议，根据业主大会的决定，组织维修。

3. 每周巡查1次小区房屋单元门、楼梯通道以及其他共用部位的门窗、玻璃等，定期维修养护。

4. 按照住宅装饰装修管理有关规定和业主公约（业主临时公约）要求，建立完善的住宅装饰装修管理制度。装修前，依规定审核业主（使用人）的装修方案，告知装修人有关装饰装修的禁止行为和注意事项。至少两次巡查装修施工现场，发现影响房屋外观、危及房屋结构安全及拆改共用管线等损害公共利益现象的，及时劝阻并报告业主委员会和有关主管部门。

5. 对违反规划私搭乱建和擅自改变房屋用途的行为及时劝阻，并报告业主委员会和有关主管部门。

6. 各组团、栋、单元（门）、户有明显标志。

（三）共用设施设备维修养护

1. 对共用设施设备进行日常管理和维修养护（依法应由专业部门负责的除外）。

2. 建立共用设施设备档案（设备台账），设施设备的运行、检修等记录齐全。

3. 操作维护人员严格执行设施设备操作规程及保养规范；设施设备运行正常。

4. 对共用设施设备定期组织巡查，做好巡查记录，需要维修，属于小修范围的，及时组织修复；属于大、中修范围或者需要更新改造的，及时编制维修、更新改造计划和住房专项维修资金使用计划，向业主大会或业主委员会提出报告与建议，根据业主大会的决定，组织维修或者更新改造。

5. 载人电梯早 6 点至晚 12 点正常运行。

6. 消防设施设备完好,可随时启用;消防通道畅通。

7. 路灯、楼道灯完好率不低于 80%。

8. 容易危及人身安全的设施设备有明显警示标志和防范措施;对可能发生的各种突发设备故障有应急方案。

(四)协助维护公共秩序

1. 小区 24 小时值勤。

2. 对重点区域、重点部位每 3 小时至少巡查 1 次。

3. 车辆停放有序。

4. 对火灾、治安、公共卫生等突发事件有应急预案,事发时及时报告业主委员会和有关部门,并协助采取相应措施。

(五)保洁服务

1. 小区内设有垃圾收集点,生活垃圾每天清运 1 次。

2. 小区公共场所每日清扫 1 次;电梯厅、楼道每日清扫 1 次;共用部位玻璃每季度清洁 1 次;路灯、楼道灯每半年清洁 1 次。

3. 区内公共雨、污水管道每年疏通 1 次;雨、污水井每半年检查 1 次,并视检查情况及时清掏;化粪池每季度检查 1 次,每年清掏 1 次,发现异常及时清掏。

4. 二次供水水箱按规定清洗,水质符合卫生要求。

(六)绿化养护管理

1. 对草坪、花卉、绿篱、树木定期进行修剪、养护。

2. 定期清除绿地杂草、杂物。

3. 预防花草、树木病虫害。

附件 2：

《普通住宅小区物业管理服务等级标准》（试行）的使用说明

1. 本《标准》为普通商品住房、经济适用住房、房改房、集资建房、廉租住房等普通住宅小区物业服务的试行标准。物业服务收费实行市场调节价的高档商品住宅的物业服务不适用本标准。

2. 本《标准》根据普通住宅小区物业服务需求的不同情况，由高到低设定为一级、二级、三级三个服务等级，级别越高，表示物业服务标准越高。

3. 本《标准》各等级服务分别由基本要求、房屋管理、共用设施设备维修养护、协助维护公共秩序、保洁服务、绿化养护管理等六大项主要内容组成。本《标准》以外的其他服务项目、内容及标准，由签订物业服务合同的双方协商约定。

4. 选用本《标准》时，应充分考虑住宅小区的建设标准、配套设施设备、服务功能及业主（使用人）的居住消费能力等因素，选择相应的服务等级。

附　录　物业管理常用法律法规

1. 中华人民共和国民法典与相关法律对照(节选)

(左栏删除线部分为删除的内容,右栏黑体部分为增加的内容,两栏下划线部分为修改的内容)

相关法律规定	民法典
《物权法》 (以下未标明法律法规名称的,为《物权法》)	第二编　物　权
	第一分编　通　则
	第二章　物权的设立、变更、转让和消灭
	第一节　不动产登记
第九条　不动产物权的设立、变更、转让和消灭,经依法登记,发生效力;未经登记,不发生效力,<u>但</u>法律另有规定的除外。 依法属于国家所有的自然资源,所有权可以不登记。	**第二百零九条**　不动产物权的设立、变更、转让和消灭,经依法登记,发生效力;未经登记,不发生效力,<u>但是</u>法律另有规定的除外。 依法属于国家所有的自然资源,所有权可以不登记。
第十条　不动产登记,由不动产所在地的登记机构办理。 国家对不动产实行统一登记制度。统一登记的范围、登记机构和登记办法,由法律、行政法规规定。	**第二百一十条**　不动产登记,由不动产所在地的登记机构办理。 国家对不动产实行统一登记制度。统一登记的范围、登记机构和登记办法,由法律、行政法规规定。

续表

相关法律规定	民法典
第十一条　当事人申请登记,应当根据不同登记事项提供权属证明和不动产界址、面积等必要材料。	**第二百一十一条**　当事人申请登记,应当根据不同登记事项提供权属证明和不动产界址、面积等必要材料。
第十二条　登记机构应当履行下列职责: (一)查验申请人提供的权属证明和其他必要材料; (二)就有关登记事项询问申请人; (三)如实、及时登记有关事项; (四)法律、行政法规规定的其他职责。 申请登记的不动产的有关情况需要进一步证明的,登记机构可以要求申请人补充材料,必要时可以实地查看。	**第二百一十二条**　登记机构应当履行下列职责: (一)查验申请人提供的权属证明和其他必要材料; (二)就有关登记事项询问申请人; (三)如实、及时登记有关事项; (四)法律、行政法规规定的其他职责。 申请登记的不动产的有关情况需要进一步证明的,登记机构可以要求申请人补充材料,必要时可以实地查看。
第十三条　登记机构不得有下列行为: (一)要求对不动产进行评估; (二)以年检等名义进行重复登记; (三)超出登记职责范围的其他行为。	**第二百一十三条**　登记机构不得有下列行为: (一)要求对不动产进行评估; (二)以年检等名义进行重复登记; (三)超出登记职责范围的其他行为。
第十四条　不动产物权的设立、变更、转让和消灭,依照法律规定应当登记的,自记载于不动产登记簿时发生效力。	**第二百一十四条**　不动产物权的设立、变更、转让和消灭,依照法律规定应当登记的,自记载于不动产登记簿时发生效力。

续表

相关法律规定	民法典
第十五条　当事人之间订立有关设立、变更、转让和消灭不动产物权的合同，除法律另有规定或者合同另有约定外，自合同成立时生效；未办理物权登记的，不影响合同效力。	**第二百一十五条**　当事人之间订立有关设立、变更、转让和消灭不动产物权的合同，除法律另有规定或者当事人另有约定外，自合同成立时生效；未办理物权登记的，不影响合同效力。
第十六条　不动产登记簿是物权归属和内容的根据。 不动产登记簿由登记机构管理。	**第二百一十六条**　不动产登记簿是物权归属和内容的根据。 不动产登记簿由登记机构管理。
第十七条　不动产权属证书是权利人享有该不动产物权的证明。不动产权属证书记载的事项，应当与不动产登记簿一致；记载不一致的，除有证据证明不动产登记簿确有错误外，以不动产登记簿为准。	**第二百一十七条**　不动产权属证书是权利人享有该不动产物权的证明。不动产权属证书记载的事项，应当与不动产登记簿一致；记载不一致的，除有证据证明不动产登记簿确有错误外，以不动产登记簿为准。
第十八条　权利人、利害关系人可以申请查询、复制登记资料，登记机构应当提供。	**第二百一十八条**　权利人、利害关系人可以申请查询、复制**不动产**登记资料，登记机构应当提供。
	第二百一十九条　利害关系人不得公开、非法使用权利人的不动产登记资料。
第十九条　权利人、利害关系人认为不动产登记簿记载的事项错误的，可以申请更正登记。不动产登记簿记载的权利人书面同意更正或者有证据证明登记确有错误的，登记机构应当予以更正。	**第二百二十条**　权利人、利害关系人认为不动产登记簿记载的事项错误的，可以申请更正登记。不动产登记簿记载的权利人书面同意更正或者有证据证明登记确有错误的，登记机构应当予以更正。

续表

相关法律规定	民法典
不动产登记簿记载的权利人不同意更正的,利害关系人可以申请异议登记。登记机构予以异议登记的,申请人在异议登记之日起十五日内不起诉,异议登记失效。异议登记不当,造成权利人损害的,权利人可以向申请人请求损害赔偿。	不动产登记簿记载的权利人不同意更正的,利害关系人可以申请异议登记。登记机构予以异议登记,申请人自异议登记之日起十五日内不**提起诉讼的**,异议登记失效。异议登记不当,造成权利人损害的,权利人可以向申请人请求损害赔偿。
第二十条 当事人签订买卖房屋或者其他不动产物权的协议,为保障将来实现物权,按照约定可以向登记机构申请预告登记。预告登记后,未经预告登记的权利人同意,处分该不动产的,不发生物权效力。 预告登记后,债权消灭或者自能够进行不动产登记之日起三个月内未申请登记的,预告登记失效。	**第二百二十一条** 当事人签订买卖房屋**的协议**或者**签订**其他不动产物权的协议,为保障将来实现物权,按照约定可以向登记机构申请预告登记。预告登记后,未经预告登记的权利人同意,处分该不动产的,不发生物权效力。 预告登记后,债权消灭或者自能够进行不动产登记之日起九十日内未申请登记的,预告登记失效。
第二十一条 当事人提供虚假材料申请登记,给他人造成损害的,应当承担赔偿责任。 因登记错误,给他人造成损害的,登记机构应当承担赔偿责任。登记机构赔偿后,可以向造成登记错误的人追偿。	**第二百二十二条** 当事人提供虚假材料申请登记,造成他人损害的,应当承担赔偿责任。 因登记错误,造成他人损害的,登记机构应当承担赔偿责任。登记机构赔偿后,可以向造成登记错误的人追偿。
第二十二条 不动产登记费按件收取,不得按照不动产的面积、体积或者价款的比例收取。~~具体收费标准由国务院有关部门会同价格主管部门规定。~~	**第二百二十三条** 不动产登记费按件收取,不得按照不动产的面积、体积或者价款的比例收取。

续表

相关法律规定	民法典
	第二节　动产交付
第二十三条　动产物权的设立和转让，自交付时发生效力，但法律另有规定的除外。	**第二百二十四条**　动产物权的设立和转让，自交付时发生效力，但是法律另有规定的除外。
第二十四条　船舶、航空器和机动车等物权的设立、变更、转让和消灭，未经登记，不得对抗善意第三人。	**第二百二十五条**　船舶、航空器和机动车等的物权的设立、变更、转让和消灭，未经登记，不得对抗善意第三人。
第二十五条　动产物权设立和转让前，权利人已经依法占有该动产的，物权自法律行为生效时发生效力。	**第二百二十六条**　动产物权设立和转让前，权利人已经占有该动产的，物权自**民事**法律行为生效时发生效力。
第二十六条　动产物权设立和转让前，第三人依法占有该动产的，负有交付义务的人可以通过转让请求第三人返还原物的权利代替交付。	**第二百二十七条**　动产物权设立和转让前，第三人占有该动产的，负有交付义务的人可以通过转让请求第三人返还原物的权利代替交付。
第二十七条　动产物权转让时，双方又约定由出让人继续占有该动产的，物权自该约定生效时发生效力。	**第二百二十八条**　动产物权转让时，当事人又约定由出让人继续占有该动产的，物权自该约定生效时发生效力。
	第三节　其他规定
第二十八条　因人民法院、仲裁委员会的法律文书或者人民政府的征收决定等，导致物权设立、变更、转让或者消灭的，自法律文书或者人民政府的征收决定等生效时发生效力。	**第二百二十九条**　因人民法院、仲裁机构的法律文书或者人民政府的征收决定等，导致物权设立、变更、转让或者消灭的，自法律文书或者征收决定等生效时发生效力。

续表

相关法律规定	民法典
第二十九条 因继承或者受遗赠取得物权的，自继承或者受遗赠开始时发生效力。	**第二百三十条** 因继承取得物权的，自继承开始时发生效力。
第三十条 因合法建造、拆除房屋等事实行为设立或者消灭物权的，自事实行为成就时发生效力。	**第二百三十一条** 因合法建造、拆除房屋等事实行为设立或者消灭物权的，自事实行为成就时发生效力。
第三十一条 依照本法第二十八条至第三十条规定享有不动产物权的，处分该物权时，依照法律规定需要办理登记的，未经登记，不发生物权效力。	**第二百三十二条** 处分依照本节规定享有的不动产物权，依照法律规定需要办理登记的，未经登记，不发生物权效力。
	第三章 物权的保护
第三十二条 物权受到侵害的，权利人可以通过和解、调解、仲裁、诉讼等途径解决。	**第二百三十三条** 物权受到侵害的，权利人可以通过和解、调解、仲裁、诉讼等途径解决。
第三十三条 因物权的归属、内容发生争议的，利害关系人可以请求确认权利。	**第二百三十四条** 因物权的归属、内容发生争议的，利害关系人可以请求确认权利。
第三十四条 无权占有不动产或者动产的，权利人可以请求返还原物。	**第二百三十五条** 无权占有不动产或者动产的，权利人可以请求返还原物。
第三十五条 妨害物权或者可能妨害物权的，权利人可以请求排除妨害或者消除危险。	**第二百三十六条** 妨害物权或者可能妨害物权的，权利人可以请求排除妨害或者消除危险。

续表

相关法律规定	民法典
第三十六条　造成不动产或者动产毁损的，权利人可以请求修理、重作、更换或者恢复原状。	**第二百三十七条**　造成不动产或者动产毁损的，权利人可以**依法**请求修理、重作、更换或者恢复原状。
第三十七条　侵害物权，造成权利人损害的，权利人可以请求损害赔偿，也可以请求承担其他民事责任。	**第二百三十八条**　侵害物权，造成权利人损害的，权利人可以**依法**请求损害赔偿，也可以**依法**请求承担其他民事责任。
第三十八条　本章规定的物权保护方式，可以单独适用，也可以根据权利被侵害的情形合并适用。 ~~侵害物权，除承担民事责任外，违反行政管理规定的，依法承担行政责任；构成犯罪的，依法追究刑事责任。~~	**第二百三十九条**　本章规定的物权保护方式，可以单独适用，也可以根据权利被侵害的情形合并适用。
	第二分编　所　有　权
	第四章　一般规定
第三十九条　所有权人对自己的不动产或者动产，依法享有占有、使用、收益和处分的权利。	**第二百四十条**　所有权人对自己的不动产或者动产，依法享有占有、使用、收益和处分的权利。
第四十条　所有权人有权在自己的不动产或者动产上设立用益物权和担保物权。用益物权人、担保物权人行使权利，不得损害所有权人的权益。	**第二百四十一条**　所有权人有权在自己的不动产或者动产上设立用益物权和担保物权。用益物权人、担保物权人行使权利，不得损害所有权人的权益。
第四十一条　法律规定专属于国家所有的不动产和动产，任何单位和个人不能取得所有权。	**第二百四十二条**　法律规定专属于国家所有的不动产和动产，任何组织或者个人不能取得所有权。

续表

相关法律规定	民法典
第四十二条 为了公共利益的需要,依照法律规定的权限和程序可以征收集体所有的土地和单位、个人的房屋及其他不动产。 征收集体所有的土地,应当依法足额支付土地补偿费、安置补助费、地上附着物和青苗的补偿费等费用,安排被征地农民的社会保障费用,保障被征地农民的生活,维护被征地农民的合法权益。 征收单位、个人的房屋及其他不动产,应当依法给予拆迁补偿,维护被征收人的合法权益;征收个人住宅的,还应当保障被征收人的居住条件。 任何单位和个人不得贪污、挪用、私分、截留、拖欠征收补偿费等费用。	**第二百四十三条** 为了公共利益的需要,依照法律规定的权限和程序可以征收集体所有的土地和组织、个人的房屋以及其他不动产。 征收集体所有的土地,应当依法**及时**足额支付土地补偿费、安置补助费**以及农村村民住宅、其他**地上附着物和青苗**等**的补偿费用,**并**安排被征地农民的社会保障费用,保障被征地农民的生活,维护被征地农民的合法权益。 征收组织、个人的房屋以及其他不动产,应当依法给予征收补偿,维护被征收人的合法权益;征收个人住宅的,还应当保障被征收人的居住条件。 任何组织或者个人不得贪污、挪用、私分、截留、拖欠征收补偿费等费用。
第四十三条 国家对耕地实行特殊保护,严格限制农用地转为建设用地,控制建设用地总量。不得违反法律规定的权限和程序征收集体所有的土地。	**第二百四十四条** 国家对耕地实行特殊保护,严格限制农用地转为建设用地,控制建设用地总量。不得违反法律规定的权限和程序征收集体所有的土地。
第四十四条 因抢险、救灾等紧急需要,依照法律规定的权限和程序可以征用单位、个人的不动产或者动产。被征用的不动产或者动产使用后,应当返还被征用人。单位、个人的不动产或者动产被征用或者征用后毁损、灭失的,应当给予补偿。	**第二百四十五条** 因抢险救灾、**疫情防控**等紧急需要,依照法律规定的权限和程序可以征用组织、个人的不动产或者动产。被征用的不动产或者动产使用后,应当返还被征用人。组织、个人的不动产或者动产被征用或者征用后毁损、灭失的,应当给予补偿。

续表

相关法律规定	民法典
	第五章　国家所有权和集体所有权、私人所有权
第四十五条　法律规定属于国家所有的财产,属于国家所有即全民所有。 国有财产由国务院代表国家行使所有权;法律另有规定的,依照其规定。	**第二百四十六条**　法律规定属于国家所有的财产,属于国家所有即全民所有。 国有财产由国务院代表国家行使所有权。法律另有规定的,依照其规定。
第四十六条　矿藏、水流、海域属于国家所有。	**第二百四十七条**　矿藏、水流、海域属于国家所有。
《海岛保护法》 **第四条**　无居民海岛属于国家所有,国务院代表国家行使无居民海岛所有权。	**第二百四十八条**　无居民海岛属于国家所有,国务院代表国家行使无居民海岛所有权。
第四十七条　城市的土地,属于国家所有。法律规定属于国家所有的农村和城市郊区的土地,属于国家所有。	**第二百四十九条**　城市的土地,属于国家所有。法律规定属于国家所有的农村和城市郊区的土地,属于国家所有。
第四十八条　森林、山岭、草原、荒地、滩涂等自然资源,属于国家所有,但法律规定属于集体所有的除外。	**第二百五十条**　森林、山岭、草原、荒地、滩涂等自然资源,属于国家所有,但是法律规定属于集体所有的除外。
第四十九条　法律规定属于国家所有的野生动植物资源,属于国家所有。	**第二百五十一条**　法律规定属于国家所有的野生动植物资源,属于国家所有。

续表

相关法律规定	民法典
第五十条 无线电频谱资源属于国家所有。	**第二百五十二条** 无线电频谱资源属于国家所有。
第五十一条 法律规定属于国家所有的文物,属于国家所有。	**第二百五十三条** 法律规定属于国家所有的文物,属于国家所有。
第五十二条 国防资产属于国家所有。 铁路、公路、电力设施、电信设施和油气管道等基础设施,依照法律规定为国家所有的,属于国家所有。	**第二百五十四条** 国防资产属于国家所有。 铁路、公路、电力设施、电信设施和油气管道等基础设施,依照法律规定为国家所有的,属于国家所有。
第五十三条 国家机关对其直接支配的不动产和动产,享有占有、使用以及依照法律和国务院的有关规定处分的权利。	**第二百五十五条** 国家机关对其直接支配的不动产和动产,享有占有、使用以及依照法律和国务院的有关规定处分的权利。
第五十四条 国家举办的事业单位对其直接支配的不动产和动产,享有占有、使用以及依照法律和国务院的有关规定收益、处分的权利。	**第二百五十六条** 国家举办的事业单位对其直接支配的不动产和动产,享有占有、使用以及依照法律和国务院的有关规定收益、处分的权利。
第五十五条 国家出资的企业,由国务院、地方人民政府依照法律、行政法规规定分别代表国家履行出资人职责,享有出资人权益。	**第二百五十七条** 国家出资的企业,由国务院、地方人民政府依照法律、行政法规规定分别代表国家履行出资人职责,享有出资人权益。
第五十六条 国家所有的财产受法律保护,禁止任何单位和个人侵占、哄抢、私分、截留、破坏。	**第二百五十八条** 国家所有的财产受法律保护,禁止任何组织或者个人侵占、哄抢、私分、截留、破坏。

续表

相关法律规定	民法典
第五十七条　履行国有财产管理、监督职责的机构及其工作人员，应当依法加强对国有财产的管理、监督，促进国有财产保值增值，防止国有财产损失；滥用职权，玩忽职守，造成国有财产损失的，应当依法承担法律责任。 违反国有财产管理规定，在企业改制、合并分立、关联交易等过程中，低价转让、合谋私分、擅自担保或者以其他方式造成国有财产损失的，应当依法承担法律责任。	**第二百五十九条**　履行国有财产管理、监督职责的机构及其工作人员，应当依法加强对国有财产的管理、监督，促进国有财产保值增值，防止国有财产损失；滥用职权，玩忽职守，造成国有财产损失的，应当依法承担法律责任。 违反国有财产管理规定，在企业改制、合并分立、关联交易等过程中，低价转让、合谋私分、擅自担保或者以其他方式造成国有财产损失的，应当依法承担法律责任。
第五十八条　集体所有的不动产和动产包括： （一）法律规定属于集体所有的土地和森林、山岭、草原、荒地、滩涂； （二）集体所有的建筑物、生产设施、农田水利设施； （三）集体所有的教育、科学、文化、卫生、体育等设施； （四）集体所有的其他不动产和动产。	**第二百六十条**　集体所有的不动产和动产包括： （一）法律规定属于集体所有的土地和森林、山岭、草原、荒地、滩涂； （二）集体所有的建筑物、生产设施、农田水利设施； （三）集体所有的教育、科学、文化、卫生、体育等设施； （四）集体所有的其他不动产和动产。
第五十九条　农民集体所有的不动产和动产，属于本集体成员集体所有。 下列事项应当依照法定程序经本集体成员决定： （一）土地承包方案以及将土地发包给本集体以外的单位或者个人承包；	**第二百六十一条**　农民集体所有的不动产和动产，属于本集体成员集体所有。 下列事项应当依照法定程序经本集体成员决定： （一）土地承包方案以及将土地发包给本集体以外的组织或者个人承包；

续表

相关法律规定	民法典
（二）个别土地承包经营权人之间承包地的调整； （三）土地补偿费等费用的使用、分配办法； （四）集体出资的企业的所有权变动等事项； （五）法律规定的其他事项。	（二）个别土地承包经营权人之间承包地的调整； （三）土地补偿费等费用的使用、分配办法； （四）集体出资的企业的所有权变动等事项； （五）法律规定的其他事项。
第六十条 对于集体所有的土地和森林、山岭、草原、荒地、滩涂等，依照下列规定行使所有权： （一）属于村农民集体所有的，由村集体经济组织或者村民委员会代表集体行使所有权； （二）分别属于村内两个以上农民集体所有的，由村内各该集体经济组织或者村民小组代表集体行使所有权； （三）属于乡镇农民集体所有的，由乡镇集体经济组织代表集体行使所有权。	**第二百六十二条** 对于集体所有的土地和森林、山岭、草原、荒地、滩涂等，依照下列规定行使所有权： （一）属于村农民集体所有的，由村集体经济组织或者村民委员会**依法**代表集体行使所有权； （二）分别属于村内两个以上农民集体所有的，由村内各该集体经济组织或者村民小组**依法**代表集体行使所有权； （三）属于乡镇农民集体所有的，由乡镇集体经济组织代表集体行使所有权。
第六十一条 城镇集体所有的不动产和动产，依照法律、行政法规的规定由本集体享有占有、使用、收益和处分的权利。	**第二百六十三条** 城镇集体所有的不动产和动产，依照法律、行政法规的规定由本集体享有占有、使用、收益和处分的权利。
第六十二条 集体经济组织或者村民委员会、村民小组应当依照法律、行政法规以及章程、村规民约向本集体成员公布集体财产的状况。	**第二百六十四条** **农村**集体经济组织或者村民委员会、村民小组应当依照法律、行政法规以及章程、村规民约向本集体成员公布集体财产的状况。**集体成员有权查阅、复制相关资料。**

续表

相关法律规定	民法典
第六十三条　集体所有的财产受法律保护，禁止任何单位和个人侵占、哄抢、私分、破坏。 集体经济组织、村民委员会或者其负责人作出的决定侵害集体成员合法权益的，受侵害的集体成员可以请求人民法院予以撤销。	**第二百六十五条**　集体所有的财产受法律保护，禁止任何组织或者个人侵占、哄抢、私分、破坏。 **农村**集体经济组织、村民委员会或者其负责人作出的决定侵害集体成员合法权益的，受侵害的集体成员可以请求人民法院予以撤销。
第六十四条　私人对其合法的收入、房屋、生活用品、生产工具、原材料等不动产和动产享有所有权。	**第二百六十六条**　私人对其合法的收入、房屋、生活用品、生产工具、原材料等不动产和动产享有所有权。
第六十六条　私人的合法财产受法律保护，禁止任何单位和个人侵占、哄抢、破坏。	**第二百六十七条**　私人的合法财产受法律保护，禁止任何组织或者个人侵占、哄抢、破坏。
第六十七条　国家、集体和私人依法可以出资设立有限责任公司、股份有限公司或者其他企业。国家、集体和私人所有的不动产或者动产，投到企业的，由出资人按照约定或者出资比例享有资产收益、重大决策以及选择经营管理者等权利并履行义务。	**第二百六十八条**　国家、集体和私人依法可以出资设立有限责任公司、股份有限公司或者其他企业。国家、集体和私人所有的不动产或者动产投到企业的，由出资人按照约定或者出资比例享有资产收益、重大决策以及选择经营管理者等权利并履行义务。
第六十八条　企业法人对其不动产和动产依照法律、行政法规以及章程享有占有、使用、收益和处分的权利。 企业法人以外的法人，对其不动产和动产的权利，适用有关法律、行政法规以及章程的规定。	**第二百六十九条**　营利法人对其不动产和动产依照法律、行政法规以及章程享有占有、使用、收益和处分的权利。 营利法人以外的法人，对其不动产和动产的权利，适用有关法律、行政法规以及章程的规定。

续表

相关法律规定	民法典
第六十九条 社会团体依法所有的不动产和动产,受法律保护。	**第二百七十条** 社会团体**法人、捐助法人**依法所有的不动产和动产,受法律保护。
	第六章 业主的建筑物区分所有权
第七十条 业主对建筑物内的住宅、经营性用房等专有部分享有所有权,对专有部分以外的共有部分享有共有和共同管理的权利。	**第二百七十一条** 业主对建筑物内的住宅、经营性用房等专有部分享有所有权,对专有部分以外的共有部分享有共有和共同管理的权利。
第七十一条 业主对其建筑物专有部分享有占有、使用、收益和处分的权利。业主行使权利不得危及建筑物的安全,不得损害其他业主的合法权益。	**第二百七十二条** 业主对其建筑物专有部分享有占有、使用、收益和处分的权利。业主行使权利不得危及建筑物的安全,不得损害其他业主的合法权益。
第七十二条 业主对建筑物专有部分以外的共有部分,享有权利,承担义务;不得以放弃权利不履行义务。 业主转让建筑物内的住宅、经营性用房,其对共有部分享有的共有和共同管理的权利一并转让。	**第二百七十三条** 业主对建筑物专有部分以外的共有部分,享有权利,承担义务;不得以放弃权利**为由**不履行义务。 业主转让建筑物内的住宅、经营性用房,其对共有部分享有的共有和共同管理的权利一并转让。
第七十三条 建筑区划内的道路,属于业主共有,但属于城镇公共道路的除外。建筑区划内的绿地,属于业主共有,但属于城镇公共绿地或者明示属于个人的除外。建筑区划内的其他公共场所、公用设施和物业服务用房,属于业主共有。	**第二百七十四条** 建筑区划内的道路,属于业主共有,但是属于城镇公共道路的除外。建筑区划内的绿地,属于业主共有,但是属于城镇公共绿地或者明示属于个人的除外。建筑区划内的其他公共场所、公用设施和物业服务用房,属于业主共有。

续表

相关法律规定	民法典
第七十四条第二款、第三款　建筑区划内，规划用于停放汽车的车位、车库的归属，由当事人通过出售、附赠或者出租等方式约定。 占用业主共有的道路或者其他场地用于停放汽车的车位，属于业主共有。	**第二百七十五条**　建筑区划内，规划用于停放汽车的车位、车库的归属，由当事人通过出售、附赠或者出租等方式约定。 占用业主共有的道路或者其他场地用于停放汽车的车位，属于业主共有。
第七十四条第一款　建筑区划内，规划用于停放汽车的车位、车库应当首先满足业主的需要。	**第二百七十六条**　建筑区划内，规划用于停放汽车的车位、车库应当首先满足业主的需要。
第七十五条　业主可以设立业主大会，选举业主委员会。 地方人民政府有关部门应当对设立业主大会和选举业主委员会给予指导和协助。	**第二百七十七条**　业主可以设立业主大会，选举业主委员会。**业主大会、业主委员会成立的具体条件和程序，依照法律、法规的规定。** 地方人民政府有关部门、**居民委员会**应当对设立业主大会和选举业主委员会给予指导和协助。
第七十六条　下列事项由业主共同决定： （一）制定和修改业主大会议事规则； （二）制定和修改~~建筑物及其附属设施的~~管理规约； （三）选举业主委员会或者更换业主委员会成员； （四）选聘和解聘物业服务企业或者其他管理人； （五）筹集和使用建筑物及其附属设施的维修资金； （六）改建、重建建筑物及其附属设施；	**第二百七十八条**　下列事项由业主共同决定： （一）制定和修改业主大会议事规则； （二）制定和修改管理规约； （三）选举业主委员会或者更换业主委员会成员； （四）选聘和解聘物业服务企业或者其他管理人； （五）使用建筑物及其附属设施的维修资金； **（六）**筹集建筑物及其附属设施的维修资金；

续表

相关法律规定	民法典
（七）有关共有和共同管理权利的其他重大事项。 ~~决定前款第五项和第六项规定的事项，应当经专有部分占建筑物总面积三分之二以上的业主同意。~~决定前款其他事项，应当经专有部分占~~建筑物总~~面积过半数的业主且~~占总人~~数过半数的业主同意。	（七）改建、重建建筑物及其附属设施； **（八）改变共有部分的用途或者利用共有部分从事经营活动；** （九）有关共有和共同管理权利的其他重大事项。 **业主共同决定事项，应当由专有部分面积占比三分之二以上的业主且人数占比三分之二以上的业主参与表决。决定前款第六项至第八项规定的事项，应当经参与表决专有部分面积四分之三以上的业主且参与表决人数四分之三以上的业主同意。**决定前款其他事项，应当经**参与表决**专有部分**面积**过半数的业主且**参与表决人数**过半数的业主同意。
第七十七条　业主不得违反法律、法规以及管理规约，将住宅改变为经营性用房。业主将住宅改变为经营性用房的，除遵守法律、法规以及管理规约外，应当经有利害关系的业主同意。	**第二百七十九条**　业主不得违反法律、法规以及管理规约，将住宅改变为经营性用房。业主将住宅改变为经营性用房的，除遵守法律、法规以及管理规约外，应当经有利害关系的业主**一致**同意。
第七十八条　业主大会或者业主委员会的决定，对业主具有约束力。 业主大会或者业主委员会作出的决定侵害业主合法权益的，受侵害的业主可以请求人民法院予以撤销。	**第二百八十条**　业主大会或者业主委员会的决定，对业主具有**法律**约束力。 业主大会或者业主委员会作出的决定侵害业主合法权益的，受侵害的业主可以请求人民法院予以撤销。

续表

相关法律规定	民法典
第七十九条　建筑物及其附属设施的维修资金,属于业主共有。经业主共同决定,可以用于电梯、水箱等共有部分的维修。维修资金的筹集、使用情况应当公布。	**第二百八十一条**　建筑物及其附属设施的维修资金,属于业主共有。经业主共同决定,可以用于电梯、**屋顶、外墙、无障碍设施**等共有部分的维修、**更新和改造**。**建筑物及其附属设施的**维修资金的筹集、使用情况应当**定期**公布。 **紧急情况下需要维修建筑物及其附属设施的,业主大会或者业主委员会可以依法申请使用建筑物及其附属设施的维修资金。**
	第二百八十二条　建设单位、物业服务企业或者其他管理人等利用业主的共有部分产生的收入,在扣除合理成本之后,属于业主共有。
第八十条　建筑物及其附属设施的费用分摊、收益分配等事项,有约定的,按照约定;没有约定或者约定不明确的,按照业主专有部分占建筑物总面积的比例确定。	**第二百八十三条**　建筑物及其附属设施的费用分摊、收益分配等事项,有约定的,按照约定;没有约定或者约定不明确的,按照业主专有部分面积所占比例确定。
第八十一条　业主可以自行管理建筑物及其附属设施,也可以委托物业服务企业或者其他管理人管理。 对建设单位聘请的物业服务企业或者其他管理人,业主有权依法更换。	**第二百八十四条**　业主可以自行管理建筑物及其附属设施,也可以委托物业服务企业或者其他管理人管理。 对建设单位聘请的物业服务企业或者其他管理人,业主有权依法更换。

续表

相关法律规定	民法典
第八十二条　物业服务企业或者其他管理人根据业主的委托管理建筑区划内的建筑物及其附属设施，并接受业主的监督。	**第二百八十五条**　物业服务企业或者其他管理人根据业主的委托，**依照本法第三编有关物业服务合同的规定**管理建筑区划内的建筑物及其附属设施，接受业主的监督，**并及时答复业主对物业服务情况提出的询问。** **物业服务企业或者其他管理人应当执行政府依法实施的应急处置措施和其他管理措施，积极配合开展相关工作。**
第八十三条第一款、第二款第一句　业主应当遵守法律、法规以及管理规约。 业主大会和业主委员会，对任意弃置垃圾、排放污染物或者噪声、违反规定饲养动物、违章搭建、侵占通道、拒付物业费等损害他人合法权益的行为，有权依照法律、法规以及管理规约，要求行为人停止侵害、消除危险、排除妨害、赔偿损失。	**第二百八十六条**　业主应当遵守法律、法规以及管理规约，**相关行为应当符合节约资源、保护生态环境的要求。对于物业服务企业或者其他管理人执行政府依法实施的应急处置措施和其他管理措施，业主应当依法予以配合。** 业主大会或者业主委员会，对任意弃置垃圾、排放污染物或者噪声、违反规定饲养动物、违章搭建、侵占通道、拒付物业费等损害他人合法权益的行为，有权依照法律、法规以及管理规约，请求行为人停止侵害、排除妨碍、消除危险、**恢复原状**、赔偿损失。 **业主或者其他行为人拒不履行相关义务的，有关当事人可以向有关行政主管部门报告或者投诉，有关行政主管部门应当依法处理。**

续表

相关法律规定	民法典
第八十三条第二款第二句　业主对侵害自己合法权益的行为，可以~~依法向人民法院提起诉讼~~。	**第二百八十七条**　业主对**建设单位、物业服务企业或者其他管理人以及其他业主**侵害自己合法权益的行为，**有权请求其承担民事责任**。
	第七章　相 邻 关 系
第八十四条　不动产的相邻权利人应当按照有利生产、方便生活、团结互助、公平合理的原则，正确处理相邻关系。	**第二百八十八条**　不动产的相邻权利人应当按照有利生产、方便生活、团结互助、公平合理的原则，正确处理相邻关系。
第八十五条　法律、法规对处理相邻关系有规定的，依照其规定；法律、法规没有规定的，可以按照当地习惯。	**第二百八十九条**　法律、法规对处理相邻关系有规定的，依照其规定；法律、法规没有规定的，可以按照当地习惯。
第八十六条　不动产权利人应当为相邻权利人用水、排水提供必要的便利。 对自然流水的利用，应当在不动产的相邻权利人之间合理分配。对自然流水的排放，应当尊重自然流向。	**第二百九十条**　不动产权利人应当为相邻权利人用水、排水提供必要的便利。 对自然流水的利用，应当在不动产的相邻权利人之间合理分配。对自然流水的排放，应当尊重自然流向。
第八十七条　不动产权利人对相邻权利人因通行等必须利用其土地的，应当提供必要的便利。	**第二百九十一条**　不动产权利人对相邻权利人因通行等必须利用其土地的，应当提供必要的便利。
第八十八条　不动产权利人因建造、修缮建筑物以及铺设电线、电缆、水管、暖气和燃气管线等必须利用相邻土地、建筑物的，该土地、建筑物的权利人应当提供必要的便利。	**第二百九十二条**　不动产权利人因建造、修缮建筑物以及铺设电线、电缆、水管、暖气和燃气管线等必须利用相邻土地、建筑物的，该土地、建筑物的权利人应当提供必要的便利。

续表

相关法律规定	民法典
第八十九条 建造建筑物，不得违反国家有关工程建设标准，妨碍相邻建筑物的通风、采光和日照。	**第二百九十三条** 建造建筑物，不得违反国家有关工程建设标准，**不得**妨碍相邻建筑物的通风、采光和日照。
第九十条 不动产权利人不得违反国家规定弃置固体废物，排放大气污染物、水污染物、噪声、光、电磁波辐射等有害物质。	**第二百九十四条** 不动产权利人不得违反国家规定弃置固体废物，排放大气污染物、水污染物、**土壤污染物**、噪声、光**辐射**、电磁辐射等有害物质。
第九十一条 不动产权利人挖掘土地、建造建筑物、铺设管线以及安装设备等，不得危及相邻不动产的安全。	**第二百九十五条** 不动产权利人挖掘土地、建造建筑物、铺设管线以及安装设备等，不得危及相邻不动产的安全。
第九十二条 不动产权利人因用水、排水、通行、铺设管线等利用相邻不动产的，应当尽量避免对相邻的不动产权利人造成损害~~；造成损害的，应当给予赔偿~~。	**第二百九十六条** 不动产权利人因用水、排水、通行、铺设管线等利用相邻不动产的，应当尽量避免对相邻的不动产权利人造成损害。
	第三分编　用益物权
	第十二章　建设用地使用权
第一百三十五条 建设用地使用权人依法对国家所有的土地享有占有、使用和收益的权利，有权利用该土地建造建筑物、构筑物及其附属设施。	**第三百四十四条** 建设用地使用权人依法对国家所有的土地享有占有、使用和收益的权利，有权利用该土地建造建筑物、构筑物及其附属设施。

续表

相关法律规定	民法典
第一百三十六条　建设用地使用权可以在土地的地表、地上或者地下分别设立。~~新设立的建设用地使用权,不得损害已设立的用益物权。~~	**第三百四十五条**　建设用地使用权可以在土地的地表、地上或者地下分别设立。
	第三百四十六条　设立建设用地使用权,应当符合节约资源、保护生态环境的要求,遵守法律、行政法规关于土地用途的规定,不得损害已经设立的用益物权。
第一百三十七条　设立建设用地使用权,可以采取出让或者划拨等方式。 工业、商业、旅游、娱乐和商品住宅等经营性用地以及同一土地有两个以上意向用地者的,应当采取招标、拍卖等公开竞价的方式出让。 严格限制以划拨方式设立建设用地使用权。~~采取划拨方式的,应当遵守法律、行政法规关于土地用途的规定。~~	**第三百四十七条**　设立建设用地使用权,可以采取出让或者划拨等方式。 工业、商业、旅游、娱乐和商品住宅等经营性用地以及同一土地有两个以上意向用地者的,应当采取招标、拍卖等公开竞价的方式出让。 严格限制以划拨方式设立建设用地使用权。
第一百三十八条　<u>采取</u>招标、拍卖、协议等出让方式设立建设用地使用权的,当事人应当<u>采取</u>书面形式订立建设用地使用权出让合同。 建设用地使用权出让合同一般包括下列条款: (一)当事人的名称和住所; (二)土地界址、面积等; (三)建筑物、构筑物及其附属设施占用的空间;	**第三百四十八条**　<u>通过</u>招标、拍卖、协议等出让方式设立建设用地使用权的,当事人应当<u>采用</u>书面形式订立建设用地使用权出让合同。 建设用地使用权出让合同一般包括下列条款: (一)当事人的名称和住所; (二)土地界址、面积等; (三)建筑物、构筑物及其附属设施占用的空间;

续表

相关法律规定	民法典
(四)土地用途; (五)使用期限; (六)出让金等费用及其支付方式; (七)解决争议的方法。	(四)土地用途、**规划条件**; (五)**建设用地使用权**期限; (六)出让金等费用及其支付方式; (七)解决争议的方法。
第一百三十九条 设立建设用地使用权的,应当向登记机构申请建设用地使用权登记。建设用地使用权自登记时设立。登记机构应当向建设用地使用权人发放建设用地使用权证书。	**第三百四十九条** 设立建设用地使用权的,应当向登记机构申请建设用地使用权登记。建设用地使用权自登记时设立。登记机构应当向建设用地使用权人发放权属证书。
第一百四十条 建设用地使用权人应当合理利用土地,不得改变土地用途;需要改变土地用途的,应当依法经有关行政主管部门批准。	**第三百五十条** 建设用地使用权人应当合理利用土地,不得改变土地用途;需要改变土地用途的,应当依法经有关行政主管部门批准。
第一百四十一条 建设用地使用权人应当依照法律规定以及合同约定支付出让金等费用。	**第三百五十一条** 建设用地使用权人应当依照法律规定以及合同约定支付出让金等费用。
第一百四十二条 建设用地使用权人建造的建筑物、构筑物及其附属设施的所有权属于建设用地使用权人,但有相反证据证明的除外。	**第三百五十二条** 建设用地使用权人建造的建筑物、构筑物及其附属设施的所有权属于建设用地使用权人,但是有相反证据证明的除外。
第一百四十三条 建设用地使用权人有权将建设用地使用权转让、互换、出资、赠与或者抵押,但法律另有规定的除外。	**第三百五十三条** 建设用地使用权人有权将建设用地使用权转让、互换、出资、赠与或者抵押,但是法律另有规定的除外。

续表

相关法律规定	民法典
第一百四十四条　建设用地使用权转让、互换、出资、赠与或者抵押的，当事人应当采取书面形式订立相应的合同。使用期限由当事人约定，但不得超过建设用地使用权的剩余期限。	**第三百五十四条**　建设用地使用权转让、互换、出资、赠与或者抵押的，当事人应当采用书面形式订立相应的合同。使用期限由当事人约定，但是不得超过建设用地使用权的剩余期限。
第一百四十五条　建设用地使用权转让、互换、出资或者赠与的，应当向登记机构申请变更登记。	**第三百五十五条**　建设用地使用权转让、互换、出资或者赠与的，应当向登记机构申请变更登记。
第一百四十六条　建设用地使用权转让、互换、出资或者赠与的，附着于该土地上的建筑物、构筑物及其附属设施一并处分。	**第三百五十六条**　建设用地使用权转让、互换、出资或者赠与的，附着于该土地上的建筑物、构筑物及其附属设施一并处分。
第一百四十七条　建筑物、构筑物及其附属设施转让、互换、出资或者赠与的，该建筑物、构筑物及其附属设施占用范围内的建设用地使用权一并处分。	**第三百五十七条**　建筑物、构筑物及其附属设施转让、互换、出资或者赠与的，该建筑物、构筑物及其附属设施占用范围内的建设用地使用权一并处分。
第一百四十八条　建设用地使用权期间届满前，因公共利益需要提前收回该土地的，应当依照本法第四十二条的规定对该土地上的房屋及其他不动产给予补偿，并退还相应的出让金。	**第三百五十八条**　建设用地使用权期限届满前，因公共利益需要提前收回该土地的，应当依据本法第二百四十三条的规定对该土地上的房屋以及其他不动产给予补偿，并退还相应的出让金。
第一百四十九条　住宅建设用地使用权期间届满的，自动续期。 非住宅建设用地使用权期间届满后的续期，依照法律规定办理。该	**第三百五十九条**　住宅建设用地使用权期限届满的，自动续期。**续期费用的缴纳或者减免，依照法律、行政法规的规定办理。**

续表

相关法律规定	民法典
土地上的房屋及其他不动产的归属,有约定的,按照约定;没有约定或者约定不明确的,依照法律、行政法规的规定办理。	非住宅建设用地使用权期限届满后的续期,依照法律规定办理。该土地上的房屋以及其他不动产的归属,有约定的,按照约定;没有约定或者约定不明确的,依照法律、行政法规的规定办理。
第一百五十条 建设用地使用权消灭的,出让人应当及时办理注销登记。登记机构应当收回建设用地使用权证书。	**第三百六十条** 建设用地使用权消灭的,出让人应当及时办理注销登记。登记机构应当收回权属证书。
第一百五十一条 集体所有的土地作为建设用地的,应当依照土地管理法等法律规定办理。	**第三百六十一条** 集体所有的土地作为建设用地的,应当依照土地管理的法律规定办理。
	第十四章 居 住 权
	第三百六十六条 居住权人有权按照合同约定,对他人的住宅享有占有、使用的用益物权,以满足生活居住的需要。
	第三百六十七条 设立居住权,当事人应当采用书面形式订立居住权合同。 **居住权合同一般包括下列条款:** **(一)当事人的姓名或者名称和住所;** **(二)住宅的位置;** **(三)居住的条件和要求;** **(四)居住权期限;** **(五)解决争议的方法。**

续表

相关法律规定	民法典
	第三百六十八条　居住权无偿设立，但是当事人另有约定的除外。设立居住权的，应当向登记机构申请居住权登记。居住权自登记时设立。
	第三百六十九条　居住权不得转让、继承。设立居住权的住宅不得出租，但是当事人另有约定的除外。
	第三百七十条　居住权期限届满或者居住权人死亡的，居住权消灭。居住权消灭的，应当及时办理注销登记。
	第三百七十一条　以遗嘱方式设立居住权的，参照适用本章的有关规定。
	第十五章　地　役　权
第一百五十六条　地役权人有权按照合同约定，利用他人的不动产，以提高自己的不动产的效益。 前款所称他人的不动产为供役地，自己的不动产为需役地。	**第三百七十二条**　地役权人有权按照合同约定，利用他人的不动产，以提高自己的不动产的效益。 前款所称他人的不动产为供役地，自己的不动产为需役地。
第一百五十七条　设立地役权，当事人应当<u>采取</u>书面形式订立地役权合同。 地役权合同一般包括下列条款： （一）当事人的姓名或者名称和住所； （二）供役地和需役地的位置；	**第三百七十三条**　设立地役权，当事人应当<u>采用</u>书面形式订立地役权合同。 地役权合同一般包括下列条款： （一）当事人的姓名或者名称和住所； （二）供役地和需役地的位置；

续表

相关法律规定	民法典
(三)利用目的和方法; (四)利用期限; (五)费用及其支付方式; (六)解决争议的方法。	(三)利用目的和方法; (四)**地役权**期限; (五)费用及其支付方式; (六)解决争议的方法。
第一百五十八条 地役权自地役权合同生效时设立。当事人要求登记的,可以向登记机构申请地役权登记;未经登记,不得对抗善意第三人。	**第三百七十四条** 地役权自地役权合同生效时设立。当事人要求登记的,可以向登记机构申请地役权登记;未经登记,不得对抗善意第三人。
第一百五十九条 供役地权利人应当按照合同约定,允许地役权人利用其土地,不得妨害地役权人行使权利。	**第三百七十五条** 供役地权利人应当按照合同约定,允许地役权人利用其不动产,不得妨害地役权人行使权利。
第一百六十条 地役权人应当按照合同约定的利用目的和方法利用供役地,尽量减少对供役地权利人物权的限制。	**第三百七十六条** 地役权人应当按照合同约定的利用目的和方法利用供役地,尽量减少对供役地权利人物权的限制。
第一百六十一条 地役权的期限由当事人约定,但不得超过土地承包经营权、建设用地使用权等用益物权的剩余期限。	**第三百七十七条** 地役权期限由当事人约定;但是,不得超过土地承包经营权、建设用地使用权等用益物权的剩余期限。
第一百六十二条 土地所有权人享有地役权或者负担地役权的,设立土地承包经营权、宅基地使用权时,该土地承包经营权人、宅基地使用权人继续享有或者负担已设立的地役权。	**第三百七十八条** 土地所有权人享有地役权或者负担地役权的,设立土地承包经营权、宅基地使用权**等用益物权**时,该用益物权人继续享有或者负担已经设立的地役权。

续表

相关法律规定	民法典
第一百六十三条　土地上已设立土地承包经营权、建设用地使用权、宅基地使用权等权利的，未经用益物权人同意，土地所有权人不得设立地役权。	**第三百七十九条**　土地上已经设立土地承包经营权、建设用地使用权、宅基地使用权等用益物权的，未经用益物权人同意，土地所有权人不得设立地役权。
第一百六十四条　地役权不得单独转让。土地承包经营权、建设用地使用权等转让的，地役权一并转让，但合同另有约定的除外。	**第三百八十条**　地役权不得单独转让。土地承包经营权、建设用地使用权等转让的，地役权一并转让，但是合同另有约定的除外。
第一百六十五条　地役权不得单独抵押。土地承包经营权、建设用地使用权等抵押的，在实现抵押权时，地役权一并转让。	**第三百八十一条**　地役权不得单独抵押。土地经营权、建设用地使用权等抵押的，在实现抵押权时，地役权一并转让。
第一百六十六条　需役地以及需役地上的土地承包经营权、建设用地使用权部分转让时，转让部分涉及地役权的，受让人同时享有地役权。	**第三百八十二条**　需役地以及需役地上的土地承包经营权、建设用地使用权**等**部分转让时，转让部分涉及地役权的，受让人同时享有地役权。
第一百六十七条　供役地以及供役地上的土地承包经营权、建设用地使用权部分转让时，转让部分涉及地役权的，地役权对受让人具有约束力。	**第三百八十三条**　供役地以及供役地上的土地承包经营权、建设用地使用权**等**部分转让时，转让部分涉及地役权的，地役权对受让人具有**法律**约束力。
第一百六十八条　地役权人有下列情形之一的，供役地权利人有权解除地役权合同，地役权消灭： （一）违反法律规定或者合同约定，滥用地役权；	**第三百八十四条**　地役权人有下列情形之一的，供役地权利人有权解除地役权合同，地役权消灭： （一）违反法律规定或者合同约定，滥用地役权；

续表

相关法律规定	民法典
(二)有偿利用供役地,约定的付款期间届满后在合理期限内经两次催告未支付费用。	(二)有偿利用供役地,约定的付款期限届满后在合理期限内经两次催告未支付费用。
第一百六十九条 已经登记的地役权变更、转让或者消灭的,应当及时办理变更登记或者注销登记。	**第三百八十五条** 已经登记的地役权变更、转让或者消灭的,应当及时办理变更登记或者注销登记。
《合同法》 (以下未标明法律法规名称的,为《合同法》)	**第三编 合 同**
	第一分编 通 则
	第二十四章 物业服务合同
	第九百三十七条 物业服务合同是物业服务人在物业服务区域内,为业主提供建筑物及其附属设施的维修养护、环境卫生和相关秩序的管理维护等物业服务,业主支付物业费的合同。 **物业服务人包括物业服务企业和其他管理人。**
《物业管理条例》 **第三十四条** 业主委员会应当与业主大会选聘的物业服务企业订立书面的物业服务合同。 物业服务合同应当对物业管理事项、服务质量、服务费用、双方的权利义务、专项维修资金的管理与使用、物业管理用房、合同期限、违约责任等内容进行约定。	**第九百三十八条** 物业服务合同的内容一般包括服务事项、服务质量、服务费用**的标准和收取办法**、维修资金的使用、服务用房**的管理和使用、服务期限、服务交接等条款。** **物业服务人公开作出的有利于业主的服务承诺,为物业服务合同的组成部分。** 物业服务合同应当采用书面形式。

续表

相关法律规定	民法典
《物业服务纠纷司法解释》① 第一条　建设单位依法与物业服务企业签订的前期物业服务合同，以及业主委员会与业主大会依法选聘的物业服务企业签订的物业服务合同，对业主具有约束力。业主以其并非合同当事人为由提出抗辩的，人民法院不予支持。	**第九百三十九条**　建设单位依法与物业服务人订立的前期物业服务合同，以及业主委员会与业主大会依法选聘的物业服务人订立的物业服务合同，对业主具有**法律**约束力。
《物业管理条例》 第二十六条　前期物业服务合同可以约定期限；但是，期限未满、业主委员会与物业服务企业签订的物业服务合同生效的，前期物业服务合同终止。	**第九百四十条　建设单位依法与物业服务人订立的**前期物业服务合同约定**的服务**期限届满前，业主委员会**或者业主**与**新**物业服务人订立的物业服务合同生效的，前期物业服务合同终止。
《物业管理条例》 第三十九条　物业服务企业可以将物业管理区域内的专项服务业务委托给专业性服务企业，但不得将该区域内的全部物业管理一并委托给他人。	**第九百四十一条**　物业服务人将物业服务区域内的**部分**专项服务事项委托给专业性服务组织**或者其他第三人的，应当就该部分专项服务事项向业主负责。** 物业服务人不得将其应当提供的全部物业服务转委托给第三人，**或者将全部物业服务支解后分别转委托给第三人。**
	第九百四十二条　物业服务人应当按照约定和物业的使用性质，妥善维修、养护、清洁、绿化和经营管理物业服务区域内的业主共有部分，维护物业服务区域内的基本秩序，采取

① 最高人民法院《关于审理物业服务纠纷案件适用法律若干问题的解释》简称《物业服务纠纷司法解释》。

续表

相关法律规定	民法典
	合理措施保护业主的人身、财产安全。 对物业服务区域内违反有关治安、环保、消防等法律法规的行为，物业服务人应当及时采取合理措施制止、向有关行政主管部门报告并协助处理。
	第九百四十三条　物业服务人应当定期将服务的事项、负责人员、质量要求、收费项目、收费标准、履行情况，以及维修资金使用情况、业主共有部分的经营与收益情况等以合理方式向业主公开并向业主大会、业主委员会报告。
	第九百四十四条　业主应当按照约定向物业服务人支付物业费。物业服务人已经按照约定和有关规定提供服务的，业主不得以未接受或者无需接受相关物业服务为由拒绝支付物业费。 业主违反约定逾期不支付物业费的，物业服务人可以催告其在合理期限内支付；合理期限届满仍不支付的，物业服务人可以提起诉讼或者申请仲裁。 物业服务人不得采取停止供电、供水、供热、供燃气等方式催交物业费。

续表

相关法律规定	民法典
《物业管理条例》 **第五十二条**　业主需要装饰装修房屋的，应当事先告知物业服务企业。 ~~物业服务企业应当将房屋装饰装修中的禁止行为和注意事项告知业主。~~	**第九百四十五条**　业主装饰装修房屋的，应当事先告知物业服务人，**遵守物业服务人提示的合理注意事项，并配合其进行必要的现场检查。** **业主转让、出租物业专有部分、设立居住权或者依法改变共有部分用途的，应当及时将相关情况告知物业服务人。**
	第九百四十六条　业主依照法定程序共同决定解聘物业服务人的，可以解除物业服务合同。决定解聘的，应当提前六十日书面通知物业服务人，但是合同对通知期限另有约定的除外。 **依据前款规定解除合同造成物业服务人损失的，除不可归责于业主的事由外，业主应当赔偿损失。**
	第九百四十七条　物业服务期限届满前，业主依法共同决定续聘的，应当与原物业服务人在合同期限届满前续订物业服务合同。 **物业服务期限届满前，物业服务人不同意续聘的，应当在合同期限届满前九十日书面通知业主或者业主委员会，但是合同对通知期限另有约定的除外。**

续表

相关法律规定	民法典
	第九百四十八条　物业服务期限届满后，业主没有依法作出续聘或者另聘物业服务人的决定，物业服务人继续提供物业服务的，原物业服务合同继续有效，但是服务期限为不定期。 当事人可以随时解除不定期物业服务合同，但是应当提前六十日书面通知对方。
	第九百四十九条　物业服务合同终止的，原物业服务人应当在约定期限或者合理期限内退出物业服务区域，将物业服务用房、相关设施、物业服务所必需的相关资料等交还给业主委员会、决定自行管理的业主或者其指定的人，配合新物业服务人做好交接工作，并如实告知物业的使用和管理状况。 原物业服务人违反前款规定的，不得请求业主支付物业服务合同终止后的物业费；造成业主损失的，应当赔偿损失。
	第九百五十条　物业服务合同终止后，在业主或者业主大会选聘的新物业服务人或者决定自行管理的业主接管之前，原物业服务人应当继续处理物业服务事项，并可以请求业主支付该期间的物业费。

续表

相关法律规定	民法典
《侵权责任法》 (以下未标明法律法规名称的,为《侵权责任法》)	**第七编　侵权责任**
	第一章　一般规定
第一条　为保护民事主体的合法权益,明确侵权责任,预防并制裁侵权行为,促进社会和谐稳定,制定本法。 **第二条第二款**　~~本法所称民事权益,包括生命权、健康权、姓名权、名誉权、荣誉权、肖像权、隐私权、婚姻自主权、监护权、所有权、用益物权、担保物权、著作权、专利权、商标专用权、发现权、股权、继承权等人身、财产权益。~~	**第一千一百六十四条　本编调整因侵害民事权益产生的民事关系。**
第六条　行为人因过错侵害他人民事权益,应当承担侵权责任。 根据法律规定推定行为人有过错,行为人不能证明自己没有过错的,应当承担侵权责任。	**第一千一百六十五条**　行为人因过错侵害他人民事权益**造成损害**的,应当承担侵权责任。 依照法律规定推定行为人有过错,其不能证明自己没有过错的,应当承担侵权责任。
第七条　行为人损害他人民事权益,不论行为人有无过错,法律规定应当承担侵权责任的,依照其规定。	**第一千一百六十六条**　行为人造成他人民事权益损害,不论行为人有无过错,法律规定应当承担侵权责任的,依照其规定。

续表

相关法律规定	民法典
第二十一条　侵权行为危及他人人身、财产安全的，被侵权人可以请求侵权人承担停止侵害、排除妨碍、消除危险等侵权责任。	**第一千一百六十七条**　侵权行为危及他人人身、财产安全的，被侵权人有权请求侵权人承担停止侵害、排除妨碍、消除危险等侵权责任。
第八条　二人以上共同实施侵权行为，造成他人损害的，应当承担连带责任。	**第一千一百六十八条**　二人以上共同实施侵权行为，造成他人损害的，应当承担连带责任。
第九条　教唆、帮助他人实施侵权行为的，应当与行为人承担连带责任。 教唆、帮助无民事行为能力人、限制民事行为能力人实施侵权行为的，应当承担侵权责任；该无民事行为能力人、限制民事行为能力人的监护人未尽到监责任的，应当承担相应的责任。	**第一千一百六十九条**　教唆、帮助他人实施侵权行为的，应当与行为人承担连带责任。 教唆、帮助无民事行为能力人、限制民事行为能力人实施侵权行为的，应当承担侵权责任；该无民事行为能力人、限制民事行为能力人的监护人未尽到监护职责的，应当承担相应的责任。
第十条　二人以上实施危及他人人身、财产安全的行为，其中一人或者数人的行为造成他人损害，能够确定具体侵权人的，由侵权人承担责任；不能确定具体侵权人的，行为人承担连带责任。	**第一千一百七十条**　二人以上实施危及他人人身、财产安全的行为，其中一人或者数人的行为造成他人损害，能够确定具体侵权人的，由侵权人承担责任；不能确定具体侵权人的，行为人承担连带责任。
第十一条　二人以上分别实施侵权行为造成同一损害，每个人的侵权行为都足以造成全部损害的，行为人承担连带责任。	**第一千一百七十一条**　二人以上分别实施侵权行为造成同一损害，每个人的侵权行为都足以造成全部损害的，行为人承担连带责任。

续表

相关法律规定	民法典
第十二条　二人以上分别实施侵权行为造成同一损害,能够确定责任大小的,各自承担相应的责任;难以确定责任大小的,平均承担赔偿责任。	**第一千一百七十二条**　二人以上分别实施侵权行为造成同一损害,能够确定责任大小的,各自承担相应的责任;难以确定责任大小的,平均承担责任。
第二十六条　被侵权人对损害的发生也有过错的,可以减轻侵权人的责任。	**第一千一百七十三条**　被侵权人对**同一**损害的发生**或者扩大**有过错的,可以减轻侵权人的责任。
第二十七条　损害是因受害人故意造成的,行为人不承担责任。	**第一千一百七十四条**　损害是因受害人故意造成的,行为人不承担责任。
第二十八条　损害是因第三人造成的,第三人应当承担侵权责任。	**第一千一百七十五条**　损害是因第三人造成的,第三人应当承担侵权责任。
	第一千一百七十六条　**自愿参加具有一定风险的文体活动,因其他参加者的行为受到损害的,受害人不得请求其他参加者承担侵权责任;但是,其他参加者对损害的发生有故意或者重大过失的除外。** **活动组织者的责任适用本法第一千一百九十八条至第一千二百零一条的规定。**
	第一千一百七十七条　**合法权益受到侵害,情况紧迫且不能及时获得国家机关保护,不立即采取措施将使其合法权益受到难以弥补的损害的,受害人可以在保护自己合法权益**

续表

相关法律规定	民法典
	的必要范围内采取扣留侵权人的财物等合理措施；但是，应当立即请求有关国家机关处理。 受害人采取的措施不当造成他人损害的，应当承担侵权责任。
	第一千一百七十八条 本法和其他法律对不承担责任或者减轻责任的情形另有规定的，依照其规定。
	第二章 损害赔偿
第十六条 侵害他人造成人身损害的，应当赔偿医疗费、护理费、交通费等为治疗和康复支出的合理费用，以及因误工减少的收入。造成残疾的，还应当赔偿残疾生活辅助具费和残疾赔偿金。造成死亡的，还应当赔偿丧葬费和死亡赔偿金。	**第一千一百七十九条** 侵害他人造成人身损害的，应当赔偿医疗费、护理费、交通费、**营养费、住院伙食补助费**等为治疗和康复支出的合理费用，以及因误工减少的收入。造成残疾的，还应当赔偿辅助器具费和残疾赔偿金；造成死亡的，还应当赔偿丧葬费和死亡赔偿金。
第十七条 因同一侵权行为造成多人死亡的，可以以相同数额确定死亡赔偿金。	**第一千一百八十条** 因同一侵权行为造成多人死亡的，可以以相同数额确定死亡赔偿金。
第十八条 被侵权人死亡的，其近亲属有权请求侵权人承担侵权责任。被侵权人为单位，该单位分立、合并的，承继权利的单位有权请求侵权人承担侵权责任。 被侵权人死亡的，支付被侵权人医疗费、丧葬费等合理费用的人有权请求侵权人赔偿费用，但侵权人已支付该费用的除外。	**第一千一百八十一条** 被侵权人死亡的，其近亲属有权请求侵权人承担侵权责任。被侵权人为组织，该组织分立、合并的，承继权利的组织有权请求侵权人承担侵权责任。 被侵权人死亡的，支付被侵权人医疗费、丧葬费等合理费用的人有权请求侵权人赔偿费用，但是侵权人已经支付该费用的除外。

续表

相关法律规定	民法典
第二十条　侵害他人人身权益造成财产损失的，按照被侵权人因此受到的损失赔偿；被侵权人的损失难以确定，~~侵权人因此获得利益的，按照其获得的利益赔偿；侵权人因此获得的利益难以确定，~~被侵权人和侵权人就赔偿数额协商不一致，向人民法院提起诉讼的，由人民法院根据实际情况确定赔偿数额。	**第一千一百八十二条**　侵害他人人身权益造成财产损失的，按照被侵权人因此受到的损失**或者侵权人因此获得的利益**赔偿；被侵权人**因此受到**的损失**以及侵权人因此获得的利益**难以确定，被侵权人和侵权人就赔偿数额协商不一致，向人民法院提起诉讼的，由人民法院根据实际情况确定赔偿数额。
第二十二条　侵害他人人身权益，造成他人严重精神损害的，被侵权人可以请求精神损害赔偿。	**第一千一百八十三条**　侵害自然人人身权益造成严重精神损害的，被侵权人有权请求精神损害赔偿。 **因故意或者重大过失侵害自然人具有人身意义的特定物造成严重精神损害的，被侵权人有权请求精神损害赔偿。**
第十九条　侵害他人财产的，财产损失按照损失发生时的市场价格或者其他方式计算。	**第一千一百八十四条**　侵害他人财产的，财产损失按照损失发生时的市场价格或者其他合理方式计算。
	第一千一百八十五条　故意侵害他人知识产权，情节严重的，被侵权人有权请求相应的惩罚性赔偿。
第二十四条　受害人和行为人对损害的发生都没有过错的，可以根据实际情况，由双方分担损失。	**第一千一百八十六条**　受害人和行为人对损害的发生都没有过错的，依照法律的规定由双方分担损失。

续表

相关法律规定	民法典
第二十五条 损害发生后,当事人可以协商赔偿费用的支付方式。协商不一致的,赔偿费用应当一次性支付;一次性支付确有困难的,可以分期支付,但应当提供相应的担保。	**第一千一百八十七条** 损害发生后,当事人可以协商赔偿费用的支付方式。协商不一致的,赔偿费用应当一次性支付;一次性支付确有困难的,可以分期支付,但是**被侵权人有权请求**提供相应的担保。
	第七章 环境污染和生态破坏责任
第六十五条 因污染环境造成损害的,污染者应当承担侵权责任。	**第一千二百二十九条** 因污染环境、**破坏生态**造成**他人**损害的,侵权人应当承担侵权责任。
第六十六条 因污染环境发生纠纷,污染者应当就法律规定的不承担责任或者减轻责任的情形及其行为与损害之间不存在因果关系承担举证责任。	**第一千二百三十条** 因污染环境、**破坏生态**发生纠纷,行为人应当就法律规定的不承担责任或者减轻责任的情形及其行为与损害之间不存在因果关系承担举证责任。
第六十七条 两个以上污染者污染环境,~~污染者~~承担责任的大小,根据污染物的种类、排放量等因素确定。	**第一千二百三十一条** 两个以上侵权人污染环境、破坏生态的,承担责任的大小,根据污染物的种类、**浓度**、排放量,**破坏生态的方式、范围、程度,以及行为对损害后果所起的作用**等因素确定。
	第一千二百三十二条 **侵权人违反法律规定故意污染环境、破坏生态造成严重后果的,被侵权人有权请求相应的惩罚性赔偿。**

续表

相关法律规定	民法典
第六十八条　因第三人的过错污染环境造成损害的，被侵权人可以向污染者请求赔偿，也可以向第三人请求赔偿。污染者赔偿后，有权向第三人追偿。	**第一千二百三十三条**　因第三人的过错污染环境、**破坏生态**的，被侵权人可以向侵权人请求赔偿，也可以向第三人请求赔偿。侵权人赔偿后，有权向第三人追偿。
《最高人民法院关于审理环境侵权责任纠纷案件适用法律若干问题的解释》 **第十四条**　被侵权人请求恢复原状的，人民法院可以依法裁判污染者承担环境修复责任，并同时确定被告不履行环境修复义务时应当承担的环境修复费用。 污染者在生效裁判确定的期限内未履行环境修复义务的，人民法院可以委托其他人进行环境修复，所需费用由污染者承担。	**第一千二百三十四条　违反国家规定造成生态环境损害，生态环境能够修复的，国家规定的机关或者法律规定的组织有权请求侵权人在合理期限内承担修复责任。侵权人在期限内未修复的，国家规定的机关或者法律规定的组织可以自行或者委托他人进行修复，所需费用由侵权人负担。**
	第一千二百三十五条　违反国家规定造成生态环境损害的，国家规定的机关或者法律规定的组织有权请求侵权人赔偿下列损失和费用： **（一）生态环境受到损害至修复完成期间服务功能丧失导致的损失；** **（二）生态环境功能永久性损害造成的损失；** **（三）生态环境损害调查、鉴定评估等费用；** **（四）清除污染、修复生态环境费用；** **（五）防止损害的发生和扩大所支出的合理费用。**

续表

相关法律规定	民法典
	第八章　高度危险责任
第六十九条　从事高度危险作业造成他人损害的，应当承担侵权责任。	**第一千二百三十六条**　从事高度危险作业造成他人损害的，应当承担侵权责任。
第七十条　民用核设施发生核事故造成他人损害的，民用核设施的经营者应当承担侵权责任，但能够证明损害是因战争等情形或者受害人故意造成的，不承担责任。	**第一千二百三十七条**　民用核设施**或者运入运出核设施的核材料**发生核事故造成他人损害的，民用核设施的营运单位应当承担侵权责任；但是，能够证明损害是因战争、**武装冲突、暴乱**等情形或者受害人故意造成的，不承担责任。
第七十一条　民用航空器造成他人损害的，民用航空器的经营者应当承担侵权责任，但能够证明损害是因受害人故意造成的，不承担责任。	**第一千二百三十八条**　民用航空器造成他人损害的，民用航空器的经营者应当承担侵权责任；但是，能够证明损害是因受害人故意造成的，不承担责任。
第七十二条　占有或者使用易燃、易爆、剧毒、放射性等高度危险物造成他人损害的，占有人或者使用人应当承担侵权责任，但能够证明损害是因受害人故意或者不可抗力造成的，不承担责任。被侵权人对损害的发生有重大过失的，可以减轻占有人或者使用人的责任。	**第一千二百三十九条**　占有或者使用易燃、易爆、剧毒、**高**放射性、**强腐蚀性、高致病性**等高度危险物造成他人损害的，占有人或者使用人应当承担侵权责任；但是，能够证明损害是因受害人故意或者不可抗力造成的，不承担责任。被侵权人对损害的发生有重大过失的，可以减轻占有人或者使用人的责任。

续表

相关法律规定	民法典
第七十三条　从事高空、高压、地下挖掘活动或者使用高速轨道运输工具造成他人损害的，经营者应当承担侵权责任，但能够证明损害是因受害人故意或者不可抗力造成的，不承担责任。被侵权人对损害的发生有过失的，可以减轻经营者的责任。	**第一千二百四十条**　从事高空、高压、地下挖掘活动或者使用高速轨道运输工具造成他人损害的，经营者应当承担侵权责任；但是，能够证明损害是因受害人故意或者不可抗力造成的，不承担责任。被侵权人对损害的发生有**重大**过失的，可以减轻经营者的责任。
第七十四条　遗失、抛弃高度危险物造成他人损害的，由所有人承担侵权责任。所有人将高度危险物交由他人管理的，由管理人承担侵权责任；所有人有过错的，与管理人承担连带责任。	**第一千二百四十一条**　遗失、抛弃高度危险物造成他人损害的，由所有人承担侵权责任。所有人将高度危险物交由他人管理的，由管理人承担侵权责任；所有人有过错的，与管理人承担连带责任。
第七十五条　非法占有高度危险物造成他人损害的，由非法占有人承担侵权责任。所有人、管理人不能证明对防止~~他人~~非法占有尽到高度注意义务的，与非法占有人承担连带责任。	**第一千二百四十二条**　非法占有高度危险物造成他人损害的，由非法占有人承担侵权责任。所有人、管理人不能证明对防止非法占有尽到高度注意义务的，与非法占有人承担连带责任。
第七十六条　未经许可进入高度危险活动区域或者高度危险物存放区域受到损害，管理人已经采取安全措施并尽到警示义务的，可以减轻或者不承担责任。	**第一千二百四十三条**　未经许可进入高度危险活动区域或者高度危险物存放区域受到损害，管理人**能够证明**已经采取**足够**安全措施并尽到**充分**警示义务的，可以减轻或者不承担责任。

续表

相关法律规定	民法典
第七十七条　承担高度危险责任,法律规定赔偿限额的,依照其规定。	**第一千二百四十四条**　承担高度危险责任,法律规定赔偿限额的,依照其规定,**但是行为人有故意或者重大过失的除外。**
	第九章　饲养动物损害责任
第七十八条　饲养的动物造成他人损害的,动物饲养人或者管理人应当承担侵权责任,但能够证明损害是因被侵权人故意或者重大过失造成的,可以不承担或者减轻责任。	**第一千二百四十五条**　饲养的动物造成他人损害的,动物饲养人或者管理人应当承担侵权责任;但是,能够证明损害是因被侵权人故意或者重大过失造成的,可以不承担或者减轻责任。
第七十九条　违反管理规定,未对动物采取安全措施造成他人损害的,动物饲养人或者管理人应当承担侵权责任。	**第一千二百四十六条**　违反管理规定,未对动物采取安全措施造成他人损害的,动物饲养人或者管理人应当承担侵权责任;**但是,能够证明损害是因被侵权人故意造成的,可以减轻责任。**
第八十条　禁止饲养的烈性犬等危险动物造成他人损害的,动物饲养人或者管理人应当承担侵权责任。	**第一千二百四十七条**　禁止饲养的烈性犬等危险动物造成他人损害的,动物饲养人或者管理人应当承担侵权责任。
第八十一条　动物园的动物造成他人损害的,动物园应当承担侵权责任,但能够证明尽到管理职责的,不承担责任。	**第一千二百四十八条**　动物园的动物造成他人损害的,动物园应当承担侵权责任;但是,能够证明尽到管理职责的,不承担**侵权**责任。

续表

相关法律规定	民法典
第八十二条　遗弃、逃逸的动物在遗弃、逃逸期间造成他人损害的，由原动物饲养人或者管理人承担侵权责任。	**第一千二百四十九条**　遗弃、逃逸的动物在遗弃、逃逸期间造成他人损害的，由动物原饲养人或者管理人承担侵权责任。
第八十三条　因第三人的过错致使动物造成他人损害的，被侵权人可以向动物饲养人或者管理人请求赔偿，也可以向第三人请求赔偿。动物饲养人或者管理人赔偿后，有权向第三人追偿。	**第一千二百五十条**　因第三人的过错致使动物造成他人损害的，被侵权人可以向动物饲养人或者管理人请求赔偿，也可以向第三人请求赔偿。动物饲养人或者管理人赔偿后，有权向第三人追偿。
第八十四条　饲养动物应当遵守法律，尊重社会公德，不得妨害他人生活。	**第一千二百五十一条**　饲养动物应当遵守法律**法规**，尊重社会公德，不得妨碍他人生活。

2. 物业管理条例

（2003 年 6 月 8 日国务院令第 379 号公布
根据 2007 年 8 月 26 日《国务院关于修改〈物业管理条例〉的决定》第一次修订
根据 2016 年 2 月 6 日《国务院关于修改部分行政法规的决定》第二次修订
根据 2018 年 4 月 4 日《国务院关于修改和废止部分行政法规的决定》第三次修订）

第一章　总　　则

第一条　【立法目的】为了规范物业管理活动，维护业主和物业服务企业的合法权益，改善人民群众的生活和工作环境，制定本条例。

第二条 【物业管理定义】本条例所称物业管理，是指业主通过选聘物业服务企业，由业主和物业服务企业按照物业服务合同约定，对房屋及配套的设施设备和相关场地进行维修、养护、管理，维护物业管理区域内的环境卫生和相关秩序的活动。

第三条 【选择物业服务企业的方式】国家提倡业主通过公开、公平、公正的市场竞争机制选择物业服务企业。

第四条 【物业管理与创新、科技进步的关系】国家鼓励采用新技术、新方法，依靠科技进步提高物业管理和服务水平。

第五条 【物业管理监督管理体制】国务院建设行政主管部门负责全国物业管理活动的监督管理工作。

县级以上地方人民政府房地产行政主管部门负责本行政区域内物业管理活动的监督管理工作。

第二章 业主及业主大会

第六条 【业主及业主权利】房屋的所有权人为业主。

业主在物业管理活动中，享有下列权利：

（一）按照物业服务合同的约定，接受物业服务企业提供的服务；

（二）提议召开业主大会会议，并就物业管理的有关事项提出建议；

（三）提出制定和修改管理规约、业主大会议事规则的建议；

（四）参加业主大会会议，行使投票权；

（五）选举业主委员会成员，并享有被选举权；

（六）监督业主委员会的工作；

（七）监督物业服务企业履行物业服务合同；

（八）对物业共用部位、共用设施设备和相关场地使用情况享有知情权和监督权；

（九）监督物业共用部位、共用设施设备专项维修资金（以下简称专项维修资金）的管理和使用；

（十）法律、法规规定的其他权利。

第七条 【业主义务】业主在物业管理活动中，履行下列义务：

（一）遵守管理规约、业主大会议事规则；

（二）遵守物业管理区域内物业共用部位和共用设施设备的使用、公共秩序和环境卫生的维护等方面的规章制度；

（三）执行业主大会的决定和业主大会授权业主委员会作出的决定；

（四）按照国家有关规定交纳专项维修资金；

（五）按时交纳物业服务费用；

（六）法律、法规规定的其他义务。

第八条　【业主大会的组成与宗旨】物业管理区域内全体业主组成业主大会。

业主大会应当代表和维护物业管理区域内全体业主在物业管理活动中的合法权益。

第九条　【物业管理区域划分】一个物业管理区域成立一个业主大会。

物业管理区域的划分应当考虑物业的共用设施设备、建筑物规模、社区建设等因素。具体办法由省、自治区、直辖市制定。

第十条　【业主大会的成立】同一个物业管理区域内的业主，应当在物业所在地的区、县人民政府房地产行政主管部门或者街道办事处、乡镇人民政府的指导下成立业主大会，并选举产生业主委员会。但是，只有一个业主的，或者业主人数较少且经全体业主一致同意，决定不成立业主大会的，由业主共同履行业主大会、业主委员会职责。

第十一条　【业主决定事项】下列事项由业主共同决定：

（一）制定和修改业主大会议事规则；

（二）制定和修改管理规约；

（三）选举业主委员会或者更换业主委员会成员；

（四）选聘和解聘物业服务企业；

（五）筹集和使用专项维修资金；

（六）改建、重建建筑物及其附属设施；

（七）有关共有和共同管理权利的其他重大事项。

第十二条　【业主大会会议】业主大会会议可以采用集体讨论的形式，也可以采用书面征求意见的形式；但是，应当有物业管理区域内专有部分占建筑物总面积过半数的业主且占总人数过半数的业主参加。

业主可以委托代理人参加业主大会会议。

业主大会决定本条例第十一条第（五）项和第（六）项规定的事项，应当经专有部分占建筑物总面积2/3以上的业主且占总人数2/3以上的业主同意；决定本条例第十一条规定的其他事项，应当经专有部分占建筑物总面积过半数的业主且占总人数过半数的业主同意。

业主大会或者业主委员会的决定，对业主具有约束力。

业主大会或者业主委员会作出的决定侵害业主合法权益的，受侵害的业主可以请求人民法院予以撤销。

第十三条　【业主大会会议制度】业主大会会议分为定期会议和临时会议。

业主大会定期会议应当按照业主大会议事规则的规定召开。经20%以上的业主提议，业主委员会应当组织召开业主大会临时会议。

第十四条 【召开业主大会会议的会前通知、告知和会议记录】

召开业主大会会议，应当于会议召开 15 日以前通知全体业主。

住宅小区的业主大会会议，应当同时告知相关的居民委员会。

业主委员会应当做好业主大会会议记录。

第十五条 【业主委员会性质与职责】业主委员会执行业主大会的决定事项，履行下列职责：

（一）召集业主大会会议，报告物业管理的实施情况；

（二）代表业主与业主大会选聘的物业服务企业签订物业服务合同；

（三）及时了解业主、物业使用人的意见和建议，监督和协助物业服务企业履行物业服务合同；

（四）监督管理规约的实施；

（五）业主大会赋予的其他职责。

第十六条 【业主委员会备案制度】业主委员会应当自选举产生之日起 30 日内，向物业所在地的区、县人民政府房地产行政主管部门和街道办事处、乡镇人民政府备案。

业主委员会委员应当由热心公益事业、责任心强、具有一定组织能力的业主担任。

业主委员会主任、副主任在业主委员会成员中推选产生。

第十七条 【管理规约的内容和效力】管理规约应当对有关物业的使用、维护、管理，业主的共同利益，业主应当履行的义务，违反管理规约应当承担的责任等事项依法作出约定。

管理规约应当尊重社会公德，不得违反法律、法规或者损害社会公共利益。

管理规约对全体业主具有约束力。

第十八条 【业主大会议事规则】业主大会议事规则应当就业主大会的议事方式、表决程序、业主委员会的组成和成员任期等事项作出约定。

第十九条 【业主大会、业主委员会所作决定的限制】业主大会、业主委员会应当依法履行职责，不得作出与物业管理无关的决定，不得从事与物业管理无关的活动。

业主大会、业主委员会作出的决定违反法律、法规的，物业所在地的区、县人民政府房地产行政主管部门或者街道办事处、乡镇人民政府，应当责令限期改正或者撤销其决定，并通告全体业主。

第二十条 【业主大会、业主委员会与公安机关、居委会的关系】业主大会、业主委员会应当配合公安机关，与居民委员会相互协作，共同做好维护物业管理区域内的社会治安等相关工作。

在物业管理区域内，业主大会、业主委员会应当积极配合相关居民委员会依法履行自治管理职责，支持居民委员会开展工作，并接受其指导和监督。

住宅小区的业主大会、业主委员会作出的决定，应当告知相关的居民委员会，并认真听取居民委员会的建议。

第三章　前期物业管理

第二十一条　【前期物业服务合同】在业主、业主大会选聘物业服务企业之前，建设单位选聘物业服务企业的，应当签订书面的前期物业服务合同。

第二十二条　【临时管理规约】建设单位应当在销售物业之前，制定临时管理规约，对有关物业的使用、维护、管理，业主的共同利益，业主应当履行的义务，违反临时管理规约应当承担的责任等事项依法作出约定。

建设单位制定的临时管理规约，不得侵害物业买受人的合法权益。

第二十三条　【说明义务和承诺义务】建设单位应当在物业销售前将临时管理规约向物业买受人明示，并予以说明。

物业买受人在与建设单位签订物业买卖合同时，应当对遵守临时管理规约予以书面承诺。

第二十四条　【前期物业管理招投标】国家提倡建设单位按照房地产开发与物业管理相分离的原则，通过招投标的方式选聘物业服务企业。

住宅物业的建设单位，应当通过招投标的方式选聘具有相应资质的物业服务企业；投标人少于 3 个或者住宅规模较小的，经物业所在地的区、县人民政府房地产行政主管部门批准，可以采用协议方式选聘具有相应资质的物业服务企业。

第二十五条　【买卖合同内容要求】建设单位与物业买受人签订的买卖合同应当包含前期物业服务合同约定的内容。

第二十六条　【前期物业服务合同期限】前期物业服务合同可以约定期限；但是，期限未满、业主委员会与物业服务企业签订的物业服务合同生效的，前期物业服务合同终止。

第二十七条　【转让的限制性规定】业主依法享有的物业共用部位、共用设施设备的所有权或者使用权，建设单位不得擅自处分。

第二十八条　【共用部位、设施设备的查验】物业服务企业承接物业时，应当对物业共用部位、共用设施设备进行查验。

第二十九条　【物业资料移交】在办理物业承接验收手续时，建设单位应当向物业服务企业移交下列资料：

（一）竣工总平面图，单体建筑、结构、设备竣工图，配套设施、地下管网工程竣工图等竣工验收资料；

（二）设施设备的安装、使用和维护保养等技术资料；

（三）物业质量保修文件和物业使用说明文件；

（四）物业管理所必需的其他资料。

物业服务企业应当在前期物业服务合同终止时将上述资料移交给业主委员会。

第三十条 【物业管理用房】建设单位应当按照规定在物业管理区域内配置必要的物业管理用房。

第三十一条 【建设单位的物业保修责任】建设单位应当按照国家规定的保修期限和保修范围，承担物业的保修责任。

第四章 物业管理服务

第三十二条 【物业服务企业】从事物业管理活动的企业应当具有独立的法人资格。

国务院建设行政主管部门应当会同有关部门建立守信联合激励和失信联合惩戒机制，加强行业诚信管理。

第三十三条 【物业管理区域统一管理原则】一个物业管理区域由一个物业服务企业实施物业管理。

第三十四条 【物业服务合同】业主委员会应当与业主大会选聘的物业服务企业订立书面的物业服务合同。

物业服务合同应当对物业管理事项、服务质量、服务费用、双方的权利义务、专项维修资金的管理与使用、物业管理用房、合同期限、违约责任等内容进行约定。

第三十五条 【物业服务企业的义务和责任】物业服务企业应当按照物业服务合同的约定，提供相应的服务。

物业服务企业未能履行物业服务合同的约定，导致业主人身、财产安全受到损害的，应当依法承担相应的法律责任。

第三十六条 【物业承接验收和物业资料移交】物业服务企业承接物业时，应当与业主委员会办理物业验收手续。

业主委员会应当向物业服务企业移交本条例第二十九条第一款规定的资料。

第三十七条 【物业管理用房权属和用途】物业管理用房的所有权依法属于业主。未经业主大会同意，物业服务企业不得改变物业管理用房的用途。

第三十八条 【物业服务合同终止】物业服务合同终止时，物业服务企业应当将物业管理用房和本条例第二十九条第一款规定的资料交还给业主委员会。

物业服务合同终止时，业主大会选聘了新的物业服务企业的，物业服务企业之间应当做好交接工作。

第三十九条　【专项服务业务委托】物业服务企业可以将物业管理区域内的专项服务业务委托给专业性服务企业，但不得将该区域内的全部物业管理一并委托给他人。

第四十条　【物业服务费用】物业服务收费应当遵循合理、公开以及费用与服务水平相适应的原则，区别不同物业的性质和特点，由业主和物业服务企业按照国务院价格主管部门会同国务院建设行政主管部门制定的物业服务收费办法，在物业服务合同中约定。

第四十一条　【物业服务费用交纳】业主应当根据物业服务合同的约定交纳物业服务费用。业主与物业使用人约定由物业使用人交纳物业服务费用的，从其约定，业主负连带交纳责任。

已竣工但尚未出售或者尚未交给物业买受人的物业，物业服务费用由建设单位交纳。

第四十二条　【物业服务收费的监督】县级以上人民政府价格主管部门会同同级房地产行政主管部门，应当加强对物业服务收费的监督。

第四十三条　【特约服务】物业服务企业可以根据业主的委托提供物业服务合同约定以外的服务项目，服务报酬由双方约定。

第四十四条　【公用事业等单位收费】物业管理区域内，供水、供电、供气、供热、通讯、有线电视等单位应当向最终用户收取有关费用。

物业服务企业接受委托代收前款费用的，不得向业主收取手续费等额外费用。

第四十五条　【对违法行为的制止和报告义务】对物业管理区域内违反有关治安、环保、物业装饰装修和使用等方面法律、法规规定的行为，物业服务企业应当制止，并及时向有关行政管理部门报告。

有关行政管理部门在接到物业服务企业的报告后，应当依法对违法行为予以制止或者依法处理。

第四十六条　【安全防范义务及物业保安人员】物业服务企业应当协助做好物业管理区域内的安全防范工作。发生安全事故时，物业服务企业在采取应急措施的同时，应当及时向有关行政管理部门报告，协助做好救助工作。

物业服务企业雇请保安人员的，应当遵守国家有关规定。保安人员在维护物业管理区域内的公共秩序时，应当履行职责，不得侵害公民的合法权益。

第四十七条　【物业使用人的权利义务责任】物业使用人在物业管理活动中的权利义务由业主和物业使用人约定，但不得违反法律、法规和管理规约的有关规定。

物业使用人违反本条例和管理规约的规定，有关业主应当承担连带责任。

第四十八条　【物业投诉制度】县级以上地方人民政府房地产行政主管部门应当及时处理业主、业主委员会、物业使用人和物业服务企业在物业管理活动中的投诉。

第五章　物业的使用与维护

第四十九条　【公共建筑和共用设施用途】物业管理区域内按照规划建设的公共建筑和共用设施，不得改变用途。

业主依法确需改变公共建筑和共用设施用途的，应当在依法办理有关手续后告知物业服务企业；物业服务企业确需改变公共建筑和共用设施用途的，应当提请业主大会讨论决定同意后，由业主依法办理有关手续。

第五十条　【道路、场地设施维护】业主、物业服务企业不得擅自占用、挖掘物业管理区域内的道路、场地，损害业主的共同利益。

因维修物业或者公共利益，业主确需临时占用、挖掘道路、场地的，应当征得业主委员会和物业服务企业的同意；物业服务企业确需临时占用、挖掘道路、场地的，应当征得业主委员会的同意。

业主、物业服务企业应当将临时占用、挖掘的道路、场地，在约定期限内恢复原状。

第五十一条　【供水、供电、供气、供热、通信、有线电视等单位的维修养护责任】供水、供电、供气、供热、通信、有线电视等单位，应当依法承担物业管理区域内相关管线和设施设备维修、养护的责任。

前款规定的单位因维修、养护等需要，临时占用、挖掘道路、场地的，应当及时恢复原状。

第五十二条　【房屋装饰装修】业主需要装饰装修房屋的，应当事先告知物业服务企业。

物业服务企业应当将房屋装饰装修中的禁止行为和注意事项告知业主。

第五十三条　【住房专项维修资金制度】住宅物业、住宅小区内的非住宅物业或者与单幢住宅楼结构相连的非住宅物业的业主，应当按照国家有关规定交纳专项维修资金。

专项维修资金属于业主所有，专项用于物业保修期满后物业共用部位、共用设施设备的维修和更新、改造，不得挪作他用。

专项维修资金收取、使用、管理的办法由国务院建设行政主管部门会同国务院财政部门制定。

第五十四条　【利用共用部位设施设备进行经营】利用物业共用部位、共用设施设备进行经营的，应当在征得相关业主、业主大会、物业服务企业的同意后，按照规定办理有关手续。业主所得收益应当主要用于补充专项维修资金,也可以按照业主大会的决定使用。

第五十五条　【存在安全隐患时的维修养护责任】物业存在安全隐患,危及公共利益及他人合法权益时,责任人应当及时维修养护,有关业主应当给予配合。

责任人不履行维修养护义务的,经业主大会同意,可以由物业服务企业维修养护,费用由责任人承担。

第六章　法律责任

第五十六条　【对建设单位违法选聘物业服务企业的处罚】违反本条例的规定,住宅物业的建设单位未通过招投标的方式选聘物业服务企业或者未经批准,擅自采用协议方式选聘物业服务企业的,由县级以上地方人民政府房地产行政主管部门责令限期改正,给予警告,可以并处10万元以下的罚款。

第五十七条　【建设单位擅自处分业主对于共用部位、共用设施设备的所有权或者使用权的法律责任】违反本条例的规定,建设单位擅自处分属于业主的物业共用部位、共用设施设备的所有权或者使用权的,由县级以上地方人民政府房地产行政主管部门处5万元以上20万元以下的罚款;给业主造成损失的,依法承担赔偿责任。

第五十八条　【对拒不按照法律、法规规定移交有关物业资料的处罚】违反本条例的规定,不移交有关资料的,由县级以上地方人民政府房地产行政主管部门责令限期改正;逾期仍不移交有关资料的,对建设单位、物业服务企业予以通报,处1万元以上10万元以下的罚款。

第五十九条　【物业服务企业将一个物业管理区域内的全部物业管理一并委托给他人的法律责任】违反本条例的规定,物业服务企业将一个物业管理区域内的全部物业管理一并委托给他人的,由县级以上地方人民政府房地产行政主管部门责令限期改正,处委托合同价款30%以上50%以下的罚款。委托所得收益,用于物业管理区域内物业共用部位、共用设施设备的维修、养护,剩余部分按照业主大会的决定使用;给业主造成损失的,依法承担赔偿责任。

第六十条　【对挪用专项维修资金的处罚】违反本条例的规定,挪用专项维修资金的,由县级以上地方人民政府房地产行政主管部门追回挪用的专项维修资金,给予警告,没收违法所得,可以并处挪用数额2倍以下的罚款;构成犯罪的,依法追究直接负责的主管人员和其他直接责任人员的刑事责任。

第六十一条　【对建设单位在物业管理区域内不按照规定配置必要的物业管理用房的处罚】违反本条例的规定,建设单位在物业管理区域内不按照规定配置必要的物业管理用房的,由县级以上地方人民政府房地产行政主管部门责令限期改正,给予警告,没收违法所得,并处10万元以上50万元以下的罚款。

第六十二条 【物业服务企业擅自改变物业管理用房用途的法律责任】违反本条例的规定,未经业主大会同意,物业服务企业擅自改变物业管理用房的用途的,由县级以上地方人民政府房地产行政主管部门责令限期改正,给予警告,并处1万元以上10万元以下的罚款;有收益的,所得收益用于物业管理区域内物业共用部位、共用设施设备的维修、养护,剩余部分按照业主大会的决定使用。

第六十三条 【物业使用与维护中的违法行为的法律责任】违反本条例的规定,有下列行为之一的,由县级以上地方人民政府房地产行政主管部门责令限期改正,给予警告,并按照本条第二款的规定处以罚款;所得收益,用于物业管理区域内物业共用部位、共用设施设备的维修、养护,剩余部分按照业主大会的决定使用:

(一)擅自改变物业管理区域内按照规划建设的公共建筑和共用设施用途的;

(二)擅自占用、挖掘物业管理区域内道路、场地,损害业主共同利益的;

(三)擅自利用物业共用部位、共用设施设备进行经营的。

个人有前款规定行为之一的,处1000元以上1万元以下的罚款;单位有前款规定行为之一的,处5万元以上20万元以下的罚款。

第六十四条 【业主逾期不交纳物业服务费的法律责任】违反物业服务合同约定,业主逾期不交纳物业服务费用的,业主委员会应当督促其限期交纳;逾期仍不交纳的,物业服务企业可以向人民法院起诉。

第六十五条 【业主以业主大会或业主委员会的名义从事违法活动的法律责任】业主以业主大会或者业主委员会的名义,从事违反法律、法规的活动,构成犯罪的,依法追究刑事责任;尚不构成犯罪的,依法给予治安管理处罚。

第六十六条 【行政机关工作人员在行政管理中的违法行为的法律责任】违反本条例的规定,国务院建设行政主管部门、县级以上地方人民政府房地产行政主管部门或者其他有关行政管理部门的工作人员利用职务上的便利,收受他人财物或者其他好处,不依法履行监督管理职责,或者发现违法行为不予查处,构成犯罪的,依法追究刑事责任;尚不构成犯罪的,依法给予行政处分。

第七章 附　　则

第六十七条 【生效日期】本条例自2003年9月1日起施行。

3. 业主大会和业主委员会指导规则

(2009年12月1日住房和城乡建设部印发 建房〔2009〕274号
自2010年1月1日起施行)

第一章 总 则

第一条 规范业主大会和业主委员会的活动,维护业主的合法权益,根据《中华人民共和国物权法》、《物业管理条例》等法律法规的规定,制定本规则。

第二条 业主大会由物业管理区域内的全体业主组成,代表和维护物业管理区域内全体业主在物业管理活动中的合法权利,履行相应的义务。

第三条 业主委员会由业主大会依法选举产生,履行业主大会赋予的职责,执行业主大会决定的事项,接受业主的监督。

第四条 业主大会或者业主委员会的决定,对业主具有约束力。

业主大会和业主委员会应当依法履行职责,不得作出与物业管理无关的决定,不得从事与物业管理无关的活动。

第五条 业主大会和业主委员会,对业主损害他人合法权益和业主共同利益的行为,有权依照法律、法规以及管理规约,要求停止侵害、消除危险、排除妨害、赔偿损失。

第六条 物业所在地的区、县房地产行政主管部门和街道办事处、乡镇人民政府负责对设立业主大会和选举业主委员会给予指导和协助,负责对业主大会和业主委员会的日常活动进行指导和监督。

第二章 业主大会

第七条 业主大会根据物业管理区域的划分成立,一个物业管理区域成立一个业主大会。

只有一个业主的,或者业主人数较少且经全体业主同意,不成立业主大会的,由业主共同履行业主大会、业主委员会职责。

第八条 物业管理区域内,已交付的专有部分面积超过建筑物总面积50%时,建设单位应当按照物业所在地的区、县房地产行政主管部门或者街道办事处、乡镇人民政府的要求，及时报送下列筹备首次业主大会会议所需的文件资料：

（一）物业管理区域证明；

（二）房屋及建筑物面积清册；

（三）业主名册；

（四）建筑规划总平面图；

（五）交付使用共用设施设备的证明；

（六）物业服务用房配置证明；

（七）其他有关的文件资料。

第九条 符合成立业主大会条件的，区、县房地产行政主管部门或者街道办事处、乡镇人民政府应当在收到业主提出筹备业主大会书面申请后60日内，负责组织、指导成立首次业主大会会议筹备组。

第十条 首次业主大会会议筹备组由业主代表、建设单位代表、街道办事处、乡镇人民政府代表和居民委员会代表组成。筹备组成员人数应为单数，其中业主代表人数不低于筹备组总人数的一半，筹备组组长由街道办事处、乡镇人民政府代表担任。

第十一条 筹备组中业主代表的产生，由街道办事处、乡镇人民政府或者居民委员会组织业主推荐。

筹备组应当将成员名单以书面形式在物业管理区域内公告。业主对筹备组成员有异议的，由街道办事处、乡镇人民政府协调解决。

建设单位和物业服务企业应当配合协助筹备组开展工作。

第十二条 筹备组应当做好以下筹备工作：

（一）确认并公示业主身份、业主人数以及所拥有的专有部分面积；

（二）确定首次业主大会会议召开的时间、地点、形式和内容；

（三）草拟管理规约、业主大会议事规则；

（四）依法确定首次业主大会会议表决规则；

（五）制定业主委员会委员候选人产生办法，确定业主委员会委员候选人名单；

（六）制定业主委员会选举办法；

（七）完成召开首次业主大会会议的其他准备工作。

前款内容应当在首次业主大会会议召开15日前以书面形式在物业管理区域内公告。业主对公告内容有异议的，筹备组应当记录并作出答复。

第十三条 依法登记取得或者根据物权法第二章第三节规定取得建筑物专有部分所有权的人，应当认定为业主。

基于房屋买卖等民事法律行为，已经合法占有建筑物专有部分，但尚未依法办理所有权登记的人，可以认定为业主。

业主的投票权数由专有部分面积和业主人数确定。

第十四条　业主委员会委员候选人由业主推荐或者自荐。筹备组应当核查参选人的资格，根据物业规模、物权份额、委员的代表性和广泛性等因素，确定业主委员会委员候选人名单。

第十五条　筹备组应当自组成之日起90日内完成筹备工作，组织召开首次业主大会会议。

业主大会自首次业主大会会议表决通过管理规约、业主大会议事规则，并选举产生业主委员会之日起成立。

第十六条　划分为一个物业管理区域的分期开发的建设项目，先期开发部分符合条件的，可以成立业主大会，选举产生业主委员会。首次业主大会会议应当根据分期开发的物业面积和进度等因素，在业主大会议事规则中明确增补业主委员会委员的办法。

第十七条　业主大会决定以下事项：

（一）制定和修改业主大会议事规则；

（二）制定和修改管理规约；

（三）选举业主委员会或者更换业主委员会委员；

（四）制定物业服务内容、标准以及物业服务收费方案；

（五）选聘和解聘物业服务企业；

（六）筹集和使用专项维修资金；

（七）改建、重建建筑物及其附属设施；

（八）改变共有部分的用途；

（九）利用共有部分进行经营以及所得收益的分配与使用；

（十）法律法规或者管理规约确定应由业主共同决定的事项。

第十八条　管理规约应当对下列主要事项作出规定：

（一）物业的使用、维护、管理；

（二）专项维修资金的筹集、管理和使用；

（三）物业共用部分的经营与收益分配；

（四）业主共同利益的维护；

（五）业主共同管理权的行使；

（六）业主应尽的义务；

（七）违反管理规约应当承担的责任。

第十九条　业主大会议事规则应当对下列主要事项作出规定：

（一）业主大会名称及相应的物业管理区域；

（二）业主委员会的职责；

（三）业主委员会议事规则；

(四)业主大会会议召开的形式、时间和议事方式；

(五)业主投票权数的确定方法；

(六)业主代表的产生方式；

(七)业主大会会议的表决程序；

(八)业主委员会委员的资格、人数和任期等；

(九)业主委员会换届程序、补选办法等；

(十)业主大会、业主委员会工作经费的筹集、使用和管理；

(十一)业主大会、业主委员会印章的使用和管理。

第二十条 业主拒付物业服务费，不缴存专项维修资金以及实施其他损害业主共同权益行为的，业主大会可以在管理规约和业主大会议事规则中对其共同管理权的行使予以限制。

第二十一条 业主大会会议分为定期会议和临时会议。

业主大会定期会议应当按照业主大会议事规则的规定由业主委员会组织召开。

有下列情况之一的，业主委员会应当及时组织召开业主大会临时会议：

(一)经专有部分占建筑物总面积20%以上且占总人数20%以上业主提议的；

(二)发生重大事故或者紧急事件需要及时处理的；

(三)业主大会议事规则或者管理规约规定的其他情况。

第二十二条 业主大会会议可以采用集体讨论的形式，也可以采用书面征求意见的形式；但应当有物业管理区域内专有部分占建筑物总面积过半数的业主且占总人数过半数的业主参加。

采用书面征求意见形式的，应当将征求意见书送交每一位业主；无法送达的，应当在物业管理区域内公告。凡需投票表决的，表决意见应由业主本人签名。

第二十三条 业主大会确定业主投票权数，可以按照下列方法认定专有部分面积和建筑物总面积：

(一)专有部分面积按照不动产登记簿记载的面积计算；尚未进行登记的，暂按测绘机构的实测面积计算；尚未进行实测的，暂按房屋买卖合同记载的面积计算；

(二)建筑物总面积，按照前项的统计总和计算。

第二十四条 业主大会确定业主投票权数，可以按照下列方法认定业主人数和总人数：

(一)业主人数，按照专有部分的数量计算，一个专有部分按一人计算。但建设单位尚未出售和虽已出售但尚未交付的部分，以及同一买受人拥有一个以上专有部分的，按一人计算；

（二）总人数，按照前项的统计总和计算。

第二十五条　业主大会应当在业主大会议事规则中约定车位、摊位等特定空间是否计入用于确定业主投票权数的专有部分面积。

一个专有部分有两个以上所有权人的，应当推选一人行使表决权，但共有人所代表的业主人数为一人。

业主为无民事行为能力人或者限制民事行为能力人的，由其法定监护人行使投票权。

第二十六条　业主因故不能参加业主大会会议的，可以书面委托代理人参加业主大会会议。

未参与表决的业主，其投票权数是否可以计入已表决的多数票，由管理规约或者业主大会议事规则规定。

第二十七条　物业管理区域内业主人数较多的，可以幢、单元、楼层为单位，推选一名业主代表参加业主大会会议，推选及表决办法应当在业主大会议事规则中规定。

第二十八条　业主可以书面委托的形式，约定由其推选的业主代表在一定期限内代其行使共同管理权，具体委托内容、期限、权限和程序由业主大会议事规则规定。

第二十九条　业主大会会议决定筹集和使用专项维修资金以及改造、重建建筑物及其附属设施的，应当经专有部分占建筑物总面积三分之二以上的业主且占总人数三分之二以上的业主同意；决定本规则第十七条规定的其他共有和共同管理权利事项的，应当经专有部分占建筑物总面积过半数且占总人数过半数的业主同意。

第三十条　业主大会会议应当由业主委员会作出书面记录并存档。

业主大会的决定应当以书面形式在物业管理区域内及时公告。

第三章　业主委员会

第三十一条　业主委员会由业主大会会议选举产生，由5至11人单数组成。业主委员会委员应当是物业管理区域内的业主，并符合下列条件：

（一）具有完全民事行为能力；

（二）遵守国家有关法律、法规；

（三）遵守业主大会议事规则、管理规约，模范履行业主义务；

（四）热心公益事业，责任心强，公正廉洁；

（五）具有一定的组织能力；

（六）具备必要的工作时间。

第三十二条 业主委员会委员实行任期制,每届任期不超过5年,可连选连任,业主委员会委员具有同等表决权。

业主委员会应当自选举之日起7日内召开首次会议,推选业主委员会主任和副主任。

第三十三条 业主委员会应当自选举产生之日起30日内,持下列文件向物业所在地的区、县房地产行政主管部门和街道办事处、乡镇人民政府办理备案手续:

(一)业主大会成立和业主委员会选举的情况;

(二)管理规约;

(三)业主大会议事规则;

(四)业主大会决定的其他重大事项。

第三十四条 业主委员会办理备案手续后,可持备案证明向公安机关申请刻制业主大会印章和业主委员会印章。

业主委员会任期内,备案内容发生变更的,业主委员会应当自变更之日起30日内将变更内容书面报告备案部门。

第三十五条 业主委员会履行以下职责:

(一)执行业主大会的决定和决议;

(二)召集业主大会会议,报告物业管理实施情况;

(三)与业主大会选聘的物业服务企业签订物业服务合同;

(四)及时了解业主、物业使用人的意见和建议,监督和协助物业服务企业履行物业服务合同;

(五)监督管理规约的实施;

(六)督促业主交纳物业服务费及其他相关费用;

(七)组织和监督专项维修资金的筹集和使用;

(八)调解业主之间因物业使用、维护和管理产生的纠纷;

(九)业主大会赋予的其他职责。

第三十六条 业主委员会应当向业主公布下列情况和资料:

(一)管理规约、业主大会议事规则;

(二)业主大会和业主委员会的决定;

(三)物业服务合同;

(四)专项维修资金的筹集、使用情况;

(五)物业共有部分的使用和收益情况;

(六)占用业主共有的道路或者其他场地用于停放汽车车位的处分情况;

(七)业主大会和业主委员会工作经费的收支情况;

(八)其他应当向业主公开的情况和资料。

第三十七条　业主委员会应当按照业主大会议事规则的规定及业主大会的决定召开会议。经三分之一以上业主委员会委员的提议,应当在 7 日内召开业主委员会会议。

第三十八条　业主委员会会议由主任召集和主持,主任因故不能履行职责,可以委托副主任召集。

业主委员会会议应有过半数的委员出席,作出的决定必须经全体委员半数以上同意。

业主委员会委员不能委托代理人参加会议。

第三十九条　业主委员会应当于会议召开 7 日前,在物业管理区域内公告业主委员会会议的内容和议程,听取业主的意见和建议。

业主委员会会议应当制作书面记录并存档,业主委员会会议作出的决定,应当有参会委员的签字确认,并自作出决定之日起 3 日内在物业管理区域内公告。

第四十条　业主委员会应当建立工作档案,工作档案包括以下主要内容:

(一)业主大会、业主委员会的会议记录;

(二)业主大会、业主委员会的决定;

(三)业主大会议事规则、管理规约和物业服务合同;

(四)业主委员会选举及备案资料;

(五)专项维修资金筹集及使用账目;

(六)业主及业主代表的名册;

(七)业主的意见和建议。

第四十一条　业主委员会应当建立印章管理规定,并指定专人保管印章。

使用业主大会印章,应当根据业主大会议事规则的规定或者业主大会会议的决定;使用业主委员会印章,应当根据业主委员会会议的决定。

第四十二条　业主大会、业主委员会工作经费由全体业主承担。工作经费可以由业主分摊,也可以从物业共有部分经营所得收益中列支。工作经费的收支情况,应当定期在物业管理区域内公告,接受业主监督。

工作经费筹集、管理和使用的具体办法由业主大会决定。

第四十三条　有下列情况之一的,业主委员会委员资格自行终止:

(一)因物业转让、灭失等原因不再是业主的;

(二)丧失民事行为能力的;

(三)依法被限制人身自由的;

(四)法律、法规以及管理规约规定的其他情形。

第四十四条　业主委员会委员有下列情况之一的,由业主委员会三分之一以上委员或者持有 20% 以上投票权数的业主提议,业主大会或者业主委员会根据业

主大会的授权,可以决定是否终止其委员资格:

(一)以书面方式提出辞职请求的;

(二)不履行委员职责的;

(三)利用委员资格谋取私利的;

(四)拒不履行业主义务的;

(五)侵害他人合法权益的;

(六)因其他原因不宜担任业主委员会委员的。

第四十五条 业主委员会委员资格终止的,应当自终止之日起3日内将其保管的档案资料、印章及其他属于全体业主所有的财物移交业主委员会。

第四十六条 业主委员会任期内,委员出现空缺时,应当及时补足。业主委员会委员候补办法由业主大会决定或者在业主大会议事规则中规定。业主委员会委员人数不足总数的二分之一时,应当召开业主大会临时会议,重新选举业主委员会。

第四十七条 业主委员会任期届满前3个月,应当组织召开业主大会会议,进行换届选举,并报告物业所在地的区、县房地产行政主管部门和街道办事处、乡镇人民政府。

第四十八条 业主委员会应当自任期届满之日起10日内,将其保管的档案资料、印章及其他属于业主大会所有的财物移交新一届业主委员会。

第四章 指导和监督

第四十九条 物业所在地的区、县房地产行政主管部门和街道办事处、乡镇人民政府应当积极开展物业管理政策法规的宣传和教育活动,及时处理业主、业主委员会在物业管理活动中的投诉。

第五十条 已交付使用的专有部分面积超过建筑物总面积50%,建设单位未按要求报送筹备首次业主大会会议相关文件资料的,物业所在地的区、县房地产行政主管部门或者街道办事处、乡镇人民政府有权责令建设单位限期改正。

第五十一条 业主委员会未按业主大会议事规则的规定组织召开业主大会定期会议,或者发生应当召开业主大会临时会议的情况,业主委员会不履行组织召开会议职责的,物业所在地的区、县房地产行政主管部门或者街道办事处、乡镇人民政府可以责令业主委员会限期召开;逾期仍不召开的,可以由物业所在地的居民委员会在街道办事处、乡镇人民政府的指导和监督下组织召开。

第五十二条 按照业主大会议事规则的规定或者三分之一以上委员提议,应当召开业主委员会会议的,业主委员会主任、副主任无正当理由不召集业主委员会会议的,物业所在地的区、县房地产行政主管部门或者街道办事处、乡镇人民政府可以指定业主委员会其他委员召集业主委员会会议。

第五十三条　召开业主大会会议，物业所在地的区、县房地产行政主管部门和街道办事处、乡镇人民政府应当给予指导和协助。

第五十四条　召开业主委员会会议，应当告知相关的居民委员会，并听取居民委员会的建议。

在物业管理区域内，业主大会、业主委员会应当积极配合相关居民委员会依法履行自治管理职责，支持居民委员会开展工作，并接受其指导和监督。

第五十五条　违反业主大会议事规则或者未经业主大会会议和业主委员会会议的决定，擅自使用业主大会印章、业主委员会印章的，物业所在地的街道办事处、乡镇人民政府应当责令限期改正，并通告全体业主；造成经济损失或者不良影响的，应当依法追究责任人的法律责任。

第五十六条　业主委员会委员资格终止，拒不移交所保管的档案资料、印章及其他属于全体业主所有的财物的，其他业主委员会委员可以请求物业所在地的公安机关协助移交。

业主委员会任期届满后，拒不移交所保管的档案资料、印章及其他属于全体业主所有的财物的，新一届业主委员会可以请求物业所在地的公安机关协助移交。

第五十七条　业主委员会在规定时间内不组织换届选举的，物业所在地的区、县房地产行政主管部门或者街道办事处、乡镇人民政府应当责令其限期组织换届选举；逾期仍不组织的，可以由物业所在地的居民委员会在街道办事处、乡镇人民政府的指导和监督下，组织换届选举工作。

第五十八条　因客观原因未能选举产生业主委员会或者业主委员会委员人数不足总数的二分之一的，新一届业主委员会产生之前，可以由物业所在地的居民委员会在街道办事处、乡镇人民政府的指导和监督下，代行业主委员会的职责。

第五十九条　业主大会、业主委员会作出的决定违反法律法规的，物业所在地的区、县房地产行政主管部门和街道办事处、乡镇人民政府应当责令限期改正或者撤销其决定，并通告全体业主。

第六十条　业主不得擅自以业主大会或者业主委员会的名义从事活动。业主以业主大会或者业主委员会的名义，从事违反法律、法规的活动，构成犯罪的，依法追究刑事责任；尚不构成犯罪的，依法给予治安管理处罚。

第六十一条　物业管理区域内，可以召开物业管理联席会议。物业管理联席会议由街道办事处、乡镇人民政府负责召集，由区、县房地产行政主管部门、公安派出所、居民委员会、业主委员会和物业服务企业等方面的代表参加，共同协调解决物业管理中遇到的问题。

第五章　附　　则

第六十二条　业主自行管理或者委托其他管理人管理物业，成立业主大会，选举业主委员会的，可参照执行本规则。

第六十三条　物业所在地的区、县房地产行政主管部门与街道办事处、乡镇人民政府在指导、监督业主大会和业主委员会工作中的具体职责分工，按各省、自治区、直辖市人民政府有关规定执行。

第六十四条　本规则自2010年1月1日起施行。《业主大会规程》（建住房〔2003〕131号）同时废止。

4. 物业承接查验办法

（2010年10月14日住房城乡建设部印发　建房〔2010〕165号
自2011年1月1日起施行）

第一条　为了规范物业承接查验行为，加强前期物业管理活动的指导和监督，维护业主的合法权益，根据《中华人民共和国物权法》、《中华人民共和国合同法》和《物业管理条例》等法律法规的规定，制定本办法。

第二条　本办法所称物业承接查验，是指承接新建物业前，物业服务企业和建设单位按照国家有关规定和前期物业服务合同的约定，共同对物业共用部位、共用设施设备进行检查和验收的活动。

第三条　物业承接查验应当遵循诚实信用、客观公正、权责分明以及保护业主共有财产的原则。

第四条　鼓励物业服务企业通过参与建设工程的设计、施工、分户验收和竣工验收等活动，向建设单位提供有关物业管理的建议，为实施物业承接查验创造有利条件。

第五条　国务院住房和城乡建设主管部门负责全国物业承接查验活动的指导和监督工作。

县级以上地方人民政府房地产行政主管部门负责本行政区域内物业承接查验活动的指导和监督工作。

第六条　建设单位与物业买受人签订的物业买卖合同，应当约定其所交付物业的共用部位、共用设施设备的配置和建设标准。

第七条　建设单位制定的临时管理规约,应当对全体业主同意授权物业服务企业代为查验物业共用部位、共用设施设备的事项作出约定。

第八条　建设单位与物业服务企业签订的前期物业服务合同,应当包含物业承接查验的内容。

前期物业服务合同就物业承接查验的内容没有约定或者约定不明确的,建设单位与物业服务企业可以协议补充。

不能达成补充协议的,按照国家标准、行业标准履行;没有国家标准、行业标准的,按照通常标准或者符合合同目的的特定标准履行。

第九条　建设单位应当按照国家有关规定和物业买卖合同的约定,移交权属明确、资料完整、质量合格、功能完备、配套齐全的物业。

第十条　建设单位应当在物业交付使用15日前,与选聘的物业服务企业完成物业共用部位、共用设施设备的承接查验工作。

第十一条　实施承接查验的物业,应当具备以下条件:

(一)建设工程竣工验收合格,取得规划、消防、环保等主管部门出具的认可或者准许使用文件,并经建设行政主管部门备案;

(二)供水、排水、供电、供气、供热、通信、公共照明、有线电视等市政公用设施设备按规划设计要求建成,供水、供电、供气、供热已安装独立计量表具;

(三)教育、邮政、医疗卫生、文化体育、环卫、社区服务等公共服务设施已按规划设计要求建成;

(四)道路、绿地和物业服务用房等公共配套设施按规划设计要求建成,并满足使用功能要求;

(五)电梯、二次供水、高压供电、消防设施、压力容器、电子监控系统等共用设施设备取得使用合格证书;

(六)物业使用、维护和管理的相关技术资料完整齐全;

(七)法律、法规规定的其他条件。

第十二条　实施物业承接查验,主要依据下列文件:

(一)物业买卖合同;

(二)临时管理规约;

(三)前期物业服务合同;

(四)物业规划设计方案;

(五)建设单位移交的图纸资料;

(六)建设工程质量法规、政策、标准和规范。

第十三条　物业承接查验按照下列程序进行:

(一)确定物业承接查验方案;

(二)移交有关图纸资料;

(三)查验共用部位、共用设施设备;

(四)解决查验发现的问题;

(五)确认现场查验结果;

(六)签订物业承接查验协议;

(七)办理物业交接手续。

第十四条 现场查验20日前,建设单位应当向物业服务企业移交下列资料:

(一)竣工总平面图,单体建筑、结构、设备竣工图,配套设施、地下管网工程竣工图等竣工验收资料;

(二)共用设施设备清单及其安装、使用和维护保养等技术资料;

(三)供水、供电、供气、供热、通信、有线电视等准许使用文件;

(四)物业质量保修文件和物业使用说明文件;

(五)承接查验所必需的其他资料。

未能全部移交前款所列资料的,建设单位应当列出未移交资料的详细清单并书面承诺补交的具体时限。

第十五条 物业服务企业应当对建设单位移交的资料进行清点和核查,重点核查共用设施设备出厂、安装、试验和运行的合格证明文件。

第十六条 物业服务企业应当对下列物业共用部位、共用设施设备进行现场检查和验收:

(一)共用部位:一般包括建筑物的基础、承重墙体、柱、梁、楼板、屋顶以及外墙、门厅、楼梯间、走廊、楼道、扶手、护栏、电梯井道、架空层及设备间等;

(二)共用设备:一般包括电梯、水泵、水箱、避雷设施、消防设备、楼道灯、电视天线、发电机、变配电设备、给排水管线、电线、供暖及空调设备等;

(三)共用设施:一般包括道路、绿地、人造景观、围墙、大门、信报箱、宣传栏、路灯、排水沟、渠、池、污水井、化粪池、垃圾容器、污水处理设施、机动车(非机动车)停车设施、休闲娱乐设施、消防设施、安防监控设施、人防设施、垃圾转运设施以及物业服务用房等。

第十七条 建设单位应当依法移交有关单位的供水、供电、供气、供热、通信和有线电视等共用设施设备,不作为物业服务企业现场检查和验收的内容。

第十八条 现场查验应当综合运用核对、观察、使用、检测和试验等方法,重点查验物业共用部位、共用设施设备的配置标准、外观质量和使用功能。

第十九条 现场查验应当形成书面记录。查验记录应当包括查验时间、项目名称、查验范围、查验方法、存在问题、修复情况以及查验结论等内容,查验记录应当由建设单位和物业服务企业参加查验的人员签字确认。

第二十条　现场查验中,物业服务企业应当将物业共用部位、共用设施设备的数量和质量不符合约定或者规定的情形,书面通知建设单位,建设单位应当及时解决并组织物业服务企业复验。

第二十一条　建设单位应当委派专业人员参与现场查验,与物业服务企业共同确认现场查验的结果,签订物业承接查验协议。

第二十二条　物业承接查验协议应当对物业承接查验基本情况、存在问题、解决方法及其时限、双方权利义务、违约责任等事项作出明确约定。

第二十三条　物业承接查验协议作为前期物业服务合同的补充协议,与前期物业服务合同具有同等法律效力。

第二十四条　建设单位应当在物业承接查验协议签订后10日内办理物业交接手续,向物业服务企业移交物业服务用房以及其他物业共用部位、共用设施设备。

第二十五条　物业承接查验协议生效后,当事人一方不履行协议约定的交接义务,导致前期物业服务合同无法履行的,应当承担违约责任。

第二十六条　交接工作应当形成书面记录。交接记录应当包括移交资料明细、物业共用部位、共用设施设备明细、交接时间、交接方式等内容。交接记录应当由建设单位和物业服务企业共同签章确认。

第二十七条　分期开发建设的物业项目,可以根据开发进度,对符合交付使用条件的物业分期承接查验。建设单位与物业服务企业应当在承接最后一期物业时,办理物业项目整体交接手续。

第二十八条　物业承接查验费用的承担,由建设单位和物业服务企业在前期物业服务合同中约定。没有约定或者约定不明确的,由建设单位承担。

第二十九条　物业服务企业应当自物业交接后30日内,持下列文件向物业所在地的区、县(市)房地产行政主管部门办理备案手续:

(一)前期物业服务合同;

(二)临时管理规约;

(三)物业承接查验协议;

(四)建设单位移交资料清单;

(五)查验记录;

(六)交接记录;

(七)其他承接查验有关的文件。

第三十条　建设单位和物业服务企业应当将物业承接查验备案情况书面告知业主。

第三十一条　物业承接查验可以邀请业主代表以及物业所在地房地产行政主管部门参加,可以聘请相关专业机构协助进行,物业承接查验的过程和结果可以公证。

第三十二条 物业交接后，建设单位未能按照物业承接查验协议的约定，及时解决物业共用部位、共用设施设备存在的问题，导致业主人身、财产安全受到损害的，应当依法承担相应的法律责任。

第三十三条 物业交接后，发现隐蔽工程质量问题，影响房屋结构安全和正常使用的，建设单位应当负责修复；给业主造成经济损失的，建设单位应当依法承担赔偿责任。

第三十四条 自物业交接之日起，物业服务企业应当全面履行前期物业服务合同约定的、法律法规规定的以及行业规范确定的维修、养护和管理义务，承担因管理服务不当致使物业共用部位、共用设施设备毁损或者灭失的责任。

第三十五条 物业服务企业应当将承接查验有关的文件、资料和记录建立档案并妥善保管。

物业承接查验档案属于全体业主所有。前期物业服务合同终止，业主大会选聘新的物业服务企业的，原物业服务企业应当在前期物业服务合同终止之日起10日内，向业主委员会移交物业承接查验档案。

第三十六条 建设单位应当按照国家规定的保修期限和保修范围，承担物业共用部位、共用设施设备的保修责任。

建设单位可以委托物业服务企业提供物业共用部位、共用设施设备的保修服务，服务内容和费用由双方约定。

第三十七条 建设单位不得凭借关联关系滥用股东权利，在物业承接查验中免除自身责任，加重物业服务企业的责任，损害物业买受人的权益。

第三十八条 建设单位不得以物业交付期限届满为由，要求物业服务企业承接不符合交用条件或者未经查验的物业。

第三十九条 物业服务企业擅自承接未经查验的物业，因物业共用部位、共用设施设备缺陷给业主造成损害的，物业服务企业应当承担相应的赔偿责任。

第四十条 建设单位与物业服务企业恶意串通、弄虚作假，在物业承接查验活动中共同侵害业主利益的，双方应当共同承担赔偿责任。

第四十一条 物业承接查验活动，业主享有知情权和监督权。物业所在地房地产行政主管部门应当及时处理业主对建设单位和物业服务企业承接查验行为的投诉。

第四十二条 建设单位、物业服务企业未按本办法履行承接查验义务的，由物业所在地房地产行政主管部门责令限期改正；逾期仍不改正的，作为不良经营行为记入企业信用档案，并予以通报。

第四十三条 建设单位不移交有关承接查验资料的，由物业所在地房地产行政主管部门责令限期改正;逾期仍不移交的,对建设单位予以通报,并按照《物业管理条例》第五十九条的规定处罚。

第四十四条　物业承接查验中发生的争议,可以申请物业所在地房地产行政主管部门调解,也可以委托有关行业协会调解。

第四十五条　前期物业服务合同终止后,业主委员会与业主大会选聘的物业服务企业之间的承接查验活动,可以参照执行本办法。

第四十六条　省、自治区、直辖市人民政府住房和城乡建设主管部门可以依据本办法,制定实施细则。

第四十七条　本办法由国务院住房和城乡建设主管部门负责解释。

第四十八条　本办法自2011年1月1日起施行。

5. 物业服务收费管理办法

(2003年11月13日国家发改委、建设部发布　发改价格〔2003〕1864号
自2004年1月1日起施行)

第一条　为规范物业服务收费行为,保障业主和物业管理企业的合法权益,根据《中华人民共和国价格法》和《物业管理条例》,制定本办法。

第二条　本办法所称物业服务收费,是指物业管理企业按照物业服务合同的约定,对房屋及配套的设施设备和相关场地进行维修、养护、管理,维护相关区域内的环境卫生和秩序,向业主所收取的费用。

第三条　国家提倡业主通过公开、公平、公正的市场竞争机制选择物业管理企业;鼓励物业管理企业开展正当的价格竞争,禁止价格欺诈,促进物业服务收费通过市场竞争形成。

第四条　国务院价格主管部门会同国务院建设行政主管部门负责全国物业服务收费的监督管理工作。

县级以上地方人民政府价格主管部门会同同级房地产行政主管部门负责本行政区域内物业服务收费的监督管理工作。

第五条　物业服务收费应当遵循合理、公开以及费用与服务水平相适应的原则。

第六条　物业服务收费应当区分不同物业的性质和特点分别实行政府指导价

和市场调节价。具体定价形式由省、自治区、直辖市人民政府价格主管部门会同房地产行政主管部门确定。

第七条 物业服务收费实行政府指导价的,有定价权限的人民政府价格主管部门应当会同房地产行政主管部门根据物业管理服务等级标准等因素,制定相应的基准价及其浮动幅度,并定期公布。具体收费标准由业主与物业管理企业根据规定的基准价和浮动幅度在物业服务合同中约定。

实行市场调节价的物业服务收费,由业主与物业管理企业在物业服务合同中约定。

第八条 物业管理企业应当按照政府价格主管部门的规定实行明码标价,在物业管理区域内的显著位置,将服务内容、服务标准以及收费项目、收费标准等有关情况进行公示。

第九条 业主与物业管理企业可以采取包干制或者酬金制等形式约定物业服务费用。

包干制是指由业主向物业管理企业支付固定物业服务费用,盈余或者亏损均由物业管理企业享有或者承担的物业服务计费方式。

酬金制是指在预收的物业服务资金中按约定比例或者约定数额提取酬金支付给物业管理企业,其余全部用于物业服务合同约定的支出,结余或者不足均由业主享有或者承担的物业服务计费方式。

第十条 建设单位与物业买受人签订的买卖合同,应当约定物业管理服务内容、服务标准、收费标准、计费方式及计费起始时间等内容,涉及物业买受人共同利益的约定应当一致。

第十一条 实行物业服务费用包干制的,物业服务费用的构成包括物业服务成本、法定税费和物业管理企业的利润。

实行物业服务费用酬金制的,预收的物业服务资金包括物业服务支出和物业管理企业的酬金。

物业服务成本或者物业服务支出构成一般包括以下部分:

1. 管理服务人员的工资、社会保险和按规定提取的福利费等;

2. 物业共用部位、共用设施设备的日常运行、维护费用;

3. 物业管理区域清洁卫生费用;

4. 物业管理区域绿化养护费用;

5. 物业管理区域秩序维护费用;

6. 办公费用;

7. 物业管理企业固定资产折旧;

8. 物业共用部位、共用设施设备及公众责任保险费用;

9.经业主同意的其他费用。

物业共用部位、共用设施设备的大修、中修和更新、改造费用,应当通过专项维修资金予以列支,不得计入物业服务支出或者物业服务成本。

第十二条 实行物业服务费用酬金制的,预收的物业服务支出属于代管性质,为所交纳的业主所有,物业管理企业不得将其用于物业服务合同约定以外的支出。

物业管理企业应当向业主大会或者全体业主公布物业服务资金年度预决算并每年不少于一次公布物业服务资金的收支情况。

业主或者业主大会对公布的物业服务资金年度预决算和物业服务资金的收支情况提出质询时,物业管理企业应当及时答复。

第十三条 物业服务收费采取酬金制方式,物业管理企业或者业主大会可以按照物业服务合同约定聘请专业机构对物业服务资金年度预决算和物业服务资金的收支情况进行审计。

第十四条 物业管理企业在物业服务中应当遵守国家的价格法律法规,严格履行物业服务合同,为业主提供质价相符的服务。

第十五条 业主应当按照物业服务合同的约定按时足额交纳物业服务费用或者物业服务资金。业主违反物业服务合同约定逾期不交纳服务费用或者物业服务资金的,业主委员会应当督促其限期交纳;逾期仍不交纳的,物业管理企业可以依法追缴。

业主与物业使用人约定由物业使用人交纳物业服务费用或者物业服务资金的,从其约定,业主负连带交纳责任。

第十六条 纳入物业管理范围的已竣工但尚未出售,或者因开发建设单位原因未按时交给物业买受人的物业,物业服务费用或者物业服务资金由开发建设单位全额交纳。

第十七条 物业管理区域内,供水、供电、供气、供热、通讯、有线电视等单位应当向最终用户收取有关费用。物业管理企业接受委托代收上述费用的,可向委托单位收取手续费,不得向业主收取手续费等额外费用。

第十八条 利用物业共用部位、共用设施设备进行经营的,应当在征得相关业主、业主大会、物业管理企业的同意后,按照规定办理有关手续。业主所得收益应当主要用于补充专项维修资金,也可以按照业主大会的决定使用。

第十九条 物业管理企业已接受委托实施物业服务并相应收取服务费用的,其他部门和单位不得重复收取性质和内容相同的费用。

第二十条 物业管理企业根据业主的委托提供物业服务合同约定以外的服务,服务收费由双方约定。

第二十一条 政府价格主管部门会同房地产行政主管部门,应当加强对物业管理企业的服务内容、标准和收费项目、标准的监督。物业管理企业违反价格法律、法规和规定，由政府价格主管部门依据《中华人民共和国价格法》和《价格违法行为行政处罚规定》予以处罚。

第二十二条 各省、自治区、直辖市人民政府价格主管部门、房地产行政主管部门可以依据本办法制定具体实施办法，并报国家发展和改革委员会、建设部备案。

第二十三条 本办法由国家发展和改革委员会会同建设部负责解释。

第二十四条 本办法自2004年1月1日起执行，原国家计委、建设部印发的《城市住宅小区物业管理服务收费暂行办法》（计价费〔1996〕266号）同时废止。

6. 住宅专项维修资金管理办法

（2007年12月4日建设部、财政部令第165号公布
自2008年2月1日起施行）

第一章 总 则

第一条 为了加强对住宅专项维修资金的管理，保障住宅共用部位、共用设施设备的维修和正常使用，维护住宅专项维修资金所有者的合法权益，根据《物权法》、《物业管理条例》等法律、行政法规，制定本办法。

第二条 商品住宅、售后公有住房住宅专项维修资金的交存、使用、管理和监督，适用本办法。

本办法所称住宅专项维修资金，是指专项用于住宅共用部位、共用设施设备保修期满后的维修和更新、改造的资金。

第三条 本办法所称住宅共用部位，是指根据法律、法规和房屋买卖合同，由单幢住宅内业主或者单幢住宅内业主及与之结构相连的非住宅业主共有的部位，一般包括：住宅的基础、承重墙体、柱、梁、楼板、屋顶以及户外的墙面、门厅、楼梯间、走廊通道等。

本办法所称共用设施设备，是指根据法律、法规和房屋买卖合同，由住宅业主或者住宅业主及有关非住宅业主共有的附属设施设备，一般包括电梯、天线、照明、消防设施、绿地、道路、路灯、沟渠、池、井、非经营性车场车库、公益性文体设施和共用设施设备使用的房屋等。

第四条 住宅专项维修资金管理实行专户存储、专款专用、所有权人决策、政

府监督的原则。

第五条 国务院建设主管部门会同国务院财政部门负责全国住宅专项维修资金的指导和监督工作。

县级以上地方人民政府建设(房地产)主管部门会同同级财政部门负责本行政区域内住宅专项维修资金的指导和监督工作。

第二章 交 存

第六条 下列物业的业主应当按照本办法的规定交存住宅专项维修资金:

(一)住宅,但一个业主所有且与其他物业不具有共用部位、共用设施设备的除外;

(二)住宅小区内的非住宅或者住宅小区外与单幢住宅结构相连的非住宅。

前款所列物业属于出售公有住房的,售房单位应当按照本办法的规定交存住宅专项维修资金。

第七条 商品住宅的业主、非住宅的业主按照所拥有物业的建筑面积交存住宅专项维修资金,每平方米建筑面积交存首期住宅专项维修资金的数额为当地住宅建筑安装工程每平方米造价的5%至8%。

直辖市、市、县人民政府建设(房地产)主管部门应当根据本地区情况,合理确定、公布每平方米建筑面积交存首期住宅专项维修资金的数额,并适时调整。

第八条 出售公有住房的,按照下列规定交存住宅专项维修资金:

(一)业主按照所拥有物业的建筑面积交存住宅专项维修资金,每平方米建筑面积交存首期住宅专项维修资金的数额为当地房改成本价的2%。

(二)售房单位按照多层住宅不低于售房款的20%、高层住宅不低于售房款的30%,从售房款中一次性提取住宅专项维修资金。

第九条 业主交存的住宅专项维修资金属于业主所有。

从公有住房售房款中提取的住宅专项维修资金属于公有住房售房单位所有。

第十条 业主大会成立前,商品住宅业主、非住宅业主交存的住宅专项维修资金,由物业所在地直辖市、市、县人民政府建设(房地产)主管部门代管。

直辖市、市、县人民政府建设(房地产)主管部门应当委托所在地一家商业银行,作为本行政区域内住宅专项维修资金的专户管理银行,并在专户管理银行开立住宅专项维修资金专户。

开立住宅专项维修资金专户,应当以物业管理区域为单位设账,按房屋户门号设分户账;未划定物业管理区域的,以幢为单位设账,按房屋户门号设分户账。

第十一条 业主大会成立前,已售公有住房住宅专项维修资金,由物业所在地直辖市、市、县人民政府财政部门或者建设(房地产)主管部门负责管理。

负责管理公有住房住宅专项维修资金的部门应当委托所在地一家商业银行，作为本行政区域内公有住房住宅专项维修资金的专户管理银行，并在专户管理银行开立公有住房住宅专项维修资金专户。

开立公有住房住宅专项维修资金专户，应当按照售房单位设账，按幢设分账；其中，业主交存的住宅专项维修资金，按房屋户门号设分户账。

第十二条 商品住宅的业主应当在办理房屋入住手续前，将首期住宅专项维修资金存入住宅专项维修资金专户。

已售公有住房的业主应当在办理房屋入住手续前，将首期住宅专项维修资金存入公有住房住宅专项维修资金专户或者交由售房单位存入公有住房住宅专项维修资金专户。

公有住房售房单位应当在收到售房款之日起30日内，将提取的住宅专项维修资金存入公有住房住宅专项维修资金专户。

第十三条 未按本办法规定交存首期住宅专项维修资金的，开发建设单位或者公有住房售房单位不得将房屋交付购买人。

第十四条 专户管理银行、代收住宅专项维修资金的售房单位应当出具由财政部或者省、自治区、直辖市人民政府财政部门统一监制的住宅专项维修资金专用票据。

第十五条 业主大会成立后，应当按照下列规定划转业主交存的住宅专项维修资金：

（一）业主大会应当委托所在地一家商业银行作为本物业管理区域内住宅专项维修资金的专户管理银行，并在专户管理银行开立住宅专项维修资金专户。

开立住宅专项维修资金专户，应当以物业管理区域为单位设账，按房屋户门号设分户账。

（二）业主委员会应当通知所在地直辖市、市、县人民政府建设（房地产）主管部门；涉及已售公有住房的，应当通知负责管理公有住房住宅专项维修资金的部门。

（三）直辖市、市、县人民政府建设（房地产）主管部门或者负责管理公有住房住宅专项维修资金的部门应当在收到通知之日起30日内，通知专户管理银行将该物业管理区域内业主交存的住宅专项维修资金账面余额划转至业主大会开立的住宅专项维修资金账户，并将有关账目等移交业主委员会。

第十六条 住宅专项维修资金划转后的账目管理单位，由业主大会决定。业主大会应当建立住宅专项维修资金管理制度。

业主大会开立的住宅专项维修资金账户，应当接受所在地直辖市、市、县人民政府建设（房地产）主管部门的监督。

第十七条 业主分户账面住宅专项维修资金余额不足首期交存额30%的,应当及时续交。

成立业主大会的,续交方案由业主大会决定。

未成立业主大会的,续交的具体管理办法由直辖市、市、县人民政府建设(房地产)主管部门会同同级财政部门制定。

第三章 使 用

第十八条 住宅专项维修资金应当专项用于住宅共用部位、共用设施设备保修期满后的维修和更新、改造,不得挪作他用。

第十九条 住宅专项维修资金的使用,应当遵循方便快捷、公开透明、受益人和负担人相一致的原则。

第二十条 住宅共用部位、共用设施设备的维修和更新、改造费用,按照下列规定分摊:

(一)商品住宅之间或者商品住宅与非住宅之间共用部位、共用设施设备的维修和更新、改造费用,由相关业主按照各自拥有物业建筑面积的比例分摊。

(二)售后公有住房之间共用部位、共用设施设备的维修和更新、改造费用,由相关业主和公有住房售房单位按照所交存住宅专项维修资金的比例分摊;其中,应由业主承担的,再由相关业主按照各自拥有物业建筑面积的比例分摊。

(三)售后公有住房与商品住宅或者非住宅之间共用部位、共用设施设备的维修和更新、改造费用,先按照建筑面积比例分摊到各相关物业。其中,售后公有住房应分摊的费用,再由相关业主和公有住房售房单位按照所交存住宅专项维修资金的比例分摊。

第二十一条 住宅共用部位、共用设施设备维修和更新、改造,涉及尚未售出的商品住宅、非住宅或者公有住房的,开发建设单位或者公有住房单位应当按照尚未售出商品住宅或者公有住房的建筑面积,分摊维修和更新、改造费用。

第二十二条 住宅专项维修资金划转业主大会管理前,需要使用住宅专项维修资金的,按照以下程序办理:

(一)物业服务企业根据维修和更新、改造项目提出使用建议;没有物业服务企业的,由相关业主提出使用建议;

(二)住宅专项维修资金列支范围内专有部分占建筑物总面积三分之二以上的业主且占总人数三分之二以上的业主讨论通过使用建议;

(三)物业服务企业或者相关业主组织实施使用方案;

(四)物业服务企业或者相关业主持有关材料,向所在地直辖市、市、县人民政府建设(房地产)主管部门申请列支;其中,动用公有住房住宅专项维修资金的,向

负责管理公有住房住宅专项维修资金的部门申请列支;

(五)直辖市、市、县人民政府建设(房地产)主管部门或者负责管理公有住房住宅专项维修资金的部门审核同意后,向专户管理银行发出划转住宅专项维修资金的通知;

(六)专户管理银行将所需住宅专项维修资金划转至维修单位。

第二十三条 住宅专项维修资金划转业主大会管理后,需要使用住宅专项维修资金的,按照以下程序办理:

(一)物业服务企业提出使用方案,使用方案应当包括拟维修和更新、改造的项目、费用预算、列支范围、发生危及房屋安全等紧急情况以及其他需临时使用住宅专项维修资金的情况的处置办法等;

(二)业主大会依法通过使用方案;

(三)物业服务企业组织实施使用方案;

(四)物业服务企业持有关材料向业主委员会提出列支住宅专项维修资金;其中,动用公有住房住宅专项维修资金的,向负责管理公有住房住宅专项维修资金的部门申请列支;

(五)业主委员会依据使用方案审核同意,并报直辖市、市、县人民政府建设(房地产)主管部门备案;动用公有住房住宅专项维修资金的,经负责管理公有住房住宅专项维修资金的部门审核同意;直辖市、市、县人民政府建设(房地产)主管部门或者负责管理公有住房住宅专项维修资金的部门发现不符合有关法律、法规、规章和使用方案的,应当责令改正;

(六)业主委员会、负责管理公有住房住宅专项维修资金的部门向专户管理银行发出划转住宅专项维修资金的通知;

(七)专户管理银行将所需住宅专项维修资金划转至维修单位。

第二十四条 发生危及房屋安全等紧急情况,需要立即对住宅共用部位、共用设施设备进行维修和更新、改造的,按照以下规定列支住宅专项维修资金:

(一)住宅专项维修资金划转业主大会管理前,按照本办法第二十二条第四项、第五项、第六项的规定办理;

(二)住宅专项维修资金划转业主大会管理后,按照本办法第二十三条第四项、第五项、第六项和第七项的规定办理。

发生前款情况后,未按规定实施维修和更新、改造的,直辖市、市、县人民政府建设(房地产)主管部门可以组织代修,维修费用从相关业主住宅专项维修资金分户账中列支;其中,涉及已售公有住房的,还应当从公有住房住宅专项维修资金中列支。

第二十五条 下列费用不得从住宅专项维修资金中列支:

(一)依法应当由建设单位或者施工单位承担的住宅共用部位、共用设施设备维修、更新和改造费用;

(二)依法应当由相关单位承担的供水、供电、供气、供热、通讯、有线电视等管线和设施设备的维修、养护费用;

(三)应当由当事人承担的因人为损坏住宅共用部位、共用设施设备所需的修复费用;

(四)根据物业服务合同约定,应当由物业服务企业承担的住宅共用部位、共用设施设备的维修和养护费用。

第二十六条 在保证住宅专项维修资金正常使用的前提下,可以按照国家有关规定将住宅专项维修资金用于购买国债。

利用住宅专项维修资金购买国债,应当在银行间债券市场或者商业银行柜台市场购买一级市场新发行的国债,并持有到期。

利用业主交存的住宅专项维修资金购买国债的,应当经业主大会同意;未成立业主大会的,应当经专有部分占建筑物总面积三分之二以上的业主且占总人数三分之二以上业主同意。

利用从公有住房售房款中提取的住宅专项维修资金购买国债的,应当根据售房单位的财政隶属关系,报经同级财政部门同意。

禁止利用住宅专项维修资金从事国债回购、委托理财业务或者将购买的国债用于质押、抵押等担保行为。

第二十七条 下列资金应当转入住宅专项维修资金滚存使用:

(一)住宅专项维修资金的存储利息;

(二)利用住宅专项维修资金购买国债的增值收益;

(三)利用住宅共用部位、共用设施设备进行经营的,业主所得收益,但业主大会另有决定的除外;

(四)住宅共用设施设备报废后回收的残值。

第四章 监 督 管 理

第二十八条 房屋所有权转让时,业主应当向受让人说明住宅专项维修资金交存和结余情况并出具有效证明,该房屋分户账中结余的住宅专项维修资金随房屋所有权同时过户。

受让人应当持住宅专项维修资金过户的协议、房屋权属证书、身份证等到专户管理银行办理分户账更名手续。

第二十九条 房屋灭失的,按照以下规定返还住宅专项维修资金:

(一)房屋分户账中结余的住宅专项维修资金返还业主;

（二）售房单位交存的住宅专项维修资金账面余额返还售房单位；售房单位不存在的，按照售房单位财务隶属关系，收缴同级国库。

第三十条 直辖市、市、县人民政府建设（房地产）主管部门，负责管理公有住房住宅专项维修资金的部门及业主委员会，应当每年至少一次与专户管理银行核对住宅专项维修资金账目，并向业主、公有住房售房单位公布下列情况：

（一）住宅专项维修资金交存、使用、增值收益和结存的总额；

（二）发生列支的项目、费用和分摊情况；

（三）业主、公有住房售房单位分户账中住宅专项维修资金交存、使用、增值收益和结存的金额；

（四）其他有关住宅专项维修资金使用和管理的情况。

业主、公有住房售房单位对公布的情况有异议的，可以要求复核。

第三十一条 专户管理银行应当每年至少一次向直辖市、市、县人民政府建设（房地产）主管部门，负责管理公有住房住宅专项维修资金的部门及业主委员会发送住宅专项维修资金对账单。

直辖市、市、县建设（房地产）主管部门，负责管理公有住房住宅专项维修资金的部门及业主委员会对资金账户变化情况有异议的，可以要求专户管理银行进行复核。

专户管理银行应当建立住宅专项维修资金查询制度，接受业主、公有住房售房单位对其分户账中住宅专项维修资金使用、增值收益和账面余额的查询。

第三十二条 住宅专项维修资金的管理和使用，应当依法接受审计部门的审计监督。

第三十三条 住宅专项维修资金的财务管理和会计核算应当执行财政部有关规定。

财政部门应当加强对住宅专项维修资金收支财务管理和会计核算制度执行情况的监督。

第三十四条 住宅专项维修资金专用票据的购领、使用、保存、核销管理，应当按照财政部以及省、自治区、直辖市人民政府财政部门的有关规定执行，并接受财政部门的监督检查。

第五章 法律责任

第三十五条 公有住房售房单位有下列行为之一的，由县级以上地方人民政府财政部门会同同级建设（房地产）主管部门责令限期改正：

（一）未按本办法第八条、第十二条第三款规定交存住宅专项维修资金的；

（二）违反本办法第十三条规定将房屋交付买受人的；

（三）未按本办法第二十一条规定分摊维修、更新和改造费用的。

第三十六条　开发建设单位违反本办法第十三条规定将房屋交付买受人的，由县级以上地方人民政府建设（房地产）主管部门责令限期改正；逾期不改正的，处以3万元以下的罚款。

开发建设单位未按本办法第二十一条规定分摊维修、更新和改造费用的，由县级以上地方人民政府建设（房地产）主管部门责令限期改正；逾期不改正的，处以1万元以下的罚款。

第三十七条　违反本办法规定，挪用住宅专项维修资金的，由县级以上地方人民政府建设（房地产）主管部门追回挪用的住宅专项维修资金，没收违法所得，可以并处挪用金额2倍以下的罚款；构成犯罪的，依法追究直接负责的主管人员和其他直接责任人员的刑事责任。

物业服务企业挪用住宅专项维修资金，情节严重的，除按前款规定予以处罚外，还应由颁发资质证书的部门吊销资质证书。

直辖市、市、县人民政府建设（房地产）主管部门挪用住宅专项维修资金的，由上一级人民政府建设（房地产）主管部门追回挪用的住宅专项维修资金，对直接负责的主管人员和其他直接责任人员依法给予处分；构成犯罪的，依法追究刑事责任。

直辖市、市、县人民政府财政部门挪用住宅专项维修资金的，由上一级人民政府财政部门追回挪用的住宅专项维修资金，对直接负责的主管人员和其他直接责任人员依法给予处分；构成犯罪的，依法追究刑事责任。

第三十八条　直辖市、市、县人民政府建设（房地产）主管部门违反本办法第二十六条规定的，由上一级人民政府建设（房地产）主管部门责令限期改正，对直接负责的主管人员和其他直接责任人员依法给予处分；造成损失的，依法赔偿；构成犯罪的，依法追究刑事责任。

直辖市、市、县人民政府财政部门违反本办法第二十六条规定的，由上一级人民政府财政部门责令限期改正，对直接负责的主管人员和其他直接责任人员依法给予处分；造成损失的，依法赔偿；构成犯罪的，依法追究刑事责任。

业主大会违反本办法第二十六条规定的，由直辖市、市、县人民政府建设（房地产）主管部门责令改正。

第三十九条　对违反住宅专项维修资金专用票据管理规定的行为，按照《财政违法行为处罚处分条例》的有关规定追究法律责任。

第四十条　县级以上人民政府建设（房地产）主管部门、财政部门及其工作人员利用职务上的便利，收受他人财物或者其他好处，不依法履行监督管理职责，或者发现违法行为不予查处的，依法给予处分；构成犯罪的，依法追究刑事责任。

第六章 附 则

第四十一条 省、自治区、直辖市人民政府建设(房地产)主管部门会同同级财政部门可以依据本办法,制定实施细则。

第四十二条 本办法实施前,商品住宅、公有住房已经出售但未建立住宅专项维修资金的,应当补建。具体办法由省、自治区、直辖市人民政府建设(房地产)主管部门会同同级财政部门依据本办法制定。

第四十三条 本办法由国务院建设主管部门、财政部门共同解释。

第四十四条 本办法自2008年2月1日起施行,1998年12月16日建设部、财政部发布的《住宅共用部位共用设施设备维修基金管理办法》(建住房〔1998〕213号)同时废止。

7. 住宅室内装饰装修管理办法

(2002年3月5日建设部令第110号发布 自2002年5月1日起施行
根据2011年1月26日住房和城乡建设部令第9号修订)

第一章 总 则

第一条 为加强住宅室内装饰装修管理,保证装饰装修工程质量和安全,维护公共安全和公众利益,根据有关法律、法规,制定本办法。

第二条 在城市从事住宅室内装饰装修活动,实施对住宅室内装饰装修活动的监督管理,应当遵守本办法。

本办法所称住宅室内装饰装修,是指住宅竣工验收合格后,业主或者住宅使用人(以下简称装修人)对住宅室内进行装饰装修的建筑活动。

第三条 住宅室内装饰装修应当保证工程质量和安全,符合工程建设强制性标准。

第四条 国务院建设行政主管部门负责全国住宅室内装饰装修活动的管理工作。

省、自治区人民政府建设行政主管部门负责本行政区域内的住宅室内装饰装修活动的管理工作。

直辖市、市、县人民政府房地产行政主管部门负责本行政区域内的住宅室内装饰装修活动的管理工作。

第二章　一 般 规 定

第五条　住宅室内装饰装修活动,禁止下列行为:

(一)未经原设计单位或者具有相应资质等级的设计单位提出设计方案,变动建筑主体和承重结构;

(二)将没有防水要求的房间或者阳台改为卫生间、厨房间;

(三)扩大承重墙上原有的门窗尺寸,拆除连接阳台的砖、混凝土墙体;

(四)损坏房屋原有节能设施,降低节能效果;

(五)其他影响建筑结构和使用安全的行为。

本办法所称建筑主体,是指建筑实体的结构构造,包括屋盖、楼盖、梁、柱、支撑、墙体、连接接点和基础等。

本办法所称承重结构,是指直接将本身自重与各种外加作用力系统地传递给基础地基的主要结构构件和其连接接点,包括承重墙体、立杆、柱、框架柱、支墩、楼板、梁、屋架、悬索等。

第六条　装修人从事住宅室内装饰装修活动,未经批准,不得有下列行为:

(一)搭建建筑物、构筑物;

(二)改变住宅外立面,在非承重外墙上开门、窗;

(三)拆改供暖管道和设施;

(四)拆改燃气管道和设施。

本条所列第(一)项、第(二)项行为,应当经城市规划行政主管部门批准;第(三)项行为,应当经供暖管理单位批准;第(四)项行为应当经燃气管理单位批准。

第七条　住宅室内装饰装修超过设计标准或者规范增加楼面荷载的,应当经原设计单位或者具有相应资质等级的设计单位提出设计方案。

第八条　改动卫生间、厨房间防水层的,应当按照防水标准制订施工方案,并做闭水试验。

第九条　装修人经原设计单位或者具有相应资质等级的设计单位提出设计方案变动建筑主体和承重结构的,或者装修活动涉及本办法第六条、第七条、第八条内容的,必须委托具有相应资质的装饰装修企业承担。

第十条　装饰装修企业必须按照工程建设强制性标准和其他技术标准施工,不得偷工减料,确保装饰装修工程质量。

第十一条　装饰装修企业从事住宅室内装饰装修活动,应当遵守施工安全操作规程,按照规定采取必要的安全防护和消防措施,不得擅自动用明火和进行焊接作业,保证作业人员和周围住房及财产的安全。

第十二条 装修人和装饰装修企业从事住宅室内装饰装修活动,不得侵占公共空间,不得损害公共部位和设施。

第三章 开工申报与监督

第十三条 装修人在住宅室内装饰装修工程开工前,应当向物业管理企业或者房屋管理机构(以下简称物业管理单位)申报登记。

非业主的住宅使用人对住宅室内进行装饰装修,应当取得业主的书面同意。

第十四条 申报登记应当提交下列材料:

(一)房屋所有权证(或者证明其合法权益的有效凭证);

(二)申请人身份证件;

(三)装饰装修方案;

(四)变动建筑主体或者承重结构的,需提交原设计单位或者具有相应资质等级的设计单位提出的设计方案;

(五)涉及本办法第六条行为的,需提交有关部门的批准文件,涉及本办法第七条、第八条行为的,需提交设计方案或者施工方案;

(六)委托装饰装修企业施工的,需提供该企业相关资质证书的复印件。

非业主的住宅使用人,还需提供业主同意装饰装修的书面证明。

第十五条 物业管理单位应当将住宅室内装饰装修工程的禁止行为和注意事项告知装修人和装修人委托的装饰装修企业。

装修人对住宅进行装饰装修前,应当告知邻里。

第十六条 装修人,或者装修人和装饰装修企业,应当与物业管理单位签订住宅室内装饰装修管理服务协议。

住宅室内装饰装修管理服务协议应当包括下列内容:

(一)装饰装修工程的实施内容;

(二)装饰装修工程的实施期限;

(三)允许施工的时间;

(四)废弃物的清运与处置;

(五)住宅外立面设施及防盗窗的安装要求;

(六)禁止行为和注意事项;

(七)管理服务费用;

(八)违约责任;

(九)其他需要约定的事项。

第十七条 物业管理单位应当按照住宅室内装饰装修管理服务协议实施管

理,发现装修人或者装饰装修企业有本办法第五条行为的,或者未经有关部门批准实施本办法第六条所列行为的,或者有违反本办法第七条、第八条、第九条规定行为的,应当立即制止;已造成事实后果或者拒不改正的,应当及时报告有关部门依法处理。对装修人或者装饰装修企业违反住宅室内装饰装修管理服务协议的,追究违约责任。

第十八条　有关部门接到物业管理单位关于装修人或者装饰装修企业有违反本办法行为的报告后,应当及时到现场检查核实,依法处理。

第十九条　禁止物业管理单位向装修人指派装饰装修企业或者强行推销装饰装修材料。

第二十条　装修人不得拒绝和阻碍物业管理单位依据住宅室内装饰装修管理服务协议的约定,对住宅室内装饰装修活动的监督检查。

第二十一条　任何单位和个人对住宅室内装饰装修中出现的影响公众利益的质量事故、质量缺陷以及其他影响周围住户正常生活的行为,都有权检举、控告、投诉。

第四章　委托与承接

第二十二条　承接住宅室内装饰装修工程的装饰装修企业,必须经建设行政主管部门资质审查,取得相应的建筑业企业资质证书,并在其资质等级许可的范围内承揽工程。

第二十三条　装修人委托企业承接其装饰装修工程的,应当选择具有相应资质等级的装饰装修企业。

第二十四条　装修人与装饰装修企业应当签订住宅室内装饰装修书面合同,明确双方的权利和义务。

住宅室内装饰装修合同应当包括下列主要内容:

(一)委托人和被委托人的姓名或者单位名称、住所地址、联系电话;

(二)住宅室内装饰装修的房屋间数、建筑面积,装饰装修的项目、方式、规格、质量要求以及质量验收方式;

(三)装饰装修工程的开工、竣工时间;

(四)装饰装修工程保修的内容、期限;

(五)装饰装修工程价格,计价和支付方式、时间;

(六)合同变更和解除的条件;

(七)违约责任及解决纠纷的途径;

(八)合同的生效时间;

(九)双方认为需要明确的其他条款。

第二十五条 住宅室内装饰装修工程发生纠纷的，可以协商或者调解解决。不愿协商、调解或者协商、调解不成的，可以依法申请仲裁或者向人民法院起诉。

第五章 室内环境质量

第二十六条 装饰装修企业从事住宅室内装饰装修活动，应当严格遵守规定的装饰装修施工时间，降低施工噪音，减少环境污染。

第二十七条 住宅室内装饰装修过程中所形成的各种固体、可燃液体等废物，应当按照规定的位置、方式和时间堆放和清运。严禁违反规定将各种固体、可燃液体等废物堆放于住宅垃圾道、楼道或者其他地方。

第二十八条 住宅室内装饰装修工程使用的材料和设备必须符合国家标准，有质量检验合格证明和有中文标识的产品名称、规格、型号、生产厂厂名、厂址等。禁止使用国家明令淘汰的建筑装饰装修材料和设备。

第二十九条 装修人委托企业对住宅室内进行装饰装修的，装饰装修工程竣工后，空气质量应当符合国家有关标准。装修人可以委托有资格的检测单位对空气质量进行检测。检测不合格的，装饰装修企业应当返工，并由责任人承担相应损失。

第六章 竣工验收与保修

第三十条 住宅室内装饰装修工程竣工后，装修人应当按照工程设计合同约定和相应的质量标准进行验收。验收合格后，装饰装修企业应当出具住宅室内装饰装修质量保修书。

物业管理单位应当按照装饰装修管理服务协议进行现场检查，对违反法律、法规和装饰装修管理服务协议的，应当要求装修人和装饰装修企业纠正，并将检查记录存档。

第三十一条 住宅室内装饰装修工程竣工后，装饰装修企业负责采购装饰装修材料及设备的，应当向业主提交说明书、保修单和环保说明书。

第三十二条 在正常使用条件下，住宅室内装饰装修工程的最低保修期限为二年，有防水要求的厨房、卫生间和外墙面的防渗漏为五年。保修期自住宅室内装饰装修工程竣工验收合格之日起计算。

第七章 法 律 责 任

第三十三条 因住宅室内装饰装修活动造成相邻住宅的管道堵塞、渗漏水、停水停电、物品毁坏等，装修人应当负责修复和赔偿；属于装饰装修企业责任的，装修人可以向装饰装修企业追偿。

装修人擅自拆改供暖、燃气管道和设施造成损失的，由装修人负责赔偿。

第三十四条 装修人因住宅室内装饰装修活动侵占公共空间，对公共部位和设施造成损害的，由城市房地产行政主管部门责令改正，造成损失的，依法承担赔偿责任。

第三十五条 装修人未申报登记进行住宅室内装饰装修活动的，由城市房地产行政主管部门责令改正，处5百元以上1千元以下的罚款。

第三十六条 装修人违反本办法规定，将住宅室内装饰装修工程委托给不具有相应资质等级企业的，由城市房地产行政主管部门责令改正，处5百元以上1千元以下的罚款。

第三十七条 装饰装修企业自行采购或者向装修人推荐使用不符合国家标准的装饰装修材料，造成空气污染超标的，由城市房地产行政主管部门责令改正，造成损失的，依法承担赔偿责任。

第三十八条 住宅室内装饰装修活动有下列行为之一的，由城市房地产行政主管部门责令改正，并处罚款：

（一）将没有防水要求的房间或者阳台改为卫生间、厨房间的，或者拆除连接阳台的砖、混凝土墙体的，对装修人处5百元以上1千元以下的罚款，对装饰装修企业处1千元以上1万元以下的罚款；

（二）损坏房屋原有节能设施或者降低节能效果的，对装饰装修企业处1千元以上5千元以下的罚款；

（三）擅自拆改供暖、燃气管道和设施的，对装修人处5百元以上1千元以下的罚款；

（四）未经原设计单位或者具有相应资质等级的设计单位提出设计方案，擅自超过设计标准或者规范增加楼面荷载的，对装修人处5百元以上1千元以下的罚款，对装饰装修企业处1千元以上1万元以下的罚款。

第三十九条 未经城市规划行政主管部门批准，在住宅室内装饰装修活动中搭建建筑物、构筑物的，或者擅自改变住宅外立面、在非承重外墙上开门、窗的，由城市规划行政主管部门按照《城乡规划法》及相关法规的规定处罚。

第四十条 装修人或者装饰装修企业违反《建设工程质量管理条例》的，由建设行政主管部门按照有关规定处罚。

第四十一条 装饰装修企业违反国家有关安全生产规定和安全生产技术规程，不按照规定采取必要的安全防护和消防措施，擅自动用明火作业和进行焊接作业的，或者对建筑安全事故隐患不采取措施予以消除的，由建设行政主管部门责令改正，并处1千元以上1万元以下的罚款；情节严重的，责令停业整顿，并处1万元以上3万元以下的罚款；造成重大安全事故的，降低资质等级或者吊销资质证书。

第四十二条 物业管理单位发现装修人或者装饰装修企业有违反本办法规定的行为不及时向有关部门报告的,由房地产行政主管部门给予警告,可处装饰装修管理服务协议约定的装饰装修管理服务费2至3倍的罚款。

第四十三条 有关部门的工作人员接到物业管理单位对装修人或者装饰装修企业违法行为的报告后,未及时处理,玩忽职守的,依法给予行政处分。

第八章 附 则

第四十四条 工程投资额在30万元以下或者建筑面积在300平方米以下,可以不申请办理施工许可证的非住宅装饰装修活动参照本办法执行。

第四十五条 住宅竣工验收合格前的装饰装修工程管理,按照《建设工程质量管理条例》执行。

第四十六条 省、自治区、直辖市人民政府建设行政主管部门可以依据本办法,制定实施细则。

第四十七条 本办法由国务院建设行政主管部门负责解释。

第四十八条 本办法自2002年5月1日起施行。

8. 最高人民法院关于审理建筑物区分所有权纠纷案件适用法律若干问题的解释

(2009年3月23日由最高人民法院审判委员会第1464次会议通过
根据2020年12月23日最高人民法院审判委员会第1823次会议通过的《最高人民法院关于修改〈最高人民法院关于在民事审判工作中适用《中华人民共和国工会法》若干问题的解释〉等二十七件民事类司法解释的决定》修正)

为正确审理建筑物区分所有权纠纷案件,依法保护当事人的合法权益,根据《中华人民共和国民法典》等法律的规定,结合民事审判实践,制定本解释。

第一条 依法登记取得或者依据民法典第二百二十九条至第二百三十一条规定取得建筑物专有部分所有权的人,应当认定为民法典第二编第六章所称的业主。

基于与建设单位之间的商品房买卖民事法律行为,已经合法占有建筑物专有部分,但尚未依法办理所有权登记的人,可以认定为民法典第二编第六章所称的业主。

第二条　建筑区划内符合下列条件的房屋，以及车位、摊位等特定空间，应当认定为民法典第二编第六章所称的专有部分：

（一）具有构造上的独立性，能够明确区分；

（二）具有利用上的独立性，可以排他使用；

（三）能够登记成为特定业主所有权的客体。

规划上专属于特定房屋，且建设单位销售时已经根据规划列入该特定房屋买卖合同中的露台等，应当认定为前款所称的专有部分的组成部分。

本条第一款所称房屋，包括整栋建筑物。

第三条　除法律、行政法规规定的共有部分外，建筑区划内的以下部分，也应当认定为民法典第二编第六章所称的共有部分：

（一）建筑物的基础、承重结构、外墙、屋顶等基本结构部分，通道、楼梯、大堂等公共通行部分，消防、公共照明等附属设施、设备，避难层、设备层或者设备间等结构部分；

（二）其他不属于业主专有部分，也不属于市政公用部分或者其他权利人所有的场所及设施等。

建筑区划内的土地，依法由业主共同享有建设用地使用权，但属于业主专有的整栋建筑物的规划占地或者城镇公共道路、绿地占地除外。

第四条　业主基于对住宅、经营性用房等专有部分特定使用功能的合理需要，无偿利用屋顶以及与其专有部分相对应的外墙面等共有部分的，不应认定为侵权。但违反法律、法规、管理规约，损害他人合法权益的除外。

第五条　建设单位按照配置比例将车位、车库，以出售、附赠或者出租等方式处分给业主的，应当认定其行为符合民法典第二百七十六条有关“应当首先满足业主的需要”的规定。

前款所称配置比例是指规划确定的建筑区划内规划用于停放汽车的车位、车库与房屋套数的比例。

第六条　建筑区划内在规划用于停放汽车的车位之外，占用业主共有道路或者其他场地增设的车位，应当认定为民法典第二百七十五条第二款所称的车位。

第七条　处分共有部分，以及业主大会依法决定或者管理规约依法确定应由业主共同决定的事项，应当认定为民法典第二百七十八条第一款第（九）项规定的有关共有和共同管理权利的“其他重大事项”。

第八条　民法典第二百七十八条第二款和第二百八十三条规定的专有部分面积可以按照不动产登记簿记载的面积计算；尚未进行物权登记的，暂按测绘机构的实测面积计算；尚未进行实测的，暂按房屋买卖合同记载的面积计算。

第九条 民法典第二百七十八条第二款规定的业主人数可以按照专有部分的数量计算,一个专有部分按一人计算。但建设单位尚未出售和虽已出售但尚未交付的部分,以及同一买受人拥有一个以上专有部分的,按一人计算。

第十条 业主将住宅改变为经营性用房,未依据民法典第二百七十九条的规定经有利害关系的业主一致同意,有利害关系的业主请求排除妨害、消除危险、恢复原状或者赔偿损失的,人民法院应予支持。

将住宅改变为经营性用房的业主以多数有利害关系的业主同意其行为进行抗辩的,人民法院不予支持。

第十一条 业主将住宅改变为经营性用房,本栋建筑物内的其他业主,应当认定为民法典第二百七十九条所称“有利害关系的业主”。建筑区划内,本栋建筑物之外的业主,主张与自己有利害关系的,应证明其房屋价值、生活质量受到或者可能受到不利影响。

第十二条 业主以业主大会或者业主委员会作出的决定侵害其合法权益或者违反了法律规定的程序为由,依据民法典第二百八十条第二款的规定请求人民法院撤销该决定的,应当在知道或者应当知道业主大会或者业主委员会作出决定之日起一年内行使。

第十三条 业主请求公布、查阅下列应当向业主公开的情况和资料的,人民法院应予支持:

(一)建筑物及其附属设施的维修资金的筹集、使用情况;

(二)管理规约、业主大会议事规则,以及业主大会或者业主委员会的决定及会议记录;

(三)物业服务合同、共有部分的使用和收益情况;

(四)建筑区划内规划用于停放汽车的车位、车库的处分情况;

(五)其他应当向业主公开的情况和资料。

第十四条 建设单位、物业服务企业或者其他管理人等擅自占用、处分业主共有部分、改变其使用功能或者进行经营性活动,权利人请求排除妨害、恢复原状、确认处分行为无效或者赔偿损失的,人民法院应予支持。

属于前款所称擅自进行经营性活动的情形,权利人请求建设单位、物业服务企业或者其他管理人等将扣除合理成本之后的收益用于补充专项维修资金或者业主共同决定的其他用途的,人民法院应予支持。行为人对成本的支出及其合理性承担举证责任。

第十五条 业主或者其他行为人违反法律、法规、国家相关强制性标准、管理规约,或者违反业主大会、业主委员会依法作出的决定,实施下列行为的,可以认定为民法典第二百八十六条第二款所称的其他“损害他人合法权益的行为”:

(一)损害房屋承重结构,损害或者违章使用电力、燃气、消防设施,在建筑物内放置危险、放射性物品等危及建筑物安全或者妨碍建筑物正常使用;

(二)违反规定破坏、改变建筑物外墙面的形状、颜色等损害建筑物外观;

(三)违反规定进行房屋装饰装修;

(四)违章加建、改建,侵占、挖掘公共通道、道路、场地或者其他共有部分。

第十六条　建筑物区分所有权纠纷涉及专有部分的承租人、借用人等物业使用人的,参照本解释处理。

专有部分的承租人、借用人等物业使用人,根据法律、法规、管理规约、业主大会或者业主委员会依法作出的决定,以及其与业主的约定,享有相应权利,承担相应义务。

第十七条　本解释所称建设单位,包括包销期满,按照包销合同约定的包销价格购买尚未销售的物业后,以自己名义对外销售的包销人。

第十八条　人民法院审理建筑物区分所有权案件中,涉及有关物权归属争议的,应当以法律、行政法规为依据。

第十九条　本解释自2009年10月1日起施行。

因物权法施行后实施的行为引起的建筑物区分所有权纠纷案件,适用本解释。

本解释施行前已经终审,本解释施行后当事人申请再审或者按照审判监督程序决定再审的案件,不适用本解释。

9. 最高人民法院关于审理物业服务纠纷案件适用法律若干问题的解释

(2009年4月20日由最高人民法院审判委员会第1466次会议通过
根据2020年12月23日最高人民法院审判委员会第1823次会议通过的
《最高人民法院关于修改〈最高人民法院关于在民事审判工作中适用
《中华人民共和国工会法》若干问题的解释〉等二十七件民事类司法
解释的决定》修正)

为正确审理物业服务纠纷案件,依法保护当事人的合法权益,根据《中华人民共和国民法典》等法律规定,结合民事审判实践,制定本解释。

第一条　业主违反物业服务合同或者法律、法规、管理规约,实施妨碍物业服务与管理的行为,物业服务人请求业主承担停止侵害、排除妨碍、恢复原状等相应民事责任的,人民法院应予支持。

第二条 物业服务人违反物业服务合同约定或者法律、法规、部门规章规定,擅自扩大收费范围、提高收费标准或者重复收费,业主以违规收费为由提出抗辩的,人民法院应予支持。

业主请求物业服务人退还其已经收取的违规费用的,人民法院应予支持。

第三条 物业服务合同的权利义务终止后,业主请求物业服务人退还已经预收,但尚未提供物业服务期间的物业费的,人民法院应予支持。

第四条 因物业的承租人、借用人或者其他物业使用人实施违反物业服务合同,以及法律、法规或者管理规约的行为引起的物业服务纠纷,人民法院可以参照关于业主的规定处理。

第五条 本解释自2009年10月1日起施行。

本解释施行前已经终审,本解释施行后当事人申请再审或者按照审判监督程序决定再审的案件,不适用本解释。

10. 住房租赁条例

(中华人民共和国国务院令第812号　2025年6月27日国务院第62次常务会议通过　自2025年9月15日起施行)

第一章　总　　则

第一条 为了规范住房租赁活动,维护住房租赁活动当事人合法权益,稳定住房租赁关系,促进住房租赁市场高质量发展,推动加快建立租购并举的住房制度,制定本条例。

第二条 城镇国有土地上住房租赁活动及其监督管理,适用本条例。

第三条 住房租赁市场发展应当贯彻党和国家路线方针政策、决策部署,坚持市场主导与政府引导相结合。

第四条 国务院住房城乡建设主管部门负责全国住房租赁活动的监督管理工作。

县级以上地方人民政府房产管理部门负责本行政区域内住房租赁活动的监督

管理工作。

县级以上人民政府市场监督管理、公安等部门依照本条例和其他有关法律、法规的规定，在各自的职责范围内负责住房租赁活动的监督管理工作。

第五条　国家鼓励居民家庭将自有房源用于租赁，支持企业盘活改造老旧厂房、商业办公用房、自持商品住房等用于租赁，多渠道增加租赁住房供给。

国家鼓励出租人和承租人依法建立稳定的住房租赁关系，推动租购住房在享受公共服务上具有同等权利。

第六条　从事住房租赁活动，应当遵守法律、法规，遵循平等、自愿、公平、诚信原则，不得危害国家安全、损害公共利益和他人合法权益，不得违背公序良俗。

第二章　出租与承租

第七条　用于出租的住房应当符合建筑、消防、燃气、室内装饰装修等方面的法律、法规、规章和强制性标准，不得危及人身安全和健康。

厨房、卫生间、阳台、过道、地下储藏室、车库等非居住空间，不得单独出租用于居住。

租赁住房单间租住人数上限和人均最低租住面积，应当符合设区的市级以上地方人民政府规定的标准。

第八条　出租人和承租人应当使用实名签订住房租赁合同。

出租人应当按照规定，通过住房租赁管理服务平台等方式将住房租赁合同向租赁住房所在地房产管理部门备案。房产管理部门应当提高住房租赁合同备案服务水平，不得就住房租赁合同备案收取任何费用。

出租人未办理住房租赁合同备案的，承租人可以办理备案。

第九条　出租人应当遵守下列规定：

（一）向承租人出示身份证明材料、拟出租住房的不动产权属证书或者其他证明其具有合法出租权利的材料，并配合承租人依法查询、核实拟出租住房有关信息；

（二）核验承租人的身份证明材料，不得将住房出租给拒绝出示身份证明材料的单位或者个人；

（三）不得擅自进入租赁住房，但是经承租人同意或者依法可以进入的除外。

第十条　出租人收取押金的，应当在住房租赁合同中约定押金的数额、返还时间以及扣减押金的情形等事项。除住房租赁合同约定的情形以外，出租人无正当理由不得扣减押金。

第十一条　承租人应当遵守下列规定：

（一）向出租人出示身份证明材料；

（二）安全、合理使用租赁住房，不得损坏、擅自拆除、停用消防设施或者改动租赁住房承重结构，不得私拉乱接水、电、燃气管线；

（三）未经出租人同意，不得擅自改变租赁住房用途、拆改室内设施或者改动租赁住房其他结构；

（四）遵守物业管理规约，不得任意弃置垃圾、超标准排放污染物或者产生噪声、违反规定饲养动物、违章搭建、侵占公共通道、高空抛物或者实施其他损害他人合法权益的行为；

（五）对出租人依法确需进入租赁住房的，予以配合。

第十二条　出租人依法解除住房租赁合同的，应当通知承租人，并为承租人腾退租赁住房留出合理时间。

出租人不得采取暴力、威胁或者其他非法方式迫使承租人解除住房租赁合同或者腾退租赁住房。

第十三条　住房租赁合同连续履行达到规定期限的，出租人按照有关规定享受相应的政策支持，承租人按照有关规定享受相应的基本公共服务。

第三章　住房租赁企业

第十四条　国家完善政策措施，培育市场化、专业化的住房租赁企业。

住房租赁企业，是指以自有住房或者依法取得经营管理权的他人住房开展住房租赁经营业务的企业。住房租赁企业应当具备与其经营规模相适应的自有资金、从业人员和管理能力。

住房租赁企业出租住房，适用本条例有关出租人的规定。

第十五条　住房租赁企业依法登记的经营范围应当使用“住房租赁”的表述。

住房租赁企业应当自领取营业执照之日起30日内，向所在地县级以上地方人民政府房产管理部门报送开业信息。房产管理部门应当将住房租赁企业开业信息向社会公开。

住房租赁企业应当在其经营场所醒目位置公示本企业开业信息、服务规范和标准等。

第十六条　住房租赁企业发布的住房地址、面积、租金等房源信息应当真实、准确、完整，在其经营场所、互联网等不同渠道发布的房源信息应当一致，发布的房源图片应当与实物房源一致，不得发布虚假或者误导性房源信息，不得隐瞒或者拒绝提供拟出租住房的有关重要信息。

第十七条　住房租赁企业应当建立住房租赁档案，如实记载相关信息，并健全住房租赁信息查验等内部管理制度。

住房租赁企业不得非法收集、使用、加工、传输他人个人信息，不得非法买卖、提供或者公开他人个人信息。

第十八条　住房租赁企业应当按照规定向所在地县级以上地方人民政府房产管理部门报送其经营的租赁住房信息及其变化情况。

第十九条　从事转租经营的住房租赁企业应当按照规定设立住房租赁资金监管账户并向社会公示,并通过该账户办理住房租赁资金收付业务,具体办法由国务院住房城乡建设主管部门会同国务院有关部门制定。

第二十条　自然人转租他人住房开展住房租赁经营业务,经营规模达到国务院住房城乡建设主管部门会同国务院市场监督管理部门等有关部门规定标准的,适用本条例有关住房租赁企业的规定。

第四章　经纪机构

第二十一条　从事住房租赁业务的房地产经纪机构(以下简称住房租赁经纪机构)应当具备与其经营规模相适应的自有资金、从业人员和管理能力。

第二十二条　住房租赁经纪机构应当将其从业人员名单向所在地县级以上地方人民政府房产管理部门备案。住房租赁经纪机构的从业人员不得同时在两个或者两个以上住房租赁经纪机构从事业务。

住房租赁经纪机构的从业人员不得以个人名义承接住房租赁经纪业务。

第二十三条　住房租赁经纪机构发布房源信息前,应当核对并记录委托人的身份信息、住房权属信息,实地查看房源,与委托人签订住房租赁经纪服务合同,编制住房状况说明书。住房租赁经纪服务合同、住房状况说明书应当加盖住房租赁经纪机构印章,并按照有关规定保存。

第二十四条　本条例第十五条第二款和第三款、第十六条、第十七条的规定,适用于住房租赁经纪机构。

第二十五条　住房租赁经纪机构不得有下列行为:

(一)为出租不符合建筑、消防、燃气、室内装饰装修等方面的法律、法规、规章或者强制性标准的住房提供经纪服务;

(二)为单独出租厨房、卫生间、阳台、过道、地下储藏室、车库等非居住空间用于居住提供经纪服务;

(三)为单间租住人数上限或者人均最低租住面积不符合规定标准的住房出租提供经纪服务;

(四)代收、代付住房租金、押金;

(五)未经当事人同意,以当事人名义签订住房租赁合同;

(六)法律、法规、规章禁止从事的其他行为。

第二十六条　住房租赁经纪机构应当对收费服务项目明码标价,不得在标价之外加价或者收取未予标明的费用。

第二十七条 出租人和承租人通过住房租赁经纪机构签订住房租赁合同的，由住房租赁经纪机构办理住房租赁合同备案。

第五章 监督管理

第二十八条 国务院住房城乡建设主管部门会同国务院市场监督管理部门制定并公布住房租赁合同、住房租赁经纪服务合同示范文本。

第二十九条 设区的市级以上地方人民政府应当建立住房租金监测机制，定期公布本行政区域内不同区域、不同类型住房的租金水平信息。

第三十条 县级以上地方人民政府房产管理部门应当通过住房租赁管理服务平台开展合同备案、租赁住房信息管理、统计监测等管理与服务，并与民政、自然资源、教育、市场监督管理、金融管理、公安、税务、统计等部门建立信息共享机制。

第三十一条 县级以上地方人民政府房产管理部门应当会同有关部门加强对住房租赁活动的监督检查，依法及时处理违法行为。

第三十二条 县级以上地方人民政府房产管理部门可以委托实施单位承担住房租赁管理的支持辅助等相关具体工作。房产管理部门委托的实施单位不得以营利为目的。

县级以上地方人民政府房产管理部门应当对其委托的实施单位加强监督，并对实施单位在委托范围内的行为后果承担法律责任。

第三十三条 县级以上地方人民政府房产管理部门应当会同有关部门、住房租赁相关行业组织加强住房租赁行业诚信建设，建立住房租赁企业、住房租赁经纪机构及其从业人员信用评价制度，将相关违法违规行为记入信用记录，纳入全国信用信息共享平台，并根据信用状况实施分级分类监管。

第三十四条 住房租赁相关行业组织应当建立健全行业规范，加强行业自律管理，促进行业健康发展。

第三十五条 在住房租赁活动中，因押金返还、住房维修、住房腾退等产生纠纷的，由出租人和承租人协商解决；协商不成的，可以依法申请调解、仲裁或者提起诉讼。

第三十六条 提供住房租赁信息发布服务的网络平台经营者（以下简称网络平台经营者）应当核验住房租赁信息发布者的真实身份信息。

网络平台经营者知道或者应当知道信息发布者有提供虚假信息等违法情形的，应当依法采取删除相关信息等必要措施，保存相关记录，并向有关部门报告。

网络平台经营者不得代收、代付住房租金、押金。

第三十七条 出租人应当按规定如实登记并报送承租人及实际居住人信息，

发现违法犯罪活动应当及时向公安机关报告。具体办法由国务院公安部门制定。

承租人不得利用租赁住房实施违法犯罪活动。

第六章　法 律 责 任

第三十八条　有下列情形之一的,依照有关法律、法规、规章的规定处罚:

(一)出租不符合建筑、消防、燃气、室内装饰装修等方面的法律、法规、规章或者强制性标准的住房;

(二)损坏、擅自拆除、停用消防设施;

(三)改动租赁住房承重结构;

(四)私拉乱接水、电、燃气管线。

第三十九条　将厨房、卫生间、阳台、过道、地下储藏室、车库等非居住空间单独出租用于居住,或者租赁住房不符合规定的单间租住人数上限或者人均最低租住面积标准的,由县级以上地方人民政府房产管理部门责令改正,给予警告;拒不改正的,对单位处2万元以上10万元以下的罚款,对个人处2000元以上1万元以下的罚款;有违法所得的,没收违法所得。

第四十条　住房租赁企业、住房租赁经纪机构不具备与其经营规模相适应的自有资金、从业人员、管理能力的,由县级以上地方人民政府房产管理部门责令改正,给予警告;拒不改正、造成严重后果的,责令停业整顿。

第四十一条　住房租赁企业、住房租赁经纪机构有下列情形之一的,由县级以上地方人民政府房产管理部门责令改正,给予警告;拒不改正的,处2万元以上10万元以下的罚款:

(一)未按照规定报送开业信息;

(二)未在其经营场所醒目位置公示本企业开业信息、服务规范和标准等;

(三)未建立住房租赁档案并如实记载相关信息,或者未健全住房租赁信息查验等内部管理制度;

(四)未按照规定办理住房租赁合同备案。

住房租赁企业未按照规定报送其经营的租赁住房信息及其变化情况,或者住房租赁经纪机构未按照规定与委托人签订住房租赁经纪服务合同或者未编制住房状况说明书的,依照前款规定处罚。

第四十二条　住房租赁企业、住房租赁经纪机构发布虚假或者误导性房源信息,隐瞒或者拒绝提供拟出租住房有关重要信息的,由县级以上地方人民政府房产管理部门责令改正,给予警告,处2万元以上10万元以下的罚款;有违法所得的,没收违法所得;拒不改正的,责令停业整顿;情节严重的,由县级以上地方人民政府房产管理部门提请同级市场监督管理部门依法吊销其营业执照。

住房租赁企业、住房租赁经纪机构非法收集、使用、加工、传输他人个人信息，或者非法买卖、提供或者公开他人个人信息的，依照有关个人信息保护的法律、法规的规定处罚。

第四十三条 从事转租经营的住房租赁企业未按照规定设立住房租赁资金监管账户并向社会公示，或者未按照规定通过该账户办理住房租赁资金收付业务的，由县级以上地方人民政府房产管理部门责令改正，给予警告，处 2 万元以上 10 万元以下的罚款；拒不改正的，处 10 万元以上 50 万元以下的罚款。

第四十四条 住房租赁经纪机构有下列情形之一的，由县级以上地方人民政府房产管理部门责令改正，给予警告，处 2 万元以上 10 万元以下的罚款；有违法所得的，没收违法所得；拒不改正的，责令停业整顿：

（一）发布房源信息前未核对并记录委托人的身份信息、住房权属信息，或者未实地查看房源；

（二）为出租不符合建筑、消防、燃气、室内装饰装修等方面的法律、法规、规章或者强制性标准的住房提供经纪服务；

（三）为单独出租厨房、卫生间、阳台、过道、地下储藏室、车库等非居住空间用于居住提供经纪服务；

（四）为单间租住人数上限或者人均最低租住面积不符合规定标准的住房出租提供经纪服务；

（五）代收、代付住房租金、押金；

（六）未经当事人同意，以当事人名义签订住房租赁合同；

（七）未按规定将其从业人员名单备案。

网络平台经营者代收、代付住房租金、押金的，依照前款规定处罚。

第四十五条 住房租赁经纪机构的从业人员同时在两个或者两个以上住房租赁经纪机构从事业务，或者以个人名义承接住房租赁经纪业务的，由县级以上地方人民政府房产管理部门责令改正，给予警告，可以处 1 万元以下的罚款；有违法所得的，没收违法所得；拒不改正的，1 年内不得从事住房租赁经纪业务；情节严重的，5 年内不得从事住房租赁经纪业务。

第四十六条 网络平台经营者未履行核验责任的，县级以上地方人民政府房产管理部门应当通报网信部门，由网信部门依据职责予以处置，可以处 10 万元以下的罚款；情节严重的，可以责令暂停相关业务或者停业整顿。

第四十七条 房产管理部门和其他有关部门工作人员在住房租赁活动监督管理工作中滥用职权、玩忽职守、徇私舞弊的，依法给予处分。

第四十八条 违反本条例规定，给他人造成损失的，依法承担赔偿责任；构成违反治安管理行为的，由公安机关依法给予治安管理处罚；构成犯罪的，依法追究刑事责任。

第七章　附　　则

第四十九条　保障性住房的租赁活动及其监督管理，国家另有规定的，从其规定。

集体土地上住房租赁活动，由省、自治区、直辖市人民政府根据实际情况，制定管理办法。

第五十条　本条例自2025年9月15日起施行。

11. 北京市物业管理条例(2024修正)

(2020年3月27日北京市第十五届人民代表大会常务委员会第二十次会议通过　根据2024年3月29日北京市第十六届人民代表大会常务委员会第九次会议通过的《关于修改〈北京市机动车停车条例〉等二部地方性法规的决定》修正)

目　　录

第一章　总　　则

第一条　为了构建党建引领社区治理框架下的物业管理体系，建设和谐宜居社区,规范物业管理,维护物业管理相关主体的合法权益,保障物业的依法、安全、合理使用,根据相关法律法规,结合本市实际,制定本条例。

第二条 本市行政区域内的住宅物业管理活动适用本条例;非住宅物业管理参照执行。

本条例所称物业管理,是指业主通过自行管理或者共同决定委托物业服务人的形式,对物业管理区域内的建筑物、构筑物及其配套的设施设备和相关场地进行维修、养护、管理,维护环境卫生和相关秩序的活动。物业服务人包括物业服务企业、专业单位和其他物业管理人。

第三条 本市物业管理纳入社区治理体系,坚持党委领导、政府主导、居民自治、多方参与、协商共建、科技支撑的工作格局。建立健全社区党组织领导下居民委员会、村民委员会、业主委员会或者物业管理委员会、业主、物业服务人等共同参与的治理架构。

推动在物业服务企业、业主委员会、物业管理委员会中建立党组织,发挥党建引领作用。

第四条 物业管理相关主体应当遵守权责一致、质价相符、公平公开的物业服务市场规则,维护享受物业服务并依法付费的市场秩序,优化市场环境。

支持社会资本参与老旧小区综合整治和物业管理。

第五条 本市支持在物业管理区域内成立业主大会、选举产生业主委员会决定物业管理区域内的重大事项及有关共有部分利用和管理等事项。

第六条 市住房和城乡建设主管部门履行下列职责:

(一)制定本市物业管理相关政策并组织实施;

(二)指导和监督区住房和城乡建设或者房屋主管部门开展物业管理的监督管理工作;

(三)指导和监督本市住宅专项维修资金的筹集、管理和使用;

(四)建立健全业主委员会、物业管理委员会委员培训制度;

(五)制定临时管理规约、管理规约、业主大会议事规则、物业服务合同等示范文本和相关标准;

(六)建立全市统一的物业管理信用信息、业主电子共同决策等信息系统;

(七)指导行业协会制定和实施自律性规范;

(八)实施物业管理方面的其他监督管理职责。

区住房和城乡建设或者房屋主管部门履行下列职责:

(一)贯彻执行物业管理相关政策和制度;

(二)监督管理辖区内物业服务企业和从业人员;

(三)指导、监督辖区内住宅专项维修资金的筹集、管理和使用;

（四）组织对辖区内业主委员会、物业管理委员会委员开展培训；

（五）指导街道办事处、乡镇人民政府实施与物业管理相关工作；

（六）落实物业管理方面的其他监督管理职责。

发展改革、民政、财政、规划自然资源、城市管理、水务、市场监管、园林绿化、人防等相关主管部门，按照各自职责，负责物业管理相关监督管理工作。

第七条　区人民政府应当加强对本辖区内物业管理工作的组织领导，建立物业管理综合协调工作机制，组织辖区内街道办事处、乡镇人民政府、住房和城乡建设或者房屋主管部门及相关部门和单位，统筹推进辖区内物业管理各项工作，协调解决辖区内物业管理重大问题。

第八条　街道办事处、乡镇人民政府组织、协调、指导本辖区内业主大会成立和业主委员会选举换届、物业管理委员会组建，并办理相关备案手续；指导、监督业主大会、业主委员会、物业管理委员会依法履行职责，有权撤销其作出的违反法律法规和规章的决定；参加物业承接查验，指导监督辖区内物业管理项目的移交和接管，指导、协调物业服务人依法履行义务，调处物业管理纠纷，统筹协调、监督管理辖区内物业管理活动。

居民委员会、村民委员会在街道办事处、乡镇人民政府的指导下开展具体工作，建立党建引领下的物业管理协商共治机制；有权就业主反映的物业管理事项向业主大会、业主委员会进行询问，引导规范运作；指导、监督物业服务人依法履行义务，调解物业管理纠纷。

第九条　街道办事处、乡镇人民政府根据市人民政府确定的行政执法事项清单，依法行使行政执法权，建立综合执法工作机制，加强对住宅小区内违法行为的巡查、检查和处理。

第十条　突发事件应对期间，街道办事处、乡镇人民政府负责落实市人民政府依法采取的各项应急措施；指导物业服务人开展相应级别的应对工作，并给予物资和资金支持。

物业服务人应当按照要求服从政府统一指挥，在街道办事处、乡镇人民政府指导下积极配合居民委员会、村民委员会开展工作，依法落实应急预案和各项应急措施。

第十一条　业主大会和业主委员会，对任意弃置垃圾、排放污染物或者噪声、违反规定饲养动物、违法搭建、侵占通道、拒付物业费等损害他人合法权益的行为，有权依照法律法规以及管理规约，要求行为人停止侵害、排除妨碍、消除危险、恢复原状、赔偿损失。

第十二条　本市支持物业管理、专业评估机构等行业协会依法制定和组织实施自律性规范，实行自律管理，编制团体标准、调解行业纠纷，组织业务培训，维护企业合法权益,推动行业健康有序发展。

支持、鼓励物业服务企业加入行业协会。

第十三条 本市支持法律、会计、工程、评估、咨询等专业服务机构和人员参与物业管理和服务活动,为物业管理相关主体提供公正、专业的咨询、培训、评价、检验、监督和审计等服务。支持非营利性社会组织参与物业服务活动。

业主、物业使用人、物业服务人因物业管理事项需要法律咨询的,可以向公共法律服务机构咨询;符合法律援助条件的,可以依法申请法律援助。

第十四条 本市建立健全人民调解、行业调解、行政调解、司法调解构成的多元纠纷解决机制,化解物业管理纠纷。

第二章 物业管理区域

第十五条 物业管理区域的划分应当符合法律法规的规定,综合考虑建设用地宗地范围、共用设施设备、建筑物规模和类型、社区建设等因素,以利于服务便利、资源共享、协商议事。

规划城市道路、城市公共绿地、城市河道等公共区域不得划入物业管理区域。

第十六条 新开发建设项目的土地使用权划拨、出让前,住房和城乡建设主管部门应当就物业管理区域的划分提出意见,纳入区域规划综合实施方案、土地出让合同或者划拨文件,并向社会公布。

建设单位应当在房屋买卖合同中明示核定的物业管理区域。

第十七条 已投入使用、尚未划分物业管理区域或者划分的物业管理区域确需调整的,物业所在地的街道办事处、乡镇人民政府会同区住房和城乡建设或者房屋主管等部门,结合物业管理实际需要,征求业主意见后确定物业管理区域并公告。

第十八条 新开发建设项目,一个物业管理区域内应当配建独立且相对集中的物业服务用房,满足物业管理设施设备、办公及值班需求,具体面积按照本市公共服务设施配置指标执行。物业服务用房的面积、位置应当在规划许可证、房屋买卖合同中载明。

已投入使用但是未配建物业服务用房的,建设单位或者产权单位应当通过提供其他用房、等值的资金等多种方式提供;建设单位和产权单位已不存在的,由街道办事处、乡镇人民政府统筹研究解决。

第三章 前期物业

第十九条 建设单位承担前期物业服务责任。建设单位销售房屋前,应当选聘前期物业服务人,签订前期物业服务合同。

前期物业服务合同应当就前期物业服务是否收费、服务内容以及收费标准进行约定，约定的内容作为房屋买卖合同的附件或者直接纳入房屋买卖合同。

前期物业服务合同期限最长不超过二年，具体期限在前期物业服务合同中约定。期限届满前三个月，由业主共同决定是否继续使用前期物业服务人。期限届满，业主与新物业服务人签订的物业服务合同生效之前，前期物业服务人继续提供服务；期限未满或者未约定前期物业服务期限，业主与新物业服务人签订的物业服务合同生效的，前期物业服务合同终止。

第二十条　建设单位与前期物业服务人应当在区住房和城乡建设或者房屋主管部门的指导、监督下，共同确认物业管理区域，对物业管理区域内的共用部位、共用设施设备进行查验，确认现场查验结果，形成查验记录，签订物业承接查验协议，并向业主公开查验的结果。

承接查验协议应当对物业承接查验基本情况、存在问题、解决方法及其时限、双方权利义务、违约责任等事项作出约定。对于承接查验发现的问题，建设单位应当在三十日内予以整改，或者委托前期物业服务人整改。

未经业主同意，建设单位不得占用物业管理区域内的共用部位、共用设施设备。

第二十一条　在办理物业承接查验手续时，建设单位应当向前期物业服务人移交下列资料：

（一）物业管理区域划分相关文件；

（二）竣工总平面图，单体建筑、结构、设备的竣工图，配套设施、地下管网工程竣工图等竣工验收资料；

（三）设施设备的安装、使用和维护保养等技术资料；

（四）物业质量保修文件和物业使用说明文件；

（五）物业管理必需的其他资料。

物业已投入使用，上述资料未移交的，应当移交；资料不全的，应当补齐。

第二十二条　前期物业服务合同生效之日至出售房屋交付之日的当月发生的物业费，由建设单位承担。

出售房屋交付之日的次月至前期物业服务合同终止之日的当月发生的物业费，由业主按照房屋买卖合同的约定承担；房屋买卖合同未约定的，由建设单位承担。

第二十三条　建设单位在销售物业前，应当制定临时管理规约，对有关物业的使用、维护、管理，业主的共同利益，业主应当履行的义务，违反临时管理规约应当承担的责任等事项依法作出约定，并在销售场所显著位置公示。临时管理规约不得侵害物业买受人的合法权益。

市住房和城乡建设主管部门应当制定并发布临时管理规约的示范文本。

第二十四条 前期物业服务合同期限届满前六个月,街道办事处、乡镇人民政府应当组织业主成立业主大会,选举产生业主委员会或者组建物业管理委员会,就物业管理事项进行表决。

第四章 业主、业主组织和物业管理委员会

第一节 业主和业主大会

第二十五条 房屋的所有权人为业主。

公房尚未出售的,产权单位是业主;已出售的,购房人是业主。

本条例所称业主还包括:

(一)尚未登记取得所有权,但是基于买卖、赠与、拆迁补偿等旨在转移所有权的行为已经合法占有建筑物专有部分的单位或者个人;

(二)因人民法院、仲裁机构的生效法律文书取得建筑物专有部分所有权的单位或者个人;

(三)因继承取得建筑物专有部分所有权的个人;

(四)因合法建造取得建筑物专有部分所有权的单位或者个人;

(五)其他符合法律法规规定的单位或者个人。

第二十六条 物业管理区域内的以下部分属于业主共有:

(一)道路、绿地,但是属于城市公共道路、城市公共绿地或者明示属于私人所有的除外;

(二)占用业主共有的道路或者其他场地用于停放汽车的车位;

(三)建筑物的基础、承重结构、外墙、屋顶等基本结构部分,通道、楼梯、大堂等公共通行部分,消防、公共照明等附属设施、设备,避难层、架空层、设备层或者设备间等;

(四)物业服务用房和其他公共场所、共用设施;

(五)法律法规规定或者房屋买卖合同依法约定的其他共有部分。

第二十七条 业主在物业管理活动中,享有下列权利:

(一)自行管理物业;

(二)要求物业服务人按照物业服务合同的约定提供服务;

(三)提议召开业主大会,并就物业管理的有关事项提出建议;

(四)提出制定和修改临时管理规约、管理规约、业主大会议事规则的建议;

(五)参加业主大会会议,行使投票权;

(六)选举业主委员会委员,并享有被选举权;

(七)监督业主大会筹备组、业主委员会或者物业管理委员会的工作;

（八）监督物业服务人履行物业服务合同；

（九）对共用部位、共用设施设备和相关场地使用享有知情权、监督权和收益权；

（十）监督专项维修资金的管理和使用；

（十一）法律法规规定的其他权利。

业主行使权利不得危及物业的安全，不得损害其他业主的合法权益。

第二十八条　业主应当履行下列义务：

（一）遵守临时管理规约、管理规约和业主大会议事规则；

（二）遵守物业管理区域内共用部位和共用设施设备的使用、公共秩序和环境卫生的维护以及应对突发事件等方面的制度要求；

（三）执行业主大会的决定和业主大会授权业主委员会或者物业管理委员会作出的决定；

（四）配合物业服务人实施物业管理；

（五）按照国家和本市有关规定交纳专项维修资金；

（六）按时足额交纳物业费；

（七）履行房屋安全使用责任；

（八）按照规定分类投放生活垃圾；

（九）法律法规规定的其他义务。

业主对建筑物专有部分以外的共有部分，享有权利，承担义务；不得以放弃权利不履行义务。

第二十九条　业主可以成立业主大会。业主大会由物业管理区域内全体业主组成，代表和维护物业管理区域内全体业主在物业管理活动中的合法权益。

一个物业管理区域成立一个业主大会。

第三十条　一个物业管理区域内，已交付业主的专有部分达到建筑物总面积百分之五十以上的，百分之五以上的业主、专有部分占建筑物总面积百分之五以上的业主或者建设单位均可以向街道办事处、乡镇人民政府提出成立业主大会的申请，居民委员会、村民委员会也可以组织达到前述条件的业主或者建设单位提出成立业主大会的申请。

第三十一条　街道办事处、乡镇人民政府应当在接到成立业主大会书面申请后三十日内，对提出申请的业主身份和申请进行审核，对符合业主大会成立条件的，指定居民委员会、村民委员会工作人员担任筹备组组长。

筹备组组长应当于三十日内组织业主代表、建设单位、产权单位、街道办事处、乡镇人民政府、社区党组织、居民委员会、村民委员会代表召开首次筹备组会议，成立筹备组。

筹备组中的业主代表可以由业主自荐或者居民委员会、村民委员会推荐产生，由街道办事处、乡镇人民政府确定；业主代表资格应当参照适用本条例第三十九条有关业主委员会委员候选人资格的规定。

筹备组人数应当为单数，其中业主代表人数不低于筹备组人数的二分之一。

筹备组成立七日内，筹备组组长应当将筹备组成员名单、分工、联系方式等在物业管理区域内显著位置公示。

第三十二条 筹备组应当开展以下工作，并就其确定的事项在首次业主大会会议召开十五日前在物业管理区域内显著位置公示：

（一）确认业主身份、人数及所拥有的专有部分面积；

（二）制定首次业主大会会议召开方案；

（三）拟订管理规约和业主大会议事规则草案；

（四）制定业主委员会委员候选人产生办法，确定业主委员会委员候选人名单；

（五）制定业主委员会选举办法；

（六）完成召开首次业主大会会议的其他准备工作。

前款规定的业主大会议事规则，至少应当包括业主大会的议事方式、表决程序，业主委员会的组成、任期、罢免和递补等事项，并不得违反法律法规的强制性规定。

业主对公示内容有异议的，筹备组应当研究处理并在首次业主大会会议召开前作出答复。

筹备组应当自成立之日起六十日内，组织召开首次业主大会会议。

第三十三条 首次业主大会应当通过管理规约、业主大会议事规则，选举产生业主委员会委员和候补委员。

第三十四条 业主大会依照法律法规的规定召开，决定下列事项：

（一）制定或者修改管理规约、业主大会议事规则；

（二）选举或者更换业主委员会委员和候补委员；

（三）确定或者调整物业服务方式、服务内容、服务标准和服务价格；

（四）选聘、解聘物业服务人或者不再接受事实服务；

（五）筹集、管理和使用专项维修资金；

（六）申请改建、重建建筑物及其附属设施；

（七）决定共用部分的经营方式，管理、使用共用部分经营收益等共有资金；

（八）确定业主委员会委员津贴或者补助的标准，对业主委员会主任实施任期、离任经济责任审计；

（九）改变或者撤销业主委员会作出的与业主大会决定相抵触的决议；

(十)有关共有和共同管理权利的其他重大物业管理事项。

业主委员会应当就前款规定的决定事项向业主大会提出讨论方案。

第三十五条 业主大会会议分为定期会议和临时会议。

业主大会定期会议应当按照业主大会议事规则的规定召开,每年至少召开一次。经百分之二十以上业主提议,业主委员会应当组织召开业主大会临时会议。

业主大会会议可以采用书面形式或者通过互联网方式召开;采用互联网方式表决的,应当通过市住房和城乡建设主管部门建立的电子投票系统进行。

召开业主大会会议的,业主委员会应当于会议召开十五日前通知全体业主,将会议议题及其具体内容、时间、地点、方式等在物业管理区域内显著位置公示,并报物业所在地的居民委员会、村民委员会。居民委员会、村民委员会应当派代表列席会议。

业主大会会议不得就已公示议题以外的事项进行表决。

第三十六条 业主委员会未按照规定召集业主大会会议的,业主可以请求物业所在地的街道办事处、乡镇人民政府责令限期召集;逾期仍未召集的,由物业所在地的街道办事处、乡镇人民政府组织召集。

第三十七条 业主大会会议依法作出的决定,对本物业管理区域内的全体业主具有约束力。

业主大会会议的决定应当自作出之日起三日内在物业管理区域内显著位置公示。

物业使用人应当依法遵守业主大会会议的决定。物业使用人,是指除业主以外合法占有、使用物业的单位或者个人,包括但是不限于物业的承租人。

第三十八条 业主大会可以委托街道办事处、乡镇人民政府或者居民委员会、村民委员会代为保管业主大会印章;需要使用业主大会印章的,由业主委员会向街道办事处、乡镇人民政府或者居民委员会、村民委员会提出。

第二节 业主委员会

第三十九条 业主委员会由五人以上单数组成,具体人数根据本物业管理区域的实际情况确定。户数一百户以下的住宅小区,业主委员会可以由三人组成。候补委员人数按照不超过业主委员会委员人数确定。

业主委员会委员、候补委员应当为本物业管理区域的自然人业主或者单位业主授权的自然人代表。

业主是自然人的,应当符合下列条件:

(一)遵纪守法、热心公益事业、责任心强、具有一定组织能力;

(二)具有完全民事行为能力;

(三)符合业主委员会委员候选人产生办法中关于居住期限的要求;

(四)本人、配偶及其直系亲属与物业服务人无直接的利益关系;
(五)未被列为失信被执行人;
(六)未有本条例规定的房屋使用禁止规定的行为;
(七)未有法律法规规定的其他不宜担任业主委员会委员的情形。

第四十条 业主委员会委员候选人通过下列方式产生:
(一)社区党组织推荐;
(二)居民委员会、村民委员会推荐;
(三)业主自荐或者联名推荐。

筹备组根据业主委员会委员候选人产生办法从按照前款方式推荐的人员中确定业主委员会委员候选人名单,报社区党组织。

社区党组织引导和支持业主中的党员积极参选业主委员会委员,通过法定程序担任业主委员会委员。

第四十一条 业主委员会委员实行任期制,每届任期不超过五年,可以连选连任。

业主委员会委员具有同等表决权。

任期内业主委员会委员出现空缺的,由候补委员递补剩余任期。具体递补办法由业主大会议事规则约定。

第四十二条 业主委员会应当自选举产生之日起七日内召开首次会议,在业主委员会委员中推选业主委员会主任和副主任,并在推选完成之日起三日内,在物业管理区域内显著位置公示业主委员会主任、副主任和其他委员的名单。

第四十三条 业主委员会应当自选举产生之日起三十日内,持下列材料向物业所在地的街道办事处、乡镇人民政府申请备案:
(一)首次业主大会会议记录和会议决定;
(二)业主大会议事规则;
(三)管理规约;
(四)业主委员会首次会议记录和会议决定;
(五)业主委员会委员和候补委员的名单、基本情况。

街道办事处、乡镇人民政府对以上材料的真实性、规范性进行核实,符合要求的,五个工作日内予以备案,并出具业主大会、业主委员会备案证明和印章刻制证明,解散筹备组。

业主委员会可持备案证明和印章刻制证明向公安机关申请刻制业主大会印章和业主委员会印章。

业主委员会印章由业主委员会保管,需要使用业主委员会印章的,应当有业主委员会过半数委员签字。

第四十四条　业主委员会应当执行业主大会的决定，接受业主大会和业主的监督，并履行下列职责：

（一）召集业主大会会议，报告年度物业管理的实施情况、业主委员会履职情况；

（二）代表业主与业主大会选聘的物业服务人签订物业服务合同，与解聘的物业服务人进行交接；

（三）拟定共有部分、共有资金使用与管理办法；

（四）监督专项维修资金的使用以及组织专项维修资金的补建、再次筹集；

（五）及时了解业主、物业使用人的意见和建议，督促业主交纳物业费，监督物业服务人履行物业服务合同；

（六）监督管理规约的实施，对业主、物业使用人违反管理规约的行为进行制止；

（七）制作和保管会议记录、共有部分的档案、会计凭证和账簿、财务报表等有关文件；

（八）定期向业主通报工作情况，每半年公示业主委员会委员、候补委员交纳物业费、停车费情况；

（九）协调解决因物业使用、维护和管理产生的纠纷；

（十）在物业管理区域内配合行政执法机关开展执法工作；

（十一）配合、支持居民委员会、村民委员会依法履行职责，并接受其指导和监督；

（十二）业主大会赋予的其他职责。

业主委员会不得擅自决定本条例第三十四条第一款规定事项；业主大会不得授权业主委员会决定本条例第三十四条第一款规定事项。

第四十五条　业主委员会会议分为定期会议和临时会议。业主委员会定期会议应当按照业主大会议事规则的规定召开，至少每两个月召开一次；经三分之一以上业主委员会委员提议，业主委员会应当召开临时会议。

定期会议和临时会议应当有过半数委员参加，委员不得委托他人参会。

业主委员会应当在会议召开五日前将会议议题告知物业所在地的居民委员会、村民委员会，并听取意见和建议。居民委员会、村民委员会可以根据情况派代表参加。

业主委员会确定的事项应当经过半数委员签字同意。会议结束后三日内，业主委员会应当将会议情况以及确定事项在物业管理区域内显著位置公示。

业主委员会主任、副主任无正当理由不召集业主委员会会议的，业主委员会其他委员或者业主可以请求物业所在地的居民委员会、村民委员会或者街道办事处、乡镇人民政府责令限期召集;逾期仍未召集的,由物业所在地的居民委员会、村民委员会或者街道办事处、乡镇人民政府组织召集,并重新推选业主委员会主任、副主任。

第四十六条 业主委员会委员有下列情形之一的,委员资格自情形发生之日起自然终止,由业主委员会向业主公示,并提请业主大会确认:

(一)不再是本物业管理区域内业主;

(二)以书面形式向业主委员会提出辞职;

(三)因健康等原因无法履行职责且未提出辞职。

业主委员会委员一年内累计缺席业主委员会会议总次数一半以上,或者不再符合本条例第三十九条规定的委员条件的,业主委员会应当提请业主大会罢免其委员资格;业主委员会未提请的,街道办事处、乡镇人民政府可以责令业主委员会提请业主大会罢免有关委员资格。在委员资格被罢免前,业主委员会应当停止该委员履行职责,并向业主公示。

第四十七条 业主委员会委员、候补委员不得实施下列行为:

(一)阻挠、妨碍业主大会行使职权或者不执行业主大会决定;

(二)虚构、篡改、隐匿、毁弃物业管理活动中形成的文件资料;

(三)拒绝、拖延提供物业管理有关的文件资料,妨碍业主委员会换届交接工作;

(四)擅自使用业主大会、业主委员会印章;

(五)违反业主大会议事规则或者未经业主大会授权与物业服务人签订、修改物业服务合同;

(六)将业主共有财产借给他人或者设定担保等挪用、侵占业主共有财产;

(七)与物业服务人有可能影响其公正履行职务的经济往来或者利益交换;

(八)泄露业主信息;

(九)侵害业主合法权益的其他行为。

业主委员会委员、候补委员有前款规定的第(一)项至第(五)项行为的,街道办事处、乡镇人民政府责令业主委员会提请业主大会罢免有关委员资格。在委员资格被罢免前,业主委员会应当停止该委员履行职责,并向业主公示。

第四十八条 一个任期内,出现业主委员会委员经递补人数仍不足总数的二分之一等无法正常履行职责的情形,或者业主委员会拒不履行职责的,物业所在地的居民委员会、村民委员会或者街道办事处、乡镇人民政府应当组织召开业主大会临时会议,重新选举业主委员会。

第四十九条 业主委员会任期届满前六个月,应当书面报告街道办事处、乡镇人民政府。街道办事处、乡镇人民政府应当在收到书面报告之日起六十日内组建换届小组,并在业主委员会任期届满前,由换届小组组织召开业主大会会议选举产生新一届业主委员会。业主委员会未按规定提出申请的,街道办事处、乡镇人民政府应当督促其履行职责。

街道办事处、乡镇人民政府也可以应业主书面要求组建换届小组。

换届小组依照筹备组的人员构成组建。

第五十条 业主委员会的名称、委员、业主大会议事规则和管理规约发生变更的,业主委员会或者物业管理委员会应当在三十日内向街道办事处、乡镇人民政府办理变更备案手续。

因物业管理区域调整、房屋灭失等客观原因致使业主大会、业主委员会无法存续的,街道办事处、乡镇人民政府应当办理业主大会、业主委员会注销手续,并公告其印章作废。

第五十一条 业主大会、业主委员会应当依法履行职责。街道办事处、乡镇人民政府对业主大会、业主委员会作出的违反法律法规和规章的决定,应当责令限期改正或者撤销其决定,并通告全体业主。

第三节 物业管理委员会

第五十二条 街道办事处、乡镇人民政府负责组建物业管理委员会。物业管理委员会作为临时机构,依照本条例承担相关职责,组织业主共同决定物业管理事项,并推动符合条件的物业管理区域成立业主大会、选举产生业主委员会。

第五十三条 有下列情形之一的,可以组建物业管理委员会:

(一)不具备成立业主大会条件;

(二)具备成立业主大会条件,但是确有困难未成立;

(三)业主大会成立后,未能选举产生业主委员会。

第五十四条 物业管理委员会由居民委员会、村民委员会、业主、物业使用人代表等七人以上单数组成,其中业主代表不少于物业管理委员会委员人数的二分之一。

物业管理委员会主任由居民委员会、村民委员会代表担任,副主任由居民委员会、村民委员会指定一名业主代表担任。物业管理委员会委员名单应当在物业管理区域内显著位置公示。

第五十五条 成立业主大会但是尚未成立业主委员会的,物业管理委员会自成立之日起三十日内,持下列材料向物业所在地的街道办事处、乡镇人民政府申请备案:

(一)业主大会会议记录和会议决定;

(二)业主大会议事规则;

(三)管理规约。

街道办事处、乡镇人民政府对以上材料进行核实,符合要求的,五个工作日内予以备案,并出具业主大会备案证明和印章刻制证明。物业管理委员会持业主大会备案证明和印章刻制证明向公安机关申请刻制业主大会印章,持街道办事处、乡镇人民政府出具的成立证明申请刻制物业管理委员会印章。

未成立业主大会的,物业管理委员会持街道办事处、乡镇人民政府出具的成立证明申请刻制物业管理委员会印章。

第五十六条 成立业主大会但是尚未成立业主委员会的,物业管理委员会组织业主大会按照本条例第三十四条的规定履行职责,并组织执行业主大会的决定。

未成立业主大会的,物业管理委员会组织业主行使本条例第三十四条和第四十四条规定的业主大会和业主委员会的职责。

第五十七条 物业管理委员会会议由主任或者由主任委托副主任召集和主持,三分之一以上委员提出召开物业管理委员会会议的,主任应当组织召开会议。

会议应当有过半数委员且过半数业主代表委员参加,业主代表委员不能委托代理人参加会议。

物业管理委员会按照本条例第五十六条确定的事项应当经过半数委员签字同意。会议结束后三日内,物业管理委员会应当将会议情况以及确定事项在物业管理区域内显著位置公示十个工作日。

第五十八条 物业管理委员会的任期一般不超过三年。期满仍未推动成立业主大会、选举产生业主委员会的,由街道办事处、乡镇人民政府重新组建物业管理委员会。

第五十九条 已成立业主大会、选举产生业主委员会,并按照本条例第四十三条规定备案的,或者因物业管理区域调整、房屋灭失等其他客观原因致使物业管理委员会无法存续的,街道办事处、乡镇人民政府应当在三十日内解散物业管理委员会,并在物业管理区域内显著位置公示。

第六十条 物业管理委员会组建的具体办法,由市住房和城乡建设主管部门制定。

第五章 物业服务

第六十一条 业主可以自行管理物业,也可以委托他人管理;委托物业服务企业提供物业服务的,一个物业管理区域应当选定一个物业服务企业提供物业服务。

电梯、消防等具有专业技术要求的设施设备的维修和养护,应当由符合资质的专业机构或者人员实施。

第六十二条 接受委托提供物业服务的企业应当具有独立法人资格,拥有相应的专业技术人员,具备为业主提供物业管理专业服务的能力,有条件在物业管理区域设立独立核算的服务机构。

第六十三条　业主委员会或者物业管理委员会应当代表业主与业主共同选聘的物业服务人签订书面合同，就物业服务内容和标准、费用、物业服务用房、合同期限、违约责任等内容进行约定。

业主与物业服务人对收费标准未能达成一致意见的，双方可以委托专业评估机构评估；双方对委托专业评估机构未能达成一致意见的，可以从区住房和城乡建设或者房屋主管部门确定的专业评估机构目录中随机选定。

物业服务合同签订或者变更之日起十五日内，物业服务人应当将物业服务合同报街道办事处、乡镇人民政府、区住房和城乡建设或者房屋主管部门备案。

市住房和城乡建设主管部门应当会同有关部门、协会制定物业服务合同示范文本，并向社会公布。

第六十四条　业主共同决定由物业服务企业提供物业服务的，可以授权业主委员会或者物业管理委员会进行招标，继续聘用原物业服务企业的除外。

鼓励业主通过市住房和城乡建设主管部门建立的招投标平台选聘物业服务企业。

第六十五条　物业服务人应当按照物业服务合同的约定提供物业服务，并且遵守下列规定：

（一）提供物业服务符合国家和本市规定的标准、规范；

（二）及时向业主、物业使用人告知安全、合理使用物业的注意事项；

（三）定期听取业主的意见和建议，接受业主监督，改进和完善服务；

（四）对违法建设、违规出租房屋、私拉电线、占用消防通道等行为进行劝阻、制止，劝阻、制止无效的，及时报告行政执法机关；

（五）发现有安全风险隐患的，及时设置警示标志，采取措施排除隐患或者向有关专业机构报告；

（六）对业主、物业使用人违反临时管理规约、管理规约的行为进行劝阻、制止，并及时报告业主委员会或者物业管理委员会；

（七）不得泄露在物业服务活动中获取的业主信息；

（八）履行生活垃圾分类管理责任人责任，指导、监督业主和物业使用人进行生活垃圾分类；

（九）配合街道办事处、乡镇人民政府、行政执法机关和居民委员会、村民委员会做好物业管理相关工作。

第六十六条　物业服务企业应当指派项目负责人。项目负责人应当在到岗之日起三日内到项目所在地的居民委员会、村民委员会报到，在居民委员会、村民委员会的监督、指导下参与社区治理工作。

第六十七条　区住房和城乡建设或者房屋主管部门、街道办事处、乡镇人民政府、居民委员会、村民委员会可以根据物业服务标准和社区治理要求，委托专业评估机构对物业服务企业参与社区治理情况和共用部分管理状况进行评估。

物业管理相关主体可以委托专业评估机构对物业承接和查验、物业服务标准和费用测算、专项维修资金使用方案、物业服务质量等进行评估。具体办法由市住房和城乡建设主管部门制定。

专业评估机构应当按照本市相关规定提供专业服务，提供客观、真实、准确的评估报告。

第六十八条　市住房和城乡建设主管部门应当根据物业服务合同履行、投诉处理和日常检查等情况，对物业服务企业实施分类监管，建立激励和惩戒制度。具体办法由市住房和城乡建设主管部门制定。

第六十九条　物业服务人可以将物业服务合同中的专项服务事项委托给专业服务企业，但是不得将物业服务合同约定的全部事项一并委托给第三方。

第七十条　物业服务人应当在物业管理区域内显著位置设置公示栏，如实公示、及时更新下列信息，并且可以通过互联网方式告知全体业主：

（一）物业服务企业的营业执照、项目负责人的基本情况、联系方式以及物业服务投诉电话；

（二）物业服务内容和标准、收费标准和方式等；

（三）电梯、消防等具有专业技术要求的设施设备的日常维修保养单位名称、资质、联系方式、维保方案和应急处置方案等；

（四）上一年度物业服务合同履行及物业服务项目收支情况、本年度物业服务项目收支预算；

（五）上一年度公共水电费用分摊情况、物业费、公共收益收支与专项维修资金使用情况；

（六）业主进行房屋装饰装修活动的情况；

（七）物业管理区域内车位、车库的出售和出租情况；

（八）其他应当公示的信息。

业主对公示内容提出异议的，物业服务人应当予以答复。

第七十一条　物业服务人应当建立、保存下列档案和资料：

（一）小区共有部分经营管理档案；

（二）小区监控系统、电梯、水泵、有限空间等共用部位、共用设施设备档案及其管理、运行、维修、养护记录；

（三）水箱清洗记录及水箱水质检测报告；

（四）住宅装饰装修管理资料；

(五)业主名册;

(六)签订的供水、供电、垃圾清运等书面协议;

(七)物业服务活动中形成的与业主利益相关的其他资料。

第七十二条　业主应当根据物业服务合同约定的付费方式和标准,按时足额交纳物业费。业主逾期不交纳物业费的,业主委员会或者物业管理委员会应当督促其交纳;拒不交纳的,物业服务人可以依法提起诉讼或者申请仲裁。业主拒不执行人民法院生效法律文书的,人民法院可以依法对业主作出限制消费令、纳入失信被执行人名单。

采取酬金制交纳物业费的,物业服务企业应当与业主委员会或者物业管理委员会建立物业费和共用部分经营收益的共管账户。业主委员会或者物业管理委员会可以委托第三方对物业服务收支情况进行审计。

第七十三条　物业服务收费实行市场调节价并适时调整。

市住房和城乡建设主管部门应当发布住宅小区物业服务项目清单,明确物业服务内容和标准。物业管理行业协会应当监测并定期发布物业服务项目成本信息和计价规则,供业主和物业服务人在协商物业费时参考。

第七十四条　物业服务人利用共用部分从事经营活动的,应当将公共收益单独列账。

公共收益归全体业主所有。专项维修资金余额不足首期应筹集金额百分之三十的,百分之五十以上的公共收益金额应当优先用于补充专项维修资金,剩余部分的使用由业主共同决定。

第七十五条　物业服务合同期限届满前六个月,业主委员会或者物业管理委员会应当组织业主共同决定续聘或者另聘物业服务人,并将决定书面告知原物业服务人。原物业服务人接受续聘的,双方应当在物业服务合同届满前重新签订物业服务合同。物业服务人不接受续聘的,应当提前九十日书面告知业主委员会或者物业管理委员会。

物业服务合同期限届满、业主没有共同作出续聘或者另聘物业服务人决定,物业服务人按照原合同继续提供服务的,原合同权利义务延续。在合同权利义务延续期间,任何一方提出终止合同的,应当提前六十日书面告知对方。

第七十六条　业主共同决定解聘物业服务人的,物业服务人应当自接到通知之日起三十日内履行下列交接义务,并且退出物业管理区域:

(一)移交物业共用部分;

(二)移交本条例第二十一条、第七十一条规定的档案和资料;

(三)结清预收、代收的有关费用;

(四)物业服务合同约定的其他事项。

原物业服务人不得以业主欠交物业费、对业主共同决定有异议等为由拒绝办理交接,不得以任何理由阻挠新物业服务人进场服务。原物业服务人拒不移交有关资料或者财物的,或者拒不退出物业管理区域的,业主委员会或者物业管理委员会可以向街道办事处、乡镇人民政府、区住房和城乡建设或者房屋主管部门报告,并向辖区内公安机关请求协助,或者依法向人民法院提起诉讼,要求原物业服务人退出物业管理区域。物业所在地的街道办事处、乡镇人民政府、区住房和城乡建设或者房屋主管部门应当加强对物业服务人交接工作的监管。

原物业服务人应当在办理交接至退出物业管理区域期间,维持正常的物业管理秩序。

新物业服务人不得强行接管物业,按照约定承接物业时,应当对共用部位、共用设施设备进行查验。

第七十七条 本市建立应急物业服务机制。物业管理区域突发失管状态时,街道办事处、乡镇人民政府应当组织有关单位确定应急物业服务人,提供供水、垃圾清运、电梯运行等维持业主基本生活服务事项的应急服务。

提供应急物业服务的,街道办事处、乡镇人民政府应当将服务内容、服务期限、服务费用等相关内容在物业管理区域内显著位置公示。应急物业服务期限不超过六个月,费用由全体业主承担。

应急物业服务期间,街道办事处、乡镇人民政府应当组织业主共同决定选聘新物业服务人,协调新物业服务人和应急物业服务人做好交接。

第六章 物业的使用和维护

第七十八条 业主、物业使用人应当遵守法律法规和规章的规定以及临时管理规约、管理规约的约定,按照规划用途合理、安全使用物业。

业主、物业使用人、物业服务人等不得实施下列行为:

(一)损坏、擅自拆改建筑物承重结构、主体结构;

(二)擅自利用共用部位、共用设施设备进行经营;

(三)违法搭建建筑物、构筑物、障碍物或者私挖地下空间;

(四)违反国家规定,制造、储存、使用、处置爆炸性、毒害性、放射性、腐蚀性物质或者传染病病原体等危险物质;

(五)违规私拉电线、电缆为电动汽车、电动自行车、电动摩托车和电动三轮车等充电;

(六)擅自拆改供水、排水、再生水等管线;

(七)从建筑物中抛掷物品;

(八)制造超标噪音;

（九）侵占绿地、毁坏绿化植物和绿化设施；

（十）擅自通过设置地锁、石墩、栅栏等障碍物和乱堆乱放杂物等方式，占用、堵塞、封闭消防通道、疏散通道等共用部位，或者损坏消防设施等共用设施设备；

（十一）擅自改变物业规划用途；

（十二）违反规定饲养动物；

（十三）违反规定出租房屋。

发生本条第二款规定行为的，利害关系人有权投诉、举报，业主委员会或者物业管理委员会、物业服务人应当及时劝阻；劝阻无效的，应当向街道办事处、乡镇人民政府或者行政执法机关报告。

第七十九条　业主、物业使用人装饰装修房屋的，应当事先告知物业服务人，与物业服务人签订装饰装修服务协议，并配合其进行必要的现场检查。协议应当包括装饰装修工程的禁止行为、垃圾堆放和清运要求以及费用、施工时间等内容。

业主、物业使用人或者物业服务人应当将装饰装修的时间、地点等情况在拟装饰装修的物业楼内显著位置公示。

物业服务人应当加强对装饰装修活动的巡查和监督。业主或者物业使用人未签订装饰装修服务协议或者违反相关规定及装饰装修服务协议的，物业服务人应当及时劝阻；拒不改正的，物业服务人应当及时向有关主管部门报告。

第八十条　物业管理区域内规划用于停放车辆的车位、车库，应当首先满足业主的需要。用于出售的，应当优先出售给本物业管理区域内的业主；不出售或者尚未售出的，应当提供给本物业管理区域内的业主使用。满足业主需要后仍有空余的，可以临时按月出租给物业管理区域外的其他人。

第八十一条　物业买受人应当遵守国家有关专项维修资金制度，按照规定足额交纳专项维修资金。

业主转让物业、办理转移登记后，转让物业的专项维修资金余额随物业一并转让，业主无权要求返还；因征收或者其他原因造成物业灭失的，专项维修资金余额归业主所有。

已售公房的业主转让公房前，应当按照届时适用的商品房标准补足公房的专项维修资金；因继承、赠予、执行生效法律文书而发生已售公房产权人变更的，继承人、受赠人、受偿人应当按照届时适用的商品房标准补足专项维修资金。

第八十二条　国家实施专项维修资金制度之前的未售公房，没有专项维修资金的，产权单位应当按照规定建立并足额交纳专项维修资金。

国家实施专项维修资金制度之后出售的公房，业主和售房单位应当按照国家和本市规定的比例交纳专项维修资金；未按规定交纳专项维修资金的，业主和售房单位应当足额补交，未足额补交的，已出售的公房不得再次转让。

第八十三条 专项维修资金余额不足首期筹集金额百分之三十的,业主委员会或者物业管理委员会应当及时通知、督促业主按照届时适用的标准补足专项维修资金。

业主申请不动产转移登记或者抵押登记时,应当向不动产登记机构提供已足额交纳专项维修资金的相关凭证。

第八十四条 未选举产生业主委员会的,专项维修资金由市住房资金管理部门代管,存入银行专用账户。

选举产生业主委员会的,业主大会可以决定自行管理专项维修资金,或者委托市住房资金管理部门代管。业主大会决定自行管理的,应当以自己名义设立专用账户,区住房和城乡建设或者房屋主管部门应当监督、指导专项维修资金的使用管理。

业主大会可以委托具有资质的中介机构对共有资金进行财务管理。业主大会或者业主委员会自行管理共有资金的,应当每季度公布一次自行管理账目。

第八十五条 专项维修资金属于业主共有,应当专项用于共用部位、共用设施设备保修期满后的维修、更新和改造,不得挪作他用。

第八十六条 维修、更新和改造共用部位、共用设施设备,需要使用专项维修资金的,应当按照下列规定分摊:

(一)商品住宅之间或者商品住宅和非住宅之间共用部位、共用设施设备的维修、更新和改造费用,由相关业主按照各自专有物业建筑面积比例分摊。

(二)售后公房之间共用部位、共用设施设备的维修、更新和改造费用,由相关业主和售房单位按照所交存专项维修资金的比例分摊;其中,应当由业主承担的,再由相关业主按照各自专有物业建筑面积的比例分摊。

(三)售后公房与商品房住宅或者非住宅之间共用部位、共用设施设备的维修、更新和改造费用,先按照建筑面积比例分摊到各相关物业,再按照第(一)项、第(二)项的规定比例分摊。

共用部位、共用设施设备需要维修、更新和改造,但是没有专项维修资金的,维修、更新和改造费用按照前款的规定由业主共同分摊。

第八十七条 新开发建设项目,建设单位可以接受专业设施设备专业运营单位委托,按照国家技术标准和专业技术规范建设物业管理区域内业主专有部分以外的水、电、气、热以及通讯等专业设施设备;经验收合格,将专业设施设备及工程图纸等资料交由专业运营单位承担维修、养护和更新改造责任。

已入住项目,物业管理区域内业主专有部分以外的水、电、气、热以及通讯等专业设施设备发生故障、不能正常使用的,物业服务人应当立即报告相关专业运营单位;专业运营单位应当及时采取措施,排除故障。

专业运营单位对专业设施设备进行维修、养护和更新改造，进入物业管理区域的，业主、物业使用人和物业服务人应当予以配合，不得以任何方式阻挠、妨碍其正常作业。

第八十八条　物业服务人应当对物业管理区域内的电梯、消防设施等易于发生安全风险的设施设备和部位加强日常巡查和定期养护；采取必要的安全保障措施，防止建筑物、构筑物或者其他设施及其搁置物、悬挂物发生脱落、坠落。

排除安全风险隐患需要使用专项维修资金的，按照本市相关规定办理。

第八十九条　建筑物专有部分存在安全隐患，危及公共利益或者他人合法权益的，相关业主应当及时采取修缮以及其他消除危险的安全治理措施。

业主不履行维修养护义务的，可以由物业服务人报经业主委员会、物业管理委员会同意，或者按照临时管理规约、管理规约的约定，代为维修养护或者采取应急防范措施，费用由业主承担。

经鉴定为停止使用、整体拆除的危险房屋的，业主或者物业使用人应当停止使用，立即搬出；拒不搬出的，区住房和城乡建设或者房屋主管部门应当书面责令业主或者物业使用人搬出，情况紧急危及公共安全的，区人民政府可以责成有关部门组织强制搬出，并妥善安置。

第七章　法律责任

第九十条　违反本条例第二十一条规定，建设单位不移交或者补齐资料的，由区住房和城乡建设或者房屋主管部门责令限期改正；逾期不改的，处五万元以上十万元以下的罚款。

第九十一条　违反本条例第六十三条规定，物业服务人未按规定将物业服务合同报街道办事处、乡镇人民政府、区住房和城乡建设或者房屋主管部门备案的，由街道办事处、乡镇人民政府责令限期改正，给予警告；逾期不改的，处五千元以上一万元以下的罚款。

第九十二条　违反本条例第六十五条第（一）项至第（六）项规定，物业服务人提供服务未遵守相关规定的，由区住房和城乡建设或者房屋主管部门给予警告，处五千元以上一万元以下的罚款；违反第（七）项规定，物业服务人泄露业主个人信息的，由公安机关依法处理；违反第（八）项规定，物业服务人未履行生活垃圾分类管理责任人责任的，由城市管理综合行政执法部门依照生活垃圾管理法律法规予以处理。

第九十三条　违反本条例第六十六条规定，物业服务企业项目负责人未按时报到的，由街道办事处、乡镇人民政府责令限期改正；逾期不改的，处五千元以上一万元以下的罚款。

第九十四条 违反本条例第七十条规定,物业服务人未按照规定如实公示有关信息的,由区住房和城乡建设或者房屋主管部门责令限期改正,给予警告;逾期不改的,处一千元以上五千元以下的罚款。

第九十五条 违反本条例第七十一条规定,物业服务人未建立、保存相关档案和资料的,由区住房和城乡建设或者房屋主管部门责令限期改正,处二万元以上五万元以下的罚款。

第九十六条 违反本条例第七十四条规定,物业服务人挪用、侵占公共收益的,由区住房和城乡建设或者房屋主管部门责令退还,并处挪用、侵占金额二倍以下的罚款。

第九十七条 物业服务人违反本条例第七十六条第一款规定的,由区住房和城乡建设或者房屋主管部门责令限期改正;逾期不改的,对物业服务人予以通报,对拒不移交有关资料或者财物的,处一万元以上十万元以下的罚款;拒不退出物业管理区域的,自规定时间届满次日起处每日一万元的罚款。物业服务人有违反治安管理行为的,由公安机关依法给予治安管理处罚。

第九十八条 物业管理区域内有下列行为之一的,由有关主管部门按照下列规定予以查处:

(一)违反本条例第七十八条第二款第(一)项规定的,由区住房和城乡建设或者房屋主管部门责令限期改正,处五万元以上十万元以下的罚款;

(二)违反本条例第七十八条第二款第(二)项规定的,由区住房和城乡建设或者房屋主管部门责令限期改正,给予警告,对单位处五万元以上二十万元以下的罚款;对个人处一千元以上一万元以下的罚款;有违法所得的,责令退还违法所得;

(三)违反本条例第七十八条第二款第(三)项规定的,由城市管理综合行政执法部门依照城乡规划法律法规给予责令拆除或者回填、罚款等处罚;

(四)违反本条例第七十八条第二款第(四)项规定的,由公安机关依照治安管理处罚法律法规予以处罚;

(五)违反本条例第七十八条第二款第(五)项规定的,由消防救援机构责令改正,拒不改正的,处五百元以上五千元以下的罚款;

(六)违反本条例第七十八条第二款第(六)项规定的,由水主管部门责令限期改正,处一万元以上三万元以下的罚款;

(七)违反本条例第七十八条第二款第(七)项规定的,由公安机关给予警告,处五百元以上五千元以下的罚款;

(八)违反本条例第七十八条第二款第(八)项规定的,由公安机关责令改正,拒不改正的,处二百元以上五百元以下的罚款;

(九)违反本条例第七十八条第二款第(九)项规定的,由城市管理综合行政执法部门责令改正，拒不改正的，处五百元以上五千元以下的罚款；

（十）违反本条例第七十八条第二款第（十）项规定，占用、堵塞、封闭消防通道、疏散通道，或者损坏消防设施的，由消防救援机构责令改正，对单位处五千元以上五万元以下的罚款，对个人处五百元的罚款；占用、堵塞、封闭其他共用部位，或者损坏其他共用设施设备的，由城市管理综合行政执法部门责令改正，给予警告，对单位处二千元以上二万元以下的罚款，对个人处二百元以上五百元以下的罚款；

（十一）违反本条例第七十八条第二款第（十一）项规定的，由规划自然资源主管部门责令当事人限期改正、按照实际使用用途类型应当缴纳的土地使用权地价款数额的二倍处以罚款；情节严重的，依法无偿收回土地使用权；

（十二）违反本条例第七十八条第二款第（十二）项、第（十三）项规定的，由公安机关依照治安管理处罚法律法规予以处罚。

第九十九条　违反本条例第八十条规定，将车位、车库提供给业主以外的其他人的，由区住房和城乡建设或者房屋主管部门责令限期改正，有违法出租所得的，责令退还违法所得，按每个违法出租车位处五千元以上一万元以下的罚款；拒不改正的，按每个违法出租车位处每月二千元的罚款。

第一百条　物业服务人违反本条例第八十八条第一款规定的，由区住房和城乡建设或者房屋主管部门责令限期改正，处二万元以上五万元以下的罚款。

第一百零一条　本条例规定退还的违法所得，应当用于物业管理区域内共用部位、共用设施设备的维修、养护，剩余部分按照业主大会的决定使用。

第一百零二条　违反本条例规定，造成他人损失的，依法承担民事责任；构成违反治安管理行为的，依法给予治安管理处罚；构成犯罪的，依法追究刑事责任。

第一百零三条　行政执法机关应当将物业管理相关主体受到行政处罚或者行政强制的情况共享到本市的公共信用信息平台。行政机关根据本市关于公共信用信息管理规定可以对其采取惩戒措施。

第八章　附　　则

第一百零四条　本条例自 2020 年 5 月 1 日起施行。

12. 上海市住宅物业管理规定(2023修正)

(2004年8月19日上海市第十二届人民代表大会常务委员会第十四次会议通过　2010年12月23日上海市第十三届人民代表大会常务委员会第二十三次会议修订　根据2018年11月22日上海市第十五届人民代表大会常务委员会第七次会议《关于修改〈上海市住宅物业管理规定〉的决定》第一次修正根据2020年12月30日上海市第十五届人民代表大会常务委员会第二十八次会议《关于修改本市部分地方性法规的决定》第二次修正　根据2022年10月28日上海市第十五届人民代表大会常务委员会第四十五次会议《关于修改〈上海市公共场所控制吸烟条例〉等5件地方性法规和废止〈上海市企业名称登记管理规定〉的决定》第三次修正　根据2023年12月28日上海市第十六届人民代表大会常务委员会第九次会议《关于修改〈上海市养老服务条例〉等12件地方性法规和废止〈上海市保护和发展邮电通信规定〉等6件地方性法规的决定》第四次修正)

目　录

第一章　总　则

第一条　为了规范住宅物业管理活动,维护业主和物业服务企业的合法权益,根据《中华人民共和国民法典》、国务院《物业管理条例》和其他有关法律、行政法规,结合本市实际情况,制定本规定。

第二条　本市行政区域内住宅物业管理、使用及其监督管理,适用本规定。

第三条　本规定所称住宅物业管理(以下简称物业管理),是指住宅区内的业主通过选聘物业服务企业,由业主和物业服务企业按照物业服务合同约定,或者通过其他形式,对房屋及配套的设施设备和相关场地进行维修、养护、管理,维护相关区域内的环境卫生和秩序的活动。

本规定所称业主,是指房屋的所有权人。

本规定所称使用人,是指房屋的承租人和实际居住人。

第四条　市房屋行政管理部门负责全市物业管理的监督管理工作。区房屋行政管理部门负责本辖区内物业管理的监督管理,指导和监督乡、镇人民政府和街道办事处实施与物业管理相关的行政管理工作。

市房屋行政管理部门履行以下职责:

(一)制定本市物业管理相关政策;

(二)建立完善本市物业管理分级培训体系;

(三)指导区房屋行政管理部门开展辖区内物业管理的监督管理工作;

(四)指导物业管理行业协会开展自律性规范的制定和实施工作;

(五)建立全市统一的物业管理监管与服务信息平台;

(六)实施对物业服务行业及其他物业管理相关工作的监督管理。

区房屋行政管理部门履行以下职责:

(一)组织实施物业管理相关政策和制度;

(二)实施辖区内物业服务企业和从业人员的监督管理;

(三)指导和监督物业管理招投标活动;

(四)实施业主大会成立前专项维修资金的归集和日常使用管理;

(五)实施物业管理区域核定、物业服务企业用房和业主委员会用房(以下合称物业管理用房)确认等事项;

(六)指导乡、镇人民政府和街道办事处对业主大会、业主委员会的工作以及其他物业管理工作实施监督管理;

(七)指导乡、镇人民政府和街道办事处开展物业管理业务培训;

(八)落实物业管理方面的其他监督管理职责。

本市发展改革、建设、交通、公安、水务、绿化市容、民政、规划资源、财政、税务、司法行政、城管执法、市场监管、应急管理等行政管理部门,按照各自职责协同实施本规定。

第五条　区人民政府应当建立住宅小区综合管理工作制度,组织区相关行政管理部门,乡、镇人民政府和街道办事处以及相关单位,部署、推进和协调辖区内物业管理各项工作。

乡、镇人民政府和街道办事处应当建立本辖区住宅小区综合管理工作制度，协调和处理辖区内物业管理综合事务和纠纷；其设立的房屋管理事务机构（以下简称房管机构）承担房屋管理的相关具体事务。

乡、镇人民政府和街道办事处履行以下职责：

（一）指导和监督业主大会、业主委员会的组建和换届改选，办理相关备案手续；

（二）指导和监督业主大会、业主委员会的日常运作，对业主大会筹备组（以下简称筹备组）成员、业主委员会委员和业主委员会换届改选小组成员进行培训；

（三）参加物业承接查验，指导和监督辖区内物业管理项目的移交和接管工作；

（四）办理物业服务合同备案，对物业管理区域内的物业服务实施日常监督检查，指导和监督物业服务企业履行法定的义务；

（五）监督业主、使用人按照规定使用和维护物业；

（六）建立物业管理纠纷调解和投诉、举报处理机制，调解物业管理纠纷，处理物业管理相关投诉和举报；

（七）建立物业应急服务保障机制；

（八）法律、法规、规章规定的其他职责。

第六条 本市建立健全以居民区党组织为领导核心，居民委员会或者村民委员会、业主委员会、物业服务企业、业主等共同参与的住宅小区治理架构，推动住宅物业管理创新。

居民委员会、村民委员会依法协助乡、镇人民政府和街道办事处开展社区管理、社区服务中与物业管理相关的工作，加强对业主委员会的指导和监督，引导其以自治方式规范运作。

第七条 市物业管理行业协会是实行行业服务和自律管理的社会组织，依法制定和组织实施自律性规范，组织业务培训，对物业服务企业之间的纠纷进行调解，维护物业服务企业合法权益。

本市鼓励物业服务企业加入市物业管理行业协会。

第二章 业主及业主大会

第八条 住宅小区，包括分期建设或者两个以上单位共同开发建设的住宅小区，其设置的配套设施设备是共用的，应当划分为一个物业管理区域；但被道路、河道等分割为两个以上自然街坊或者封闭小区，且能明确共用配套设施设备管理、维护责任的，可以分别划分为独立的物业管理区域。

第九条 区房屋行政管理部门负责核定物业管理区域。

建设单位在申请办理住宅建设工程规划许可证的同时，应当向区房屋行政管理部门提出划分物业管理区域的申请，区房屋行政管理部门应当在五日内核定物业管理区域。

建设单位在房屋销售时，应当将区房屋行政管理部门核定的物业管理区域范围，通过合同约定方式向物业买受人明示。

第十条　尚未划分或者需要调整物业管理区域的，区房屋行政管理部门应当会同乡、镇人民政府或者街道办事处，按照第八条的规定，结合当地居民委员会、村民委员会的布局划分物业管理区域。调整物业管理区域的，还应当由专有部分面积占比三分之二以上的业主且人数占比三分之二以上的业主参与表决，并应当经参与表决专有部分面积过半数的业主且参与表决人数过半数的业主同意。

物业管理区域调整后，区房屋行政管理部门应当在相关物业管理区域内公告。

第十一条　建设单位在办理房屋交付使用许可手续时，应当向房管机构提交下列资料：

（一）竣工总平面图，单体建筑、结构、设备竣工图，配套设施、地下管网工程竣工图等竣工验收资料；

（二）设施设备的安装、使用和维护保养等技术资料；

（三）物业质量保修文件和物业使用说明文件；

（四）物业管理所必需的其他资料。

建设单位在办理物业承接验收手续时，应当向物业服务企业移交前款规定的资料。

业主可以向房管机构、物业服务企业申请查询本物业管理区域内第一款规定的资料。

第十二条　业主在物业管理活动中，享有下列权利：

（一）按照物业服务合同的约定，接受物业服务企业提供的服务；

（二）提议召开业主大会会议、业主小组会议，并就物业管理的有关事项提出建议；

（三）提出制定和修改管理规约、专项维修资金管理规约、业主大会议事规则的建议；

（四）参加业主大会会议、业主小组会议，行使投票权；

（五）选举业主委员会委员，并享有被选举权；

（六）监督业主委员会的工作；

（七）监督物业服务企业履行物业服务合同；

（八）对物业管理区域内物业共用部位、共用设施设备和相关场地使用情况享有知情权和监督权；

（九）监督专项维修资金的管理和使用；

（十）法律、法规规定的其他权利。

业主在物业管理活动中，履行下列义务：

（一）遵守临时管理规约、管理规约、业主大会议事规则和专项维修资金管理规约；

（二）遵守物业管理区域内物业共用部位、共用设施设备和相关场地的使用，公共秩序、公共安全和环境卫生维护等方面的规章制度；

（三）执行业主大会的决定和业主大会授权业主委员会作出的决定；

（四）按照有关规定交纳专项维修资金；

（五）按时交纳物业服务费；

（六）履行其承担的房屋使用安全责任；

（七）向业主委员会提供联系地址、通讯方式；

（八）法律、法规规定的其他义务。

业主对建筑物专有部分以外的共有部分，享有权利，承担义务；不得以放弃权利不履行义务。

第十三条 业主大会由一个物业管理区域内的全体业主组成。

一个物业管理区域内，房屋出售并交付使用的建筑面积达到百分之五十以上，或者首套房屋出售并交付使用已满两年的，应当召开首次业主大会会议，成立业主大会。但只有一个业主的，或者业主人数较少且经全体业主一致同意，决定不成立业主大会的，由业主共同履行业主大会、业主委员会职责。

第十四条 物业管理区域符合本规定第十三条第二款所列应当成立业主大会条件之一的，建设单位应当在三十日内向物业所在地的乡、镇人民政府或者街道办事处提出成立业主大会的书面报告，并提供下列资料：

（一）物业管理区域核定意见；

（二）物业管理用房配置证明；

（三）业主清册和物业建筑面积；

（四）物业出售并交付使用时间；

（五）已筹集的专项维修资金清册。

建设单位未及时提出书面报告的，业主可以向乡、镇人民政府或者街道办事处提出成立业主大会的书面要求。

第十五条 乡、镇人民政府或者街道办事处应当在接到建设单位书面报告或者业主书面要求后的六十日内组建筹备组。筹备组应当自成立之日起七日内，将成员名单在物业管理区域内公告。

筹备组由业主代表，建设单位代表，乡、镇人民政府或者街道办事处代表，物业所在地居民委员会或者村民委员会代表组成。筹备组人数应当为单数，其中业主代表应当符合本规定第二十条第二款的规定，人数所占比例应当不低于筹备组总人数的二分之一。筹备组组长由乡、镇人民政府或者街道办事处代表担任。

筹备组中的业主代表，由乡、镇人民政府或者街道办事处组织业主推荐产生。

业主对筹备组成员有异议的，由乡、镇人民政府或者街道办事处协调解决。

乡、镇人民政府或者街道办事处应当在筹备组开展筹备工作前，组织筹备组成员进行培训。

第十六条　筹备组应当做好以下筹备工作：

（一）确认并公示业主身份、业主人数以及所拥有的专有部分面积；

（二）确定首次业主大会会议召开的时间、地点、形式和内容；

（三）草拟管理规约、业主大会议事规则；

（四）确定首次业主大会会议表决规则；

（五）制定业主委员会委员候选人产生办法，确定业主委员会委员候选人名单；

（六）制定业主委员会选举办法；

（七）完成召开首次业主大会会议的其他准备工作。

前款内容应当在首次业主大会会议召开十五日前在物业管理区域内公告。业主对公告内容有异议的，筹备组应当记录并作出答复。

筹备组应当自成立之日起九十日内，组织召开首次业主大会会议。

筹备组在业主委员会依法成立后自行解散。

第十七条　业主大会除履行《中华人民共和国民法典》、国务院《物业管理条例》规定的职责外，还可以决定业主委员会的工作经费、撤销业主小组不适当的决定。

第十八条　业主大会会议可以采用集体讨论形式，也可以采用书面征求意见的形式。业主大会会议应当由物业管理区域内专有部分面积占比三分之二以上的业主且人数占比三分之二以上的业主参与表决。

业主大会作出决定，应当经参与表决专有部分面积过半数的业主且参与表决人数过半数的业主同意。业主大会决定筹集建筑物及其附属设施的专项维修资金，改建、重建建筑物及其附属设施，或者改变共有部分的用途、利用共有部分从事经营活动的，应当经参与表决专有部分面积四分之三以上的业主且参与表决人数四分之三以上的业主同意。

业主可以委托代理人参加业主大会会议，代理人应当持业主书面委托书并依据委托人对所议事项的意见进行投票表决。

第十九条　首次业主大会会议通过的议事规则，应当就业主大会的议事方式、表决程序，业主小组的设立，业主委员会的组成、任期、罢免和补选等事项作出约定。

第二十条 业主委员会由业主大会会议选举产生，依法履行职责。业主委员会由五人以上单数组成，但建筑面积在一万平方米以下的住宅小区，业主委员会可以由三人组成。筹备组应当根据物业管理区域规模和建筑物区分所有权的比例，确定业主委员会委员的人数和构成比例。业主委员会的任期为三年到五年。

业主委员会委员应当符合国务院《物业管理条例》规定的条件，且本人、配偶及其直系亲属未在本物业管理区域服务的物业服务企业任职。业主在本物业管理区域内有损坏房屋主体和承重结构、违法搭建、破坏房屋外貌、擅自改变物业使用性质、违法出租房屋以及不执行业主大会、业主委员会决定等情形之一且未改正的，不得担任业主委员会委员。业主大会可以依法决定增加不得担任业主委员会委员的情形。

业主委员会委员候选人应当书面承诺符合前款规定的条件，全面履行工作职责，不以权谋私。

业主委员会履行下列职责：

（一）召集业主大会会议，报告年度物业管理的实施情况、业主委员会履职情况；

（二）执行业主大会决定，处理业主大会的日常管理事务；

（三）代表业主与业主大会选聘的物业服务企业签订物业服务合同；

（四）拟订业主大会年度财务预算方案和决算方案；

（五）拟订物业共用部分经营管理方案以及收益的管理、使用和分配方案；

（六）拟订印章管理、财务管理、档案管理、停车管理、宠物管理、装饰装修管理等规章制度；

（七）监督专项维修资金的使用以及组织专项维修资金的补建、再次筹集；

（八）及时了解业主、物业使用人的意见和建议，督促业主交纳物业服务费，监督和协助物业服务企业履行物业服务合同；

（九）监督管理规约的实施，对业主违反管理规约的行为进行制止；

（十）业主大会赋予的其他职责。

业主委员会应当接受业主大会和业主的监督，接受相关行政管理部门，乡、镇人民政府或者街道办事处，居民委员会或者村民委员会的指导和监督。

第二十一条 业主委员会委员候选人由筹备组通过直接听取业主意见、召开座谈会、发放推荐表等方式产生。筹备组应当审查候选人资格，提出候选人名单，并报送乡、镇人民政府或者街道办事处。候选人的基本信息，由筹备组在物业管理区域内公告。

业主委员会委员由业主大会会议选举产生。业主委员会主任、副主任在业主委员会委员中推选产生。筹备组应当自选举完成之日起三日内，在物业管理区域内公告业主委员会主任、副主任和其他委员的名单。

业主委员会主任负责主持业主委员会日常工作，并履行以下职责：

（一）召集和主持业主委员会会议；

（二）提出业主委员会会议议题；

（三）按照业主大会会议的决定，签署有关文书。

业主委员会主任因故不能履行职责时，由副主任履行。

第二十二条　乡、镇人民政府或者街道办事处应当会同区房屋行政管理部门定期组织业主委员会委员，进行物业管理相关法律、法规、规章、规范性文件和日常运作规范等培训。

第二十三条　业主委员会自选举产生之日起三十日内，持下列文件向乡、镇人民政府或者街道办事处备案：

（一）业主大会会议记录和会议决定；

（二）业主大会议事规则；

（三）管理规约；

（四）专项维修资金管理规约；

（五）业主委员会委员的名单、基本情况和书面承诺；

（六）业主委员会委员的培训记录。

乡、镇人民政府或者街道办事处对依法选举产生的业主委员会出具业主大会、业主委员会备案证明和印章刻制证明。备案证明应当载明业主大会名称，业主委员会名称、届别、任期、负责人和办公地址。

业主委员会应当依法刻制和使用印章。印章印文中应当包含业主委员会名称以及届别。

第二十四条　业主大会可以根据业主委员会工作情况决定给予业主委员会委员适当的津贴。津贴可以在公共收益中列支，也可以通过其他方式筹集。具体津贴标准，资金筹集、管理和使用办法应当由业主大会决定。

第二十五条　业主大会会议分为定期会议和临时会议。业主大会定期会议应当按照业主大会议事规则的规定召开。经百分之二十以上业主提议，业主委员会应当组织召开业主大会临时会议。

召开业主大会会议，业主委员会应当事先将会议时间、地点、议题和议程书面通知所在地房管机构、居民委员会或者村民委员会，邀请房管机构、居民委员会或者村民委员会派代表参加，并听取房管机构、居民委员会或者村民委员会的意见、建议。

业主委员会不依法组织召开业主大会会议的，乡、镇人民政府或者街道办事处应当督促其限期召开；逾期不召开的，乡、镇人民政府或者街道办事处可以应业主要求组织召开业主大会会议。

第二十六条 业主委员会会议分为定期会议和临时会议。业主委员会定期会议应当按照业主大会议事规则的规定召开，至少每两个月召开一次。经三分之一以上业主委员会委员提议，应当及时召开业主委员会临时会议。

业主委员会会议应当有全体委员过半数出席，并邀请物业所在地居民委员会或者村民委员会派员列席，也可以邀请业主旁听。业主委员会委员不得委托他人出席业主委员会会议。

业主委员会作出决定应当经全体委员过半数签字同意，在作出决定之日起三日内将会议情况以及决定事项在物业管理区域内公告，并告知物业所在地居民委员会或者村民委员会。

业主委员会主任、副主任无正当理由不召集业主委员会会议的，乡、镇人民政府或者街道办事处应业主书面要求可以指定一名其他委员召集和主持。

第二十七条 业主委员会应当建立定期接待制度，听取业主和使用人对物业管理和业主委员会日常工作的意见和建议，接受业主和使用人的咨询、投诉和监督。

业主委员会应当建立工作记录制度，做好业主大会会议、业主委员会会议、物业服务合同协商签订活动，以及物业管理中各项重要事项的记录，并妥善保管。

业主委员会应当建立信息公开制度，按照规定及时公布业主大会和业主委员会作出的决定，物业服务企业选聘、物业服务合同等物业管理中的各项决定和重大事项；定期公布专项维修资金和公共收益收支；接受业主查询所保管的物业管理信息。

第二十八条 业主委员会任期届满的五个月前，应当书面报告乡、镇人民政府或者街道办事处。乡、镇人民政府或者街道办事处应当在收到书面报告之日起六十日内组建换届改选小组，并在业主委员会任期届满前，由换届改选小组组织召开业主大会会议选举产生新一届业主委员会。

业主委员会未按照前款规定报告的，乡、镇人民政府或者街道办事处可以应业主书面要求组建换届改选小组，由换届改选小组组织召开业主大会会议选举产生新一届业主委员会。

换届改选小组由业主代表，乡、镇人民政府或者街道办事处代表，物业所在地居民委员会或者村民委员会代表组成。换届改选小组人数应当为单数，其中业主代表应当符合本规定第二十条第二款的规定，人数所占比例应当不低于换届改选小组总人数的二分之一。换届改选小组组长由乡、镇人民政府或者街道办事处代表担任。

自换届改选小组产生至新一届业主委员会选举产生期间，业主委员会不得组织召开业主大会会议对下列事项作出决定：

（一）选聘、解聘物业服务企业；

（二）调整物业收费标准；

（三）除管理规约规定情形之外的物业维修、更新、改造等重大事项；

（四）其他重大事项。

第二十九条 业主委员会应当自换届改选小组成立之日起十日内，将其保管的有关财务凭证、业主清册、会议纪要等档案资料、印章及其他属于业主大会所有的财物移交物业所在地房管机构保管。业主大会、业主委员会依法需要使用上述物品的，物业所在地房管机构应当及时提供。

新一届业主委员会选举产生后，应当在三十日内向乡、镇人民政府或者街道办事处办理换届备案手续，并由物业所在地房管机构在备案后十日内，将其保管的前款所述物品移交新一届业主委员会。

拒不移交第一款所述物品的，新一届业主委员会可以请求物业所在地乡、镇人民政府或者街道办事处督促移交，物业所在地公安机关应当予以协助。

第三十条 不再担任业主委员会委员的，应当在十日内将其保管的本规定第二十九条第一款所述物品移交业主委员会；拒不移交的，业主委员会可以按照本规定第二十九条第三款规定处理。

第三十一条 业主委员会委员有下列情形之一的，其业主委员会委员资格按照本条第二款处理：

（一）已不再是本物业管理区域内业主的；

（二）以书面形式向业主委员会提出辞职的；

（三）因健康等原因无法履行职责且未提出辞职的；

（四）拒不召集业主委员会会议的；

（五）一年内累计缺席业主委员会会议总次数一半以上的；

（六）违反书面承诺的。

属于前款第一项、第二项情形的，其委员资格自情形发生之日起自然终止；属于前款第三项情形的，经业主大会会议讨论通过，其委员资格终止；属于前款第四项至第六项情形的，经业主大会会议讨论通过，罢免其委员资格。业主委员会应当将委员资格终止或者罢免的情况在物业管理区域内公告。

第三十二条 业主委员会委员人数不足但超过半数的，业主大会可以补选业主委员会委员。

业主委员会出现下列情形之一时，乡、镇人民政府或者街道办事处应当组织召

开业主大会会议;业主大会应当启动提前换届改选程序:

(一)业主委员会委员人数不足半数的;

(二)业主委员会连续六个月未开展工作的;

(三)业主委员会作出的决定严重违反法律、法规的;

(四)因其他原因导致业主委员会无法正常运作的。

业主大会决定对业主委员会提前换届改选的,乡、镇人民政府或者街道办事处应当依法组建换届改选小组,由换届改选小组组织召开业主大会会议选举产生新一届业主委员会。

第三十三条 业主委员会的名称、所辖区域范围、委员、业主大会议事规则和管理规约发生变更的,业主委员会应当在三十日内向乡、镇人民政府或者街道办事处办理变更备案手续。

因物业管理区域调整、房屋灭失或者其他原因致使业主委员会无法存续的,业主委员会应当在三十日内向乡、镇人民政府或者街道办事处办理注销备案手续。

第三十四条 按照本规定第二十三条、第二十九条、第三十三条规定,乡、镇人民政府或者街道办事处受理业主委员会备案后,应当在二十日内完成备案手续,并将备案资料抄送区房屋行政管理部门。

第三十五条 同一物业管理区域内有两幢以上房屋的,可以以幢、单元为单位成立业主小组。业主小组由该幢、单元的全体业主组成。

业主小组应当履行下列职责:

(一)推选业主代表出席业主大会会议,表达本小组业主的意愿;

(二)决定本小组范围内住宅共用部位、共用设施设备的维修、更新、改造和养护;

(三)决定本小组范围内的其他事项。

业主小组议事由该业主小组产生的业主代表主持。业主小组行使前款规定职责的程序,参照本物业管理区域业主大会议事规则执行。

第三十六条 居民委员会、村民委员会设立的人民调解委员会,可以依法调解本地区业主、业主委员会、物业服务企业之间的物业管理纠纷。

第三章 物业管理服务

第三十七条 房屋行政管理部门应当依法对物业服务企业服务活动实施监督检查。

物业服务项目经理承接物业管理区域数量和建筑面积的规范,由市房屋行政管理部门制定。

第三十八条 市房屋行政管理部门应当根据物业服务合同履行、投诉处理和日常检查等情况，建立物业服务企业信用档案库和物业服务项目经理信用档案库。

第三十九条　选聘物业服务企业前，业主委员会应当拟订选聘方案。选聘方案应当包括拟选聘物业服务企业的信用状况、专业管理人员的配备、管理实绩要求、物业服务内容和收费标准、物业服务合同期限和选聘方式等内容。

选聘方案经业主大会会议表决通过后，业主委员会应当在物业管理区域内公告。

第四十条　建设单位应当通过公开招标方式选聘物业服务企业，签订书面的前期物业服务合同，并作为房屋销售合同的附件。

鼓励业主大会采用招投标方式，公开、公平、公正地选聘物业服务企业。

采取招投标方式选聘物业服务企业的，应当通过本市统一的物业管理监管与服务信息平台进行招标。

第四十一条　建设单位在申请房屋预售许可前，应当参照市房屋行政管理部门制作的示范文本，制定临时管理规约和房屋使用说明书，作为房屋销售合同的附件。

临时管理规约应当对物业的使用和维护管理、业主义务、违反临时管理规约应当承担的责任等事项作出规定，但不得与法律、法规、规章相抵触，不得侵害物业买受人的合法权益。临时管理规约应当报区房屋行政管理部门备案。

房屋使用说明书应当载明房屋平面布局、结构、附属设备，注明房屋承重结构的房屋结构图，不得占用、移装的共用部位、共用设备，以及其他有关安全合理使用房屋的注意事项。

建设单位与物业买受人签订的房屋销售合同，应当包含前期物业服务合同约定的内容，以及建设工程规划许可文件载明的建设项目平面布局图，并在房屋交接书中列明物业管理区域内归全体业主所有的配套设施设备。

建设单位不得将物业共用部分的所有权或者使用权单独转让。

第四十二条　建设单位应当在物业管理区域地面上配置独用成套的物业管理用房，其中物业服务企业用房按照物业管理区域房屋总建筑面积的千分之二配置，但不得低于一百平方米；业主委员会用房按照不低于三十平方米配置。在物业交付时，物业管理用房由建设单位交付物业服务企业代管，并在业主大会成立后三十日内无偿移交给业主大会。

规划资源行政管理部门在核发建设工程规划许可证时，应当在许可证附图上注明物业管理用房的具体部位。

区房屋行政管理部门在核发房屋预售许可证和办理房屋所有权首次登记时，应当注明物业管理用房室号。

物业管理用房不得擅自变更位置，也不得分割、转让、抵押。

第四十三条 物业管理区域内的下列配套设施设备归业主共有：

（一）物业管理用房；

（二）门卫房、电话间、监控室、垃圾箱房、共用地面架空层、共用走廊；

（三）物业管理区域内按规划配建的非机动车车库；

（四）单独选址、集中建设的共有产权保障住房、征收安置住房小区的停车位；

（五）物业管理区域内的共有绿化、道路、场地；

（六）建设单位以房屋销售合同或者其他书面形式承诺归全体业主所有的物业；

（七）其他依法归业主共有的设施设备。

建设单位申请房屋所有权首次登记时，应当提出前款规定的配套设施设备登记申请，由不动产登记机构在不动产登记簿上予以记载，但不颁发不动产权属证书。建设单位应当在物业管理区域内显著位置公开业主共有配套设施设备的位置、面积等信息。

第四十四条 物业服务企业应当按照物业服务合同的约定，提供相应的服务。物业服务合同可以约定下列服务事项：

（一）物业共用部位、共用设施设备的使用管理和维护；

（二）共有绿化的维护；

（三）共有区域的保洁；

（四）共有区域的秩序维护；

（五）车辆的停放管理；

（六）物业使用中对禁止性行为的管理措施；

（七）物业维修、更新、改造和养护费用的账务管理；

（八）物业档案资料的保管；

（九）业主大会或者业主委托的其他物业服务事项。

物业服务企业将物业服务区域内的部分专项服务事项委托给专业性服务组织或者其他第三人的，应当就该部分专项服务事项向业主负责。物业服务企业不得将其应当提供的全部物业服务转委托给第三人，或者将全部物业服务支解后分别转委托给第三人。

物业服务企业应当在签订物业服务合同之日起三十日内，将物业服务合同报房管机构备案。

第四十五条 物业服务企业提供物业服务，应当遵守下列规定：

（一）符合国家和本市规定的技术标准、规范；

（二）及时向业主、使用人告知安全合理使用物业的注意事项；

（三）定期听取业主的意见和建议，改进和完善服务；

（四）配合居民委员会、村民委员会做好社区管理相关工作。

物业服务企业应当协助做好物业管理区域内的安全防范工作。

第四十六条 物业服务合同期限届满前，业主委员会应当组织召开业主大会，作出续聘或者另聘物业服务企业的决定，并将决定书面通知物业服务企业。业主大会决定续聘且物业服务企业接受的，业主委员会与物业服务企业应当在物业服务合同届满前重新签订物业服务合同。

物业服务企业决定物业服务合同期限届满后不再为该物业管理区域提供物业服务的，应当在合同期限届满前九十日书面通知业主或者业主委员会，但是合同对通知期限另有约定的除外。

物业服务合同期限届满后，业主大会没有依法作出续聘或者另聘物业服务企业决定，物业服务企业按照原合同继续提供物业服务的，原合同继续有效，但是服务期限为不定期。在原合同继续有效期间，任何一方可以随时解除不定期物业服务合同，但是应当提前六十日书面通知对方。

第四十七条 物业服务企业应当建立和保存下列档案和资料：

（一）小区共有部分经营管理档案；

（二）小区监控系统、电梯、水泵、电子防盗门等共用设施设备档案及其运行、维修、养护记录；

（三）水箱清洗记录及水箱检测报告；

（四）住宅装饰装修管理资料；

（五）业主清册；

（六）物业服务企业或者建设单位与相关公用事业单位签订的供水、供电、垃圾清运、电信覆盖等书面协议；

（七）物业服务活动中形成的与业主利益相关的其他重要资料。

物业服务企业对前款第一项至第三项规定的有关信息资料，应当定期予以公示。

物业服务企业应当采取有效措施，妥善保管在物业服务过程中获得的业主信息资料。

第四十八条 物业服务收费实行市场调节价，由业主和物业服务企业遵循合理、公开、质价相符的原则进行协商，并在物业服务合同中予以约定。

同一物业管理区域内实施同一物业服务内容和标准的，物业服务收费执行同一价格标准。

市房屋行政管理部门应当定期发布住宅小区物业服务标准。物业管理行业协会应当定期发布物业服务价格监测信息，供业主和物业服务企业在协商物业服务费用时参考。

物业服务企业应当将服务事项、服务标准、收费项目、收费标准等有关情况在物业管理区域内公告。实行物业服务酬金制收费方式的，物业服务企业应当每年向业主委员会或者全体业主报告经审计的上一年度物业服务项目收支情况，提出本年度物业服务项目收支预算，并在物业管理区域内公告；实行物业服务包干制收费方式的，物业服务企业应当在调整物业服务收费标准前，将经审计的物业服务费用收支情况或者经第三方机构评估的收费标准向业主委员会或者全体业主报告，并在物业管理区域内公告。

前款中的公告应当在物业管理区域内显著位置予以公示。

第四十九条 前期物业服务合同生效之日至出售房屋交付之日的当月发生的物业服务费用，由建设单位承担。

出售房屋交付之日的次月至前期物业服务合同终止之日的当月发生的物业服务费用，由物业买受人按照房屋销售合同约定的前期物业服务收费标准承担；房屋销售合同未约定的，由建设单位承担。

业主应当根据物业服务合同约定，按时支付物业服务费；业主逾期不支付物业服务费的，业主委员会应当督促其支付；物业服务企业可以催告其在合理期限内支付；合理期限届满仍不支付的，物业服务企业可以提起诉讼或者申请仲裁。

业主转让物业时，应当与物业服务企业结清物业服务费；未结清的，买卖双方应当对物业服务费的结算作出约定，并告知物业服务企业。

第五十条 物业服务企业应当自物业服务合同终止之日起十日内，向建设单位或者业主委员会移交下列资料和财物：

（一）本规定第十一条第一款、第四十七条规定的资料；

（二）物业服务期间形成的物业共用部分运行、维修、更新、改造和养护的有关资料；

（三）公共收益的结余；

（四）采用酬金制计费方式的，产生的物业服务资金结余以及用物业服务资金购置的财物；

（五）物业管理用房；

（六）应当移交的其他资料和财物。

第五十一条 利用物业共用部分从事广告、商业推广等活动的，应当经业主大会或者共同拥有该物业的业主同意，并在物业管理区域内公告。业主大会可以授权业主委员会同意利用全体业主共用部分从事相关活动。

公共收益归全体业主或者共同拥有该物业的业主所有，并应当单独列账。

公共收益应当主要用于补充专项维修资金，也可以按照业主大会的决定使用。公共收益主要用于补充专项维修资金的，应当按季度补充专项维修资金，补充比例应当高于百分之五十;剩余部分应当按照业主大会或者共同拥有该收益业主的决定,用于业主大会和业主委员会工作经费、物业管理活动的审计费用、拥有该收益业主的物业维护费用或者物业管理方面的其他需要。

第五十二条　区房屋行政管理部门应当建立临时物业服务企业预选库。物业服务企业退出且业主大会尚未选聘新物业服务企业的,由业主委员会报乡、镇人民政府或者街道办事处在预选库中选定物业服务企业提供临时服务。未成立业主委员会的,经百分之二十以上业主提请,由居民委员会或者村民委员会报乡、镇人民政府或者街道办事处在预选库中选定物业服务企业提供临时服务。

临时物业服务期限不超过六个月,费用由全体业主承担。

第五十三条　经物业管理区域内专有部分面积占比三分之二以上的业主且人数占比三分之二以上的业主参与表决,并经参与表决专有部分面积过半数的业主且参与表决人数过半数的业主同意,业主可以自行管理物业,并对下列事项作出决定:

(一)自行管理的执行机构以及负责人;

(二)自行管理的内容、标准、费用和期限;

(三)聘请专业机构的方案;

(四)其他有关自行管理的内容。

电梯、消防、技防等涉及人身、财产安全以及其他有特定要求的设施设备管理,应当委托专业机构进行维修和养护。

业主大会聘请单位或者自然人提供保洁、保安、绿化养护、设施设备保养等服务的,应当与其签订服务合同;聘请自然人的,被聘用人员可以根据约定自行购买意外伤害等保险,费用由业主大会承担。

业主自行管理物业需要开具收费票据的,业主委员会可以持房管机构的证明材料,向物业所在地的税务部门申请领取。

业主大会可以委托具有资质的中介机构对管理费用、专项维修资金、公共收益等进行财务管理,根据委托财务管理合同开通专项维修资金账户,并应当向业主每季度公布一次自行管理账目。

第四章　物业的使用和维护

第五十四条　建设单位在申请物业交付使用前,应当与物业服务企业共同对物业管理区域内的物业共用部分进行查验,共同确认现场查验的结果,签订物业承接查验协议,并向业主公开查验的结果。物业承接查验可以邀请业主代表以及物业所在地的房管机构参加。

承接查验协议应当对物业承接查验基本情况、存在问题、解决方法及其时限、双方权利义务、违约责任等事项作出约定。对于承接查验发现的问题，建设单位应当在三十日内予以整改，或者委托物业服务企业整改。

物业承接查验协议应当作为前期物业服务合同的补充协议。

物业承接查验的费用由建设单位承担，但另有约定的除外。

第五十五条 建设单位应当按照国家规定的保修期限和保修范围，承担物业的保修责任。建设单位委托物业服务企业维修的，应当与物业服务企业另行签订委托协议。

第五十六条 业主、使用人应当遵守国家和本市的规定以及临时管理规约、管理规约，按照房屋安全使用规定使用物业。

禁止下列损害公共利益及他人利益的行为：

（一）损坏房屋主体和承重结构；

（二）违法搭建建筑物、构筑物；

（三）破坏房屋外貌；

（四）擅自改建、占用物业共用部分；

（五）损坏或者擅自占用、移装共用设施设备；

（六）存放不符合安全标准的易燃、易爆、剧毒、放射性等危险性物品，或者存放、铺设超负荷物品；

（七）排放有毒、有害物质；

（八）发出超过规定标准的噪声；

（九）法律、法规和规章禁止的其他行为。

第五十七条 业主、使用人装饰装修房屋，应当遵守国家和本市的规定以及临时管理规约、管理规约。

业主、使用人装饰装修房屋的，应当事先告知物业服务企业，并与物业服务企业签订装饰装修管理协议。装饰装修管理协议应当包括装饰装修工程的禁止行为、垃圾堆放和清运、施工时间等内容。

业主、使用人未与物业服务企业签订装饰装修管理协议的，物业服务企业可以按照临时管理规约或者管理规约，禁止装饰装修施工人员、材料进入物业管理区域。

物业服务企业对装饰装修活动进行巡查时，业主、使用人或者装饰装修施工人员应当予以配合。

第五十八条 业主、使用人应当按照规划资源行政管理部门批准或者不动产权属证书载明的用途使用物业，不得擅自改变物业使用性质。

确需改变物业使用性质的，由区规划资源行政管理部门会同区房屋行政管理部门提出允许改变物业使用性质的区域范围和方案，并召开听证会听取利害关系人意见后，报区人民政府决定。

在允许改变物业使用性质的区域范围内，具体房屋单元的业主需要改变使用性质的，应当符合法律、法规以及管理规约，经有利害关系的业主一致同意后报区房屋行政管理部门审批，并依法向其他行政管理部门办理有关手续。

第五十九条　物业服务企业发现业主、使用人在物业使用、装饰装修过程中有违反国家和本市有关规定以及临时管理规约、管理规约行为的，应当依据有关规定或者临时管理规约、管理规约予以劝阻、制止；劝阻、制止无效的，应当在二十四小时内报告业主委员会和有关行政管理部门。有关行政管理部门在接到物业服务企业的报告后，应当依法对违法行为予以制止或者处理。

第六十条　供水、供电、供气等专业单位应当承担分户计量表和分户计量表前管线、设施设备的维修养护责任。

第六十一条　物业管理区域内，建设单位所有的机动车停车位数量少于或者等于物业管理区域内房屋套数的，一户业主只能购买或者附赠一个停车位；超出物业管理区域内房屋套数的停车位，一户业主可以多购买或者附赠一个。

占用业主共有的道路或者其他场地用于停放机动车的车位，属于业主共有。

建设单位所有的机动车停车位向业主、使用人出租的，其收费标准应当在前期物业合同中予以约定。业主大会成立前，收费标准不得擅自调整；业主大会成立后，需要调整的，建设单位应当与业主大会按照公平、合理的原则协商后，向区房屋行政管理部门备案。

车辆在全体共用部分的停放、收费标准、费用列支和管理等事项，由业主大会决定。业主大会决定对车辆停放收费的，参照物业管理行业协会发布的价格监测信息确定收费标准。业主大会成立前，其收费标准由建设单位参照物业管理行业协会发布的价格监测信息确定。收费标准、费用列支和管理等事项应当在前期物业服务合同中予以约定。

车主对车辆有保管要求的，由车主和物业服务企业另行签订保管合同。

公安、消防、抢险、救护、环卫等特种车辆执行公务时在物业管理区域内停放，不得收费。

第六十二条　物业管理区域内的机动车停车位，应当提供给本物业管理区域内的业主、使用人使用。建设单位尚未出售的停车位，应当出租给业主、使用人停放车辆，不得以只售不租为由拒绝出租。停车位不得转让给物业管理区域外的单位、个人；停车位满足业主需要后仍有空余的，可以临时按月出租给物业管理区域外的单位、个人。

物业管理区域内停放车辆，不得影响其他车辆和行人的正常通行。

第六十三条　区人民政府应当组织区交通、公安、房屋、建设等行政管理部门建立停车资源共享协调制度。停车位供需矛盾突出的住宅小区,其周边商业配建停车场(库)、道路具备夜间等时段性停车条件的,乡、镇人民政府或者街道办事处应当提出错时停车方案。鼓励业主与住宅小区周边单位通过协商实现停车资源共享。

第六十四条 新建商品住宅、公有住宅以及住宅区内的非住宅物业出售时,物业出售人和买受人应当按照国家和本市的规定交纳专项维修资金。专项维修资金应当用于物业共用部分的维修、更新和改造,不得挪作他用。

物业出售人应当在办理房屋所有权首次登记前,交纳其应交的专项维修资金,并垫付尚未销售物业部分的应由物业买受人交纳的专项维修资金。

第六十五条 未建立首期专项维修资金或者专项维修资金余额不足首期筹集金额百分之三十的,业主应当按照国家和本市的相关规定、专项维修资金管理规约和业主大会的决定,及时补建或者再次筹集专项维修资金。

专项维修资金补建或者再次筹集的方式分为分期交纳和一次性交纳,具体方式及筹集金额、期限、程序、资金入账等事项应当由业主大会作出决定。

专项维修资金管理规约未就补建或者再次筹集专项维修资金进行约定,且业主大会在本条第一款规定的情形发生之日起九十日内未作出决定的,业主委员会应当书面通知专项维修资金开户银行向需要交纳专项维修资金的业主发出交款通知,通知其应交金额和交纳时间。业主应当自收到交款通知之日起九十日内,一次性将专项维修资金账户余额补至首期筹集金额的百分之五十。

乡、镇人民政府和街道办事处应当指导、协调专项维修资金补建或者再次筹集工作。

业主申请不动产转移登记或者抵押登记时,应当同时向不动产登记机构提供已足额交纳专项维修资金的相关凭证。

业主经催告后仍不交纳专项维修资金的,经业主大会决定,业主委员会可以依法向人民法院提起诉讼。

第六十六条 专项维修资金应当存入银行专户,按幢立账、按户核算。

业主委员会和受委托的物业服务企业应当至少每半年公布一次专项维修资金的收支情况,每季度公布一次公共收益的收支情况,并接受业主的监督。

第六十七条 专项维修资金和公共收益的使用实行工程审价和使用程序审核。

业主大会、业主委员会应当委托有资质的中介机构对专项维修资金、公共收益的收支情况以及业主委员会工作经费进行年度财务审计和换届财务审计。审计结果应当在物业管理区域内显著位置公告三十日。

第六十八条 物业维修、更新、改造和养护的费用,按照下列规定承担:

（一）专有部分的所需费用，由拥有专有部分的业主承担；

（二）部分共用部分的所需费用，由拥有部分共用部分业主按照各自拥有的房屋建筑面积比例共同承担；

（三）全体共用部分的所需费用，由物业管理区域内的全体业主按照各自拥有的房屋建筑面积比例共同承担。

按照本规定设立专项维修资金的，部分共用部分、全体共用部分的维修、更新和改造费用在专项维修资金中列支。但物业的共用部分属于人为损坏的，费用应当由责任人承担。

第六十九条　物业部分共用部分的维修、更新和改造，应当由部分共用的业主决定，由部分共用部分专有部分面积占比三分之二以上的业主且人数占比三分之二以上的业主参与表决，其中，涉及筹集专项维修资金或者改建、重建建筑物及其附属设施的，应当经参与表决专有部分面积四分之三以上的业主且参与表决人数四分之三以上的业主同意；其他决定事项，应当经参与表决专有部分面积过半数的业主且参与表决人数过半数的业主同意。

前款决定不得与业主大会对全体共用部分作出的决定相抵触；对上述决定，业主委员会应当执行。

第七十条　机动车停车场（库）的维修、养护费用由其所有人承担。机动车停车场（库）的专项维修资金按照物业管理专项维修资金标准交纳，纳入业主大会的专项维修资金账户管理，单独核算。

第七十一条　建设单位未按照规定提出成立业主大会书面报告前，专项维修资金不得动用，住宅共用部位、共用设施设备需要维修、更新和改造的，应当由建设单位承担物业维修责任。

建设单位已经按照规定提出成立业主大会的书面报告但业主大会尚未成立期间，需要动用专项维修资金的，物业服务企业应当提出维修实施方案，由物业所在地的居民委员会或者村民委员会组织征询业主意见，经全体共用部分业主依法讨论通过后，由物业服务企业组织实施。仅涉及部分共用部分的，可以提交涉及共用部分的业主依法讨论通过。

维修费用经市房屋行政管理部门指定的中介机构审价后，在专项维修资金中列支。

第七十二条　业主应当定期对物业进行维修养护，并按照规定检测和鉴定。

物业服务企业应当根据物业服务合同的约定，履行物业维修养护义务。

物业出现国家和本市规定的必须维修养护的情形时，业主或者物业服务企业应当及时履行维修养护义务。

第七十三条　发生危及房屋安全等紧急情况时，物业服务企业或者自行管理执行机构应当立即采取应急防范措施。

发生下列情况，需要对住宅共用部位、共用设施设备进行维修、更新的，物业服务企业或者自行管理执行机构应当及时制定维修、更新方案：

（一）水泵、水箱（池）故障，影响正常使用的；

（二）电梯故障，电梯专业检测机构出具整改通知书要求停运的；

（三）火灾自动报警系统、自动喷淋系统、消火栓系统损坏，消防部门出具整改通知书的；

（四）外墙墙面、建筑附属构件有脱落危险，经有资质的鉴定机构出具证明的；

（五）屋顶或外墙渗漏等情况，严重影响房屋使用，经有资质的鉴定机构出具证明的。

前款规定的维修、更新事项不属于工程质量保证范围，需要使用专项维修资金的，按照下列规定办理：

（一）业主大会成立前，物业服务企业应当持有关材料，报房管机构审核同意后组织实施。维修、更新费用经具有相应资质的中介机构审价后，报区房屋行政管理部门在专项维修资金中直接列支；

（二）业主大会成立后，物业服务企业或者自行管理执行机构应当持有关材料向业主委员会和物业所在地房管机构报告，并向业主委员会提出列支专项维修资金的申请，经业主委员会审核同意后组织实施。维修、更新费用经具有相应资质的中介机构审价后，在专项维修资金中列支。业主委员会对维修、更新方案未在七日内审核同意，且已出现影响房屋正常使用或者居民人身财产安全情形的，区房屋行政管理部门可以组织代为维修。维修费用经具有相应资质的中介机构审价后，凭审价报告和区房屋行政管理部门出具的支取通知，在专项维修资金中列支。

第七十四条 物业存在房屋结构安全隐患或者被鉴定为危险房屋，可能危及公共利益或者他人合法权益时，责任人应当及时维修养护，有关业主应当予以配合。责任人不履行维修养护义务的，可以由物业服务企业报经业主大会同意或者直接按照管理规约的规定，代为维修养护或者采取应急防范措施，费用由责任人承担。

第七十五条 物业管理区域内的房屋外墙应当保持整洁和完好，并定期进行清洗或者粉刷，具体办法由市人民政府另行制定。

第七十六条 物业共用部分需要维修、养护、更新、改造的，相关专有部分的业主、使用人应当予以配合。

供水、供电、供气、信息、环卫、邮政、民防等专业单位进行相关作业需要进入物业管理区域的，物业服务企业应当予以配合；需要进入专有部分的，相关业主、使用人应当予以配合。

上述作业造成共有部分或者专有部分损失的,责任人应当依法恢复原状、承担赔偿责任。

第七十七条　业主、业主委员会、物业服务企业应当按照本市生活垃圾分类管理的规定,履行相应的义务。

第五章　法律责任

第七十八条　违反本规定的行为,法律、行政法规或者本市其他法规有处罚规定的,依照有关法律、法规处理。

第七十九条　业主、使用人违反管理规约应当承担相应的民事责任。对违反管理规约的,业主委员会应当予以劝阻、制止;对不听劝阻的,业主委员会可以在物业管理区域内就相关情况予以公示;相关业主可以依法向人民法院提起民事诉讼。

第八十条　建设单位违反本规定第十四条第一款规定,未将物业管理区域符合业主大会成立条件的情况书面报告物业所在地乡、镇人民政府或者街道办事处,或者未按照规定提供有关资料的,由区房屋行政管理部门责令限期改正,可处一万元以上十万元以下的罚款。

第八十一条　违反本规定第五十条规定,物业服务企业不移交有关资料或者财物的,由区房屋行政管理部门责令限期改正;逾期不改正的,对物业服务企业予以通报,处一万元以上十万元以下的罚款。

第八十二条　违反本规定第五十一条规定,业主委员会委员、物业服务企业、自行管理执行机构或者代理记账机构挪用、侵占公共收益的,由区房屋行政管理部门追回挪用、侵占的公共收益,并归还业主,没收违法所得,并处挪用、侵占金额二倍以下的罚款;挪用、侵占公共收益构成犯罪的,依法追究直接负责的主管人员和其他直接责任人员的刑事责任。

第八十三条　违反本规定第五十六条第二款第一项规定,损坏房屋主体和承重结构的,由区房屋行政管理部门责令改正,处五万元以上十万元以下的罚款。

第八十四条　违反本规定第五十六条第二款第二项规定,违法搭建建筑物、构筑物的,由城管执法或者规划资源行政管理部门根据职责分工,依照《上海市拆除违法建筑若干规定》的相关规定予以拆除,可处一万元以上十万元以下的罚款。

第八十五条　违反本规定第五十六条第二款第三项、第四项、第五项规定,破坏房屋外貌,擅自改建、占用物业共用部分,损坏或者擅自占用、移装共用设施设备的,由区房屋行政管理部门责令改正,恢复原状,可处一千元以上一万元以下的罚款;情节严重的,可处一万元以上十万元以下的罚款。

第八十六条　业主、使用人违反本规定第五十八条规定,擅自改变物业使用性质的,由区房屋行政管理部门责令限期改正,恢复原状,可处一万元以上五万元以下的罚款。

第八十七条 物业服务企业违反本规定第五十九条规定，对业主、使用人的违法行为未予以劝阻、制止或者未在规定时间内报告有关行政管理部门的，由区房屋行政管理部门责令改正，可处一千元以上一万元以下的罚款。

第八十八条 建设单位违反本规定第六十二条第一款规定，不将机动车停车位提供给本物业管理区域内业主、使用人使用的，由区房屋行政管理部门责令立即改正，并处一万元以上十万元以下的罚款。

第八十九条 违反本规定第六十四条第一款规定，物业出售人未按规定交纳专项维修资金的，由区房屋行政管理部门责令限期改正，可处应交专项维修资金数额一倍以下的罚款。

违反本规定第六十五条第一款规定，业主未按要求补建或者再次筹集专项维修资金的，由区房屋行政管理部门责令限期改正。

第九十条 当事人对房屋行政管理部门以及其他有关行政管理部门的行政行为不服的，可以依照《中华人民共和国行政复议法》或者《中华人民共和国行政诉讼法》的规定，申请行政复议或者提起行政诉讼。

当事人对行政行为逾期不申请复议，不提起诉讼，又不履行的，作出行政行为的行政管理部门可以依法申请人民法院强制执行。

第九十一条 房屋行政管理部门，乡、镇人民政府，街道办事处，房管机构以及相关行政管理部门的工作人员违反本规定，有下列情形之一的，由其所在单位或者上级主管部门依法给予处分；构成犯罪的，依法追究刑事责任：

（一）违法实施行政许可或者行政处罚的；

（二）未按照本规定履行监督检查职责的；

（三）发现违法行为不及时查处，或者包庇、纵容违法行为，造成后果的；

（四）其他玩忽职守、滥用职权、徇私舞弊的情形。

第六章　附　　则

第九十二条 本规定中有关专业用语的含义：

（一）专有部分，是指在构造上及利用上具有独立性，由单个业主独立使用、处分的物业部位。

（二）部分共用部分，是指由部分业主共同使用、管理的物业部位、设施设备及场地等部分。

（三）全体共用部分，是指由全体业主共同使用、管理的物业部位、设施设备及场地等部分。

第九十三条 市房屋行政管理部门应当制定临时管理规约、管理规约、首次业主大会会议表决规则、业主大会议事规则、业主委员会委员候选人产生办法、业主委员会选举办法、物业服务合同等示范文本。

第九十四条　非住宅物业管理,参照本规定执行。

第九十五条　本规定自2011年4月1日起施行。

后　记

物业领域所涉内容较多,为充分说明有关情况、释明相关法理并提出针对性解决意见,本书编写过程中,较多参考、引用了北京市的有关实务案例及规定,各地读者在具体实务操作中,请以当地具体规定为准。

本书编写过程中,适逢《中华人民共和国民法典》通过并公布。为充分说明有关法律依据,本书依据刊印发行时现行有效的法律法规等进行编纂,涉及民法典的对应条文,在书中已一并予以注明。因法律适用不时变化,特别是民法典正式施行后,相关的法律规定将被废止或者发生变化,敬请读者谅解并适时关注。

本书系专业团队历经淬炼、潜心研究而撰著的小区物业领域法律专著,依法享有著作权并受相关法律保护。编写过程中,同时得到了相关单位和专家的大力支持,参阅了大量法院判例、行政案件和相关著作文献,在此一并致谢!